Über den Verfasser

Jonathan Culler, geb. 1944 in Cleveland (Ohio), studierte Geschichte und Literaturwissenschaft an der Harvard University. 1966 bis 1974 war er Stipendiat, später Dozent für Französisch in Oxford, wo er auch promovierte. 1975 ging er als Gastdozent für Französisch und Komparatistik nach Yale; seit 1977 ist er Direktor der «Society for the Humanities» und Professor für Englische und Vergleichende Literaturwissenschaft an der Cornell University (New York).

Wichtigste Veröffentlichungen: Structuralist Poetics: Structuralism, Linguistics, and the Study of Literature/The Pursuit of Signs: Semiotics, Literature, Deconstruction/Flaubert: The Uses of Uncertainty; Monographien über Ferdinand de Saussure und Roland Barthes.

Jonathan Culler

Dekonstruktion

Derrida und die poststrukturalistische Literaturtheorie

Aus dem Amerikanischen von Manfred Momberger

rororo

rowohlts enzyklopädie

rowohlts enzyklopädie

Herausgegeben von Burghard König

Deutsche Erstausgabe
Veröffentlicht im Rowohlt Taschenbuch Verlag GmbH,
Reinbek bei Hamburg, Juli 1988

Umschlaggestaltung Werner Rebhuhn
Die Originalausgabe erschien 1982 unter dem Titel «On Deconstruction.
Theory and Criticism after Structuralism»

Satz Sabon (Linotron 202)
Gesamtherstellung Clausen & Bosse, Leck
Printed in Germany
2680-ISBN 3 499 55474 7

Inhalt

Vorwort

Das vorliegende Buch ist eine Weiterführung meiner *Structuralist Poetics*, auch wenn Methode und Schlußfolgerung anders sind. Es war die Absicht von *Structuralist Poetics*, einen umfassenden Überblick über einen Corpus kritischer und theoretischer Schriften zu geben, deren wertvollste Vorschläge und Errungenschaften herauszuarbeiten und diese einem englischen und amerikanischen Publikum vorzustellen, das an der kontinentaleuropäischen Kritik* nur geringes Interesse zeigte. Heute ist die Situation anders. Die Vorstellung hat stattgefunden, und Auseinandersetzungen haben bereits begonnen. Zu Beginn der achtziger Jahre über kritische Theorie schreiben, bedeutet nicht mehr, wenig vertraute Fragestellungen, Methoden und Prinzipien vorstellen, sondern heißt, in eine lebhafte und verwirrende Debatte eingreifen. Die folgenden Seiten geben einen Überblick über das, was ich an neueren theoretischen Schriften am lebendigsten und bedeutsamsten finde, und stellen einige der Probleme dar, die häufig nur wenig verstanden zu werden scheinen.

Eines dieser Probleme ist der Status der theoretischen Debatte und die Gattung, zu der das vorliegende Buch gehört. Englische und amerikanische Kritiker gehen oft von der Annahme aus, daß die Literaturtheorie der Diener eines Dieners ist: Ihr Zweck sei, dem

* Anmerkung des Übersetzers: Der Ausdruck criticism und seine Ableitungen umfaßt im Englischen/Amerikanischen, was das Deutsche als Literaturkritik und Literaturwissenschaft auseinanderhält. Die Dekonstruktion – im französischen wie im amerikanischen Raum – verwendet den Ausdruck in einem noch weiteren Sinne: Hier bezeichnet er jeden Diskurs, der sich kritisch mit anderen Diskursen auseinandersetzt: literarischen, politischen, philosophischen, psychoanalytischen etc. Deshalb habe ich criticism und seine Ableitungen durchweg, außer im dritten Kapitel, wo eindeutig Literaturkritik bzw. -wissenschaft gemeint ist, mit ‹Kritik›, ‹Kritiker›, ‹kritische Lektüre›, ‹kritische Theorie› etc. übersetzt.

Kritiker beizustehen, dessen Aufgabe darin bestehe, der Literatur durch Erklärung ihrer Meisterwerke zu dienen. Der Prüfstein der Kritik sei, wie erfolgreich sie unsere kritische Würdigung literarischer Werke verbessert, und der Prüfstein der theoretischen Diskussion sei, wie erfolgreich sie dem Kritiker das Instrumentarium bereitstellt, um bessere Interpretationen zu liefern. Die ‹Kritik der Kritik›, wie sie manchmal genannt wird, wahrt einen doppelten Abstand zu dem Gegenstand ihres Interesses, und sie wird als nützlich angesehen, soweit sie dazu beiträgt, die Kritik auf dem rechten Weg zu halten. Diese Ansicht ist weit verbreitet. Wayne Booth, der doch auf dem Gebiet der Literaturtheorie Beachtliches geleistet hat, meint, sich für das, was er tut, entschuldigen zu müssen. «Wer will schon wirklich ein umfangreiches Buch über das schreiben, was im gegenwärtig geläufigen Jargon Meta-meta-Metakritik genannt werden könnte?» fragt er in dem Vorwort zu einem umfangreichen Werk über Literaturtheorie. «Aber ich sehe, wie ich immer tiefer hineingezogen werde, einfach nur, weil ich versuche, mich der heutigen Situation der Literatur und der Kritik zu stellen» (*Critical Understanding*, S. XII).

Wenn die kritische Theorie oft als der Versuch angesehen wird, den Wert oder Unwert spezifischer Methoden der Interpretation zu erweisen, dann verdanken wir diese Sicht zweifellos dem Erbe des *New Criticism*, der nicht nur die Ansicht einführte, daß der Zweck des Literaturstudiums darin besteht, literarische Werke zu interpretieren, sondern der auch, auf Grund seines denkwürdigsten theoretischen Unternehmens – des Versuchs, den intentionalen Fehlschluß zu definieren und zu bekämpfen –, die Überzeugung implizierte, Literaturtheorie sei der Versuch, methodische Irrtümer auszuschließen, um so die Interpretation auf den rechten Weg zu bringen. In letzter Zeit hat sich allerdings immer mehr gezeigt, daß Literaturtheorie anders gesehen werden muß. Was für eine Wirkung sie auch auf die Interpretation haben mögen, literaturtheoretische Schriften haben eine enge und grundlegende Beziehung zu anderen Schriften innerhalb eines Gebiets, das bisher keinen Namen hat und oft bloß ‹Theorie› genannt wird. Dieses Gebiet ist nicht das der ‹Literaturtheorie›, denn viele seiner interessantesten Arbeiten beziehen sich nicht ausdrücklich auf Literatur. Es handelt sich auch nicht um ‹Philosophie› im gewöhnlichen Sinn, denn dazu gehören auch Saussure,

Marx, Freud, Erving Goffman und Jacques Lacan, ebenso wie Hegel, Nietzsche und Hans Georg Gadamer. Man könnte es ‹Texttheorie› nennen, wenn man Text versteht als ‹alles, was sprachlich artikuliert ist›, aber die angemessenste Bezeichnung ist einfach ‹Theorie›. Die Schriften, auf die dieser Begriff sich bezieht, finden ihre Rechtfertigung nicht in besseren Interpretationen, und sie stellen sogar eine recht verwirrende Mischung dar. «Seit den Tagen Goethes, Macaulays, Carlyles und Emersons», schreibt Richard Rorty, «hat sich eine Art des Schreibens entwickelt, die weder Bewertung der jeweiligen Verdienste literarischer Produktionen ist noch Geistesgeschichte, Moralphilosophie, Epistemologie oder Sozialutopie, sondern all dies miteinander vermischt in einer neuen Gattung» («Professionalized Philosophy and Transcendentalist Culture», S. 763–64).

Diese neue Gattung ist gewiß heterogen. Ihre einzelnen Werke sind mit anderen spezifischen Aktivitäten und Diskursen verbunden: Gadamer mit einer bestimmten Richtung der deutschen Philosophie, Goffman mit der empirisch-soziologischen Forschung, Lacan mit der psychoanalytischen Praxis. ‹Theorie› ist eine Gattung wegen der Art und Weise, wie ihre Werke funktionieren. Die Praktiker der Einzeldisziplinen beklagen sich darüber, daß Schriften, auf die die Gattung Anspruch erhebt, außerhalb der eigentlichen Matrix ihrer Disziplin untersucht werden: Studenten der Theorie lesen Freud, ohne zu fragen, ob nicht die spätere psychologische Forschung seine Formulierungen in Frage gestellt haben könnte; sie lesen Derrida, ohne die philosophische Tradition zu beherrschen; sie lesen Marx, ohne alternative Beschreibungen der politischen und ökonomischen Situation zu studieren. Als Vertreter der Gattung ‹Theorie› überschreiten diese Schriften den Rahmen der Disziplin, innerhalb dessen sie normalerweise bewertet würden und der helfen könnte, ihre soliden Beiträge zum Wissen festzustellen. Anders gesagt, was die Vertreter dieser Gattung auszeichnet, ist ihre Fähigkeit, nicht als Demonstrationen innerhalb der Parameter einer Disziplin zu fungieren, sondern als Neubeschreibungen, welche die Grenzen der Disziplinen in Frage stellen. Was wir als ‹Theorie› bezeichnen, sind Schriften, die die Kraft haben, das Vertraute fremdartig erscheinen zu lassen und die Leser dazu zu bringen, ihr eigenes Denken, ihr Verhalten und ihre Institutionen auf neue Art zu sehen.

Auch wenn sie auf vertraute Techniken der Beweisführung und der Argumentation zurückgreifen, so rührt ihre Kraft doch – und gerade das macht sie zu einem Teil der Gattung, die ich hier zu bestimmen versuche – nicht von den allgemein akzeptierten Vorgehensweisen einer bestimmten Disziplin her, sondern von der persuasiven Neuartigkeit ihrer Neubeschreibungen.

In der Entwicklung dieser Gattung haben in den letzten Jahren Hegel, Marx und Freud Macaulay und Carlyle verdrängt, auch wenn Goethe und Emerson manchmal noch eine ehrenhafte Rolle spielen. In bezug auf die Gegenstände, mit denen Werke der Theorie sich befassen können, gibt es keine klaren Abgrenzungen. Zu den in letzter Zeit erschienenen Büchern, deren theoretische Kraft sie auch als zu der Gattung gehörig erweisen mag, gehören Michael Thompsons *Rubbish Theory*, Douglas Hofstadters *Gödel, Escher, Bach* und Dean MacCannells *The Tourist*. Wenn dieses Gebiet, das die originellsten Denkweisen dessen umfaßt, was die Franzosen *les sciences humaines* nennen, manchmal ‹kritische Theorie› oder gar ‹Literaturtheorie› genannt wird und nicht ‹Philosophie›, dann hängt dies mit der Rolle zusammen, die die Philosophie und die Literaturkritik in England und Amerika in den letzten Jahren spielten. Richard Rorty, selbst ein hervorragender analytischer Philosoph, schreibt:

> «Ich glaube, daß die Philosophie in England und Amerika aus ihrer prinzipiellen kulturellen Funktion bereits vor einiger Zeit vom ‹literary criticism› hinausgedrängt wurde, der Funktion, die entscheidende Quelle für die Selbstbeschreibungen auszumachen, die die Jugend hinsichtlich ihres eigenen Unterschieds zur Vergangenheit abgibt... Grob gesagt, verdankt sich diese Situation dem kantianischen und antihistorischen Tenor der angelsächsischen Philosophie. Die kulturelle Funktion der Lehrer der Philosophie in Ländern, in denen Hegel nicht vergessen wurde, ist eine gänzlich andere; sie kommt der Position der Literaturkritiker in Amerika weit näher» (*Der Spiegel der Natur*, S. 188).

Literaturkritiker, die eher den Vorwurf der Bedeutungslosigkeit und des Parasitismus gewohnt sind als die Bewunderung einer Jugend, die nach Beschreibungen ihres Unterschieds zur Vergangenheit verlangt, mögen dieser Behauptung mit Skepsis begegnen, und Rorty würde zweifellos kaum so eilig versichern, daß die Kritik die Philosophie ersetzt hat, wenn er selbst Kritiker wäre und nicht Philosoph. Man könnte zum Beispiel eher den Verdacht hegen, daß die Jugend sich wegen Beschreibungen ihres Unterschieds zur Vergangenheit lieber an die Werbung und die Popkultur wendet statt an die Literaturtheorie. Es gibt allerdings zwei Hinweise, die Rortys Behauptung stützen könnten. Erstens, die Häufigkeit, mit der in Angriffen gegen eine an der Theorie orientierte Kritik Studenten getadelt werden, weil sie bestimmte Modelle mechanisch imitieren, Ideen aufgreifen, die zu verstehen sie weder die Kenntnisse noch die Reife besitzen, und weil sie so eifrig eine kurzlebige Pseudoneuheit aufgreifen; dies läßt vermuten, daß die Bedrohlichkeit der neueren kritischen Theorie mit dem besonderen Anklang zusammenhängt, den sie bei der Jugend findet. Für ihre Gegner mag die Theorie gerade aus dem Grunde als gefährlich empfunden werden, weil sie genau die Rolle zu spielen droht, die Rorty ihr zuschreibt, nämlich zur Quelle zu werden für den Versuch der intellektuellen Jugend, sich selbst von der Vergangenheit zu unterscheiden. Zweitens scheint es wohl zuzutreffen, daß die neuere europäische Philosophie – Heidegger, die Frankfurter Schule, Sartre, Foucault, Derrida, Serres, Lyotard, Deleuze – in England und Amerika von Literaturtheoretikern eingeführt worden ist und nicht von Philosophen. In diesem Sinne sind es die Literaturtheoretiker, die am meisten dazu beigetragen haben, die Gattung ‹Theorie› zu konstituieren.

Ob Rortys Behauptungen über die Kritik zutreffen oder nicht, auf jeden Fall gibt es mehrere Gründe, weshalb es für die Literaturtheorie nicht unangemessen wäre, bei der Herausbildung der Gattung ‹Theorie› eine zentrale Rolle zu spielen. Erstens: Da der Gegenstand der Literatur die gesamte menschliche Erfahrung ist, insbesondere das Ordnen, Interpretieren und Artikulieren dieser Erfahrung, ist es kein Zufall, daß die unterschiedlichsten theoretischen Unternehmungen in der Literatur Unterweisungen finden und daß ihre Resultate für das Denken über Literatur relevant sind. Da die Literatur die Beziehungen zwischen Mann und Frau, die verwirrendsten Manifestationen der menschlichen Psyche oder auch die Auswirkungen materieller Bedingungen auf die individuelle Erfahrung analysiert, werden die Theorien, die diese Probleme am eindringlichsten und einsichtigsten untersuchen, für den Literaturkritiker und Literaturtheoretiker von Interesse sein. Da der Bereich der Literatur so umfassend ist, kann jede außergewöhnliche oder eindringliche Theorie in die Literaturtheorie hineingezogen werden.

Zweitens: Weil die Literatur die Grenzen der Intelligibilität erforscht, verführt sie zu bzw. provoziert sie theoretische Diskussionen, die sich auf die allgemeinsten Fragen der Rationalität, der Selbstreflexivität und des Bedeutens erstrecken. Der Gesellschaftstheoretiker und Politikwissenschaftler Alvin Gouldner definiert Rationalität als «die Fähigkeit, das zu problematisieren, was bis dahin als gegeben angenommen wurde; das der Reflexion zugänglich zu machen, was vorher nur Gegenstand des Gebrauchs war; allgemein Akzeptiertes zum Gegenstand einer Diskussion zu machen; unsere Lebensweise kritisch zu befragen. Diese Sicht der Rationalität situiert diese in der Fähigkeit, über unser Denken zu denken. Rationalität als Reflexion über unsere Grundvoraussetzungen setzt die Fähigkeit voraus, über unsere Rede zu sprechen und über die Faktoren, auf denen diese ruht» (*The Dialectic of Ideology and Technology*, S. 49). Da literarische Werke die Fähigkeit haben, das in den Vordergrund zu rücken, was bis dahin für gegeben genommen wurde einschließlich der Sprache und der Kategorien, mit deren Hilfe wir unsere Welt artikulieren, muß die Literaturtheorie bei dem Versuch, die exemplarische Selbstreflexivität der Literatur zu theoretisieren, unvermeidlich in die Probleme der Reflexivität und der Metakommunikation verwickelt werden. Literaturtheorie weist somit die Tendenz auf, verschiedene Spekulationen über Probleme der Einrahmung, der Kommunikation über Kommunikation und andere Formen des *mise en abyme* oder der unendlichen Verweisung in ihren Umkreis hineinzuziehen.

Drittens: Literaturtheoretiker mögen für neue theoretische Entwicklungen auf anderen Gebieten besonders empfänglich sein, weil ihnen die besonderen Verpflichtungen gegen die Disziplin fehlen, die diejenigen empfinden, die auf diesen Gebieten arbeiten. Auch wenn sie Verpflichtungen eigener Art haben mögen, die einen Widerstand gegen gewisse Arten ungewohnten Denkens erzeugen könnten, sind sie doch fähig, Theorien zu begrüßen, welche die Voraussetzungen der gegenwärtigen orthodoxen Psychologie, Anthropologie, Psychoanalyse, Philosophie, Soziologie oder Geschichtsschreibung in Frage stellen; und das macht die Theorie – oder Literaturtheorie – zur Arena einer lebhaften Debatte.

Unter diesen Umständen kann die kritische Darstellung der Literaturtheorie einer Dekade nicht umfassend sein – die Spannweite theoretischer Schriften, die zur Literaturtheorie zählen, ist zu groß. Wenn ich die Dekonstruktion in den Mittelpunkt stelle, möchte ich damit nicht nur darauf hinweisen, daß sie die Hauptquelle der Energie und der Innovation in der neueren Theorie ist, sondern auch darauf, daß sie auf die wichtigsten Fragestellungen der Literaturtheorie Auswirkungen hat. Ich widme Jacques Derrida viel Raum, weil ich meine, daß viele seiner Schriften nach einer Darstellung verlangen, die, wie ich hoffe, der Leser hilfreich finden wird. Diese Schriften gehören natürlich nicht zur Literaturkritik oder -theorie; daß ich diese ins Zentrum gestellt habe, könnte ich rechtfertigen, indem ich mich auf einen selbsternannten Historiker der kritischen Szene berufe, auf Frank Lentricchia, der schreibt:

«Irgendwann in den frühen 70igern erwachten wir aus dem dogmatischen Dämmerzustand unseres phänomenologischen Schlafes und stellten fest, daß eine neue Präsenz die kritische Vorstellungskraft unserer Avantgarde völlig in ihren Bann gezogen hatte: Jacques Derrida. Etwas verblüfft stellten wir fest, daß er uns, entgegen einigen ungenauen Charakterisierungen, die das Gegenteil besagten, keineswegs den Strukturalismus brachte, sondern etwas, das schließlich ‹Poststrukturalismus› genannt wurde. Die Wendung in Richtung Poststrukturalismus und seiner Polemik in der intellektuellen Laufbahn von Paul de Man, J. Hillis Miller, Geoffrey Hartman, Edward Said und Joseph Riddel – die alle in den 60igern von verschiedenen Richtungen der Phänomenologie fasziniert waren – sagt schon alles» (*After the New Criticism*, S. 159).

Natürlich sagt dies keineswegs alles – schon die angestrengte Prosa ist Symptom des Wunsches, auf Biegen und Brechen Geschichte zu schreiben; aber diese Mythifizierung Derridas als einer neuen absoluten Präsenz legt doch nahe, die Dekonstruktion zum Fokus einer ganzen Reihe von Problemen zu machen: Strukturalismus und Poststrukturalismus, Poetik und Interpretation, Leser und Metasprachen. Auch wenn ich über die Theorie der letzten Dekade schreibe, habe ich doch viele bedeutende Gestalten nicht berücksichtigt – etwa Roland Barthes. In seinem Falle kann ich als mildernden Umstand auf eine umfangreiche Untersuchung in einem anderen Buch verweisen; aber den anderen gegenüber habe ich keine Entschuldigung und kann nur darauf hinweisen, daß Kritiker aus dem Umkreis der Dekonstruktion unter der gleichen Vernachlässigung leiden wie die außerhalb.

Gleichwohl muß sich jede Diskussion der gegenwärtigen kritischen Theorie mit dem verwirrenden uind ungenauen Begriff Poststrukturalismus auseinandersetzen, genauer, mit der Beziehung der Dekonstruktion zu anderen kritischen Bewegungen. Die Einleitung geht dieser Frage auf eine Weise nach, das erste Kapitel auf eine andere. In letzter Zeit wetteifern strukturalistische, phänomenologische, feministische und psychoanalytische Kritiker miteinander in der Hervorhebung der Rolle des Lesers und des Lesens, und die Analyse der Probleme, die aus diesen Darstellungen des Lesens sich ergeben, bereitet die Bühne für die Diskussion der Dekonstruktion, der das zweite Kapitel gewidmet ist. Ich habe nicht versucht, eine chronologische und systematische Darstellung von Derridas Schriften zu geben, sondern ich habe mich auf diese bezogen, um eine Reihe von Themen und deren Auswirkungen auf die Literaturkritik und -theorie zu diskutieren. In dieser umfangreichen Darstellung bin ich um der Klarheit willen das Risiko der Wiederholung eingegangen, und ich entschuldige mich beim Leser, wenn ich mich verkalkuliert habe. Das dritte Kapitel analysiert eine Reihe von Studien aus dem zunehmenden Vorrat dekonstruktiver Literaturkritik, um deren Grundzüge und ihre Variationsachsen herauszuarbeiten.

Mein Dank gilt all denen, die über die Jahre hin diese Probleme mit mir diskutiert und meine Fragen bezüglich ihrer Schriften beantwortet haben. Die Frage der Verantwortung ist in solchen Situationen äußerst problematisch, und der Leser wird sehen, daß es außer Frage steht, Jacques Derrida für die Folgerungen verantwortlich zu machen, die ich aus den Werken, die er signiert hat, gezogen habe. Ich möchte aber betonen, daß dieses Buch einigen Kollegen der Cornell University viel verdankt, Laura Brown, Neil Hertz, Mary Jacobus, Richard Klein, Philip Lewis und Mark Seltzer, ganz besonders aber Cynthia Chase, deren Schriften diese Arbeit stimuliert haben und deren Lektüre Fehler korrigiert hat. Ich danke der John Simon Guggenheim Foundation für eine Fellowship, während der diese Arbeit begonnen, aber leider nicht vollendet wurde.

Ithaca, New York *Jonathan Culler*

Einleitung

Das einzige, worauf die Beobachter und Teilnehmer der kritischen Debatten der letzten Zeit sich einigen könnten, wäre wohl, daß die gegenwärtige kritische Theorie verwirrend und konfus ist. Vor langer Zeit mag es möglich gewesen sein, Kritik als eine einheitliche Aktivität mit unterschiedlichem Schwerpunkt anzusehen. Die Schärfe der Debatte der letzten Zeit legt das Gegenteil nahe: Das Feld der Kritik ist unstrittig von Aktivitäten besetzt, die miteinander unvereinbar sind. Selbst der Versuch, eine Liste zu erstellen – Strukturalismus, leserorientierte Kritik, Dekonstruktion, marxistische Kritik, Pluralismus, Hermeneutik, antithetische Kritik, Rezeptionsästhetik… –, heißt nur, mit der beunruhigenden Ahnung des Unendlichen liebäugeln, das Kant das «mathematisch Erhabene» nannte. Die Kontemplation eines Chaos, das die eigenen vernünftigen Kräfte zu überwältigen droht, mag wohl, wie Kant meint, eine gewisse Verzückung hervorrufen; die meisten Leser jedoch sind einfach nur verwirrt oder fühlen sich hinters Licht geführt und sind keineswegs voller Ehrfurcht.

Auch wenn es keine Ehrfurcht versprechen kann, so versucht dieses Buch doch, etwas gegen diese Verwirrung zu tun. Die kritische Debatte sollte stimulieren, nicht lähmen, was in letzter Zeit oft der Fall war. Wenn selbst diejenigen, die in der gegenwärtigen Theorie sehr belesen sind, Schwierigkeiten haben, zu sagen, was wichtig ist oder wo und wie die miteinander konkurrierenden Theorien im Wettstreit liegen, dann fühlt man sich schon herausgefordert, den Versuch einer Klärung zu unternehmen, besonders, wenn viele Studenten und Lehrer der Literatur davon profitieren können, die weder die Zeit noch die Neigung haben, mit der theoretischen Debatte Schritt zu halten, und die sich ohne einen verläßlichen Führer auf einer modernen Bartholomäuskirmes wiederfinden und über das nachdenken, was ihnen vorkommt wie eine «reine Verwirrung» von «Unterschieden/Die weder Gesetz, Sinn noch Zweck kennen»[1]. Das vorliegende Buch ist ein Versuch, die Verwirrung aufzulösen und Mittel und Zwecke bereitzustellen, indem es untersucht, was in der heutigen kritischen Debatte der Fall ist, und die interessantesten und besten Projekte der neueren Theorie analysiert.

Eine erste Quelle der Verwirrung liegt schon in der mangelnden Festigkeit der Schlüsselbegriffe, deren Umfang je nach spezifischer Ebene der kritischen Diskussion und den dort geltenden Gegensätzen und Differenzen variiert. Der Begriff *Strukturalismus* ist ein lehrreiches Beispiel. Ein Rezensent, der einen Essay von Roland Barthes analysiert, könnte dessen spezifisch strukturalistische Elemente von den anderen darin enthaltenen Verfahren unterscheiden und so zu einem äußerst eingeschränkten Begriff des Strukturalismus beitragen. Ein Kritiker mit weitergehenden Ambitionen könnte andererseits bei dem Versuch, die grundlegenden Verfahrensweisen des modernen Denkens zu beschreiben, den ‹Strukturalismus› des Denkens des zwanzigsten Jahrhunderts einem älteren ‹Essentialismus› entgegenstellen und uns so heute alle zu Strukturalisten machen, ganz gleich, wozu wir selbst uns zählen. Jede dieser Verwendungen des Begriffs könnte plausibel verteidigt werden, da die Unterschiede, die auf der einen Ebene wesentlich sind, auf der anderen verschwinden; auch wenn das Funktionieren des Begriffs *Strukturalismus* als Illustration für die strukturale Determination der Bedeutung, die zu beschreiben der Strukturalismus sich zum Ziel gesetzt hat, gut geeignet ist, so sind die Resultate doch für denjenigen verwirrend, der hofft, daß dieser Begriff ihm als bequemes und verläßliches Etikett dienen könnte. In *Das Selbe und das Andere*, einer vorzüglichen Darstellung der französischen Philosophie von 1933 bis 1978, untersucht Vincent Descombes sorgfältig die Unterschiede und kommt zu dem Schluß, daß Michel Serres der einzige echte Strukturalist ist (S. 99 ff.). Andere Rezensenten verstehen unter Strukturalismus nicht nur das neuere französische Denken, sondern jede Art von Kritik, die zur Theorie neigt: In einer Diskussion über die heutige Kritik, die er für seine Zeitschrift, die *Partisan Review*, organisierte, bezeichnet William Phillips mit dem Begriff *Strukturalismus* die Gesamtheit derjenigen neueren kritischen und theoretischen Schriften, die sich weigern, sich dem traditionellen Verfahren anzuschließen, die Botschaft des Autors zu erhellen und seine Leistung zu bewerten («The State of Criticism», S. 374). – Was bedeutet diese Verschiebung der Terminologie?

Man könnte eine solche weite Verwendung des Begriffs zurückweisen, weil hier aus Unkenntnis Dinge zusammengeworfen werden, die voneinander unterschieden werden sollten. Wenn jemand Kritiker wie Roland Barthes, Harold Bloom, John Brenkman, Shoshana Felman, Stanley Fish, Geoffrey Hartman, Julia Kristeva und Wolfgang Iser alle als Strukturalisten bezeichnet, dann kann man darauf antworten, indem man zeigt, daß diese unterschiedliche Methoden verwenden, von gegensätzlichen Voraussetzungen ausgehen, verschiedene Ziele verkünden und aus miteinander unvereinbaren Traditionen kommen. Je mehr wir über die kritische Theorie wissen, desto mehr werden wir uns für genaue Unterscheidungen interessieren, desto mehr werden wir verächtlich über die Ignoranz derer lächeln, die die Kritik auf ein simples moralisches Szenario reduzieren und jeden Anspruch auf Differenzierung aufgegeben haben. Der Gastronom, der uns mitteilt, daß er zwei Weinsorten hat, Rotwein und Weißwein, wird uns kaum als Weinkenner beeindrukken.

Im allgemeinen ist es ein Zeichen der Ignoranz, wenn man jeden theoretisch orientierten Kritiker als Strukturalisten bezeichnet; aber auch in dieser Verwendung von Strukturalismus ist eine These enthalten, die man verteidigen könnte – jedenfalls auf dieser ersten allgemeinen Ebene. Diese These wäre, daß die Verbindung der Literaturwissenschaft mit verschiedenen theoretischen Unternehmungen eine umfassendere Umwälzung zur Folge hat, als dies durch die Ersetzung einer Theorie durch eine andere der Fall wäre, und daß diese Umwälzung mit zentralen Aspekten des Strukturalismus zusammenhängt. Diejenigen, die *Strukturalismus* in diesem weiten Sinn verwenden, treten im Grunde nicht für diese These ein; gewöhnlich stellen sie dem Strukturalismus eine humanistische Kritik entgegen – eine verallgemeinerte Version des *New Criticism* –, die sich auf den *common sense* und gemeinsame Werte verläßt, wenn sie literarische Werke als ästhetische Leistungen interpretiert, die uns etwas über vertraute menschliche Angelegenheiten zu sagen haben. Die am weitesten verbreiteten Klagen über den Strukturalismus scheinen zu sein: erstens, daß er Begriffe aus anderen Disziplinen verwendet – Linguistik, Philosophie, Anthropologie, Psychoanalyse, Marxismus –, um damit die Literatur in den Griff zu bekommen, und zweitens, daß er die eigentliche *raison d'être* der Literaturwissenschaft bedroht, da er auf den Versuch, den wahren Sinn eines Werks aufzudecken, verzichtet und alle Interpretationen für gleichermaßen gültig hält.

Die Beziehung zwischen diesen beiden Einwänden gegen den Strukturalismus ist unklar; sie könnten sogar für kontradiktorisch gehalten werden, da man doch annehmen sollte, daß ein Kritiker, der versucht, die Literatur – zum Beispiel durch die Psychoanalyse – in den Griff zu bekommen, dies tut, um so den Vorrang psychoanalytischer Interpretationen nachzuweisen. Die Schwierigkeit, diese Einwände miteinander zu vereinbaren, zeigt, daß wir über unsere Annahmen über Literatur und Kritik hinausblicken müssen, um die Kräfte zu verstehen, die hier am Werk sind, und um die Verbindung zu verstehen, die zwischen verschiedenen theoretischen Diskursen und der Unterminierung der traditionellen Interpretationsverfahren der Kritik besteht. Was den ‹Strukturalismus› im weitesten Sinne auszeichnet, sind im Grunde gar nicht seine kosmopolitischen theoretischen Interessen. Der *New Criticism*, dem er oft entgegengestellt wird, war keineswegs antitheoretisch oder provinziell, wie die Untersuchungen in René Welleks und Austin Warrens *Theorie der Literatur* belegen. Was diesen Strukturalismus auszeichnet, ist wohl eher die Verknüpfung, die in der kritischen Diskussion oft verborgen bleibt, des strategischen Einsatzes theoretischer Kategorien mit der Bedrohung des traditionellen Programms, den Sinn eines ästhetischen Objekts zu enthüllen. Die interpretativen Unternehmen des *New Criticism* waren aufs engste verbunden mit der Bewahrung der ästhetischen Autonomie und der Verteidigung der Literaturwissenschaft gegen Übergriffe anderer Wissenschaften. Wenn die «strukturalistische» Kritik bei dem Versuch, das literarische Werk zu beschreiben, auf unterschiedliche theoretische Diskurse zurückgreift und so zu einer Art Verschränkung der Wissenschaften ermutigt, dann führt dies dazu, daß sich die Aufmerksamkeit der Kritik nicht auf den thematischen Inhalt, den das ästhetische Werk darstellt, konzentriert, sondern auf die Bedingungen des Bedeutens, auf die verschiedenen Strukturen und Prozesse, die bei der Produktion von Sinn eine Rolle spielen. Selbst wenn Strukturalisten sich mit Interpretationen befassen, führt ihr Versuch, die Struktur des Werks und die Kräfte, die es bedingen, zu analysieren, zu einer Konzentration auf die Beziehungen zwischen dem Werk und seinen

Ermöglichungsbedingungen und unterminiert so – was die Gegner des Strukturalismus zu spüren scheinen – das traditionelle Unternehmen der Interpretation.

Dies geschieht auf zwei offenbar ganz verschiedene Weisen, die aber in den Augen der Gegner des Strukturalismus auf ähnliche Art fehlgeleitet sind. Einerseits wird ein Strukturalismus, wie der von Barthes, Todorov oder Genette, dessen Gegenstandsbereich bevorzugt die Literatur ist, des Formalismus angeklagt: Er vernachlässige den thematischen Inhalt eines Werks, um sich auf dessen spielerische, parodistische oder sprengende Beziehung zu literarischen Formen, Codes und Konventionen zu konzentrieren. Andererseits werden Kritiker, die Kategorien der psychoanalytischen, marxistischen, philosophischen und ethnologischen Theorie verwenden, zwar nicht des Formalismus, aber der voreingenommenen und befangenen Lektüre angeklagt: Sie vernachlässigten die spezifischen Themen eines Werks, um darin Manifestationen einer Struktur und eines Systems zu finden, das ihnen ihre jeweilige Disziplin vorgibt. Beide Arten von Strukturalisten befassen sich aus vergleichbaren Gründen mit etwas anderem als der traditionellen humanistischen Interpretation.

Wenn *Strukturalismus* ein passender Oberbegriff für eine ganze Reihe kritischer Unternehmen zu sein scheint, die sich auf theoretische Diskurse beziehen und dabei vernachlässigen, dem ‹wahren› Sinn des Werks nachzugehen, welches sie untersuchen, dann hängt das zweifellos damit zusammen, daß der Strukturalismus im engeren Sinne mit seiner Bezugnahme auf das Modell der Linguistik das einschneidendste Beispiel dieser kritischen Neuorientierung ist. Die Kategorien und Methoden der Linguistik, ob sie nun unmittelbar auf die Sprache der Literatur angewendet werden oder als Modell einer Poetik dienen, ermöglichen es dem Kritiker, sich nicht auf den Sinn eines Werks und seine Implikationen oder seinen Wert zu konzentrieren, sondern auf die Strukturen, die Sinn produzieren. Selbst wenn die Linguistik ausdrücklich in den Dienst der Interpretation gestellt wird, führt doch die grundlegende Orientierung der Disziplin, die nicht neue Interpretationen für Sätze entwirft, sondern versucht, das System der Normen zu beschreiben, welche die Form und Bedeutung linguistischer Sequenzen determinieren, dazu, die Aufmerksamkeit den Strukturen zuzuwenden und Bedeutung und Referenz nicht als Ursprung der Wahrheit eines Werks zu bestimmen, sondern als Effekte des Spiels der Sprache. Die Plausibilität, etwa Barthes, Bloom, Girard, Deleuze, Felman und Serres als Strukturalisten zu behandeln, liegt darin begründet, daß ihre Schriften sich auf unterschiedliche Weise von der Erläuterung und Würdigung eines geschaffenen Sinns ab- und der Untersuchung der Beziehungen eines Textes zu bestimmten Strukturen und Prozessen zuwenden, seien diese nun linguistischer, psychoanalytischer, metaphysischer, logischer, soziologischer oder rhetorischer Art. Sprachen und Strukturen und nicht das Selbst oder das Bewußtsein des Autors werden zur Hauptquelle der Erklärung.

Die Aufteilung der Literaturwissenschaft in einen alten, aber nach wie vor wirksamen *New Criticism* und einen neuen Strukturalismus könnte durch solche Argumente untermauert werden; aber diese Unterscheidung hilft denjenigen, die sie machen – gewöhnlich die Gegner eines weit gefaßten, bedrohlichen Strukturalismus –, nicht viel, weil es ihnen schwerfällt, auf dieser allgemeinen Ebene eine konsequente und überzeugende Kritik zu formulieren. Ihre Vorwürfe sind unterschiedlich und spezifisch. Manche werfen dem Strukturalismus seine wissenschaftlichen Anmaßungen vor: seine Diagramme, Taxinomien und Neologismen und seinen generellen Anspruch, die schwer faßbaren Produkte des menschlichen Geistes in den Griff zu kriegen und über sie Rechenschaft ablegen zu können. Andere werfen ihm Irrationalismus vor: eine maßlose Vorliebe für das Paradox und bizarre Interpretationen, Gefallen an linguistischen Spielereien und eine narzißtische Beziehung zur eigenen Rhetorik. Für manche wieder heißt Strukturalismus Rigidität: ein mechanisches Ermitteln bestimmter Strukturen oder Themen, eine Methode, nach der alle Werke das gleiche bedeuten. Andern wieder kommt es vor, als ob er ein Werk alles mögliche bedeuten läßt, indem er entweder die Unbestimmtheit des Sinns beteuert oder Sinn als Erfahrung des Lesers definiert. Einige sehen im Strukturalismus die Zerstörung der Kritik als Disziplin; andere meinen, er glorifiziere den Kritiker übermäßig, indem er den Kritiker höher als den Autor stellt und meint, die Beherrschung einer schwierigen Theorie sei die Voraussetzung jeder ernsthaften Auseinandersetzung mit Literatur.

Wissenschaft oder Irrationalismus, Rigidität oder Permissivität,

Zerstörung der Kritik oder Inflation der Kritik – die Möglichkeit so widersprüchlicher Vorwürfe scheint darauf hinzudeuten, daß die primäre Qualität des ‹Strukturalismus› eine unbestimmte radikale Kraft ist: Er wird als Extrem wahrgenommen, als eine Vergewaltigung überlieferter Annahmen über Literatur und Kritik, auch wenn keine Übereinstimmung darüber herrscht, wie er das eigentlich tut. Aber diese widersprüchlichen Vorwürfe zeigen auch, daß die Gegner des Strukturalismus unterschiedliche Schriften im Sinn haben und daß wir uns einer anderen spezifischeren Ebene zuwenden müssen, um diese Probleme zu klären.

Auf dieser zweiten Ebene, die für die kritische Debatte vielleicht wichtiger ist als die erste, ist die grundlegende Unterscheidung nicht die zwischen einem pauschalen Strukturalismus und der traditionellen Kritik, sondern die zwischen Strukturalismus und ‹Poststrukturalismus›, wie er oft benannt wird. Wie Lentricchia sagt, brachte Derrida nicht den Strukturalismus mit sich, sondern den Poststrukturalismus. In dieser Gegenüberstellung wird der Strukturalismus zu einer Reihe systematischer, wissenschaftlicher Projekte – die Semiotik, die Nachfolgerin des Strukturalismus in diesem Sinne, wird gewöhnlich als die ‹Wissenschaft› der Zeichen definiert –, und die Gegner des Strukturalismus sind jetzt verschiedene poststrukturalistische Kritiken dieser Projekte bzw. Untersuchungen ihrer letztlichen Unmöglichkeit.

Einfacher gesagt, Strukturalisten nehmen die Linguistik als Modell und versuchen, ‹Grammatiken› zu entwickeln – systematische Inventarien von Elementen und ihrer Kombinationsmöglichkeiten –, aus denen die Form und die Bedeutung literarischer Werke ableitbar ist; Poststrukturalisten untersuchen die Art, wie ein solches Projekt durch die Arbeit der Texte selbst subvertiert wird. Strukturalisten sind davon überzeugt, daß systematisches Wissen möglich ist; Poststrukturalisten behaupten die Unmöglichkeit eines solchen Wissens.

J. Hillis Miller, ein Verfechter einer amerikanischen Version des Poststrukturalismus, schlug im Jahre 1976 eine detaillierte Version dieser Unterscheidung vor, die wegen der komplexen Probleme, die sie einführt, interessant ist: «Ein entscheidender Aspekt der heutigen englischen und amerikanischen Literaturkritik», beginnt er, «ist eine zunehmende Einbürgerung, Aneignung und Anpassung der neueren kontinentaleuropäischen Kritik.» Jede solche Kritik aber als ‹Strukturalismus› zu bezeichnen, wäre eine Vernachlässigung einer wesentlichen Aufspaltung.

«Unter den Kritikern, die von diesen neuen Entwicklungen beeinflußt wurden, läßt sich bereits eine klare Trennungslinie ziehen zwischen denen, die man sokratische, theoretische oder *canny*[2] Kritiker nennen könnte einerseits und apollinisch/dionysischen, tragischen oder *uncanny* Kritikern andererseits. Sokratische Kritiker sind diejenigen, die sich von dem Versprechen einer rationalen Ordnung der Literaturwissenschaft auf der Basis solider Fortschritte in der wissenschaftlichen Erkenntnis der Sprache einlullen lassen. Wahrscheinlich bezeichnen sie sich selbst als ‹Wissenschaftler› und fassen ihre gemeinsamen Unternehmungen unter irgendeinem Terminus wie ‹Humanwissenschaften› zusammen... Ein solches Unternehmen stellt beispielsweise die Disziplin der ‹Semiotik› dar oder die neueren Arbeiten auf dem Gebiet der Erforschung und Ausbeutung rhetorischer Termini. Einige Aspekte der Arbeit von Gérard Genette, Roland Barthes und Roman Jakobson gehören auch hierher...

Den meisten dieser Kritiker ist die sokratische Neigung gemeinsam, die Nietzsche definierte als ‹das unterschütterliche Vertrauen, daß das Denken mit Hilfe des Fadens der Logik bis in die tiefsten Abgründe des Seins eindringen kann›... Die heutigen Erben dieses sokratischen Vertrauens glauben an die Möglichkeit einer vom Strukturalismus inspirierten Kritik als einer rationalen und rationalisierbaren Aktivität mit allgemein anerkannten Verfahrensregeln, gegebenen Fakten und meßbaren Resultaten. Dies wäre dann eine Disziplin, welche die Literatur in das Sonnenlicht eines ‹glücklichen Positivismus› hinausführte...

Diesen stehen die Kritiker entgegen, die man als *uncanny* bezeichnen könnte. Obwohl auch diese von dem gleichen Denkklima wie die sokratischen Kritiker inspiriert wurden und obwohl auch ihre Arbeit ohne die moderne Linguistik unmöglich wäre, ist doch das ‹feeling› oder die Atmosphäre ihrer Schriften ganz anders...

Diese Kritiker sind nicht tragisch oder dionysisch in dem Sinne, daß ihre Arbeiten völlig orgiastisch oder irrational wären. Kein Kritiker z. B. könnte vernünftiger und rationaler, apollinischer in seinem Vorgehen sein als Paul de Man. Ein Aspekt der Kritik Derridas ist eine geduldige und exakte philologische *explication de texte*. Dennoch führt in beiden Fällen der Faden der Logik in Regionen, die alogisch und absurd sind... Früher oder später trifft man auf eine *aporia*, eine Sackgasse... Aber in Wirklichkeit ist der Moment, wo die Logik in ihrer Arbeit versagt, der Moment der tiefsten Durchdringung der wirklichen Natur der literarischen Sprache oder der Sprache überhaupt» («Steven's Rock and Criticism as Cure, II», S. 335–38).

Die Unterscheidung von Strukturalismus und Poststrukturalismus in diesen Termini führt zu einer komplizierten Beziehung, denn *canny* und *uncanny* sind keine einfachen Gegensätze. Ein erfolgreicher *uncanny* Kritiker kann sehr wohl genau so scharfsinnig sein wie sein *canny* Gegenstück, und obwohl das Unheimliche *(uncanny)* eine Verletzung der Ordnung darstellt, ist doch das beunruhigende Geheimnis des unheimlichen Moments in der Literatur oder in der Kritik auch eine Manifestation einer verborgenen Ordnung. «Dies Unheimliche», schreibt Freud, «ist wirklich nichts Neues oder Fremdes, sondern etwas dem Seelenleben von Alters her Vertrautes, ... das eine Verdrängung erfahren hat und aus ihr wiedergekehrt ist» (*Das Unheimliche*, Studienausgabe, Bd. IV, S. 264/68). Das *uncanny* erschöpft sich nicht im Unheimlichen oder Bizarren, sondern verweist auf tieferliegende Gesetze, und Millers Formulierungen stellen gewiß das *uncanny* über das *canny*: Der *uncanny* Poststrukturalismus weckt den *canny* Strukturalismus aus dem dogmatischen Schlaf, in den ihn sein «unerschütterliches Vertrauen» in das Denken und das ‹Versprechen einer rationalen Ordnung› versetzt haben. Ist die Dekonstruktion im Grunde ein Aufdecken von Verblendungen? Worin besteht die Beziehung zwischen der Dekonstruktion und dem, was sie dekonstruiert? Ist der Poststrukturalismus eine Widerlegung des Strukturalismus? Beobachter der Debatte gehen oft von der Annahme aus, daß der Poststrukturalismus den Strukturalismus erfolgreich widerlegt oder ihn zumindest transzendiert hat: *post hoc ergo ultra hoc*. Millers Darstellung zielt in diese Richtung, aber der Gegensatz von *canny* und *uncanny* widersetzt sich dem; denn das *uncanny* ist weder eine Widerlegung noch ein Ersetzen des *canny*.

Gleichwohl sind für Miller Strukturalismus und Poststrukturalismus durch das Kriterium des Vertrauens eindeutig zu unterscheiden. *Canny* und *uncanny* Kritiker führen beide streng logische Untersuchungen durch; die *uncanny* Kritiker jedoch, die nicht an die Logik glauben, werden mit einer ‹tiefen Durchdringung› der Natur der Sprache und der Literatur belohnt, während die *canny* Kritiker mit ihrem unerschütterlichen Vertrauen in das Denken eine Abfuhr erfahren. Auch ohne die neuen Fragen zu stellen, die von dieser Sicht nahegelegt werden – vertraut Roland Barthes der Vernunft mehr als Paul de Man? –, läßt sich doch feststellen, daß die *canny*

Einsichten, zu denen die *uncanny* Kritiker gelangen, die doch über sowenig Vertrauen verfügen, aus dieser Angelegenheit in erster Linie eine Parabel des Stolzes machen. Theoretiker, die auf ihre wissenschaftlichen Ambitionen stolz sind, werden von geduldigen Analytikern überflügelt, deren Aufmerksamkeit den perversen, aporetischen Momenten der Texte gilt, die sie untersuchen. Auch wenn Millers Begriffe keineswegs unterstellen, daß eine der beiden Seiten ein Monopol auf Wahrheit, Ordnung oder Scharfsinn hat, geben sie ihm doch die Möglichkeit, die neuere Kritik auf der Basis des Vertrauens in systematisches Denken in zwei Lager zu spalten: Strukturalisten und Semiotiker sind optimistisch dabei, theoretische Metasprachen für textuelle Phänomene zu erarbeiten; Poststrukturalisten hingegen erforschen voller Skepsis die Paradoxe, die bei der Durchführung derartiger Projekte sich einstellen, und betonen, daß ihre eigene Arbeit nicht als Wissenschaft zu bezeichnen ist, sondern eher als Text.

Die Probleme, die sich aus dieser Unterscheidung ergeben, spielen in den Diskussionen über die heutige Literaturtheorie eine wichtige Rolle; aber es gibt auch Schwierigkeiten, wenn man versucht, die gegenwärtige Theorie nach diesem Schema einzuteilen. Zunächst einmal ist es schwierig zu entscheiden, welcher Theoretiker welchem Lager angehört. Eine vor kurzem von Josué Harari – einem jungen Kritiker, den man gewiß nicht der Ignoranz bezichtigen kann – herausgegebene Anthologie poststrukturalistischer Kritik enthält in erster Linie Schriften von Denkern, die in einer älteren Bibliographie des Herausgebers als Strukturalisten aufgeführt waren: Roland Barthes, Gilles Deleuze, Eugenio Donato, Michel Foucault, Gérard Genette, René Girard, Luis Marin, Michael Riffaterre und Michel Serres. Hararis Aufteilung des Feldes macht Claude Lévi-Strauss und Tzvetan Todorov zu den einzigen echten Strukturalisten, da alle anderen zu Poststrukturalisten geworden sind. Natürlich gibt es radikale Umwälzungen und Bekehrungen; wenn aber so viele der Strukturalisten von gestern die Poststrukturalisten von heute sind, tauchen Zweifel an dieser Unterscheidung auf, zumal diese so ungenau definiert ist. Der Poststrukturalismus ist angeblich die wachsame Kritik früherer Illusionen der Beherrschung; aber es dürfte schwerfallen, Schriften von Strukturalisten zu finden, die sich ihrer selbst so sicher sind, daß sie in dieses Schema passen. In der besten

Untersuchung dieses Problems schreibt Philip Lewis: «Wenn man die Arbeiten solcher strukturalistischer Pioniere wie Lévi-Strauss oder Roland Barthes liest, stellt man fest, daß der Strukturalismus sich keineswegs erst allmählich, als er in die Jahre kam, seiner Grenzen und Probleme bewußt wurde, sondern daß ein äußerst selbstkritisches Bewußtsein von Anfang an vorhanden war und die wissenschaftliche Geisteshaltung des strukturalistischen Unternehmens stärkte» («The Post-Structuralist Condition», S. 8). Unternehmungen, die heute als poststrukturalistisch eingeschätzt werden wie die Kritik des Zeichens, der Repräsentation, des Subjekts, wurden offensichtlich schon in den strukturalistischen Schriften der 60iger Jahre begonnen.

Auch wenn wir uns Einzelfälle anschauen, werden unsere Zweifel über diese Unterscheidung nicht ausgeräumt. Ist Roland Barthes ein Strukturalist oder ein Poststrukturalist? Ist er ein Strukturalist, der widerrief und Poststrukturalist wurde? Wenn das so ist, wann trat der Wandel ein? Barthes' semiologische Untersuchung der Mode, *Die Sprache der Mode*, aus dem Jahre 1967 und sein Programm einer strukturalen Analyse narrativer Texte, «Introduction à l'analyse structurale des récits», aus dem Jahre 1966 sind Arbeiten, die ihn eindeutig als orthodoxen Strukturalisten erweisen würden; aber Schriften, die um einige Jahre älter sind, wie das wichtige Vorwort zu seiner Sammlung *Essais critiques* aus dem Jahre 1964, verbieten es, einen radikalen Wechsel nach 1967 anzusetzen. Und *S/Z*, Barthes' bekanntestes Werk auf dem Felde der Kritik, ist äußerst schwer einzuordnen, nicht etwa, weil es den Themen, auf die die Unterscheidung zwischen Strukturalismus und Poststrukturalismus gewöhnlich aufbaut, aus dem Weg geht, sondern weil es sich beide Vorgehensweisen mit einem Eifer aneignet, als wüßte es nicht, daß diese angeblich radikal verschiedene Bewegungen sind. *S/Z* entwikkelt eine starke metalinguistische Dynamik: Es versucht, das literarische Werk in seine Konstituenten zu zerlegen, indem es sie in einer rationalistischen bzw. wissenschaftlichen Einstellung benennt und klassifiziert; es bestimmt und beschreibt die verschiedenen Codes, auf denen der klassische lesbare Text aufgebaut ist, und untersucht ausführlich die Konventionen dieser Schreibweise. Es will die Operationen erhellen, durch die Leser Romanen einen Sinn zuweisen, und liefert so scharfsinnige und relevante Beiträge zu einer Poetik fiktionaler Texte. Gleichzeitig aber beginnt *S/Z* mit einer Erklärung, die Barthes und andere als eine Zurücknahme des strukturalistischen Unternehmens angesehen haben: Barthes betont, daß er den Text nicht als ein Produkt oder eine Manifestation eines ihm zugrundeliegenden Systems behandeln will, sondern daß er untersuchen will, wie der Text von sich selbst differiert, die Weise, wie er die Codes, auf die er sich scheinbar verläßt, gegeneinander ausspielt. Die Tatsache, daß *S/Z* seine Kraft und sein Interesse der Kombination von Vorgehensweisen verdankt, die angeblich gegensätzlichen Schulen angehören, gemahnt uns daran, diesen Gegensatz vorsichtig zu verwenden, und sollte uns daran erinnern, daß von Anfang an strukturalistische Versuche, die Konventionen des literarischen Diskurses zu beschreiben, mit Untersuchungen einhergingen, auf welche Weise die interessantesten Werke diese Konventionen offenlegen, parodieren und verletzen. In Barthes' *Essais critiques* zum Beispiel kommen die stärksten Impulse für eine Poetik aus den radikalen Innovationen des *nouveau roman*. Von Anfang an scheint Barthes' Strukturalismus von ‹poststrukturalistischen› Interessen durchwoben zu sein.

Ähnliche Probleme stellen sich, wenn wir uns Jacques Lacan zuwenden. Wegen seiner ausdrücklichen Bezugnahme auf Saussure und Jacobson und wegen seiner These, das Unbewußte sei strukturiert wie eine Sprache, auf dem Höhepunkt des Strukturalismus zum Strukturalisten erklärt, wurde Lacan dennoch zu einer Eminenz des Poststrukturalismus, der durch seinen Stil die Gewißheiten, die er verkündet, unterminiert und das ‹unerschütterliche Vertrauen› der *canny* Kritiker verwirft und dennoch vorgibt, «die tiefsten Abgründe des Seins zu durchdringen»[3]. Der Gegensatz von Strukturalismus und Poststrukturalismus macht den Versuch, solche wichtigen Denker zu verstehen, nur noch schwerer.

Auch wenn der Konflikt zwischen dem Rationalen und dem Irrationalen, zwischen dem Versuch, Unterscheidungen zu treffen, und dem Versuch, diese aufzulösen, oder zwischen dem Streben nach Wissen und dem In-Frage-Stellen von Wissen in der gegenwärtigen kritischen Theorie ein wesentlicher Faktor ist, bieten uns diese Gegensätze letztlich keine Möglichkeit, zwischen den kritischen Schulen verläßliche Unterscheidungen zu treffen. Man kann z. B. feststellen, daß Miller seine *uncanny* Kritiker für eine *canny* Leistung lobt: ihre tiefe Einsicht in die Natur der literarischen Sprache und der

Textualität. Nicht nur ist der Moment, wo in ihrer Arbeit die Logik versagt, «der Moment der tiefsten Durchdringung der wirklichen Natur der literarischen Sprache oder der Sprache überhaupt», sondern «dies ist auch der Ort, zu dem die sokratischen Vorgehensweisen letztlich führen werden, wenn sie weit genug vorangetrieben werden» («Steven's Rock and Criticism as Cure, II», S. 338). Beide Ansätze können zu denselben Einsichten führen. Derridas Lektüre Saussures, die im 2. Kapitel diskutiert wird, kommt zu Erkenntnissen über die Natur der Sprache; aber es sind auch Erkenntnisse, die durch Saussures *canny* Untersuchung der Sprache erst vermittelt wurden. Man könnte sagen, daß Derrida mit größtmöglicher Strenge das strukturalistische Prinzip befolgt, es gebe in dem linguistischen System nur Differenzen, keine positiven Termini. Derrida liest diese Erkenntnis in Saussure, genauso wie de Man sie in Proust, Rilke, Nietzsche und Rousseau liest oder wie Miller sein *uncanny* Wissen bereits bei Stevens, George Eliot oder Shakespeare ausgearbeitet findet. Miller stellt in der Schlußfolgerung seines Essays fest, daß «der unheimlichste *(most uncanny)* Moment in der sich entwikkelnden Polarität unter den heutigen Kritikern jedenfalls der Moment ist, wenn die scheinbaren Gegensätze sich umkehren; der sokratische Kritiker wird *uncanny*, der *uncanny* Kritiker wird *canny* und manchmal nur allzu gewitzt rational» (S. 343). Diese Möglichkeit der Umkehrung, auf die wir häufiger treffen werden, als wir vielleicht erwartet hätten, behält die Unterscheidung zwischen *canny* und *uncanny* oder zwischen vertrauensvoller Rationalität und Skeptizismus bei, verhindert aber, daß diese zum Prüfstein kritischer Zuweisung oder zur Basis einer Klassifikation wird.

Die ständige Bezugnahme in der kritischen Debatte auf die Unterscheidung zwischen Strukturalismus und Poststrukturalismus hat auch einige unglückliche Effekte zur Folge. Erstens führt die Kontrastierung der Begriffe dazu, daß jedes Interesse für dasjenige, was sich dem Verstehen widersetzt oder die Konventionen unterläuft, dem Poststrukturalismus zugerechnet wird und uns einen blinden und programmatischen Strukturalismus zurückläßt. Die Dekonstruktion und andere Versionen des Poststrukturalismus dadurch zu definieren, daß man sie den systematischen Unternehmungen des Strukturalismus entgegensetzt, führt auf die gleiche Weise dazu, diese als die Verherrlichung des Irrationalen und des Unsystematischen zu behandeln. Wenn man die Dekonstruktion als Gegensatz zum ‹wissenschaftlichen› Strukturalismus definiert, dann mag man ihn mit dem Markenzeichen ‹Derridadaismus› versehen – was eine witzige Geste sein mag, durch die Geoffrey Hartman Derridas Argumente aber nur auslöscht (*Saving the Text*, S. 33). In einem anderen Rahmen hätte die Dekonstruktion auch eine andere Kontur.

Drittens legt der Gegensatz zwischen Strukturalismus und Poststrukturalismus den Gedanken nahe, daß die diversen Schriften der neueren Theorie eine poststrukturalistische Bewegung bilden. Theorieorientierte Kritiker wie Harold Bloom und René Girard werden so als Poststrukturalisten behandelt, da sie allem Anschein nach keine Strukturalisten sind. Bloom wird von Miller und anderen als Vertreter der *Yale School* gefeiert, und er war die treibende Kraft hinter der Essaysammlung *Deconstruction and Criticism*; dennoch versucht er sich in seiner Arbeit an der am wenigsten dekonstruktiven Aufgabe, nämlich der Entwicklung eines psychologischen Modells zur Beschreibung der Genese von Gedichten, und er legt sich ausdrücklich mit der Dekonstruktion an, indem er auf der Priorität des Willens besteht: des Willens der großen Dichter im Kampf mit ihren titanischen Vorgängern. Auch wenn ein geschickter Interpret bedeutsame Berührungspunkte zwischen Bloom und Derrida oder de Man aufdecken kann, setzt doch Bloom alles daran, seine Arbeit gegen die ihrigen abzusetzen, und er insistiert darauf, daß das menschliche Subjekt nicht Effekt der Textualität ist, sondern Grund oder Ursprung: «Der Mensch schreibt, der Mensch denkt und das immer, indem er sich auf einen anderen Menschen bezieht und sich von ihm absetzt» (*A Map of Misreading*, S. 60). Wenn man die neuere Kritik als poststrukturalistisch definiert, verdeckt man solche Probleme.

René Girard wird mit dem Poststrukturalismus zum Teil wegen seiner französischen Herkunft assoziiert, zum Teil wegen der Textualität seiner frühen Darstellung des mimetischen Begehrens. Sein wichtiges Buch über den Roman, *Mensonge romantique et vérité romanesque*, analysiert das Begehren als Nachahmung des repräsentierten Begehrens des anderen. Aber es dürfte schwierig sein, sich einen Theoretiker vorzustellen, der mit dem Poststrukturalismus mehr im Streit liegt als der Girard der letzten Jahre, der sich selbst als einen Wissenschaftler definiert, welcher nachweisen möchte, daß Kultur und Institutionen in wirklichen, spezifischen Gewaltakten gegen willkürlich ausgewählte Sündenböcke ihren Ursprung finden. Literarische Werke sind rituelle Wiederholungen solcher ursprünglicher Opferhandlungen, die von der Kultur verdeckt werden, deren Spuren man aber in ihren Werken nachweisen kann. Im Verlauf der Entwicklung und Ausarbeitung dieser starken Hypothese ist Girard zu einem christlichen Denker geworden, für den die christliche Offenbarung mit ihrem authentischen, göttlichen Opfer den einzigen Ausweg aus der Gewalttätigkeit des mimetischen Begehrens darstellt. Die Feindschaft gegen viele poststrukturalistische Themen, die in seiner eigenen Darstellung seiner Arbeit deutlich zu spüren ist, wird durch einen Rahmen verdeckt, der einen dazu drängt, ihn entweder als Strukturalisten oder als Poststrukturalisten einzuschätzen.[4] Eine sorgfältige Auseinandersetzung mit der Kritik, die sich auf die Differenz von Strukturalismus und Poststrukturalismus konzentriert, müßte zu dem Schluß kommen, daß zwischen Strukturalisten und Poststrukturalisten im allgemeinen mehr Ähnlichkeiten bestehen als zwischen vielen Poststrukturalisten.

Schließlich behindert die Konzentration auf diese Unterscheidung die Untersuchung anderer Probleme und Bewegungen. Wenn man die gegenwärtige Kritik als eine Auseinandersetzung zwischen *New Criticism*, Strukturalismus und Poststrukturalismus darstellt, wird es schwierig, der feministischen Kritik Gerechtigkeit widerfahren zu lassen, die auf den literarischen Kanon eine größere Wirkung ausgeübt hat als jede andere kritische Bewegung und die wohl eine der stärksten Kräfte bei der Erneuerung der gegenwärtigen Kritik ist. Auch wenn viele Poststrukturalistinnen Feministinnen sind (und vice versa), ist doch die feministische Kritik nicht poststrukturalistisch, besonders dann, wenn man den Poststrukturalismus als Gegensatz zum Strukturalismus definiert. Für eine angemessene Diskussion der feministischen Kritik würde man einen anderen Rahmen benötigen, in dem der Poststrukturalismus nicht ein Gegebenes wäre, sondern ein Produkt.

Kurz gesagt, auch wenn die meisten Aussagen der neueren Kritik zu einer ganzen Reihe von wichtigen Problemen führen – etwa die Beziehung zwischen Literatur und theoretischen Sprachen anderer Disziplinen, die Möglichkeit und der Status einer systematischen Sprach- und Texttheorie –, ist doch die Unterscheidung von Strukturalismus und Poststrukturalismus äußerst unzuverlässig; statt eine Diskussion über Poststrukturalismus zu führen, in der der Dekonstruktion eine Hauptrolle zukäme, erscheint es mir sinnvoller, einen anderen Ansatz zu versuchen, der vielleicht zu reichhaltigeren und überzeugenderen Beziehungen führt. Da der größte Teil der gegenwärtigen Kritik etwas über das Lesen zu sagen hat, glaube ich, daß dieses Thema einen guten Einstieg bietet, um einen Kontext für die Diskussion der Dekonstruktion bereitzustellen.

Anmerkungen

1. William Wordsworth, *The Prelude* (1850), Buch VII, Zeile 722 und 727/28. Eine scharfsinnige Diskussion der Beziehung von Chaos und Blockage zur Situation des Kritikers findet sich in Neil Hertz' «The Notion of Blockage in the Literature of the Sublime». – Vollständige bibliographische Informationen über diese und folgende Literaturangaben werden in der Bibliographie gegeben.

2. Das Wortspiel *canny* (gerissen, schlau)/*uncanny* (unheimlich) ist im Deutschen nicht wiederzugeben. J. Hillis Miller bezieht sich hier wohl auf den Umstand, daß Freuds Aufsatz «Das Unheimliche», der in der englischen Übersetzung *The Uncanny* betitelt ist, in der poststrukturalistischen Literatur eine eminente Rolle spielt.

3. Vgl. hierzu Jacques Derridas einschneidende Diskussion in «Le facteur de la vérité» in *La carte postale*. Lacan ist für viele Kritiker und Theoretiker so attraktiv, weil seine Aussagen über die Komplexität und Unbestimmtheit seiner Prosa hinaus das Versprechen einer Wahrheit enthalten, die Wahrheit über das Subjekt, eine Wahrheit, die nicht bloß eine wahre Lektüre eines Textes ist, sondern die Wahrheit über die Psyche und das Begehren des Menschen: kurz, eine Durchdringung der tiefsten Abgründe des Seins. In einer subtilen Erwiderung, die eine komplexe Transferbeziehung zwischen Derrida und Lacan herstellt, argumentiert Barbara Johnson, daß Derridas Kritik sich maßgeblich auf Lacan bezieht, *wie er gelesen wird* – den Lacan, der als sibyllinische Quelle der Wahrheit gelesen wird –, daß aber die Unfaßbarkeit der Lacanschen Schreibweise aus Derridas Kritik (die das Schuldgefühl wegen einer bestimmten Art der Lektüre Lacans auf Lacans Text überträgt) zu einer Art Komplott macht (*The Critical Difference*, S. 125/26). In der Beziehung zwischen einem Text und seiner Lektüre, die Johnson analysiert, können wir ein Modell von beträchtlicher Bedeutung und Allgemeinheit finden, das manche Interpreten dazu führt, jede Lektüre

als eine Fehllektüre anzusehen (vgl. S. 269 ff.). Als Illustration mag im Moment der Hinweis genügen, daß Hillis Millers Kritik des Strukturalismus allem Anschein nach nicht so sehr auf den Texten von Barthes und seinen Kollegen beruht, sondern auf einer Lektüre bzw. einer Interpretation des Strukturalismus: in diesem Falle der systematischen Darstellung des Strukturalismus in meinem Buch *Structuralist Poetics*. In dem Moment, als Miller den oben beschriebenen Gegensatz von *uncanny* und *canny* Kritikern zum ersten Mal aufstellt, schreibt er in einem bereits teilweise zitierten Satz: «Obwohl auch diese von dem gleichen Denkklima wie die sokratischen Kritiker inspiriert werden und obwohl auch ihre Arbeit ohne die moderne Linguistik unmöglich wäre, ist doch das ‹feeling› oder die Atmosphäre ihrer Schriften ganz anders als bei einem Kritiker wie Culler mit seinem energischen *common sense* und seinen beruhigenden Begriffen der ‹literarischen Kompetenz› und des Erwerbs von ‹Konventionen›, seiner Hoffnung, daß alle rechtschaffenen Leute sich auf den Sinn eines Gedichts oder Romans einigen oder wenigstens einem gemeinsamen ‹Diskursuniversum› angehören könnten, in dem sie dann darüber reden können» («Steven's Rock and Criticism as Cure, II», S. 336). Ob diese Charakterisierung von *Structuralist Poetics* zutreffend ist oder nicht, mag dahingestellt sein; jedenfalls mag es als Illustration dienen, auf welche Art Kritiker sich auf andere Lektüren dessen verlassen, was sie kritisieren; genau wie eine Kritik der *uncanny* Kritik sich auf Millers eigene systematische und daher *canny* Darstellung verlassen könnte.

4. Zur Diskussion der Arbeit Girards vgl. Philippe Lacoue-Labarthe, «Typographie».

Erstes Kapitel

Der Leser und der Akt des Lesens

1. Neue Errungenschaften

Gleich zu Beginn von *Die Lust am Text* fordert Roland Barthes dazu auf, uns ein bizarres Wesen vorzustellen, das sich von der Angst, sich zu widersprechen, befreit hat, das Sprachen miteinander vermengt, die als unvereinbar gelten und das den Vorwurf des Illogismus stumm erträgt. Die Regeln unserer Institutionen, schreibt Barthes, würden eine solche Person zu einem Außenseiter machen. Wer kann schon ohne Scham im Widerspruch leben? «Nun, dieser Antiheld existiert: es ist der Leser eines Textes in dem Moment, wo er Lust empfindet» (S. 8). Andere Kritiker und Theoretiker beurteilen den Charakter des Lesers anders; sie preisen seine Freiheit oder seine Konsistenz und machen ihn so eher zu einem Helden statt einem Antihelden, aber auch sie tragen dazu bei, dem Leser eine zentrale Rolle zuzuweisen sowohl in der theoretischen Diskussion der Literatur und der Kritik als auch in Interpretationen literarischer Werke. Wenn, wie Barthes behauptet, «die Geburt des Lesers nur um den Preis des Todes des Autors stattfinden kann», waren viele bereit, diesen Preis zu zahlen (*Image, Music, Text*, S. 148).

Es sieht so aus, als ob selbst die Kritiker, denen dieser Preis zu hoch ist und die sich den ihrer Meinung nach gefährlichen Tendenzen der zeitgenössischen Kritik widersetzen, dazu neigten, sich der Untersuchung der Rolle des Lesers und des Akts des Lesens anzuschließen. Einige neuere Titel belegen das: Wayne Booth' *Critical Understanding*, Walter Davis' *The Act of Interpretation*, E.D. Hirschs *The Aims of Interpretation*, John Reicherts *Making Sense of Literature*, Geoffrey Stricklands *Structuralism or Criticism: Some Thoughts on How We Read*. Diese Theoretiker, für die Kritik wesentlich in der Enthüllung der Absichten des Autors besteht, fühlten sich verpflichtet, ihre eigene Darstellung des Akts des Lesens zu geben, um diejenigen in die Schranken zu weisen, die aus dem Leser einen Antihelden machen, ein Opfer, einen zügellosen Hedonisten, einen Gefangenen einer Identitätsproblematik oder eines Unbewußten oder einen, der Bedeutungen nach Gutdünken erfindet. Um derartigem Unsinn ein Ende zu bereiten, haben sie sich in den kritischen Wettstreit um das Recht auf den Leser gestürzt, und zwar mit einer Kritik, die, wie Reichert formuliert, «die Überfülle miteinander konkurrierender kritischer Sprachen durchschneidet, um die einfachen Prozesse des Lesens, Verstehens und Bewertens wiederzuentdecken und neu zu würdigen» (*Making Sense of Literature*, S. X). Wenn, wie Barthes sagt, der Leser ohne Scham im Widerspruch leben kann, dann ist das sicher gut für ihn, denn in dieser umstrittenen Figur treffen die gegensätzlichen Behauptungen und Beschreibungen der aktuellen kritischen Debatten aufeinander. «*Der Leser* und *das Publikum*», schreibt Susan Suleiman in einer leserorientierten Anthologie, «die früher auf den Status des Unproblematischen und Selbstverständlichen verwiesen waren, stehen jetzt im Zentrum des Interesses» (*The Reader in the Text*, S. 3). Wie ist es dazu gekommen?

Ein Grund für das Interesse am Leser und am Akt des Lesens liegt in der vom Strukturalismus und der Semiotik geförderten Orientierung. Der Versuch, die für die Produktion von Sinn zuständigen Strukturen und Codes zu beschreiben, lenkt die Aufmerksamkeit auf den Lesevorgang und dessen Möglichkeitsbedingungen. Eine strukturale Poetik oder *science de la littérature*, schreibt Barthes, «kann uns nicht vermitteln, welche Bedeutung einem Werk definitiv zuzuweisen sei: sie wird keine Bedeutung liefern, noch eine solche finden, sondern sie wird die Logik beschreiben, nach der Bedeutungen erzeugt werden» (*Critique et vérité*, S. 63). Eine Poetik, die von der Verstehbarkeit des Werks ausginge, müßte den verschiedenen Weisen nachgehen, auf die das Werk von Lesern verstanden wurde, und die Grundbegriffe einer solchen Poetik, z. B. Barthes' Unterscheidung von *lisible* und *scriptible*, müßten sich auf den Akt des Lesens beziehen: *lisible* ist das, was mit den Codes übereinstimmt und von dem wir wissen, wie es gelesen werden muß; *scriptible* ist das, was sich dem Lesen widersetzt und nur geschrieben werden kann.

Das strukturalistische Interesse für Codes führt Kritiker dazu, das Werk als ein intertextuelles Konstrukt aufzufassen – als Produkt verschiedener kultureller Diskurse, auf die es sich verläßt, um verstanden zu werden – und untermauert so die zentrale Rolle des Lesers als dem eigentlichen Fokus. «Wir wissen jetzt», schreibt Barthes mit jener Selbstsicherheit, die manche Autoren in Paris überkommt, «daß ein Text keine Folge von Worten ist, die einen einzigen ‹theologischen› Sinn offenbart (die ‹Botschaft› eines Gott-Autors), sondern ein vieldimensionaler Raum, in dem eine ganze Reihe von Schreibweisen *(écritures)*, von denen keine ursprünglich ist, sich überschneiden und aufeinandertreffen. Der Text ist ein Gewebe aus Zitaten aus den zahllosen Zentren der Kultur.» «Aber», fährt er fort, «es gibt einen Ort, an dem diese Vielheit in einem Fokus sich bündelt, und dieser Ort ist der Leser und nicht, wie man bisher sagte, der Autor. Der Leser ist der Raum, in den alle Zitate, die eine Schrift bilden, eingeschrieben sind... Die Einheit eines Textes liegt nicht in seinem Ursprung, sondern in seinem Bestimmungsort» (*Image, Music, Text*, S. 146, 148). Gewiß, die Betonung liegt auf dem Leser als Funktion, nicht als Person, als *destinataire* oder Ort, wo die Codes angeblich eingeschrieben sind, von denen die Einheit und Verstehbarkeit des Textes abhängen. Die Auflösung des Lesers in Codes ist eine Kritik der phänomenologischen Auffassung des Akts des Lesens; aber auch wenn man den Leser als Produkt von Codes auffaßt – ein Produkt, dessen Subjektivität, wie Barthes schreibt, aus einer Ansammlung von Stereotypen bestünde –, wäre immer noch eine Unterscheidung der Stereotypen möglich wie Barthes' Typologie von «Lektürelust» und «Lustleser», welche die «Leseneurose zur halluzinierten Form des Textes» in Beziehung setzt und vier Typen des Lesers oder der Lustlektüre unterscheidet: den Fetischisten, den Zwangsneurotiker, den Paranoiker, den Hysteriker (*Die Lust am Text*, S. 93).

Eine Unterscheidung nach Lesertypen könnte eine interessante Perspektive für die Forschung – oder die Spekulation – sein, der aber die Strukturalisten selbst selten nachgehen, da sie ihr Interesse auf die für die *lisibilité* oder die Verstehbarkeit des Werks relevanten Codes und Konventionen richten. Barthes beschreibt in *S/Z* den Lektüreprozeß als ein Zuordnen der Textelemente zu fünf Codes, von denen jeder aus einer Serie von Stereotypen besteht, aus «Perspektiven aus Zitaten», aus «Splittern von diesem Etwas, das immer schon gelesen, gesehen, getan, gelebt worden ist» (S. 25). In dem späteren Aufsatz «Analyse textuelle d'un conte d'Edgar Poe» erhöht er die Anzahl der Codes, indem er den Code, den er vorher als den «kulturellen» bezeichnete, weiter unterteilt; zweifellos müßten noch weitere hinzukommen. In *Semiotics of Poetry* führt Michael Riffaterre aus, daß Codes poetischer Stereotype die Basis der Schaffung poetischer Texte bilden und daß ein entscheidendes Moment der Lektüre in dem Erkennen der Transformationen dieser Codes liegt. Zu dieser Liste muß noch ein Code gezählt werden, der zwar in *S/Z* weitgehend vernachlässigt, in anderen Beiträgen zur Poetik aber ausführlich untersucht wird: der Code des Erzählvorgangs *(narration)*, der es dem Leser ermöglicht, den Text als Kommunikation zwischen einem Erzähler *(narrator)* und einem narrativen Publikum oder *narratee* aufzufassen.

Die Untersuchung des narrativen Publikums, ein wichtiger Zweig der Poetik des Lesens, geht der Frage nach, welche Unterscheidungen notwendig sind, um narrative Effekte zu erklären. Der *narratee*, den Gerald Prince als Adressat des Erzählers definiert, muß sowohl von dem idealen Leser unterschieden werden, den der Autor sich vielleicht vorstellt (der z. B. jedes Wort und jeden Kunstgriff des Werks würdigt und bewundert), als auch von Wolfgang Isers «implizitem Leser», der eine textuelle Struktur ist, zu der «die Prädispositionen gehören, die notwendig sind, damit das Werk seine Wirkung entfalten kann» (Prince, »Introduction à l'étude du narrataire», S. 177/178; Wolfgang Iser, *Der Akt des Lesens*, S. 34). In einer Reihe vorzüglicher Untersuchungen unterscheidet Peter Rabinowitz vier Publikumstypen: das reale Publikum, das autoriale Publikum (für das das Werk der fiktive Kommunikationsakt eines Autors ist), das narrative Publikum (für das das Werk die Mitteilung des Erzählers ist) und ein ideales narratives Publikum (das den Kommunikationsakt des Erzählers so interpretiert, wie dieser das zu wünschen scheint). «In John Barths *End of the Road* z. B. weiß das autoriale Publikum, daß Jacob Horner (der Erzähler und Held) niemals existiert hat; das narrative Publikum dagegen glaubt, daß er existiert hat, akzeptiert aber seine Analysen nicht völlig; und das ideale narrative Publikum schließlich akzeptiert unkritisch alles, was er sagt» («Truth in Fiction: A Reexamination of Audiences», S. 134).

Zwei Dinge sind hier besonders zu beachten. Erstens werden diese Unterscheidungen vorgeschlagen, um zu erklären, was beim Lesen geschieht: Rabinowitz interessiert sich besonders für radikal verschiedene Auffassungen von Nabokovs *Pale Fire*, die auf unterschiedliche Auffassungen dessen zurückgeführt werden können, was das narrative bzw. das autoriale Publikum vermutlich glaubt. Zweitens sind diese ‹Publikumstypen› in Wirklichkeit Rollen, die vom Leser gesetzt und bei der Lektüre zum Teil eingenommen werden. Einer, der Swifts *A modest Proposal* als ein ironisches Meisterwerk liest, postuliert zunächst ein Publikum, an das der Erzähler sich allem Anschein nach zu wenden glaubt: ein Publikum mit bestimmten Annahmen, das dazu neigt, gewisse Einwände zu formulieren, das aber die Argumentation des Erzählers wahrscheinlich schlüssig und überzeugend findet. Die zweite Rolle, die der Leser postuliert, ist die eines Publikums, das einen ernsthaften Vorschlag zur Behebung der Hungersnot in Irland erwartet, das aber den Wert und die Voraussetzungen des Vorschlags (und damit auch des «idealen narrativen Publikums») ausgesprochen schräg findet. Schließlich ist der Leser auch noch Teil eines Publikums, welches das Werk gar nicht als den Vorschlag eines Erzählers liest, sondern als gelungene Konstruktion eines Autors und dessen Kraft und Geschick bewundert. Reale Leser kombinieren in unterschiedlichem Grad die Rollen des autorialen, narrativen und sogar des idealen narrativen Publikums miteinander – und leben ohne Scham im Widerspruch. Vielleicht sollte man gar nicht von dem «impliziten Leser» als einer einzigen Rolle sprechen, die zu spielen der Leser aufgefordert wird, weil die Lust des Lesers sehr wohl, wie Barthes sagt, aus der Interaktion verschiedener Engagements kommen mag.

Kritiker, deren Interesse den Konventionen und Verfahrensweisen des Lesevorgangs gilt, tendieren dazu, das Werk als Abfolge von Wirkungen aufzufassen, denen der Leser beim Verstehen ausgesetzt ist. Die Interpretation eines Werks besteht dann in einer Beschreibung dessen, was dem Leser widerfährt: wie unterschiedliche Konventionen und Erwartungen ins Spiel kommen, wo bestimmte Verbindungen hergestellt und Hypothesen aufgestellt, wie Erwartungen enttäuscht oder bestätigt werden. Von dem Sinn eines Werks reden heißt dann, die Geschichte einer Lektüre zu erzählen. Bis zu einem gewissen Grad ist dies in Barthes' *S/Z* der Fall, ausgeprägter aber findet sich diese Einstellung in solchen Werken wie Stanley Fishs *Surprised by Sin: The Reader in Paradise Lost*, Wolfgang Isers *Der implizite Leser*, Stephen Booths *An Essay on Shakespeares' Sonnets* und meiner Untersuchung *Flaubert: The Uses of Uncertainty.*[1] Jede dieser kritischen Darstellungen beschreibt den Versuch des Lesers, auf den Text die Codes und Konventionen anzuwenden, die er für relevant hält, und die Weise, wie sich der Text bestimmten interpretatorischen Verfahren widersetzt oder fügt. Struktur und Sinn des Werks erschließen sich in der Darstellung der Aktivität des Lesers.

Diese Betrachtungsweise des Lesers und des Lesevorgangs ist natürlich nicht neu. Lange vor Barthes war die Reaktion des Lesers ein wesentliches Moment der Darstellung der literarischen Struktur. In Aristoteles' *Poetik* bietet erst die Tatsache, daß der Leser oder Zuschauer an bestimmten Stellen und unter bestimmten Bedingungen die Erfahrung von Furcht und Mitleid macht, eine Möglichkeit, tragische Handlungen zu unterscheiden: Die verschiedenen Typen der tragischen Handlung hängen von der unterschiedlichen Wirkung auf den Leser ab. Auch die Kritik der Renaissance bewertet, wie Bernard Weinberg feststellt, die Qualität eines Gedichtes nach seinen Wirkungen auf ein Publikum.[2]

Selbst die Vertreter des *New Criticism* unserer Tage, die jetzt verachtet werden, weil sie das Reden über den Leser als ein Beispiel des affektiven Fehlschlusses («Verwechslung zwischen dem, was ein Gedicht *ist*, und dem, was es *bewirkt*») ausschlossen, sind oft äußerst interessiert an dem, was ein Gedicht bewirkt, wenn sie seine dramatische Struktur beschreiben oder das komplexe Gleichgewicht von Haltungen loben, die es hervorruft. Die Fälle, in denen Vertreter des *New Criticism* die Rolle des Lesers ausdrücklich anerkennen, verweisen auf eine Beziehung zwischen leserorientierter Kritik und Moderne. In «Poetry since *The Waste Land*» zeigt Cleanth Brooks, daß eine fundamentale Technik der modernen Lyrik in der nicht-analysierten Nebeneinanderstellung von Elementen besteht, wobei «die Verbindung der Vorstellungskraft des Lesers überlassen bleibt.» In *The Waste Land* verzichtet Eliot darauf, die Implikationen aus der Nebeneinanderstellung von Szenen zu ziehen, sondern «erlegt diese Bürde dem Leser auf und fordert ihn auf, die beiden Szenen in seiner Vorstellung miteinander zu verbinden.» Hat der

Kritiker diese moderne Technik erst einmal identifiziert, kann er deren Bedeutung auch in älteren Gedichten erkennen: Wordsworths Lucy-Gedichte, bemerkt Brooks, «enthüllen Lücken in der Logik, die der Leser durch einen Sprung der Vorstellungskraft zu überbrücken gezwungen ist – sie verweisen auf Analogien, die darauf drängen, vervollständigt zu werden – und die doch nur der Leser selbst vervollständigen kann» (*A Shaping Joy*, S. 58).

Die Kritik muß die Rolle des Lesers dann anerkennen, wenn literarische Werke, wie Henry James formuliert, «immer und immer wieder durch eine Lücke glänzen» (*Selected Criticism*, S. 332). Aber eine solche Anerkennung führt zu keiner grundlegenden Veränderung der Rolle, die der Begriff des Lesers und des Publikums bisher in der Beschreibung der Struktur der Literatur gespielt hat. Bei der Untersuchung vieler moderner Werke kann man sehr wohl die Aktivität des Lesers hervorheben und diese dennoch als Vollendung einer festgelegten Aufgabe ansehen: Der Leser muß selbst die Beziehung zwischen zwei Bildern ‹herausarbeiten›, er muß die Analogien vervollständigen, die ‹darauf drängen, vervollständigt zu werden›, oder er muß aus disparaten Hinweisen ermitteln, was ‹wirklich› geschehen sein muß, und so ein Muster oder einen Plan an die Oberfläche bringen, die das Werk verbirgt. Dies ist die generelle Rolle, die Roman Ingarden und Wolfgang Iser dem Leser zuweisen: die Lücken zu füllen, die Unbestimmtheitsstellen eines Werks zu konkretisieren und zu bestimmen.[3]

Wenn in letzter Zeit die Aktivität des Lesers in der Kritik eine entscheidende Rolle spielt, dann mag das damit zusammenhängen, daß manche Werke – diejenigen, die Umberto Eco in *Das Offene Kunstwerk* als «offene Werke» bezeichnet – zu einer allgemeinen Neubewertung des Status des Lesens herausfordern, indem sie den Leser oder Interpreten auffordern, eine fundamentalere Rolle als Konstrukteur des Werks zu spielen. Die Musik bietet dafür auffallende Beispiele, zum Beispiel *Die dritte Sonate für Klavier* von Pierre Boulez, deren erster Teil aus zehn verschiedenen Stücken auf zehn Partiturblättern besteht, die auf unterschiedliche Weise zu Sequenzen angeordnet werden können (Eco, *The Role of the Reader*, S. 48). Werke, die sich als Serie von Komponenten präsentieren, die der Leser oder der Interpret auf verschiedene Weise zusammensetzt, erweisen sich oft als allzu offensichtliche Experimente, deren

Hauptinteresse vielleicht in ihrer Auswirkung auf die Auffassung von Kunst oder Lektüre besteht. Indem sie den Lesevorgang als einen Schreibvorgang behandeln – als Konstruktion des Textes –, stellen sie ein neues Modell der Lektüre bereit, das auch zur Beschreibung der Lektüre anderer Texte dienen kann. Man kann zum Beispiel die These aufstellen, daß die Lektüre von *Finnegans Wake* weniger darin besteht, Beziehungen, die in den Text eingeschrieben sind, zu erkennen und herauszuarbeiten, sondern eher darin, einen Text zu produzieren: Indem er sich Assoziationen überläßt und Beziehungen erstellt, konstruiert jeder Leser einen anderen Text. Bei eher traditionellen Werken mag dieses Modell dazu dienen, die Ähnlichkeiten in den Produktionen von Lesern dadurch zu erklären, daß man den produktiven Einfluß textueller Codes und institutionalisierter Konventionen untersucht. In dieser Perspektive werden andere Darstellungen des Lesevorgangs – Lesen als Erkennen eines Sinns oder einer Struktur – nicht ausgeschlossen, sondern werden zu partikularen und begrenzten Fällen des Lesens als Produktionsvorgang. Auch wenn die Auffassung des Lesers als Produzenten, wie wir noch sehen werden, Nachteile mit sich bringt, lassen sich doch die Vorschläge solcher Theoretiker wie Booth, Hirsch und Reichert, die diese Auffassung der Lektüre bekämpfen, in diesem Rahmen noch als Regeln für partikulare, restringierte Formen der Reskription *(rewriting)* begreifen.

In dieser Perspektive, in der, wie Barthes sagt, «es das Vorhaben der literarischen Arbeit (der Literatur als Arbeit) ist, aus dem Leser nicht mehr einen Konsumenten, sondern einen Textproduzenten zu machen» (*S/Z*, S. 8), werden Variationen in den Konstrukten der Leser nicht mehr als Zufälle aufgefaßt, sondern als normale Effekte des Akts des Lesens. Dies hat Implikationen auch für solche Kritiker, die die Auffassung, daß der Leser den Text konstruiert, ablehnen; denn die Betonung der Variationsmöglichkeiten der Lektüre und ihrer Abhängigkeit von konventionellen Prozeduren erleichtert die Behandlung politischer und ideologischer Fragestellungen. Wenn die Lektüre immer eine Reskription des Textes ist und wenn die Rekonstruktion der Absicht eines Autors nur eine partikulare, eng begrenzte Form einer solchen Reskription ist, dann ist etwa eine marxistische Lektüre nicht eine illegitime Verzerrung, sondern einfach eine Produktionsform unter anderen. Eine solche revidierte

Konzeption des Status der Lektüre könnte einer Kritik entgegengehalten werden, die sich für diejenigen Texte der Avantgarde nicht interessiert, die als Hebel für den Perspektivwechsel dienen.

Die zeitgenössische Literatur fordert auch deshalb dazu auf, die Aufmerksamkeit auf den Leser zu richten, weil viele der Schwierigkeiten und Diskontinuitäten neuerer Werke der kritischen Diskussion nur dann zugänglich werden, wenn man den Leser als Protagonisten auffaßt. Ein Gedicht von John Ashbury analysieren bedeutet zunächst einmal, die Schwierigkeiten zu beschreiben, auf die der Leser bei der Suche nach Sinn stößt. In Frankreich scheint das Interesse am Leser in dem Moment aufgetaucht zu sein, als es sich als unmöglich erwies, den *nouveau roman* als rein objektive, nicht-anthropozentrische Darstellung von Realität zu diskutieren. Die Problematisierung des Plots und der Figuren in solchen Werken wie Robbe-Grillets *Le voyeur* und *Dans le labyrinthe* ermutigten Kritiker dazu, die Stärke und das Interesse dieser Romane in ihrer gewaltsamen Auseinandersetzung mit den konventionellen Lesererwartungen des Romans und in ihrer Sprengung der gewohnten Prozesse der Sinngebung zu sehen. Außerhalb der französischen Tradition finden wir weitere Zeugnisse dafür, daß die Analyse schwieriger Werke der Moderne ohne Bezugnahme auf den Leser und den Lesevorgang nicht auskommt. Um nur ein Beispiel zu geben, die energische und originelle Arbeit von Veronica Forrest-Thomson, *Poetic Artifice: A Theory of Twentieth-Century Poetry*, ist am Leser und am Lesevorgang nicht interessiert. Forrest-Thomson, die sich mit Gedichten als Artefakten und dem, was sie bedeuten, befaßt, unterscheidet zwei Prozesse, »äußere Ausdehnung und Begrenzung« und «innere Ausdehnung und Begrenzung», durch die schwierige moderne Gedichte Effekte der Idylle oder der Parodie erzeugen. Will man aber diese Effekte erklären und zeigen, wie formale Elemente bestimmte Arten thematischer Synthese blockieren, muß man den Akt des Lesens beschreiben: Leser, die durch Romane daran gewöhnt sind, Details dadurch zu interpretieren, daß sie sie auf die äußere Welt ausdehnen (wobei sie die formalen Elemente einschränken, die man als funktional ansehen kann), stellen fest, daß dieser Prozeß durch formale Strukturen – in vielen solchen Gedichten offenbar die einzigen Kräfte des Zusammenhalts – blockiert wird. Indem sie diese formalen Strukturen erschließen, stellen sie interne Beziehungen her, welche die Bewegung auf die Außenwelt hin begrenzen und so zu einer Kritik der Sprache führen. Solche Gedichte dienen, wie Barthes in den *Essais critiques* formuliert, dazu, «das Ausdrückbare unausdrückbar zu machen» (S. 15). Ihre Bedeutung liegt gerade in der Auseinandersetzung des Lesers mit den entregelnden Regeln der Sprache.

Die strukturalistische Betonung literarischer Codes, die konstruktive Rolle, die gewisse experimentelle Dichtungen dem Leser aufzwingen, und die Notwendigkeit, Wege zu finden, auch über die widerspenstigsten zeitgenössischen Werke zu reden, haben zu dem Wechsel in der Rolle des Lesers beigetragen; aber man sollte einen Aspekt dieses Wechsels, der leicht ignoriert wird, nicht übersehen. Den Rhetorikern der Antike und der Renaissance wie auch vielen Kritikern anderer Epochen galt das Gedicht als eine Komposition mit dem Zweck, auf den Leser eine Wirkung auszuüben, ihn auf bestimmte Weise zu rühren; und die Beurteilung eines Gedichts hängt von der eigenen Empfänglichkeit für die Qualität und Intensität seiner Wirkung ab. Die Beschreibung dieses Eindrucks entspricht aber keineswegs dem, was wir heute unter Interpretation verstehen, wie Jane Tompkins gezeigt hat («The Reader in History», S. 202–209). Die Erfahrungen und Reaktionen, auf die die moderne leserorientierte Kritik sich bezieht, sind im allgemeinen kognitiver, nicht affektiver Art: Es geht nicht darum, daß es einem kalt den Rücken runterläuft, daß man aus Mitgefühl in Tränen ausbricht oder von Ehrfurcht ergriffen wird, sondern darum, daß die eigenen Erwartungen sich als falsch herausstellen, daß man sich mit unlösbaren Ambiguitäten herumschlägt oder die Voraussetzungen in Frage stellt, auf die man sich verlassen hat. In seiner Attacke gegen den affektiven Fehlschluß betont Stanley Fish, daß er «zur Kategorie der Reaktionen nicht nur ‹Tränen und Gänsehaut› und ‹andere psychologische Symptome› zählt», die Wimsatts und Beardsleys Fehlschluß beiseite läßt, «sondern auch all die präzisen mentalen Vorgänge, die beim Lesen eine Rolle spielen wie die Formulierung oder Vervollständigung eines Gedankengangs, das Fällen (und Bedauern) eines Urteils, das Nachvollziehen und Erstellen logischer Folgen» (*Is There a Text in This Class?*, S. 42/43). Tatsächlich aber erwähnt Fish Tränen und Gänsehaut kein einziges Mal; seine Kritik der Leserreaktion behandelt die Begegnung des Lesers mit Literatur als Erfahrung einer Interpretation.

Wenn die Erfahrung des Lesers die Erfahrung einer Interpretation ist, sollte man gleich die weitergehende These aufstellen, daß die Erfahrung die Bedeutung *ist.* «Die Bedeutung ist die Erfahrung einer Äußerung», schreibt Fish, «– und zwar in ihrer *Ganzheit* und nicht irgend etwas, was man, einschließlich ich selbst, darüber sagen könnte» (S. 32). Die zeitliche Erfahrung des Lesevorgangs besteht nicht darin, ein Werk kennenzulernen, so wie man die Kathedrale von Notre-Dame studiert, indem man ein Teil nach dem anderen betrachtet, sondern in einer Serie von Ereignissen, die ebenso wichtig sind wie die Schlußfolgerungen, die der Leser daraus ziehen mag. Wenn man ein Werk interpretiert, muß man danach fragen, was es bewirkt, und um diese Frage zu beantworten, muß man «die Entwicklung der Reaktionen des Lesers in bezug auf die Worte, so wie sie in der Zeit aufeinander folgen», analysieren (S. 27). Selbst bei seinen Beispielen aus dem 17. Jahrhundert hebt Fish die dem Leser moderner Literatur geläufige Erfahrung hervor, bei der Suche nach dem Sinn behindert und auf die falsche Bahn gelenkt zu werden. Wenn der Leser auf Miltons Verszeile stößt: «Nor did they not perceive the evil plight» (Noch wurden sie nicht ihrer mißlichen Notlage gewahr), dann ist die von der Syntax für einen Augenblick nahegelegte Erfahrung des Schwebens zwischen Alternativen für die Bedeutung des Verses genauso wichtig wie die Schlußfolgerung, daß sie ihre Notlage vielleicht doch wahrgenommen haben (S. 25/26). Selbst Vermutungen, die sich als falsch erweisen, dürfen nicht eliminiert werden: «sie sind erfahren worden; sie haben im mentalen Leben des Lesers existiert; sie *bedeuten*» (S. 48).

Andere Kritiker berufen sich nicht so direkt auf das, was im mentalen Leben des Lesers präsent ist; aber die leserorientierte Kritik verläßt sich in großem Maße auf den Begriff der Lesererfahrung, auf das, was *der* oder *ein* Leser findet, fühlt, sich fragt, vermutet, schließt, um ihre Auffassungen über Sinn und Struktur literarischer Werke zu rechtfertigen. Es stellt sich daher die Frage nach der Natur des Lesers und seiner Erfahrung.

Fish antwortet darauf, daß «der Leser, von dessen Reaktionen ich spreche», eine komplexe Figur ist, ein «informierter Leser, weder eine Abstraktion, noch ein wirklich lebender Leser, sondern eine hybride Figur – ein wirklicher Leser (ich selbst), der alles in seiner Macht Stehende tut, um sich zu informieren», inklusive «der damit einhergehenden Unterdrückung, soweit das möglich ist, all dessen, was in meiner Reaktion persönlich ist, idiosynkratisch oder aus den 70iger Jahren stammt.» «Jeder von uns», fährt er in demokratischem Geiste fort, «kann, wenn er verantwortungsvoll und selbstbewußt genug ist, zu einem informierten Leser werden, wenn er diese Methode befolgt» (S. 49).

Diese Passage enthüllt eine eigentümliche Struktur: eine Verdoppelung oder interne Spaltung des Begriffs der Erfahrung. Einerseits ist Erfahrung ein Gegebenes, auf das man sich bezieht; andererseits wird die Erfahrung, die man zu verwenden gedenkt, durch besondere Verfahren erst geschaffen – in diesem Fall durch den Erwerb von Wissen und die Unterdrückung von Idiosynkrasien. Die Beziehungen zwischen dem Wissen, dem Glauben und den Erfahrungen von wirklichen Personen und denen des informierten Lesers sind etwas unklar; aber die Frage, ob ein informierter Katholik oder Atheist genauso fähig ist, Milton zu lesen wie ein Protestant, beantwortet Fish mit: «Nein. Es gibt einige Glaubensinhalte, die nicht vorübergehend suspendiert bzw. angenommen werden können» (S. 50). Ausführlichere Betrachtungen über die Beziehungen zwischen Lesern und wirklichen Personen finden sich in Walter Slatoffs *With Respect to Readers*. Nachdem er in Erinnerung gerufen hat, daß die Literatur das aktive, persönliche Engagement des Lesers fordert, wendet sich Slatoff gegen

> «die Tendenz der meisten Ästhetiker und Kritiker, die so tun, als ob es nur zwei Arten von Lesern gäbe: den absolut partikularen, individuellen Menschen mit all seinen Vorurteilen und Idiosynkrasien, mit seiner persönlichen Geschichte, seinem Wissen, seinen Bedürfnissen und Ängsten, der das Kunstwerk einzig in ‹persönlichen› Begriffen erfährt, und den idealen oder universalen Leser, dessen Reaktion unpersönlich und ästhetisch ist. Ich glaube, die meisten wirklichen Leser, außer den ganz naiven, verändern sich beim Lesen in Wesen, die irgendwo zwischen diesen Extremen stehen. Das heißt, sie lernen, viele ihrer partikularen Bedingungen, Anliegen und Idiosynkrasien, die ihnen helfen, sich im Alltagsleben zu definieren, außer acht zu lassen» (S. 54).

In anderen Worten, sie lernen, eine bestimmte Art von Erfahrung zu machen, sie werden beim Lesen zu Lesern, die eine solche Erfahrung machen können. In seinem eigenen Falle zum Beispiel ist «das lesende Selbst keineswegs ein ideales oder unpersönliches Wesen. In den meisten Fällen ist er über 35, aber unter 50 Jahre alt, hat die Erfahrung von Krieg, Ehe und Verantwortung für Kinder gemacht, gehört zum Teil irgendeiner Minderheit an, ist männlich und nicht weiblich und teilt die meisten von Slatoffs allgemeinen Gedanken und Gefühlen» (S. 55). Wenn die Erfahrung der Literatur von den Eigenschaften eines lesenden Selbst abhängt, dann kann man sich fragen, was für einen Unterschied es für die Erfahrung und damit den Sinn von Literatur macht, wenn dieses Selbst beispielsweise weiblich ist und nicht männlich. Wenn der Sinn eines Werks die Erfahrung eines Lesers ist, was für einen Unterschied macht es dann, wenn dieser Leser eine Frau ist?

Diese Frage erweist sich als ein ausgezeichneter Einstieg, um sich den Problemen zuzuwenden, die sich durch die Betonung der Leseerfahrung in der Kritik stellen: erstens, weil das Problem des weiblichen Lesers die konkrete und politische Frage nach der Beziehung zwischen der Erfahrung des Lesers beim Lesen zu anderen Formen der Erfahrung stellt, und zweitens, weil Probleme, die in männlichen Geschichten des Lesens oft unter den Teppich gekehrt werden, in den Debatten und Aufspaltungen der feministischen Kritik offengelegt werden.

Obwohl die feministische Kritik eine der bedeutsamsten und breitesten kritischen Bewegungen der letzten Jahre darstellt, wird sie von selbsternannten Historikern der Kritik und der kritischen Theorie oft ignoriert.[4] Ob sie auffallende Beziehungen zu philosophischen Tendenzen aufweist oder nicht, jedenfalls geht die feministische Kritik theoretische Fragestellungen immer auf konkrete und nachdrückliche Weise an. Ihr Einfluß auf das Lesen und Lehren von Literatur und auf die Zusammensetzung des literarischen Kanons verdankt sich teilweise ihrer Betonung des Begriffs der Leserin und deren Erfahrung. Sie ist von beträchtlicher Relevanz für die Frage nach der Beziehung des lesenden Selbst und der Erfahrung des Lesers zu anderen Momenten des Selbst und anderen Aspekten der Erfahrung; denn die Argumente, die in der Frage vorgebracht werden, welche Bedeutung es für das Lesen hat, wenn man eine Frau ist, gelten auch für analoge Fragen in bezug auf andere Aktivitäten. Wenn die feministische Kritik auf die Frage nach der Natur der Leseerfahrung und ihrer Beziehungen zu anderen Erfahrungen keine einfache Antwort gibt, dann deswegen, weil sie sie ernst nimmt und sie auf Weisen stellt, welche die Komplexität der Frage und des Begriffs der ‹Erfahrung› enthüllt. Wir können diesen Untersuchungen auf drei Ebenen oder Momenten der feministischen Kritik nachgehen.

2. Als Frau lesen

Nehmen wir an, der informierte Leser eines literarischen Werks ist eine Frau. Könnte dies nicht einen Unterschied bedeuten, zum Beispiel für die ‹Erfahrung des Lesers› des ersten Kapitels von *The Mayor of Casterbridge*, in dem der betrunkene Michael Henchard auf einer Dorfkirmes seine Frau und seine kleine Tochter für fünf Guineas an einen Seemann verkauft? Elaine Showalter führt dieses Beispiel an und zitiert Irving Howes begeisterte Darstellung von Hardys Eröffnungsszene:

«Sich von seiner Frau losreißen; diesen schlaffen Lappen von Frau mit ihren stummen Klagen und ihrer verrückt machenden Passivität loswerden; entkommen, nicht durch heimliches Verlassen, sondern durch den öffentlichen Verkauf ihres Körpers an einen Fremden, so wie Pferde auf einem Markt verkauft werden; und so, durch einen reinen amoralischen Willensakt, dem Leben eine zweite Chance abgewinnen – mit diesem Schlag, der für die männliche Phantasie so unterschwellig attraktiv ist, beginnt *The Mayor of Casterbridge*.»

Es ist wohl jene männliche Phantasie, die diese Szene so attraktiv findet, die aus Susan Henchard einen «schlaffen Lappen» macht, passiv und voller Klagen – ein Porträt, das vom Text kaum gestützt wird. Howe führt weiter aus, daß die Szene uns durch den Appell an «die Tiefen unserer gemeinsamen Phantasie» zu Komplizen von Henchard macht. Showalter meint dazu:

«Indem er von ‹unseren gemeinsamen Phantasien› spricht, macht er stillschweigend aus dem Roman ein männliches Dokument. Eine Frau muß diese Szene ganz anders erfahren; tatsächlich gab es in den 1870iger und

1880iger Jahren viele Sensationsromane, die den Verkauf von Frauen in die Ehe vom Standpunkt der gekauften Frau darstellten. In Howes Lektüre wird Hardys Roman zu einer Art Sensations-fiction, die mit den unterdrückten Sehnsüchten ihres männlichen Publikums spielt und Sympathie für Henchard nicht trotz, sondern gerade wegen des Verbrechens weckt» («The Unmanning of the Mayor of Casterbridge», S. 102/103).

Howe steht gewiß nicht allein mit der Annahme, daß «der Leser» männlich ist. «Lesen ist tatsächlich häufig», schreibt Geoffrey Hartman in *The Fate of Reading*, «wie Auf-Brautschau-Gehen, eine einfache Verausgabung von Geist» (S. 248). Die Leseerfahrung scheint die eines Mannes zu sein (eines Herz-Mannes?), dem das Auf-Brautschau-Gehen zum Modell einer Verausgabung von Geist in einem Übermaß an Scham wird.[5] Nehmen wir eine Frau als Leserin an, so ist das Resultat ein analoges Sich-Berufen auf die Erfahrung; nur ist diese Erfahrung nicht die des Auf-Brautschau-Gehens, sondern die, beschaut zu werden, als ‹Frau› gesehen zu werden, eingeschränkt und marginalisiert. Eine kürzlich erschienene Anthologie, welche die Kontinuität der weiblichen Erfahrung und der Erfahrung der Frau als Leserin hervorhebt, heißt passenderweise: *The Authority of Experience: Essays in Feminist Criticism*. Eine der Verfasserinnen, Maurianne Adams, erklärt:

«Jetzt, wo die Last endlich von unseren Schultern genommen ist, so zu tun, als gäbe es so etwas wie eine völlig objektive und wertfreie Perspektive, können wir alle bekennen, und zwar in möglichst einfachen Begriffen, daß unsere literarischen Einsichten und Wahrnehmungen zumindest teilweise aus unserer Sensibilität für die Nuancen unseres eigenen Lebens und unserer Beobachtungen des Lebens anderer kommt. Wann immer wir *Jane Eyre* neu überdenken und neu uns aneignen, geschieht dies in einer neuen Perspektive. In dieser Perspektive werden Kritikerinnen ihre Aufmerksamkeit vermutlich nicht den Problemen des Mannes widmen, für die sich Kritiker verständlicherweise schon genug interessiert haben, sondern diese wird sich auf Jane selbst und die besonderen Umstände ihrer Situation richten» («*Jane Eyre*: Woman's Estate», S. 140/41).

«Wenn ich *Jane Eyre* erneut lese», stellt sie fest, «stoße ich unweigerlich auf feministische Themen; damit meine ich den Status und die ökonomische Situation weiblicher Abhängigkeit in der Ehe, die eingeschränkten Möglichkeiten, die Jane als Betätigungsfeld für ihre Bildung und ihre Energie zur Verfügung stehen, ihr Bedürfnis zu lieben und geliebt zu werden, von Nutzen zu sein und gebraucht zu werden. Diese Hoffnungen, die Ambivalenz, die der Erzähler ihnen gegenüber ausdrückt, und die Konflikte, die aus ihnen resultieren, all dies sind Fragen, die der Roman selbst stellt» (S. 140).

Eine ungewöhnliche Version dieser Berufung auf weibliche Erfahrung ist ein Essay in der gleichen Sammlung von Dawn Lander, der den literarischen Gemeinplatz untersucht, daß «die *frontier* kein Ort für eine Frau sei», daß Frauen die primitiven Lebensbedingungen und das Fehlen von Zivilisation hassen, diese aber stoisch ertragen müssen. Lander berichtet, daß ihre eigene Erfahrung als Frau, die in der Wüste lebte, sie darauf brachte, dieses Klischee in Frage zu stellen und herauszufinden, was «Frontier»-Frauen über ihr Leben geschrieben haben, und dabei feststellte, daß «ihre eigenen Gefühle über die Wildnis den Erfahrungen historischer und zeitgenössischer Frauen entsprachen» («Eve among the Indians», S. 197). Indem sie sich auf die Autorität ihrer eigenen Erfahrung und der anderer Frauen beruft, liest sie den Mythos vom Haß der Frauen auf die *frontier* als den Versuch der Männer, aus der *frontier* einen Zufluchtsort vor all dem zu machen, was für sie Frauen repräsentieren – eine Flucht vor der Entsagung in ein Paradies männlicher Kameraderie, wo Sexualität als aggressiver, verbotener Verkehr mit nicht-weißen Frauen ausgelebt werden kann. In diesem Fall dient weibliche Erfahrung dazu, diesen literarischen Topos als eine am Eigeninteresse orientierte männliche Sicht der weiblichen Sicht aufzudecken.

Viele feministische Kritikerinnen behaupten, daß weibliche Erfahrung sie dazu führt, Werke anders zu bewerten als ihre männlichen Kollegen, die die Probleme, auf die Frauen charakteristischerweise stoßen, nicht besonders interessant finden. Ein bedeutender Kritiker bemerkt in einem Kommentar zu *The Bostonians*, daß «die doktrinäre Forderung nach Gleichberechtigung der Geschlechter wohl nur eine verzerrte, beschränkte, bloß exzentrische Geschichte erwarten ließe» (Lionel Trilling, *The Opposing Self*, S. 109). Zweifellos handelt es sich hier um das, was Virginia Woolf «die Differenz der Sicht, die Differenz des Standards» nennt (*Collected Essays*, Bd. I, S. 204). In ihrer Erwiderung auf die herablassenden Vorwürfe eines Kritikers wegen ihres Versuchs, «den Wert von (Charlotte) Gilmans interessanter, aber unbedeutender Erzählung» über Einkerkerung und Wahnsinn, *The Yellow Wallpaper*, durch einen Vergleich mit Poes *Die Grube und das Pendel* zu erhöhen, merkt Annette Kolodny an, daß, auch wenn sie die Erzählung genauso kunstfertig gearbeitet und streng aufgebaut findet wie irgend etwas von Poe, bei der Beurteilung, ob sie «unbedeutend» ist oder nicht, zweifellos andere Erwägungen Vorrang haben: «was in *meine* Reaktionen eingeht, ist die Tatsache, daß ich als Leserin die Erzählung eine erschreckende symbolische Evokation von Realitäten finde, die Frauen täglich auch in der heutigen Zeit widerfahren können» («Reply to Commentaries», S. 589). Die Überzeugung, daß ihre Erfahrung als Frau ihren Lesereaktionen Autorität verleiht, ermutigt feministische Kritikerinnen in ihrer Neubewertung berühmter wie auch vernachlässigter Werke.

In diesem ersten Moment feministischer Kritik führt der Begriff des weiblichen Lesers zur Postulierung einer Kontinuität zwischen der weiblichen Erfahrung familiärer und sozialer Strukturen und der Erfahrung als Leserin. Eine Kritik, die auf diesem Kontinuitätspostulat aufbaut, interessiert sich besonders für die Situationen und die Psychologie weiblicher Charaktere und untersucht die Einstellung gegen Frauen oder die ‹Frauenbilder› in den Werken eines Autors, einer Gattung oder einer Epoche. Die Herausgeber einer kritischen Anthologie stellen fest, daß feministische Kritikerinnen, die sich auf die Frauenfiguren bei Shakespeare konzentrieren, «der Tendenz einer bestimmten kritischen Tradition entgegenwirken wollen, welche männliche Charaktere, männliche Themen und männliche Phantasien in den Vordergrund stellte», um statt dessen die Aufmerksamkeit auf die Frauenfiguren und deren Platz in der Ordnung männlicher Werte in den Stücken zu lenken (Lenz et al., *The Woman's Part*, S. 4). Eine derartige Kritik ist entschieden thematisch orientiert – sie konzentriert sich auf die Frau als Thema literarischer Werke – und auch entschieden in ihrer Berufung auf literarische und nicht-literarische Lesererfahrungen.

«Die feministische Shakespearekritik geht von einem individuellen Leser aus, gewöhnlich, wenn auch nicht notwendigerweise einer Leserin – eine Studentin, Lehrerin, Schauspielerin –, die in die Stücke ihre eigenen Erfahrungen, Interessen und Fragen einbringt. Solche Leserinnen vertrauen ihren

Reaktionen auf Shakespeare, selbst wenn sie Fragen aufwerfen, welche die vorherrschenden kritischen Annahmen in Frage stellen. Die aus diesen Fragen sich ergebenden Schlußfolgerungen werden sodann am Text, seinen unzähligen Kontexten und an den Forschungen anderer Kritiker auf ihren Wert überprüft» (S. 3).

Eine Kritik, die auf der Annahme einer Kontinuität von Lesererfahrung und weiblicher Erfahrung und auf dem Interesse für Frauenbilder basiert, wird ihre größte Stärke vermutlich in der Kritik der phallozentrischen Annahmen finden, die in literarischen Werken vorherrschen. Diese Art feministischer Kritik ist inzwischen ein vertrautes Genre, maßgeblich etabliert durch Werke wie Simone de Beauvoirs *Das andere Geschlecht*, das in seiner Anklage gegen althergebrachte Denkweisen über Frauen Lektüren des weiblichen Mythos bei Montherlant, Lawrence, Claudel, Breton und Stendhal bietet. Ein vergleichbares Unternehmen, in dem eine Leserin sich kritisch mit den Visionen auseinandersetzt, die in der von ihrer Kultur gefeierten Literatur verkörpert sind, stellt Kate Milletts *Sexus und Herrschaft* dar, das die sexuellen Visionen und Ideologien von Lawrence, Miller, Mailer und Genet analysiert. Wenn diese Untersuchungen übertrieben oder grobschlächtig zu sein scheinen, wie männliche Kritiker fanden, denen es schwerfällt, die Sexualpolitik der Schriftsteller zu verteidigen, die sie vielleicht einmal bewundert haben, dann deswegen, weil die Frage nach der Beziehung von Sexus und Macht und die Zusammenstellung entsprechender Textstellen von Lawrence, Miller und Mailer die aggressiven phallischen Visionen dreier «konterrevolutionärer Sexualpolitiker» (S. 308) in all ihrer Grobschlächtigkeit zeigt. (Im Gegensatz zu diesen unterwirft Genet den Code männlicher und weiblicher Rollen einem vernichtenden kritischen Blick.)

Milletts Strategie einer weiblichen Lektüre besteht darin, «die Ideen der Autoren ernst zu nehmen, wenn sie, wie bei den meisten Schriftstellern, die in diesem Buch behandelt werden, ernst genommen werden wollen», und sich ihnen direkt zu stellen. «Kritiker zum Beispiel, die Lawrence ablehnen, behaupten gern, daß seine Prosa schwerfällig sei; ... Es scheint mir wesentlich besser, eine radikale Untersuchung durchzuführen, warum Lawrence' Analyse einer Situation nicht stimmt oder einseitig ist oder warum sein Einfluß schädlich ist, ohne daß ich dabei der Größe und Neuartigkeit seines Künstlertums Abbruch tun oder seine moralische und intellektuelle Aufrichtigkeit bezweifeln muß» (S. 8).

Anstatt, was Kritiker gern tun, die Werke, deren Sexualvisionen am deutlichsten ausgeprägt sind, herunterzuspielen, folgt Millett Lawrence' Sexualreligion bis zu der Apotheose, wo die Sexualität vom Geschlecht abgetrennt wird: In *Die Frau, die wegritt* sind die Priester «übernatürliche Männer, die in dem religiösen Eifer der männlichen Suprematie ‹über das Geschlecht› hinausgewachsen sind und jeden Geschlechtskontakt mit Frauen verachten. Sie rükken ihr lieber mit einem Messer zu Leibe» (S. 380). Diese reine und äußerste Männlichkeit ist, wie Lawrence sagt, «etwas ursprünglich Männliches und Grausames». Millers Sexualethos ist viel konventioneller; sein originellster «Beitrag zu der Einstellung dem Geschlechtsleben gegenüber beschränkt sich darauf, einem alten Gefühl der Verachtung Luft zu machen» (S. 404): Er «hat Gefühlen Ausdruck gegeben, die die männliche Kultur schon lange kannte, aber immer sorgfältig unterdrückte» (S. 409). Was Mailer betrifft, so bestätigt seine Verteidigung Millers gegen Milletts Kritik deren Analyse Mailers als «Gefangenem des Männlichkeitskultes,... dessen tiefgreifendes Erkennen der Gefahr, die von der männlichen Sensibilität ausgeht, nur noch von seiner tiefen Verbundenheit mit dieser Malaise übertroffen wird» (S. 411). Hier ist Mailer, wie er in der Verteidigung Millers ihre gemeinsame männliche Ideologie neu formuliert:

«Er nämlich hatte in bezug auf die männliche Sexualität etwas begriffen, was so noch nie gesehen worden war, daß es nämlich gerade das Gefühl der Ehrfurcht des Mannes vor der Frau ist, seine Furcht vor ihr, weil sie der Ewigkeit einen Schritt näher ist (denn in diesem Schritt liegt ihre Macht), die Männer dazu bringt, Frauen zu verachten, sie zu verunglimpfen, zu erniedrigen, symbolisch auf sie zu scheißen, alles zu tun, um sie kleiner zu machen, damit sie es wagen können, in sie einzudringen und ihnen Lust abzugewinnen... Männer streben danach, an einer Frau jede Qualität, die ihr die Macht eines Mannes geben könnte, zu zerstören, denn in ihren Augen ist sie bereits mit der Macht ausgestattet, daß sie sie auf die Welt gebracht hat, und das ist eine unbegreifliche Macht – die frühesten Gedächtnisbilder gehen auf die Frau zurück, zwischen deren Beinen sie empfangen, genährt und in den Stunden der Geburt fast erdrosselt wurden» (*Gefangen im Sexus*, S. 133).

Wie liest eine Frau derartige Autoren? Eine feministische Kritik steht vor dem Problem der Frau als Konsumentin einer von Männern produzierten Literatur.

In einem früheren Kapitel bietet Millett auch kurze Diskussionen anderer Werke: *Jude the Obscure, The Egoist, Villette* und Oscar Wildes *Salomé*. Ihre Analyse dieser Reaktionen auf die sexuelle Revolution des 19. Jahrhunderts stellen eine feministische Erwiderung dar, die zum Ausgangspunkt für Debatten innerhalb der feministischen Kritik wurde – Meinungsverschiedenheiten etwa darüber, ob Hardy trotz des einfühlsamen Porträts Sue Brideheads in der Frage der sexuellen Revolution nicht doch letztlich «besorgt und verwirrt» ist.[6] Aber die Möglichkeit der Auseinandersetzung mit Millett, um subtilere feministische Lektüren zu entwickeln, sollte den wichtigsten Punkt nicht verdecken. Wie Carolyn Heilbrun formuliert:

«Millett hat eine Arbeit geleistet, die ich besonders lohnend finde: die Betrachtung gewisser Ereignisse oder literarischer Werke aus einer unerwarteten, ja überraschenden Perspektive... Ihr Ziel ist, den Leser von dem Gesichtspunkt, den er so lange eingenommen hat, loszureißen und ihn dazu zu zwingen, das Leben und die Literatur aus einem anderen Blickwinkel zu betrachten. Ihr Wort über irgendeinen Schriftsteller soll sicher nicht das letzte sein, aber es ist ein ganz neues, das bisher kaum gehört worden ist und fremdartig erscheint. Zum ersten Mal werden wir dazu aufgefordert, die Literatur als Frau zu betrachten; wir alle, Männer, Frauen und Doktoren der Philosophie, haben sie immer als Männer gelesen. Es ist leicht, in der Art, wie Millett Lawrence, Stalin oder Euripides liest, Übertreibungen zu entdecken. Was macht das schon. Wir sind in unserem Gesichtspunkt verwurzelt, und wir müssen endlich woandershin verpflanzt werden» («Milletts *Sexual Politics*: A Year Later», S. 39).

Als Frau lesen ist, wie Heilbrun meint, nicht notwendigerweise das, was geschieht, wenn eine Frau liest: Frauen können als Männer lesen, und sie haben dies auch getan. Feministische Lektüren kommen nicht dadurch zustande, daß man wiedergibt, was im mentalen Leben einer Leserin geschieht, wenn sie die Worte von *The Mayor of Casterbridge* aufnimmt, auch wenn die feministische Kritik sich sehr auf den Begriff der weiblichen Leseerfahrung verläßt. Shoshana Felman fragt: «Reicht es aus, eine Frau zu sein, um als Frau zu sprechen? Wird ‹Als-Frau-sprechen› von biologischen Voraussetzungen oder von einer strategischen, theoretischen Position determiniert, von der Anatomie oder von der Kultur?» («Women and Madness... The Critical Phallacy», S. 3). Die gleiche Frage gilt für das ‹Lesen als Frau›.

Wenn man eine Frau dazu auffordert, als Frau zu lesen, so liegt darin ein doppeltes bzw. in sich gespaltenes Ersuchen. Es appelliert an die Bedingungen des Frau-Seins und drängt gleichzeitig darauf, diese Bedingungen erst zu schaffen oder zu vollenden. Als Frau lesen heißt nicht einfach, wie Felmans Schlüsse zu implizieren scheinen, eine theoretische Position einzunehmen; denn es beruft sich auf eine als wesentlich definierte sexuelle Identität und privilegiert Erfahrungen, die mit dieser Identität in Zusammenhang stehen. Selbst die subtilsten Theoretiker berufen sich darauf – auf eine Bedingung oder Erfahrung, die als fundamentaler eingeschätzt wird als die theoretische Position, die sie rechtfertigen soll. «Als Leserin werde ich eher von einer anderen Frage heimgesucht», schreibt Gayatri Spivak und führt ihr Geschlecht als Grund der Frage an («Finding Feminist Readings», S. 82). Sogar die radikalsten französischen Theoretikerinnen, die jede positive oder distinktive Identität der Frau verneinen würden und die unter *le feminin* jede Kraft verstehen, die die symbolischen Strukturen des westlichen Denkens zerreißt, kommen bei der Entwicklung einer theoretischen Position immer zu Momenten, wo sie als Frauen sprechen, wo sie sich auf das Faktum verlassen, daß sie Frauen *sind*. Feministische Kritikerinnen zitieren gern Virginia Woolfs Bemerkung, das «Erbe» der Frau, das, was ihr gegeben wird, sei «die Differenz der Sicht, die Differenz des Standards»; dann stellt sich aber die Frage, worin die Differenz besteht. Sie ist niemals als solche gegeben, sondern muß erzeugt werden. Die Differenz wird durch Differieren erzeugt. Trotz der entscheidenden und notwendigen Berufung auf die Autorität weiblicher Erfahrung und weiblicher Leseerfahrung befaßt sich die feministische Kritik im Grunde genommen, wie Elaine Showalter scharfsinnig formuliert, «mit der Weise, wie die *Hypothese* der Frau als Leserin unsere Wahrnehmung eines gegebenen Textes verändert und uns für die Bedeutung seiner sexuellen Codes hellhörig macht» («Towards a Feminist Poetics», S. 25; Hervorhebung von J. C.).[7]

Showalters Begriff der *Hypothese* der Frau als Leserin ist ein Zeichen der doppelten oder in sich gespaltenen Struktur der ‹Erfahrung› in der leserorientierten Kritik. Ein großer Teil der männlichen leserorientierten Kritik verbirgt diese Struktur – in der Erfahrung als ein Gegebenes vorausgesetzt und zugleich als etwas zu Erreichendes aufgeschoben wird –, indem sie versichert, daß Leser in der Tat ganz einfach eine bestimmte Erfahrung machen. Diese Struktur zeigt sich explizit in einem Großteil feministischer Kritik, die das Problem aufgreift, daß Frauen nicht immer als Frauen lesen oder nicht immer als Frauen gelesen haben: Sie wurden einer Erfahrung, die ihrer Lage als Frau entspricht, entfremdet.[8]

Mit dem Übergang zu der Hypothese der Frau als Leserin kommen wir zu dem zweiten Moment oder der zweiten Ebene der Beschäftigung der feministischen Kritik mit dem Leser. Auf der ersten Ebene beruft sich die Kritik auf die Erfahrung als ein Gegebenes, das die Lektüre fundieren oder rechtfertigen kann. Auf der zweiten Ebene besteht das Problem gerade darin, daß Frauen nicht immer als Frauen gelesen haben. «Was hier entscheidend ist», schreibt Kolodny, «ist die Tatsache, daß Lesen eine *erlernte* Aktivität ist und wie viele andere erlernte Interpretationsstrategien in unserer Gesellschaft unvermeidlich sexuell codiert und geschlechtsgerichtet ist» («Reply to Commentaries», S. 588). Von Frauen, schreibt Showalter, «wird erwartet, daß sie sich mit einer männlichen Erfahrung und Perspektive identifizieren, die als die menschliche präsentiert wird» («Women and the Literary Curriculum», S. 856). Sie sind als Subjekte durch Diskurse konstituiert worden, die die Möglichkeit, ‹als Frau› zu lesen, weder als solche festgestellt noch gefördert haben. Auf dieser zweiten Ebene versucht die feministische Kritik, durch das Postulat der Frau als Leserin eine neue Erfahrung des Lesens zu erschaffen und so die Leser – Männer und Frauen – dazu zu bringen, die literarischen und politischen Voraussetzungen, auf denen ihre Lektüre bisher basierte, in Frage zu stellen.

In der feministischen Kritik der ersten Art identifizieren sich die Leserinnen mit den Sorgen und Nöten weiblicher Charaktere; im zweiten Fall besteht das Problem gerade darin, daß Frauen gegen ihre eigenen Interessen als Frauen dazu gebracht werden, sich mit männlichen Charakteren zu identifizieren. In einem Buch über die Leserin und die amerikanische Literatur führt Judith Fetterly aus, daß «die Hauptwerke der amerikanischen Literatur eine Reihe von Entwürfen für die Frau als Leserin bilden.» Der Großteil dieser Literatur «besteht auf ihrer Universalität und definiert diese Universalität zugleich in spezifisch männlichen Begriffen» (*The Resisting Reader*, S. XII). Eines der Werke, die die amerikanische Literatur begründen, ist *The Legend of Sleepy Hollow*. Die Figur des Rip Van Winkle, schreibt Leslie Fiedler, «bezeichnet die Geburtsstunde der amerikanischen Imagination; und es paßt durchaus, daß unsere erste erfolgreiche, einheimische Legende gerade der Flucht des Träumers vor seinem zänkischen Weib, wenn auch in scherzhafter Form, ein Denkmal setzt» (*Liebe, Sexualität und Tod*, S. 11). Es ist deshalb passend, weil seitdem die Romane, die als archetypisch amerikanisch gelten – die also eine spezifische amerikanische Erfahrung erkunden und artikulieren –, ihre Variationen auf diesem fundamentalen Schema aufbauen, in dem der Protagonist gegen ihn einschränkende, zivilisierende, unterdrückende Mächte kämpft, die durch die Frau verkörpert werden. Der typische Protagonist, fährt Fiedler fort, der als Verkörperung des universalen Amerikanischen Traums gilt, war immer «ein Mann auf der Flucht, in den Wald oder auf die See getrieben, den Fluß hinab oder in die Schlacht – überallhin, wo er der ‹Zivilisation› aus dem Weg gehen kann, das heißt der Konfrontation von Mann und Frau, die zu dem Sündenfall von Sex, Ehe und Verantwortung führt.»

Angesichts solcher Plots ist die Frau als Leserin, wie andere Leser auch, durch die Struktur des Romans einem starken Zwang ausgesetzt, sich mit einem Helden zu identifizieren, für den die Frau der Feind ist. In *The Legend of Sleepy Hollow* repräsentiert Frau Van Winkle all das, dem man entkommen möchte, und Rip die erfolgreich realisierte Phantasie; daher meint Fetterly, daß das, «was im Grunde ein einfacher Identifikationsakt ist, wenn der Leser einer Geschichte männlich ist, zu einem Gespinst von Widersprüchen wird, wenn der Leser weiblich ist» (*The Resisting Reader*, S. 9). «In solchen Dichtungen wird die Leserin dazu gebracht, an einer Erfahrung teilzuhaben, aus der sie ausdrücklich ausgeschlossen ist; sie soll sich mit einem Selbst identifizieren, das sich gerade als Gegensatz zu ihr definiert; sie wird aufgefordert, sich gegen sich selbst zu identifizieren» (S. XII).

Man sollte vielleicht betonen, daß Fetterly keineswegs gegen eine ungeschminkte literarische Darstellung von Frauen ist, sondern gegen die Art, wie Frauen durch die dramatische Struktur dieser Geschichten dazu gebracht werden, die Vision der Frau als Hindernis für die Freiheit zu teilen. Catherine in *A Farewell to Arms* ist gewiß eine sympathische Figur, aber ihre Rolle ist eindeutig: Durch ihren Tod bewahrt sie Frederic Henry davor, sie als Last zu empfinden, die sie selbst zu sein befürchtet, und bestärkt ihn zugleich in dem Glauben, seine Gefühle in eine idyllische Liebe zu investieren, und darin, sich selbst als «Opfer kosmischer Antagonismen» zu sehen (S. XVI). «Wenn wir am Ende des Buches in Tränen ausbrechen», schlußfolgert Fetterly, «dann nicht wegen Catherine, sondern wegen Frederic Henry. Im Endeffekt gelten all unsere Tränen Männern, denn, was in der Welt von *A Farewell to Arms* zählt, ist das Leben des Mannes. Und die Botschaft an Frauen, die diese klassische Liebesgeschichte lesen und das darin enthaltene Bild des Frauenideals erfahren, ist klar und einfach: die einzig gute Frau ist eine tote Frau» (S. 71). Ob die Botschaft tatsächlich so einfach ist, mag dahingestellt bleiben; wahr ist sicher, daß der Leser die Perspektive von Frederic Henry einnehmen muß, um das Pathos des Schlusses zu empfinden.

Fetterlys Darstellung der Zwickmühle der Frau als Leserin – von tückischen männlichen Texten zugleich verführt und verraten – stellt einen Versuch dar, den Akt des Lesens zu verändern: «Die feministische Kritik ist ein politischer Akt, dessen Ziel darin besteht, die Welt nicht einfach zu interpretieren, sondern sie zu verändern, indem sie das Bewußtsein derer, die lesen, verändert und ihre Beziehung zu dem, was sie lesen» (S. VIII). Die erste Tat einer feministischen Kritikerin besteht darin, «eine Leserin zu werden, die Widerstand leistet, statt zuzustimmen, und durch die Verweigerung der Zustimmung den Prozeß der Exorzierung des männlichen Denkens, das uns implantiert worden ist, in Gang zu setzen» (S. XXII).

Dies ist Teil eines umfassenderen Kampfes. Fetterlys Darstellung der Zwickmühle der Frau als Leserin wird von Dorothy Dinnersteins Analyse der Auswirkungen der Erziehungsregeln des Menschen auf Frauen und Männer untermauert. «Die Frau, die uns in die menschliche Situation gestellt hat und die uns am Anfang für jede Beeinträchtigung dieser Situation verantwortlich schien, trägt in unser aller Augen für immer eine prä-rationale Bürde letztlich schuldhafter Verantwortung» (*The Mermaid and the Minotaur*, S. 234). Kleinkinder beiderlei Geschlechts werden im allgemeinen zuerst von der Mutter erzogen, von der sie völlig abhängig sind. «Die anfängliche Erfahrung der Abhängigkeit von einer weitgehend unkontrollierbaren äußeren Quelle des Guten ist ganz auf eine Frau gerichtet und damit auch die Erfahrung der Verletzbarkeit durch Enttäuschung und Schmerz» (S. 28). Das Ergebnis ist ein ausgeprägtes Ressentiment gegen diese Abhängigkeit und eine kompensatorische Tendenz, sich mit männlichen Figuren zu identifizieren, die als distinkt und unabhängig wahrgenommen werden. «Selbst einer Tochter wird die Mutter niemals so eindeutig als ‹Ich› erscheinen wie der Vater, der schon bei der ersten Begegnung ein ‹Ich› war» (S. 107). Diese Wahrnehmung der Mutter affiziert ihre Wahrnehmung aller Frauen, inklusive ihrer selbst, und bestärkt sie darin, «ihre ‹Ichheit› dadurch zu bewahren, daß sie Männer und nicht Frauen als ihre eigentlichen Mitwesen ansieht» – und sich so als Leserin für Plots zu interessieren, die von der Flucht vor Frauen und von der Herrschaft über Frauen handeln (S. 107). Was Feministinnen zu ihrem eigenen Schaden ignorieren oder leugnen, warnt Dinnerstein,

> «ist die Tatsache, daß Frauen die frauenfeindlichen Gefühle der Männer teilen – gewöhnlich in einer abgemilderten, aber gleichwohl tiefsitzenden Form. Zum Teil rührt das sicher von Gründen her, die auch andere Verfasser schon in sehr adäquater Weise beschrieben haben: daß wir tief von sozialen Stereotypen der Selbstverachtung geprägt wurden, daß wir in der Jagd um die Gunst des herrschenden Geschlechts gegeneinander aufgehetzt wurden usw. Aber es rührt auch zum großen Teil von einem anderen Grund her, dessen Auswirkungen noch viel schwieriger zu bekämpfen sind: daß wir, genau wie Männer, eine Frau zur Mutter hatten» (S. 90).

Ohne eine Veränderung der Erziehungsregeln wird die Furcht vor und die Verachtung von Frauen nicht verschwinden; aber ein Verständnis dessen, was Frauen wollen, könnte zu einem gewissen Fortschritt führen:

> «Frauen wollen nicht länger als Sündenböcke (ihrer selbst wie auch der Männer und Kinder) herhalten für die Ressentiments der Menschen gegenüber der conditio humana. Dies wollen sie so schmerzlich und so eindringlich, und bis vor kurzem war dieser Wunsch so hoffnungslos, daß sie bisher nicht in der Lage waren, diesen Wunsch laut auszusprechen» (S. 234).

Diese Passage illustriert die Struktur der feministischen Kritik auf dieser zweiten Ebene und zeigt etwas von ihrer Kraft und Notwendigkeit. Solche überzeugenden Texte appellieren an ein fundamentales Begehren oder eine Erfahrung von Frauen – was Frauen wollen, was Frauen fühlen; aber diese ist eine postulierte Erfahrung, die an die Stelle der von Dinnerstein beschriebenen Erfahrung der Selbsterniedrigung treten soll. Die Erfahrung, an die dieser Appell ergeht, ist nirgends als unbezweifelbare Evidenz oder *point d'appui* gegeben, aber es ist kein künstlicher Appell: Könnte es einen fundamentaleren Appell geben als den an eine solche Möglichkeit? Dieses Postulat bestärkt den Versuch, die Bedingungen so zu ändern, daß Frauen nicht mehr dazu gebracht werden können, dabei mitzuarbeiten, Frauen zu Sündenböcken für die Probleme der *conditio humana* zu machen.

Die beeindruckendsten Werke in diesem Kampf sind sicherlich Bücher wie das von Dinnerstein, die unsere Lage in Begriffen analysieren, durch die eine ganze Reihe von Phänomenen verstehbar wird, von der Selbstentfremdung weiblicher Leser bis zu Mailers spezifischer Form des Sexismus. In der Literaturkritik besteht eine wirkungsvolle Strategie darin, Lektüren zu entwickeln, die es ermöglichen, unangemessene männliche Lektüren zu identifizieren und zu situieren. Auch wenn es schwierig ist, die mögliche Bedeutung weiblicher Lektüren in positiven, eigenständigen Begriffen auszuarbeiten, kann man gleichwohl zuversichtlich eine rein differentielle Definition vorschlagen: als Frau lesen heißt, männliche Lektüren vermeiden, die spezifischen Verteidigungsstrategien und Verzerrungen männlicher Lektüren feststellen und Korrekturen durchführen.

In diesem Licht erscheint die feministische Kritik als eine Kritik dessen, was Mary Ellman in ihrem geistreichen und gelehrten Werk *Thinking about Women* «phallische Kritik» nennt. Fetterlys eindrucksvollstes und wirkungsvollstes Kapitel beispielsweise ist vermutlich ihre Diskussion von *The Bostonians*, in dem sie die auffällige Tendenz männlicher Kritiker dokumentiert, sich zusammenzuschließen und Basil Ransoms Partei zu ergreifen bei dessen entschlossenem Versuch, Verena von ihrer feministischen Freundin Olive Chancellor zu trennen. Indem sie die Beziehung zwischen den Frauen als pervers und unnatürlich darstellen, identifizieren sich die

Kritiker mit Ransoms Angst, weibliche Solidarität bedrohe die Herrschaft und den Charakter des Mannes: «Die ganze Generation ist verweiblicht; der männliche Tonfall verschwindet aus der Welt;... Der männliche Charakter, das ist's, was ich bewahren oder, besser gesagt, wiedergewinnen will; und was bei diesem Versuch aus euch Frauen wird, kümmert mich nicht im geringsten.»

Verenas Rettung vor Olive ist Teil dieses Unternehmens, für das die Kritiker sich ziemlich begeistern können. Einige erkennen Ransoms Fehler und die Genauigkeit, mit der James diese darstellt (andere sehen in dieser Komplexität einen künstlerischen Fehler von James); aber alle scheinen darin übereinzustimmen, daß der Schluß, wenn Ransom Verena mit sich nimmt, zutiefst erstrebenswert ist. Im letzten Satz teilt uns der Erzähler mit, daß Verena Grund haben wird, noch mehr Tränen zu vergießen. «Es steht zu befürchten, daß in dieser alles andere als glänzenden Bindung, die einzugehen sie im Begriff war, diese nicht die letzten waren, die sie noch vergießen sollte.» Aber Kritiker sehen dies im allgemeinen, wie einer von ihnen feststellt, «als einen niedrigen Preis dafür an, daß man endlich eine normale Beziehung eingeht.» Angesichts der Bedrohung dessen, was sie als Normalität ansehen, schließen sich männliche Kritiker Ransoms Kreuzzug an und übertreffen einander darin, Gründe zu finden, um Olive, eine Figur, der James großes Interesse entgegenbringt, und die feministische Bewegung, die James kritisiert, herabzusetzen. Das Ergebnis ist ein männlicher Refrain. «Die Kritik von *The Bostonians* ist bemerkenswert in ihrer unermüdlichen Gleichheit, ihrer Bezugnahme auf Werte außerhalb des Romans und ihrem kavaliersmäßigen Desinteresse für Nachweise im Text» (*The Resisting Reader*, S. 113).

Die Hypothese der Frau als Leserin ist ein Versuch, diese Situation richtigzustellen: Indem sie einen anderen Ausgangspunkt bereitstellt, deckt sie die Identifikation der Kritiker mit einer Figur auf und ermöglicht so die Analyse männlicher Fehllektüren. Aber in erster Linie führt sie zu einer Umkehrung der gewohnten Situation, in der die Perspektive eines männlichen Kritikers als sexuell neutral gilt, während eine feministische Lektüre als einseitiges Plädoyer angesehen wird und als Versuch, den Text in eine vorher festgelegte Form zu pressen. Indem sie männliche Lektüren mit den von ihnen vernachlässigten Textelementen konfrontiert und so zeigt, daß diese eher Fortsetzungen der Position Ransoms sind statt umsichtige Kommentare zu dem gesamten Roman, begibt sich die feministische Kritik in die Position, welche die phallische Kritik gewöhnlich einzunehmen versucht. Je überzeugender ihre Kritik der phallischen Kritik ist, desto stärker wird die feministische Kritik eine breite und umfassende Perspektive bieten, die es ihr ermöglicht, die begrenzten und voreingenommenen Interpretationen männlicher Kritiker zu analysieren und zu situieren. Auf dieser Ebene sollte man im Grunde den Begriff feministische Kritik auf jede Kritik anwenden, die für die kritischen Verzweigungen sexueller Unterdrückung wachsam ist, genauso wie heute der Begriff ‹Frauenprobleme› auf viele grundlegende Fragen persönlicher Freiheit und sozialer Gerechtigkeit angewendet wird.

Eine andere Art, über die phallische Kritik hinauszugehen, findet sich in Jane Tompkins' Diskussion von *Onkel Toms Hütte*, einem Roman, der von männlichen Kritikern und ihren Mitläuferinnen wie Anne Douglas in ihrem einflußreichen Buch *The Feminization of American Culture* auf den Müllhaufen der Literaturgeschichte geworfen wird. «Douglas' Haltung gegenüber der umfangreichen Literatur, die in diesem Land zwischen 1820 und 1870 von Frauen verfaßt wurde, ist die gleiche, die die von Männern dominierte geisteswissenschaftliche Tradition immer eingenommen hat – Verachtung. Die Frage, die man hinter jeder Seite ihrer Anklage gegen die Feminisierung hören kann, ist: warum können Frauen nicht mehr wie Männer sein?» (*«Sentimental Power»*, S. 81). Obwohl es in mancher Hinsicht das wichtigste Buch des Jahrhunderts war, wird *Onkel Toms Hütte* einer Gattung zugerechnet – dem *sentimental novel* –, die von, über und für Frauen geschrieben wurde und deshalb als Abfall angesehen wird oder wengistens als einer ernsthaften kritischen Erwägung unwürdig. Wenn man dieses Buch ernst nimmt, argumentiert Tompkins, dann stellt man fest, daß es auf exemplarische Weise die Züge einer wichtigen amerikanischen Gattung aufweist, die Sacvan Bercovitch als *American Jeremiad* definiert: «eine Art der öffentlichen Ermahnung mit dem Ziel, Gesellschaftskritik und geistige Erneuerung, öffentliche und private Identität, die sich verändernden ‹Zeichen der Zeit› und bestimmte traditionelle Metaphern, Themen und Symbole», besonders die der Erbauungsliteratur, «miteinander zu verbinden» (S. 93). Bercovitchs

Buch, meint Tompkins, ist selbst «ein schlagendes Beispiel dafür, wie vollkommen die männliche Kritik die sentimentale Dichtung ausschließt; selbst wenn ein *sentimental novel* der Theorie eines Mannes völlig entspricht, kann er ihn nicht wahrnehmen. Für ihn existiert das Werk einfach nicht. Obwohl seine Studie das überzeugendste Beispiel der *jeremiad* seit dem *Great Awakening* gar nicht erwähnt, ist doch seine Beschreibung im Grunde eine ausgezeichnete Darstellung der Kombination von Elementen, die die Wirkung von Stowes Roman erst ermöglichte» (S. 93). Indem der Roman die Bibel als Geschichte eines Negersklaven neu schreibt, «erzählt *Onkel Toms Hütte* den zentralen Mythos unserer Kultur – die Geschichte der Kreuzigung – noch einmal, und zwar in Begriffen des größten politischen Konflikts der Nation – der Sklaverei – und in denen des gehegtesten gesellschaftlichen Glaubens – der Heiligkeit der Mutterschaft und der Familie» (S. 89).

In diesem Fall dient die Hypothese der Frau als Leserin dazu, männliche Ausschließungen, die einer ernsthaften Analyse entgegenstehen, zu analysieren; ist aber diese Analyse einmal durchgeführt, dann kann man argumentieren,

> «daß der populäre Familienroman des 19. Jahrhunderts eine ungeheure Anstrengung darstellt, die Kultur aus der Perspektive der Frau zu reorganisieren; daß diese Literatur wegen ihrer intellektuellen Komplexität, ihrer Ambitionen und ihres kreativen Reichtums bemerkenswert ist; und daß sie in manchen Fällen eine Kritik der amerikanischen Gesellschaft liefert, die vernichtender ist als die mancher viel bekannterer Kritiker wie Hawthorne und Melville... Aus dem ideologischen Material, das den Verfasserinnen des *sentimental novel* zur Verfügung stand, schufen sie einen Mythos, in dem der Frau die zentrale Macht- und Autoritätsposition in der Kultur zukommt; und für diese Anstrengungen ist *Onkel Toms Hütte* das glänzendste Beispiel» (S. 81/82).

Neben der vernichtenden Attacke gegen die Sklaverei, die die Herzen vieler Leser gerührt und eine Sinnesänderung bewirkt haben soll, stellt der Roman auch den Versuch dar, durch die gleiche ‹Rührung des Herzens› zu einer neuen Gesellschaftsordnung zu kommen. In der neuen Gesellschaft, die in dem Kapitel «The Quaker Settlement» entworfen wird, verlieren die von Männern etablierten Institutionen ihre Bedeutung, und das von der christlichen Frau geführte Haus wird, anstatt ein Zufluchtsort vor der wirklichen Ordnung der Welt zu sein, zum Zentrum sinnvoller Aktivitäten (S. 95).

«Die Verdrängung des Mannes aus dem Zentrum an die Peripherie der menschlichen Sphäre ist die radikalste Komponente dieses heilsgeschichtlichen Modells, das so fest in den traditionellsten Werten verwurzelt ist – Religion, Mutterschaft, Heim, Familie. (In den Details dieses Kapitels) entwirft Stowe die Rolle des Mannes in der menschlichen Geschichte neu: während Neger, Kinder, Mütter und Großmütter die wesentliche Arbeit verrichten, pflegen sich die Männer zufrieden in einer Ecke» (S. 98).

In derartigen Analysen nimmt die feministische Kritik nicht in gleicher Weise auf weibliche Leseerfahrung Bezug wie auf der ersten Ebene, sondern sie verwendet die Hypothese der Frau als Leserin, um die dominante Perspektive der männlichen Kritik aus den Angeln zu heben und ihre Versäumnisse zu enthüllen. «Unter ‹feministisch›», meint Peggy Kamuf, «versteht man eine Weise der Lektüre von Texten, die auf die Masken der Wahrheit verweist, hinter denen der Phallozentrismus seine Fiktionen verbirgt» («Writing like a Woman», S. 286). Auf dieser Ebene besteht die Aufgabe nicht darin, eine weibliche Lektüre zu etablieren, die einer männlichen Lektüre parallel läuft, sondern eher darin, durch Argumentation und Versuche, der Evidenz der Texte gerecht zu werden, zu einer umfassenden Perspektive und überzeugenden Lektüre zu gelangen. Die Schlußfolgerungen, zu denen eine derartige feministische Kritik gelangt, sind nicht in dem Sinne frauenspezifisch, daß man ihnen nur dann Sympathie entgegenbringen, sie verstehen und ihnen zustimmen kann, wenn man bestimmte spezifisch weibliche Erfahrungen gemacht hat. Ganz im Gegenteil, diese Lektüren weisen die Beschränktheit männlicher kritischer Interpretationen in Begriffen nach, die auch männliche Kritiker akzeptieren könnten, und wie jede ambitionierte Kritik versuchen sie, eine allgemein überzeugende Einsicht zu erreichen – eine Einsicht, die feministisch ist, weil sie eine Kritik des männlichen Chauvinismus beinhaltet.

Auf dieser zweiten Ebene der feministischen Kritik findet sich ein Appell an die potentielle Erfahrung der Frau als Leserin (die der Beschränktheit männlicher Lektüren entginge) und schließlich der Versuch, eine solche Erfahrung durch die Entwicklung von Fragen und Perspektiven zu ermöglichen, die eine Frau in die Lage versetzen, als Frau zu lesen – das heißt nicht ‹als Mann›. Männer haben die Opposition männlich/weiblich mit der von rational/emotional, ernst/frivol und reflektiert/spontan in eine Reihe gestellt; und die feministische Kritik dieser zweiten Ebene arbeitet daran, sich als rationaler, ernsthafter und reflektierter zu erweisen als die männlichen Lektüren mit ihren Auslassungen und Verzerrungen. Aber es gibt noch eine dritte Ebene, auf der die feministische Theorie die Assoziation von männlich und rational nicht bestreitet, sondern untersucht, wie unsere Begriffe des Rationalen mit den Interessen des Mannes verbunden sind. Luce Irigarays *Speculum: Spiegel des anderen Geschlechts* ist eine der hervorragendsten Analysen dieser Art; sie macht Platons Höhlengleichnis mit seinem Gegensatz von mütterlichem Bauch und göttlich-väterlichem *logos* zum Ausgangspunkt, um nachzuweisen, daß die philosophischen Kategorien entwickelt wurden, um die Weiblichkeit auf eine untergeordnete Position zu verweisen und um ihre radikale Alterität auf eine spekuläre Beziehung zu reduzieren: Die Frau wird entweder ignoriert oder als Gegensatz zum Mann gesehen. Statt eine Wiedergabe von Irigarays komplexer Argumentation zu versuchen, könnte man auf ein schlagendes Beispiel verweisen, das Dorothy Dinnerstein, Peggy Kamuf und andere anführen: die Verbindung des Patriarchats mit der Privilegierung des Rationalen, Abstrakten und Intellektuellen.

In *Der Mann Moses und die monotheistische Religion* stellt Freud eine Beziehung zwischen «drei gleichartigen Prozessen» her: dem mosaischen Verbot, sich ein Bild Gottes zu machen (und damit «dem Zwang, einen Gott zu verehren, den man nicht sehen kann»); der Entwicklung der Sprache («Es eröffnete sich das neue Reich der Geistigkeit, in dem Vorstellungen, Erinnerungen und Schlußprozesse maßgebend wurden, im Gegensatz zur niedrigeren psychischen Tätigkeit, die unmittelbare Wahrnehmungen der Sinnesorgane zum Inhalt hatte.»); schließlich der Ersetzung der matriarchalischen Gesellschaftsordnung durch die patriarchalische. Letztere impliziert mehr als eine Änderung der Rechtsverhältnisse. «Aber diese Wendung von der Mutter zum Vater bezeichnet überdies einen Sieg der Geistigkeit über die Sinnlichkeit, also einen Kulturfortschritt, denn die Mutterschaft ist durch das Zeugnis der Sinne erwiesen, während die Vaterschaft eine Annahme ist, auf einen Schluß und auf eine Voraussetzung aufgebaut. Die Parteinahme, die den Denkvorgang über die sinnliche Wahrnehmung erhebt, bewährt sich als ein folgenschwerer Schritt» (Studienausgabe, Bd. IX, S. 559/60). Einige Seiten weiter erläutert Freud den allgemeinen Charakter dieses Prozesses:

«Der Fortschritt in der Geistigkeit besteht darin, daß man gegen die direkte Sinneswahrnehmung zugunsten der sogenannten höheren intellektuellen Prozesse entscheidet, also der Erinnerungen, Überlegungen, Schlußvorgänge. Daß man z. B. bestimmt, die Vaterschaft ist wichtiger als die Mutterschaft, obwohl sie nicht wie letztere durch das Zeugnis der Sinne erweisbar ist. Darum soll das Kind den Namen des Vaters tragen und nach ihm erben. Oder: unser Gott ist der größte und mächtigste, obwohl er unsichtbar ist wie der Sturmwind und die Seele» (S. 563).

Freud scheint zu meinen, daß die Errichtung der patriarchalischen Macht nur ein Element des allgemeinen Fortschritts in der Geistigkeit und die Bevorzugung eines unsichtbaren Gottes ein weiterer Effekt der gleichen Entwicklung ist. Wenn man aber bedenkt, daß der unsichtbare, allmächtige Gott Gott der Vater ist, um nicht zu sagen, der Gott der Patriarchen, dann dürfen wir wohl fragen, ob nicht im Gegenteil die Erhebung des Unsichtbaren über das Sichtbare und des Denkens und Schlußfolgerns über die sinnliche Wahrnehmung eine Konsequenz oder Wirkung der Etablierung der väterlichen Autorität ist: eine Konsequenz der Tatsache, daß die Beziehung zum Vater unsichtbar ist.

Wollte man nachweisen, daß die Erhebung des Geistigen über das Sinnliche, der Bedeutung über die Form, des Unsichtbaren über das Sichtbare eine Erhöhung des väterlichen Prinzips und der väterlichen Macht über die mütterliche bedeutet, könnte man sich auf Freuds Argumentationsweise in anderen Texten berufen, da er zeigt, daß viele Handlungen von unbewußten sexuellen Interessen determiniert werden. Auch Dorothy Dinnersteins Darlegungen stützen die Ansicht, daß die Unfaßbarkeit und Ungewißheit der Beziehung zum Vater beträchtliche Konsequenzen hat. Sie stellt fest, daß Väter wegen des Mangels direkter physischer Verbindungen zu Babys einen starken Drang verspüren, sich dieser Beziehung zu vergewissern, indem sie dem Kind ihren Namen geben, um so genealogische Bande zu knüpfen, und die verschiedensten «Initiationsriten durchführen, durch die sie symbolisch und leidenschaftlich bekräftigen, daß sie selbst menschliche Wesen geschaffen haben, verglichen mit dem bloßen Fleisch, das Frauen in die Welt setzen. Man denke auch an das weitverbreitete besorgte Interesse von Männern, durch Erben Unsterblichkeit zu erlangen, und ihre Anstrengungen, das Sexualleben der Frauen zu kontrollieren, um sicherzugehen, daß die Kinder, die sie unterstützen, auch wirklich ihrem Samen entstammen: die Zerbrechlichkeit ihrer physischen Bande zum Nachwuchs schmerzt offensichtlich Männer auf eine Weise, wie dies bei einem Bullen oder Hengst nicht der Fall sein könnte» (*The Mermaid and the Minotaur*, S. 80).

Der starke Drang der Männer, «ihre unbefriedigende lockere physische Verbindung zu Kindern durch kulturelle Errungenschaften zu bestätigen und zu stärken», führt dazu, daß sie kulturellen Errungenschaften symbolischer Natur eine große Wertschätzung entgegenbringen (S. 80/81). Man könnte auf eine Tendenz schließen, daß sie Beziehungen, die gewöhnlich als metaphorisch bezeichnet werden – Ähnlichkeitsbeziehungen zwischen getrennten Elementen, die einander ersetzen können, wie sie zwischen dem Vater und seiner Miniaturausgabe gleichen Namens, dem Kind, herrschen – höher einschätzen als metonymische, mütterliche Beziehungen, die auf Kontiguität beruhen.

Wollte man tatsächlich versuchen, sich die Literaturkritik einer patriarchalischen Gesellschaft vorzustellen, könnte man mehrere wahrscheinliche Interessen voraussagen:

(1) Die Rolle des Autors würde als eine väterliche aufgefaßt, und jede mütterliche Funktion, die man für wertvoll hielte, würde der Vaterschaft assimiliert[9]; (2) man würde viel in väterliche Autoren investieren, denen ihre gesamte textuelle Nachkommenschaft als Verdienst angerechnet würde; (3) es gäbe ein großes Interesse daran, welche Bedeutungen als legitime und welche als illegitime anzusehen wären (da ja die väterliche Rolle des Autors bei der Zeugung von Bedeutungen nur erschlossen werden könnte); schließlich würde die Kritik alles unternehmen, um Prinzipien zu entwickeln, mit denen man einerseits feststellen könnte, welche Bedeutungen wirklich die eigene Nachkommenschaft des Autors wären, und mit denen man andererseits den Verkehr mit anderen Texten kontrollieren könnte, um so das Wuchern illegitimer Interpretationen zu verhindern. Viele Aspekte der Kritik wie die Bevorzugung der Meta-

pher gegenüber der Metonymie, der Begriff des Autors und das Interesse, legitime von illegitimen Bedeutungen zu unterscheiden, können als Bestandteil der Erhöhung des Vaters angesehen werden. Im Phallogozentrismus verbindet sich das Interesse an der patriarchalen Autorität mit dem Interesse an der Einheit des Sinns und der Gewißheit des Ursprungs.

Auf dieser dritten Ebene der feministischen Kritik besteht die Aufgabe darin zu untersuchen, ob die Methoden, Voraussetzungen und Ziele der zeitgenössischen Kritik der Bewahrung männlicher Autorität dienen, und darin, Alternativen zu erkunden. Es kann nicht darum gehen, das Rationale zugunsten des Irrationalen zu verwerfen, oder darum, sich ausschließlich mit metaphorischen Beziehungen unter Ausschluß der metonymischen oder sich nur mit dem Signifikanten unter Ausschluß des Signifikats zu befassen; sondern es geht um den Versuch, kritische Modi zu entwickeln, durch die die Begriffe, die Produkte männlicher Autorität sind, in ein umfassenderes System eingeschrieben werden können. Feministinnen werden unterschiedliche Strategien erproben – in neueren französischen Texten steht ‹Frau› für jegliche radikale Kraft, die die Begriffe, Voraussetzungen und Strukturen des traditionellen männlichen Diskurses subvertiert.[10] Es ist allerdings anzunehmen, daß Versuche, eine neue weibliche Sprache zu schaffen, sich auf dieser Ebene als weniger effektiv erweisen als die Kritik der phallozentrischen Kritik, die ja keineswegs auf die Strategien feministischer Kritik der zweiten Ebene beschränkt ist. Dort identifizieren feministische Lektüren männliche Voreingenommenheit durch die Verwendung von Begriffen und Kategorien, die auch männliche Kritiker akzeptieren könnten. Auf der dritten Ebene erweisen sich viele dieser Begriffe und Kategorien – Realismus, Rationalität, Beherrschung, Erklärung – als selbst der phallozentrischen Kritik zugehörig.

Nehmen wir zum Beispiel Shoshana Felmans Diskussion der Erzählung *Adieu* von Balzac und ihrer verschiedenen Lektüren; es ist die Geschichte des Wahnsinns einer Frau, seines Ursprungs in einer Episode der Napoleonischen Kriege und des Versuchs ihres ehemaligen Geliebten, sie zu heilen. Die feministische Perspektive der ersten und zweiten Ebene enthüllt, was vorher ignoriert oder als selbstverständlich vorausgesetzt wurde, die Art etwa, wie männliche Kritiker die Frau und den Wahnsinn außer acht ließen, um

Balzacs ‹Realismus› in der Darstellung des Krieges zu loben. Felman zeigt, daß die Weise, wie Kritiker mit dem Text umgehen, genau die Weise wiederholt, wie der Protagonist Stéphanie, seine ehemalige Geliebte, behandelt. «Es ist schon sehr erstaunlich, bis zu welchem Grad ahnungslose ‹realistische› Kritiker die Selbsttäuschungen Philippes Punkt für Punkt reproduzieren» («Women and Madness: The Critical Phallacy», S. 10).

Philippe glaubt, er könne Stéphanie dadurch heilen, daß er sie dazu bringt, ihn wiederzuerkennen und ihn beim Namen zu nennen. Sie wieder zur Vernunft zu bringen heißt ihre Alterität auslöschen, die er derartig unannehmbar findet, daß er bereit ist, sie und sich zu töten, sollte seine Heilung nicht gelingen. Sie muß ihn und sich selbst als ‹seine Stéphanie› wiedererkennen. Als dies schließlich infolge seiner detaillierten realistischen Rekonstruktion ihrer Leidenssituation im Krieg, als sie den Verstand verlor, gelingt, stirbt sie. Das Drama der Erzählung spiegelt sich in dem Versuch männlicher Kritiker wider, aus der Erzählung ein Beispiel des Realismus zu machen, und stellt so deren Begriff von ‹Realismus› und Realität, von Vernunft und von Beherrschung der Interpretation in Frage, die nichts weiter als Beispiele einer männlichen Passion sind, die der Philippes entspricht.

«Auf der kritischen wie auf der textuellen Ebene wird der gleiche Versuch unternommen, sich den Signifikanten anzueignen und seine differentielle Wiederholung zu reduzieren; es zeigt sich jeweils der gleiche Wunsch, die Differenz zu beseitigen, die gleiche Überwachung von Identitäten, die gleiche Absicht der Beherrschung, der *Sinn-Kontrolle*... Parallel zu den Illusionen Philippes wiederholt so der realistische Kritiker seinerseits seinen allegorischen Mord, seine Auslöschung des Anderen: auch der Kritiker *tötet* auf seine Weise *die Frau* und tötet so zugleich die Frage des Textes und den Text als Frage» (S. 10).

Die Erzählung Balzacs dient so dazu, die Begriffe, welche die Kritiker in Übereinstimmung mit den Strategien des Protagonisten verwendet haben, zu bestimmen und auf diese Weise eine feministische Lektüre zu ermöglichen, welche diese Vorstellungen situiert und ihre Begrenztheit beschreibt. Insoweit die Struktur und die Details von Balzacs Erzählung eine Beschreibung ihrer männlichen Kritiker ermöglichen, stellen die Untersuchung und Ausbeutung ihrer Textualität gewiß eine feministische Lektüreversion dar; aber es ist eine Lektüreversion, welche die Frage, wie man die Begriffe und Kategorien der männlichen Kritik umgehen bzw. über sie hinausgehen kann, eher stellt als beantwortet. Felman schließt daraus, «daß, ausgehend von dieser Konfrontation, in der Balzacs Text selbst eine ironische Lektüre seiner eigenen zukünftigen Lektüren zu sein scheint, sich die Frage stellt: wie *sollen* wir lesen?» (S. 10).

Das ist auch die Frage, die sich auf der zweiten Ebene der feministischen Kritik stellt – wie sollen wir lesen? Welche Art der Leseerfahrung können wir uns vorstellen bzw. selbst erbringen? Was bedeutet es, ‹als Frau› zu lesen? Felmans Art der Kritik führt so auf die zweite Ebene zurück, auf der politische Alternativen Gegenstand der Debatte sind und Vorstellungen von dem, was man will, die kritische Praxis beleben. In diesem Sinne ist die dritte Ebene, auf der der Rahmen möglicher Alternativen und die Ableitung kritischer und theoretischer Kategorien zur Diskussion stehen, nicht radikaler als die zweite Ebene; auch sie kann sich dem Problem der ‹Erfahrung› nicht entziehen.

In diesen verschiedenen Texten zeichnet sich eine allgemeine Struktur ab. Auf der ersten Ebene, auf der weibliche Erfahrung als feste Basis der Interpretation angesehen wird, stellt sich schnell heraus, daß diese Erfahrung nicht eine Folge von Gedanken ist, die im Bewußtsein der Leserin beim Durchlaufen des Textes präsent ist, sondern eine Lektüre oder Interpretation ‹weiblicher Erfahrung› – ihrer eigenen und der anderer Leserinnen –, die in eine lebendige und produktive Beziehung zum Text gesetzt werden kann. Auf der zweiten Ebene besteht das Problem darin, wie man die Möglichkeit schaffen kann, als Frau zu lesen: Die Möglichkeit dieser fundamentalen Erfahrung führt zu dem Versuch, diese auch zu schaffen. Auf der dritten Ebene ist der Appell an die Erfahrung zwar verborgen, aber noch präsent, und zwar als Bezugnahme auf mütterliche statt auf väterliche Beziehungen oder auf die Situation der Frau und ihre Erfahrung der Marginalität, die zu einem geänderten Lektüremodus führen kann. Der Appell an die Erfahrung der Leserin ist ein Hebel, um das Begriffs- und Kategoriensystem männlicher Kritik aus den Angeln zu heben; der Begriff der ‹Erfahrung› hat aber immer diesen gespaltenen, doppelten Charakter; sie ist immer schon gemacht worden und muß dennoch erst geschaffen werden – ein unverzichtbarer Bezugspunkt, der aber niemals einfach gegeben ist.

Peggy Kamuf zeigt ein klares Verständnis dieser Situation der Aufschiebung; man muß nur das, was sie über die Frau als Schriftstellerin sagt, übertragen auf die Frau als Leserin:

«– ‹eine Frau, die als Frau (liest)› – die Wiederholung des ‹identischen› Begriffs spaltet diese Identität auf und schafft Raum für eine leichte Verschiebung, durch die die differentielle Bedeutung, die in dem einen Begriff immer schon arbeitete, im Raum ausgeschrieben wird. Und es gibt keinen Grund für die Wiederholung, hier aufzuhören, sie kann nicht endliche Male wiederholt werden, bis die Reihe sich selbst logisch schließt, wodurch die ursprüngliche Identität in einem endgültigen Begriff wiedergewonnen würde. Gleichermaßen gibt es auch nur arbiträre Anfänge für die Serien und keinen Begriff, der nicht schon eine Wiederholung wäre: ‹... eine Frau, die als Frau (liest), die als Frau (liest), dic als ...›» («Writing like a Woman», S. 298).

Als Frau lesen bedeutet für eine Frau nicht, eine gegebene Identität oder Erfahrung zu wiederholen, sondern eine Rolle zu spielen, die sie unter Bezugnahme auf ihre Identität als Frau konstruiert, die ihrerseits auch ein Konstrukt ist, so daß die Serie sich fortsetzen kann: eine Frau, die als Frau liest, die als Frau liest. Die Nichtkoinzidenz enthüllt ein Intervall, eine Spaltung in der Frau bzw. in jedem lesenden Subjekt und seiner ‹Erfahrung›.

3. Lektüregeschichten

Die Spaltung, die sich in der Leserin und ihrer Erfahrung in der feministischen Kritik gezeigt hatte, strukturiert auch Darstellungen des Lesens in der männlichen Leserreaktionskritik. Norman Holland führt aus, daß der Sinn eines Werks nichts anderes als die Erfahrung ist, die der Leser mit ihm macht und daß jeder Leser es auf dem Hintergrund seines eigenen spezifischen «Identitätsthemas» erfährt. Er berichtet allerdings, daß er, um die Art von Erfahrung, an der er interessiert war, ans Licht zu bringen, «immer und immer wieder fragte: Wie empfinden Sie die Charaktere, Ereignisse, Situationen und die sprachliche Form», um so «freie Assoziationen über die Erzählungen» hervorzulocken (*5 Readers Reading*, S. 44). Er hofft, so an das heranzukommen, was er die Reaktion auf ein Werk nennt; aber die von ihm gesuchte Erfahrung wird durch diese tendenziösen Fragen stark vorgeprägt, wenn nicht gar erst hervorgebracht. Welche Beziehung besteht zwischen den vermuteten Erfahrungen der Leser und ihren Reaktionen auf Hollands Fragen? David Bleich, ein hervorragender Praktiker dessen, was er «subjektive Kritik» nennt, teilt Hollands Überzeugung, daß der Sinn eines Werks die spezifische Erfahrung jedes Lesers ist; er erklärt aber, daß er mit seinen Studenten *response statements* (Wiedergabe der Reaktionen) üben muß, indem er sie darin unterweist, was dazugehört und was wegzulassen ist.

«Das Ziel eines *response statements* ist die Aufzeichnung einer Leseerfahrung und ihrer natürlichen, spontanen Wirkungen, zu denen sowohl Gefühle und Affekte gehören wie auch bestimmte Erinnerungen und Gedanken oder auch freie Assoziationen. Andere Formen geistiger Tätigkeit *(mentation)* können wohl auch als ‹natürlich und spontan› angesehen werden, aber nicht in diesem Kontext. Bei der Aufzeichnung einer *response* ist eine Lockerung kultivierter analytischer Gewohnheiten erforderlich, besonders der Gewohnheit automatischer Objektivierung des literarischen Werks... Für gewöhnlich behindert der Akt der Objektivierung die Bewußtheit der *response*» (*Subjective Criticism*, S. 147).

Die Berufung auf eine natürliche *response* ist gekoppelt mit dem Versuch, bestimmte mögliche *responses* auszuschließen wie die «automatische Objektivierung», die Bestandteil der studentischen Erfahrung ist. Der Begriff der Erfahrung ist gespalten in die Erfahrung, welche die Studenten schon gemacht haben, und diejenige, die der Lehrer ihnen zugänglich zu machen hofft.

In *Surprised by Sin* und *Self-Consuming Artifacts* behauptet Stanley Fish, die wirklichen Erfahrungen von Lesern beim Lesen wiederzugeben und meint, daß Kritiker deshalb zu unterschiedlichen Schlußfolgerungen gelangen, weil ihre irrigen Theorien sie dazu bringen, ihre wirkliche Erfahrung eines Werks zu vergessen, zu verzerren oder falsch zu konstruieren. Viele begegneten dieser Behauptung mit Skepsis und meinten, daß Fish nur seine eigene Erfahrung wiedergab, und gelegentlich hat Fish eingestanden, daß er «nicht offenlegte, was Leser seit jeher taten, sondern daß er versuchte, sie zu einer Reihe gemeinsamer Voraussetzungen zu überreden, damit sie beim Lesen dasselbe tun wie er» (*Is There a Text in This Class?*, S. 15).

Aber die Situation ist nicht so einfach. Es gibt gute Gründe anzunehmen, daß seine sogenannte Leseerfahrung komplexer ist als die Geschichten, die er darüber erzählt. Erstens einmal scheint Fishs Leser aus seiner Erfahrung niemals etwas zu lernen. Immer wieder kommt er in Verlegenheit, weil die zweite Hälfte eines Satzes das wieder zurücknimmt, was die erste Hälfte zu versichern schien. Immer wieder ist er darüber verwirrt, daß das sich selbst verzehrende Kunstwerk, das er liest, sich selbst verzehrt. Was den Fishianischen Leser auszeichnet, ist seine Neigung, immer wieder in dieselbe Falle zu gehen. Wann immer es möglich ist, das Ende einer Verszeile als Abschluß eines Gedankens zu interpretieren, tut er dies, nur um dann immer wieder feststellen zu müssen, daß der Beginn der nächsten Zeile zu einer Sinnänderung führt.

Man sollte annehmen, daß jeder wirkliche Leser, besonders einer, der informiert sein will, merkt, daß voreilige Schlüsse sich oft als falsch erweisen und diese Möglichkeit beim Lesen antizipiert. Immerhin hat Stanley Fish diese Möglichkeit nicht nur bemerkt, sondern ein ganzes Buch darüber geschrieben. Wir können ruhig davon ausgehen, daß Fish beim Lesen nach derartigen Fällen Ausschau hält und eher erfreut statt verärgert ist, wenn sie eintreten. Die Schlußfolgerung scheint unvermeidlich: Was Fish wiedergibt, ist nicht Stanley Fish beim Lesen, sondern Stanley Fish, wie er sich die Lektüre eines Fishianischen Lesers vorstellt. Da aber ein Fishianischer Leser ein Leser ist, der an einer bestimmten Rolle festhält, sollten wir vielleicht besser sagen, daß seine Darstellung der Leseerfahrung wiedergibt, wie Fish als Fishianischer Leser liest, der als Fishianischer Leser liest.

Wäre es Fish anders ergangen, wenn er versucht hätte, seine eigene Erfahrung aufzuzeichnen? Wenn das erste Problem in seiner Darstellung die Kluft zwischen seinen wiedergegebenen und seinen vermutlichen Erfahrungen ist, dann besteht das zweite Problem in der Frage, worum es sich bei «seiner eignen Erfahrung» denn handelt.

Worin besteht Fishs Erfahrung, wenn er die folgenden Verszeilen aus *Lycidas* liest?

«He must not float upon his wat'ry bier
Unwept...»
(Er darf auf seiner Wasser-Totenbahre nicht treiben
Unbeweint...)

Er merkt dazu an: «Ich ‹sah›, was meine Interpretationsprinzipien mich sehen ließen bzw. mir zu sehen nahelegten» (*Is There a Text in This Class?*, S. 163). Seine Prinzipien veranlassen ihn dazu, Zeilenenden zu sehen und daher auch zu erwarten, die Sätze unterbrechen, um den Leser zu voreiligen Schlußfolgerungen zu ermutigen. Er erwartet, daß eine Sequenz wie «He must not float upon his wat'ry bier» sich als unvollständig erweisen könnte, und in diesem Fall bestätigt «Unwept» seine Sicht der poetischen Struktur. Aber auf Grund dieser Erwartung muß zu seiner Erfahrung auch eine vorgestellte Erfahrung dessen gehören, was er als die Erfahrung des Lesers beschreibt: die Erfahrung nämlich, die erste Zeile als «Entschluß, fast schon als Versprechen» anzusehen, der eine «Aufforderung zu handeln, vielleicht sogar einen Plan für eine Rettungsaktion» antizipiert und die darauf folgende Enttäuschung dieser Erwartung und Antizipation. «Der Leser, der eine Bedeutung erschlossen hat, löst diese sodann wieder auf» (S. 164/165). Fishs Erfahrung dieser Zeilen aus *Lycidas*, wenn es eine solche überhaupt gibt, ist vermutlich gespalten: eine Erfahrung, die damit rechnet, daß erschlossene Bedeutungen sich wieder auflösen, und die doch vertrauensvoll Bedeutungen erschließt, als ob diese sich nicht wieder auflösen könnten. Wie Barthes' Antiheld lebt Fish ohne Scham im Widerspruch, indem er eine Rolle spielt, mit der er niemals ganz koinzidiert: Er liest als Fishianischer Leser, der als Fishianischer Leser liest... Die Wiederholung enthüllt ein Intervall oder eine Spaltung, die in dem einen Begriff immer schon wirksam war.

Lesen heißt, die Rolle des Lesers spielen, und Interpretieren heißt, eine Leseerfahrung postulieren. Studienanfänger der Literaturwissenschaft kennen dies recht gut, haben es aber vergessen, wenn sie an der Universität selbst Literatur unterrichten. Wenn Studenten in ihren Arbeiten sich darauf beziehen, ‹was der Leser an dieser Stelle fühlt› oder ‹was der Leser dann versteht›, sehen Dozenten dies als eine Pseudoobjektivität an, als versteckte Form von ‹ich fühle› oder ‹ich verstehe›, und bitten darum, ehrlich zu sein oder solche Verweise ganz wegzulassen. Aber in diesem Fall haben die Studenten gegenüber ihren Dozenten recht. Sie wissen, daß dies keine Frage der Ehrlichkeit ist. Sie haben verstanden, daß die Lektüre und Interpretation eines literarischen Werks genau darin besteht, sich vorzustellen, was ‹ein Leser› fühlt bzw. versteht.[11] Lesen heißt, mit der Hypothese eines Lesers arbeiten, und es gibt immer eine Lücke oder Spaltung im Leseakt.

Die uns vertrautesten Versionen dieser Spaltung sind der Begriff des ‹suspendierten Zweifels›, unser gleichzeitiges Interesse an Charakteren als Menschen und als Kunstmittel des Romanciers und das Erlebnis der Spannung einer Geschichte, deren Ende wir in Wirklichkeit schon kennen. Die offensichtlich problematischeren Strukturen von Frauen, die als Frauen lesen, und von Fish, der als Fishianischer Leser liest, sind Versionen der gleichen Spaltung, die verhindert, daß Erfahrungen als Wahrheit des Textes einfach festgehalten und erschlossen werden können.

Aber anscheinend haben wir ein Interesse, den Glauben an die Erfahrung als Basis aufrechtzuerhalten und so diese Spaltung zu verdecken oder zu verdrängen. Eine weit verbreitete Art, damit umzugehen, besteht in der Berufung auf die vertraute und einleuchtende Vorstellung, daß verschiedene Leser oder Lesergruppen verschieden lesen und daß Spaltungen in der Lektüre Unterschiede zwischen Lesern darstellen. Man könnte zum Beispiel versucht sein zu argumentieren, die Tatsache, daß manche Feministinnen behaupten, die spezifische Erfahrung von Leserinnen wiederzugeben, während andere sich darüber beklagen, daß Frauen noch nicht gelernt haben, als Frauen zu lesen, sei darauf zurückzuführen, daß die beiden Kritikergruppen sich auf zwei verschiedene Lesergruppen beziehen. Eine solche Argumentation würde aber die von Feministinnen diskutierten Fragen ignorieren – was es etwa für eine Frau bedeutet, als Frau zu lesen –, da sie davon ausginge, daß die Antwort von der einen Gruppe gefunden wurde und von der anderen nicht, anstatt in jeder Lektüre auf problematische Weise auf dem Spiel zu stehen.

Als Stanley Fishs Behauptung, er gebe die Erfahrung aller Leser wieder, bestritten wurde, nahm er zu dem Begriff der «Interpretationsgemeinschaft» Zuflucht: Er gab zu, er habe nicht eine universale Erfahrung wiedergegeben, sondern versucht, andere dazu zu überreden, sich seiner Interpretationsgemeinschaft gleichgesinnter Leser anzuschließen (*Is There a Text in This Class?*, S. 15). Manche hielten dies für einen ausgesprochen schwachen Zug, da er uns vor eine große Anzahl unabhängiger Gemeinschaften stellt, die miteinander nicht argumentieren können: Manche Leser – zum Beispiel Fishianische Leser – lesen auf die eine Weise, andere – zum Beispiel Hirschianische Leser – auf eine andere usw., so viele verschiedene Lesestrategien wir finden können. Wie frustrierend manche diese Konzeption, die uns in monadische Gemeinschaften aufteilt, auch finden mögen, in gewisser Weise ist sie doch recht beruhigend: Indem sie die Differenzen *innerhalb* der Lektüre auf Differenzen *zwischen* Interpretationsgemeinschaften projiziert, nimmt sie die Einheit und Identität der Vorgehensweisen und Erfahrungen jedes Lesers und jeder Gemeinschaft an.

Wie wir aber gesehen haben, gibt es begründete Zweifel, ob man die Einheit und Identität der eigenen Lesestrategien und Leseerfahrungen als selbstverständlich voraussetzen kann. Wenn selbst Fish als Leser nicht mit dem Fishianischen Leser identisch ist, dann stellen sich schwerwiegende Probleme, die darauf verweisen, daß Lesen in sich gespalten und heterogen ist und als Bezugspunkt nur brauchbar ist, wenn es als Geschichte komponiert wird, wenn es als eine Erzählung aufgebaut wird.

Es gibt natürlich viele verschiedene Lektüregeschichten *(stories of reading)*. Wolfgang Iser erzählt die Geschichte eines Lesers, der aktiv Lücken füllt, der aktualisiert, was der Text unbestimmt läßt, der versucht, eine Einheit zu konstruieren und diese Konstruktion in dem Maße, wie der Text weitere Informationen bereitstellt, modifiziert. Michael Riffaterres *Semiotics of Poetry* erzählt eine dramatischere Geschichte: Nachdem der Versuch, alles in einem Gedicht als Darstellung eines Sachverhalts zu lesen, fehlgeschlagen ist, unternimmt der Leser eine zweite, retroaktive Lektüre, in deren Verlauf die Hindernisse, auf die er vorher stieß, zu Schlüsseln zu einer einzigen ‹Matrix› werden – einem minimalen, wörtlichen Satz –, als dessen periphrastische Transformation das gesamte Gedicht angesehen werden kann. Während der Lektüre zeigt sich plötzlich, «daß das Puzzle gelöst ist, alles paßt zusammen» (S. 12). Stephen Booth erzählt die traurigere Geschichte von Lesern, die ständig auf Strukturen stoßen – phonologische, syntaktische, thematische –, die einen Zusammenhang suggerieren; sie haben aber immer wieder den Eindruck, auf der Schwelle des Verstehens in der Schwebe gehalten zu werden, so daß sie sich niemals ganz zurechtfinden oder den vielen Strukturen eine Ordnung unterlegen können. «Das Publikum (von *Hamlet*) findet sich in einem konstanten, aber sanften Fluß, immer auf der Kippe, ohne aber vertrauten Grund jemals ganz zu verlassen», so daß das Stück ihnen die Möglichkeit bietet, «dranzubleiben», ohne aber «alle Widersprüche, die darin enthalten sind», lösen zu können («On the Value of *Hamlet*», S. 287/310). Im Gegensatz dazu erzählt Norman Holland die Geschichte von Lesern, die das Werk fröhlich dazu verwenden, «sich selbst zu replizieren». «Das Individuum kann das literarische Werk nur in dem Maße akzeptieren, wie es ihm die Möglichkeit bietet, mit seiner Hilfe eine verbale Form der eigenen spezifischen Struktur der Abwehrmechanismen zu rekreieren.» Nachdem er die Abwehrmechanismen einander angeglichen hat, gewinnt der Leser dem Werk «die spezifischen Phantasien, die ihm Lust bereiten», ab und rechtfertigt seine Phantasien, indem er sie in eine umfassende «Erfahrung ästhetischer, moralischer, intellektueller oder sozialer Kohärenz und Bedeutsamkeit» transformiert («Unity Identity Text Self», S. 816/18).

Was enthüllen solche narrativen Konstrukte über das Lesen? Welche Probleme tauchen auf, wenn wir eine Reihe von Lektüregeschichten betrachten? Eine auffallende Variation der Leserreaktionsgeschichten ist das Problem der Kontrolle. Für Holland ist es klar, daß Leser den Text beherrschen, wenn sie Werke konstruieren, die zu ihren Abwehrmechanismen passen. Auch andere Lektüregeschichten preisen die kreative bzw. produktive Rolle des Lesers als wesentliche Einsicht der leserorientierten Kritik und schließen daraus, genau wie Fish, daß Leser das Gedicht lesen, das sie selbst gemacht haben (*Is There a Text in This Class?*, S. 169). Aber ein eigentümlicher Aspekt dieser Geschichten ist, daß Text und Leser ihre Rollen ganz leicht vertauschen können: Eine Geschichte vom Leser, der den Text strukturiert, wird leicht zu einer Geschichte vom Text, der bestimmte Reaktion provoziert und den Leser aktiv kontrolliert. Diese Vertauschung findet statt, wenn man von Bleich und Holland zu Riffaterre und Booth kommt, aber sie kann auch innerhalb desselben kritischen Artikels stattfinden. In dem Beitrag «Texte, théorie du» für die *Enzyclopaedia Universalis* schreibt Barthes, daß «der Signifikant jedermann gehört»; aber, beeilt er sich fortzusetzen, «es ist der Text, der unermüdlich arbeitet, nicht der Künstler oder der Konsument» (S. 1015). Auf der nächsten Seite kehrt er zur ersten Position zurück: «Die Texttheorie beseitigt alle Grenzen der Freiheit der Lektüre (sie autorisiert die Lektüre eines Werks der Vergangenheit von einem völlig modernen Standpunkt...), aber sie insistiert auch in großem Maße auf der Äquivalenz von Lesen und Schreiben» (S. 1016). An anderer Stelle wird Barthes' Lobpreis des Lesers als einem Produzenten des Textes durch Aussagen eingeschränkt, die zeigen, wie der Text die fundamentalsten Konzepte des Lesers zerreißt: «Text der Wollust: der in den Zustand des Sichverlierens versetzt, der Unbehagen erregt (vielleicht bis hin zu einer gewissen Langeweile), die historischen, kulturellen, psychologischen Grundlagen des Lesers, die Beständigkeit seiner Vorlieben, seiner Werte und seiner Erinnerungen erschüttert, sein Verhältnis zur Sprache in eine Krise bringt» (*Die Lust am Text*, S. 22).

Umberto Ecos Untersuchungen ‹offener Werke›, die den Leser auffordern, den Text durch die Lektüre zu schreiben, sind eine überzeugende Bestätigung des leichten Wechselspiels von Freiheit und Zwang. Die festen Strukturen ‹geschlossener Werke› lassen dem Leser allem Anschein nach keine Wahl, während die noch nicht realisierten Konstruktionen offener Werke zur Kreativität auffordern; aber, bemerkt Eco, es ist gerade die Offenheit letzterer, die dem Leser viel gebieterischer eine bestimmte Rolle aufzwingt, als dies beim geschlossenen Werk der Fall ist. «Der offene Text entwirft ein ‹geschlossenes› Projekt seines idealen Lesers als Bestandteil seiner strukturalen Strategie» (*The Role of the Reader*, S. 9). Der Leser ist aufgefordert, die Rolle des Organisators zu übernehmen: «Man kann den Text nicht verwenden, wie es einem beliebt, sondern nur so, wie der Text will, daß man ihn verwendet», während man geschlossene Werke auf viele verschiedene Arten verwenden kann. «Die freien interpretatorischen Wahlen, zu denen eine absichtliche Strategie der Offenheit auffordert» (S. 40), können als Akte angesehen oder erzählt werden, die von der manipulierenden Strategie eines planenden Autors provoziert werden.

Auch Fishs Geschichten schwanken zwischen einem Leser, der aktiv teilnimmt, und einem hilflosen Leser, der von beeindruckenden Sätzen bombardiert wird. Fish will die formalistische Vorstellung vom Text als einer die Bedeutung determinierenden Struktur angreifen, indem er seine eigene Sicht «des menschlichen Wesens, das in jedem Augenblick den Erfahrungsraum schafft, in den sein persönliches Wissen einfließt», der Sicht «des menschlichen Wesens, das passiv und desinteressiert ein ihm äußerliches Wissen aufnimmt», entgegenstellt (*Is There a Text in This Class?*, S. 94); wenn er aber spezifische Leseakte erzählt, geschieht etwas Seltsames. Sehen wir uns an, was geschieht, wenn der Leser, der Schöpfer von Bedeutungen auf folgenden Satz von Walter Pater stößt: «That clear perceptual outline of face and limb is but an image of ours.» (Dieser deutlich wahrnehmbare Umriß von Gesicht und Gliedern ist bloß ein Bild von uns.):

«In den Begriffen der Leserreaktion erzeugt ‹that› eine Erwartung, die ihn vorwärts treibt, die Erwartung, herauszufinden, *was* ‹that› ist ... Das Adjektiv ‹clear› hat einen doppelten Effekt; es verspricht dem Leser, wenn ‹that› erscheint, könne er es leicht erkennen, und umgekehrt, daß es leicht erkannt werden kann. ‹Perceptual› bekräftigt die Sichtbarkeit von ‹that›, noch *bevor* es gesehen wird, und ‹outline› verleiht ihm eine potentielle Form, während es gleichzeitig eine Frage stellt. Diese Frage – Umriß wovon? – wird entgegenkommenderweise von der Phrase ‹face and limb› beantwortet, die tatsächlich den Umriß füllt. Wenn der Leser bei dem deklarativen Verb ‹is› angekommen ist, orientiert er sich bereits voll und ganz in einer Welt klar unterschiedener Gegenstände und klar orientierter Beobachter, zu denen auch er gehört. Dann aber wendet sich der Satz gegen den Leser und nimmt die Welt, die er selbst geschaffen hat, wieder zurück. ... ‹image› löst diese Ungewißheit auf, aber in Richtung der Unwirklichkeit; und die inzwischen verschwommene Form verschwindet völlig, wenn die Phrase ‹of ours› die Unterscheidung zwischen Leser und dem, was ‹außerhalb› (Paters eigenes Wort) ist (oder war). Im einen Augenblick sieht man es (‹that›), im nächsten schon nicht mehr. Pater gibt, und Pater nimmt wieder weg» (S. 31).

Trotz der Behauptungen von Fishs Theorie wird der Leser zum Opfer einer diabolischen Strategie des Autors. Je aktiver, projektiver oder kreativer der Leser ist, desto mehr wird er im Grunde vom Satz oder vom Autor manipuliert.

Später bemerkte Fisch, daß diese Verlagerung des Schwerpunkts sein dargelegtes Programm unterminierte. In der Einführung zur Sammlung seiner Schriften stellt er fest, «daß die Argumentation in

Literature in the Reader für das Interesse des Lesers eintrat (oder zumindest so angekündigt wurde) und sich gegen die Selbstgenügsamkeit des Textes richtete, daß aber im Verlauf dieser Argumentation der Leser, statt befreit zu werden, sich in seiner neuen Vorrangstellung eingeschränkter findet als je zuvor» (S. 7). Fish geht fehl, wenn er dies für einen Irrtum hält, den er berichtigen kann, wenn er, wie in späteren Texten argumentiert, die formalen Elemente, von denen der Leser manipuliert wird, seien Produkte der vom Leser angewendeten Interpretationsprinzipien. Das Problem der Manipulation wird sich immer wieder stellen: Erstens ist es eine viel bessere Geschichte, voller dramatischer Begegnungen, enttäuschender Momente, Wechselfälle des Glücks; zweitens geht sie einfacher und exakter mit den Details der Bedeutung um; und drittens legt diese Geschichte Wert auf die temporale Leseerfahrung. Ein Leser, der alles erschafft, lernt nichts; aber einer, der beständig auf Unerwartetes trifft, kann momentane, beunruhigende Funde machen. Je stärker eine Theorie die Freiheit, Kontrolle und konstitutive Aktivität des Lesers betont, desto wahrscheinlicher wird sie zu Geschichten dramatischer Begegnungen und Überraschungen führen, die das Lesen zu einer Entdeckungsfahrt machen.

Das Wiederauftauchen der Kontrolle durch den Text in Geschichten, die eigentlich das Gegenteil erzählen wollten, zeigt sehr deutlich, welche Zwänge diskursive Strukturen Theorien auferlegen, die den Anspruch stellen, diese zu beherrschen und zu beschreiben. Theorien über Lektüregeschichten und Beschreibungen von Lektüregeschichten scheinen selbst narrativen Regeln zu gehorchen. Aber es gibt eine weitere strukturale Notwendigkeit für das Schwanken zwischen Leserdominanz und Textdominanz. Eine Untersuchung des Lesens bietet keine Möglichkeit, zwischen diesen Alternativen zu entscheiden; denn die Situation kann aus beiden Perspektiven theoretisch erfaßt werden, und es gibt Gründe, warum das so sein muß. Das Beispiel des Witzes erhellt sehr schön die eigentümliche Situation des Lesens. Der Zuhörer ist für den Witz wesentlich, denn wenn der Zuhörer nicht lacht, ist der Witz auch kein Witz. In diesem Falle spielt der Leser ganz im Sinne der Leserreaktionskritik eine entscheidende Rolle bei der Determinierung der Struktur und der Bedeutung der Äußerung. Samuel Weber schreibt in einer Erläuterung von Freuds Theorie des Witzes: «Die dritte

Person entscheidet als Zuhörer über den Erfolg des Witzes – ob er also ein Witz ist oder nicht – ... Und doch ist diese entscheidende Handlung der dritten Person ihrem Willen entzogen – man kann nicht lachen wollen – und auch dem Bewußtsein, da man in dem Moment, wo man lacht, niemals weiß, worüber man lacht» («The Divaricator», S. 25/26). Der Ausbruch des Lachens ist der Kontrolle des Zuhörers entzogen: Der Text provoziert ihn (der Witz, sagt man, *brachte* mich zum Lachen). Andererseits determiniert die unvorhersehbare Reaktion die Natur des Textes, der diese doch erst hervorrufen soll. Kein Kompromiß, der die Kontrolle zum Teil dem Leser, zum Teil dem Text zuspräche, könnte die Situation exakt beschreiben, die eher durch die Nebeneinanderstellung zweier absoluter Perspektiven zu fassen wäre. Das Schwanken in Lektüregeschichten zwischen dem Leser als aktiv Handelndem und dem Leser als automatisch Reagierendem ist kein Fehler, der korrigiert werden könnte, sondern ein wesentlicher strukturaler Aspekt der Situation.

Eine zweite, damit eng verwandte Frage, die sich in Lektüregeschichten stellt, ist die, was ‹in› dem Text ist. Ist er eine derartig reiche Fülle, daß kein Leser ihn je erfassen kann? Eine festgelegte Struktur mit einigen Lücken, die der Leser füllen muß? Eine Reihe unbestimmter Markierungen, auf die der Leser erst eine Struktur und eine Bedeutung überträgt? Stanley Fish zum Beispiel hat bei dem Versuch, mit diesen Problemen zurechtzukommen, verschiedene Positionen eingenommen. Jeder Positionswechsel spricht der konstitutiven Aktivität des Lesers etwas zu, was vorher im Text lokalisiert wurde. Zuerst argumentierte Fish, Bedeutungen lägen nicht im Text, sondern in der Erfahrung des Lesers. Der Text sei eine Serie formaler Strukturen, denen der Leser Bedeutungen zuweise wie in dem oben zitierten Beispiel von Pater. Bei Stiluntersuchungen aber entschied Fish, die interpretatorischen Hypothesen des Lesers würden determinieren, welche unter den vielen formalen Aspekten und Strukturen als textuelle Fakten zählen. Auf einer dritten Stufe behauptete er, die formalen Strukturen seien überhaupt nicht *im* Text. In der Untersuchung der oben zitierten Verse aus *Lycidas* schreibt er:

«Ich verwende den Begriff ‹Zeilenende› und betrachte ihn als ein natürliches Faktum; man könnte zu dem Schluß kommen, daß es als Faktum für die von mir beschriebene Leseerfahrung verantwortlich ist. Ich glaube aber, daß es in Wahrheit umgekehrt ist: Zeilenenden existieren auf Grund von Wahrnehmungsstrategien und nicht umgekehrt. Historisch gesehen gehört zu der Strategie, die wir als ‹Poesie lesen (oder hören)› kennen, die Aufmerksamkeit auf die Verszeile als Einheit, aber es ist gerade diese Aufmerksamkeit, welche die Verszeile als Einheit (sei es des Drucks, sei es der Hördauer) erst ermöglicht hat... Kurz gesagt, was wahrgenommen wird, ist das, was wahrnehmbar gemacht worden ist, und zwar nicht durch ein klares, nicht verzerrendes Vergrößerungsglas, sondern durch eine Interpretationsstrategie» (*Is There a Text in This Class?*, S. 165/66).

Die gleiche Argumentation gilt für die fundamentalsten Phänomene: Jede Wiederholung des gleichen Lauts oder Buchstabens ist eine Funktion phonologischer oder orthographischer Konventionen und muß demnach als Resultat von Interpretationsstrategien bestimmter Gemeinschaften angesehen werden. Fakten und Interpretationen lassen sich nicht eindeutig trennen, und so kann man auch nicht sagen, daß irgend etwas definitiv in einem Text ist und jeder Interpretationskonvention vorausgeht.

Fish geht einen Schritt weiter: Genau wie der Text und seine Bedeutungen ist auch der Leser das Produkt einer Interpretationsgemeinschaft und wird als Leser von den Denkweisen, die diese bereitstellt, konstituiert. «Auf einen Schlag», schreibt Fish, «ist das Dilemma, das zu der Debatte zwischen den Verfechtern des Textes und den Verfechtern der Interessen des Lesers (zu denen sicher auch ich gehörte) führte, gelöst, weil die konkurrierenden Wesenheiten nicht mehr als unabhängig voneinander wahrgenommen werden. Anders gesagt, die Ansprüche auf Objektivität stehen nicht mehr zur Debatte, weil die autorisierende Kraft, das Zentrum der interpretatorischen Autorität, zugleich beides und keines von beiden ist» (S. 14). «Viele Dinge zeigen sich in einem anderen Licht», meint er, «wenn die Subjekt-Objekt-Dichotomie erst einmal beseitigt ist» (S. 336).

Dieser radikale Monismus, der alles zum Produkt von Interpretationsstrategien macht, ist das logische Resultat einer Analyse, die zeigt, daß jede Wesenheit ein Konstrukt auf Grund von Konventionen ist; aber die Differenz von Subjekt und Objekt ist resistenter, als Fish glaubt, und läßt sich nicht ‹auf einen Schlag› eliminieren. Sie taucht wieder auf, sobald man über Interpretationen spricht. Die Untersuchung einer Leseerfahrung setzt einen Leser und einen Text voraus. In jeder Lektüregeschichte muß es etwas geben, auf das der Leser trifft, das ihn überrascht, wovon er etwas lernt. Eine Interpretation ist immer eine Interpretation von etwas, und dieses Etwas fungiert als Objekt in einer Subjekt-Objekt-Beziehung, selbst wenn es als Produkt vorangehender Interpretationen angesehen werden mag.

In Fishs Wendungen erkennen wir die Momente einer generellen Auseinandersetzung zwischen dem Monismus der Theorie und dem Dualismus erzählender Texte. Theorien des Lesens erweisen die Unmöglichkeit, eine wohlfundierte Unterscheidung zwischen Fakten und Interpretationen zu treffen, zwischen dem, was im Text gelesen, und dem, was in den Text hineingelesen werden kann bzw. zwischen Text und Leser, und führen so zu einem Monismus. Alles wird durch Interpretationen konstituiert – und zwar in einem Maße, daß Fish eingesteht, die Frage, *wovon* Interpretationen denn Interpretationen sind, nicht beantworten zu können (S. 165). Lektüregeschichten aber lassen diese Frage nicht unbeantwortet stehen. Es muß immer einen Dualismus geben: einen Interpreten und etwas, was er interpretiert, ein Subjekt und ein Objekt, einen Handelnden und etwas, worauf er einwirkt oder was auf ihn einwirkt.

Die Beziehung von Monismus und Dualismus ist im Werk von Wolfgang Iser besonders auffällig. Seine Darstellung des Lesens ist äußerst einleuchtend und will der kreativen und teilnehmenden Aktivität des Lesers gerecht werden, wobei er bestimmte Texte anführt, die eine Reaktion des Lesers erfordern und diese auslösen. Er versucht also, eine dualistische Theorie zu entwickeln; aber seine Kritiker weisen ihm nach, daß sein Dualismus nicht aufrechterhalten werden kann: Die Unterscheidung von Text und Leser, Faktum und Interpretation, bestimmt und unbestimmt, bricht zusammen, und seine Theorie wird zu einer monistischen. Zu was für einer Art von Monismus sie wird, hängt davon ab, welche seiner Argumente und Voraussetzungen man ernster nimmt. In *The Struggle for Control* argumentiert Samuel Weber, daß in Isers Theorie letztlich alles von der Autorität des Autors abhängt: Der Autor garantiert die Einheit des Werks, fordert die aktive Teilnahme des Lesers und «strukturiert durch seinen Text im vorhinein die Form des ästhetischen

Objekts, das der Leser erst schaffen soll», so daß die Lektüre eine Aktualisierung der Intention des Autors ist (*Der Akt des Lesens*, S. 175). Man kann aber auch, wie Stanley Fish in *Why No One Is Afraid of Wolfgang Iser*, genauso überzeugend argumentieren, daß dessen Theorie ein Monismus ganz anderer Art sei. «Lücken sind nicht in den Text eingebaut, sondern tauchen auf (oder auch nicht) infolge bestimmter Interpretationsstrategien»; «daher gibt es keinen Unterschied zwischen dem, was der Text bereitstellt, und dem, was der Leser beisteuert; er steuert *alles* bei; die Sterne in einem literarischen Text sind keine Fixsterne; sie sind genauso variabel wie die Linien, die sie verbinden» (S. 7). Isers Fehler sei, daß er den in Lektüregeschichten notwendigen Dualismus für theoretisch gut fundiert halte und nicht erkenne, daß die variable Unterscheidung von Faktum und Interpretation, von Beitrag des Textes und Beitrag des Lesers genauer theoretischer Untersuchung nicht standhält.[12]

Die Möglichkeit des Nachweises, Isers Theorie münde in einen Monismus, in dem der Leser oder der Autor alles beisteuert, mag helfen zu zeigen, was an seiner ausgesprochen vernünftigen Idee falsch ist, daß Text und Leser jeweils einen Teil beisteuern bzw. daß es einige festgelegte Strukturen gibt, aber auch Unbestimmtheitsstellen. Eines der besten Korrektive findet sich in Jean-Paul Sartres *Was ist Literatur?*, wenn er die Rolle des Lesers, «gleichzeitig zu enthüllen und zu schaffen, im Schaffen zu enthüllen und durch Enthüllen zu schaffen», untersucht (S. 28). «So bleibt für den Leser noch alles zu tun, und doch ist alles schon getan» (S. 29). Für den Leser ist das Werk nicht zum Teil geschaffen, sondern ist einerseits vollständig und unerschöpflich – man kann lesen und wiederlesen, ohne jemals völlig zu erfassen, was schon geschaffen worden ist – und muß doch andererseits im Lektürevorgang erst noch erschaffen werden, ansonsten blieben es nur schwarze Spuren auf Papier. Dem Versuch, Kompromisse zu formulieren, gelingt es nicht, diese wesentliche, gespaltene Qualität der Lektüre zu erfassen.

Lektüregeschichten setzen allerdings etwas als gegeben voraus, worauf der Leser reagieren kann. E. D. Hirschs Ausführungen über Sinn *(meaning)* und Bedeutung *(significance)* sind in diesem Zusammenhang relevant. «Sinn», den Hirsch mit dem vom Autor intendierten Sinn identifiziert, «bezieht sich auf den gesamten verbalen Sinn eines Textes, und ‹Bedeutung› bezieht sich auf den textuellen

Sinn innerhalb eines umfassenderen Kontextes, das heißt in bezug auf einen anderen Geist, eine andere Epoche, ein größeres Gegenstandsfeld» (*The Aims of Interpretation*, S. 2/3). Hirschs Gegner weisen diese Unterscheidung zurück mit der Argumentation, außerhalb des Kontextes der Interpretation gebe es keinen Sinn im Text; Hirsch dagegen behauptet, daß das Interpretieren abhängig sei von der Unterscheidung zwischen einem Sinn, der im Text ist (weil der Autor ihn hineingelegt hat), und einer Bedeutung, die nachträglich hinzukommt. «Wenn ein Interpret nicht annähme, daß der Sinn eines Textes *da* wäre als Anstoß, darüber nachzudenken oder ihn anzuwenden, gäbe es nichts, worüber er nachdenken oder reden könnte. Sein Vorhandensein, seine Selbstidentität von einem Augenblick zum nächsten, bietet erst die Möglichkeit, über ihn nachzudenken. Das heißt also, während der Sinn ein Prinzip der Stabilität in einer Interpretation darstellt, enthält die Bedeutung ein Prinzip der Veränderung» (S. 80). Die Unverzichtbarkeit dieser Unterscheidung sieht Hirsch schon dadurch bestätigt, daß seine Gegner so bereitwillig behaupten, er habe sie falsch interpretiert (und damit voraussetzen, daß ihre Texte einen festen Sinn haben, der sich von der Bedeutung, die ein Interpret ihnen geben könnte, unterscheidet). Was Hirschs Argumentation aber zeigt, ist die Notwendigkeit derartiger Dualismen in unserem Umgang mit Texten und der Welt, nicht jedoch die epistemologische Richtigkeit der Unterscheidung zwischen dem Sinn eines Textes und der Bedeutung, die Interpreten ihm geben können, oder gar die Möglichkeit, prinzipiell zu bestimmen, was zum Sinn und was zur Bedeutung gehört. Wir verwenden solche Unterscheidungen ständig, weil unsere Geschichten darauf angewiesen sind, aber sie sind variable und nicht fundierte Begriffe.

Richard Rorty erfaßt diesen Punkt sehr klar in seiner Diskussion der Probleme, die sich aus Thomas Kuhns Behandlung der Wissenschaft als einer Serie von Interpretationsparadigmen ergeben. Gibt es *in* der Natur Gegebenheiten, die Wissenschaftler entdecken, oder werden solche Wesenheiten wie subatomare Teilchen oder Lichtwellen erst von deren konzeptuellem Rahmen *erzeugt*? *Stellt* Wissenschaft etwas *her*, oder *findet* sie etwas? «Für die Auffassung, die ich hier vertrete», schreibt Rorty, «hängt nichts Tiefes davon ab, welche der beiden Redeweisen man wählt – die Metaphorik des Herstellens oder die des Findens... Es klingt jedoch weniger paradox, wenn man im Falle der Physik an der klassischen Redeweise von einer ‹besseren Beschreibung des immer schon Dagewesenen› festhält, und zwar nicht aufgrund irgendwelcher tiefen erkenntnistheoretischen oder metaphysischen Erwägungen, sondern einfach deshalb, weil man einiges innerhalb der Geschichte konstant halten muß, wenn man seine whiggistische Geschichte darüber erzählen will, wie unsere Vorfahren nach und nach den Berg erstiegen haben, auf dessen (unter Umständen falschem) Gipfel wir gegenwärtig stehen. Die Naturkräfte und die Materieteilchen, wie sie die zeitgenössische Physik versteht, sind gute Kandidaten für diese Rolle. Paradigma des ‹Vorfindens› ist die Physik einfach deshalb, weil man (zumindest im Westen) nicht gut eine Geschichte darüber erzählen kann, wie sich gegen den Hintergrund eines unveränderlichen Sittengesetzes oder poetischen Kanons laufend physikalische Universen wandeln, während es sehr leicht fällt, die umgekehrte Geschichte zu erzählen. Unser hartgesottenes ‹naturalistisches› Gefühl, der Geist sei, wenn nicht auf die Natur reduzierbar, so zumindest von ihr abhängig, ist nicht mehr als die Einsicht, daß die Physik einen guten Hintergrund abgibt, gegen den wir unsere Geschichten über historische Veränderungen erzählen können. Nicht als hätten wir irgendeine tiefe Einsicht in die Natur der Wirklichkeit, die uns sagte, daß alles mit Ausnahme der Atome und des leeren Raumes ‹konventionell› (oder ‹geistig› oder ‹geschaffen›) sei. Vielmehr war es Demokrits Einsicht, daß eine Geschichte über die kleinsten Teile der Dinge einen guten Hintergrund für eine Geschichte über die Veränderungen der Dinge abgibt, die aus diesen Teilen bestehen. Daß er dieses Genre von Weltbildern (die der Reihe nach von Lukrez, Newton und Bohr ausgearbeitet wurden) übernimmt, mag den Westen definieren, es handelt sich jedoch nicht um eine Wahl, die metaphysischer oder erkenntnistheoretischer Garantien fähig oder bedürftig wäre» (*Der Spiegel der Natur*, S. 374/75).

In ähnlicher Weise ist die Vorstellung eines gegebenen Textes mit unveränderlichen, entdeckbaren Eigenschaften ein ausgezeichneter Hintergrund für Diskussionen über die Interpretation und Darstellungen, wie Interpretationen sich ändern. Leserorientierte Kritiker finden selbst, daß es eine bessere Geschichte ergibt, wenn man über Texte redet, die zu Reaktionen einladen oder diese provozieren, als Leser zu beschreiben, die Texte erschaffen; aber die Unterscheidungen, die diese Geschichten strukturieren, sind keineswegs geklärt, und Darstellungen, die sich darauf verlassen, erweisen sich als für Kritik anfällig. Theorien, die den Text zum Konstrukt des Lesers machen, sind wichtig, um eine Verfestigung dieser variablen pragmatischen Unterscheidungen zu verhindern und um solche Aspekte des Lesens zu erhellen, die ansonsten vielleicht nicht wahrgenommen würden.

Ein dritter wichtiger Aspekt von Lektüregeschichten ist ihr Schluß. Lektüreabenteuer enden im allgemeinen gut. Riffaterres Geschichten haben ihren Höhepunkt in der triumphalen Aufdeckung der Matrix, die das Gedicht beherrscht und ihm Einheit verleiht. Isers Geschichten enden auch mit einer Entdeckung: «Am Ende des 17. Jahrhunderts galt die Entdeckung den Bedingungen der Heilsvergewisserung, durch die das Defizit beseitigt werden sollte, das der prädestinatarische Heilsvorbehalt der kalvinistischen Theologie geschaffen hatte.» Im 18. Jahrhundert tritt an die Stelle der Heilserwartung die Entdeckung der «menschlichen Natur» durch den Leser. Im 19. Jahrhundert «soll der Leser selbst eine Rolle entdecken, die er ständig von den sozialen Normen zugewiesen erhält, um dadurch in ein kritisches Verhältnis zu den gesellschaftlichen Verhältnissen zu gelangen.» Im 20. Jahrhundert bezieht «sich die Entdeckung auf das Funktionieren unserer Fähigkeiten (der Wahrnehmung)» (*Der implizite Leser*, S. 10). Das Ergebnis von Lektüren scheint immer Wissen zu sein. Leser mögen manipuliert oder in die Irre geführt werden; aber wenn sie das Buch erst einmal zu Ende gelesen haben, wird ihre Erfahrung zu Wissen – vielleicht zu einem Verstehen der Einschränkungen, welche die gewohnten Interpretationskonventionen einem auferlegen –, als ob die Tatsache, daß sie das Buch zu Ende gelesen haben, sie aus der Leseerfahrung herausnähme und diese beherrschen ließe. Kritiker wie Fish, der «von der Erfahrung einer Prosa» spricht, «die die Gewißheiten unterminiert und sich von der Klarheit entfernt und so, was zuerst ganz einfach erschien, kompliziert und zu mehr Problemen führt als sie löst», konstruieren dennoch *Bildungsromane* (*Self-Consuming Artifacts*, S. 378). Ihre Geschichten handeln von einem unschuldigen Leser, der traditionellen Vorstellungen von Struktur und Bedeutung vertraut, der auf Texte stößt, die sich ihm beständig entziehen, der in Fallen geht, frustriert und enttäuscht wird und der durch diese Erfahrung weiser wird, weil er seine Illusionen verloren hat.[13] Es scheint, als ob man eine Lektüre nur deshalb als mißglücktes Abenteuer beschreiben kann, weil sie ein Happy-End hat, das eine Abfolge von Reaktionen in ein Verstehen des Textes und des Selbst, das mit dem Text sich befaßte, transformiert. Die Manipulation des Lesers durch den Text ist nur dann eine gute Geschichte, wenn sie auch gut endet.

Derartig optimistische Schlußfolgerungen sind ein zweifelhafter Aspekt von Lektüregeschichten. Und es überrascht nicht, daß einige Kritiker gegen die Idealisierung mißtrauisch geworden sind, die aus dem Lesen eine Aktivität macht, die zu einem moralisch produktiven Selbstbewußtsein führt. «Es führt zu nichts», schreibt Harold Bloom, «wenn man das Lesen weiterhin idealisiert, als ob Lesen nicht eine Form defensiver Kriegsführung wäre» (*Kabbalah and Criticism*, S. 126). Während idealisierende Geschichten die Unterwerfung des Lesens unter den Text beschreiben, um ein triumphierendes Verstehen dessen, was geschehen ist, zu postulieren, sieht Bloom keine Ausflucht und keine Transzendenz. «Die poetische Sprache macht mit dem starken Leser, was sie will, und sie hat sich entschieden, aus ihm einen Lügner zu machen.» Bestenfalls kann der Leser eine starke Fehllektüre erreichen – eine Lektüre, die ihrerseits wieder andere hervorbringt. Die meisten Lektüren sind schwache Fehllektüren, die weder zu einem Verstehen noch zur Selbsterkenntnis führen, sondern sich blind in Metaphern über den Text ergehen, auch wenn sie das Gegenteil behaupten. Blooms Darstellung eines Lesers, der sich ängstlich auf einen Text einläßt und diesem immer hinterherhinkt, bestreitet die Möglichkeit, bei der Lektüre die Leseerfahrung selbst in den Griff zu bekommen und das lesende Selbst zu erfassen, auch wenn Blooms starke Leser alles daran setzen, durch Fehllektüren den Text zu beherrschen. Die Hyperbolik seiner Darstellung läßt uns den schwankenden Grund erkennen, auf dem Kritiker ihre optimistischen Schlußfolgerungen errichten.[14] Gewiß, wenn wir nicht mehr beschreiben, was ‹der Leser› tut, sondern uns mit dem befassen, was bestimmte frühere Leser geleistet haben, können wir leicht zu der Schlußfolgerung kommen, daß sie nicht verstanden, was sie taten, daß sie von Annahmen beeinflußt wurden, die sich ihrer Kontrolle entzogen, daß sie auf eine Weise in die Irre geführt wurden, die wir beschreiben können, sie jedoch nicht. Unser Umgang mit früheren Lesern führt nicht zu den triumphierenden Schlußfolgerungen der meisten Lektüregeschichten, sondern zu Strukturen von Blindheit und Einsicht, wie Paul de Man sie beschreibt.

Lektüregeschichten, die idealisierende *dénouements* verweigern, betonen statt dessen die Unmöglichkeit der Lektüre. In seiner Untersuchung Rousseaus schreibt de Man:

«Ein Text, wie die *Profession de foi*, kann buchstäblich als ‹unlesbar› bezeichnet werden, da er zu einer Reihe von Behauptungen führt, die einander radikal ausschließen. Auch sind diese Behauptungen nicht einfach neutrale Aussagen (sic); sie sind ermahnende performative Akte, die dazu auffordern, der Äußerung die Handlung folgen zu lassen. Sie zwingen uns zu einer Wahl und zerstören zugleich die Grundlage jeder Wahl. Sie erzählen uns die Allegorie eines Gerichtsurteils, das weder vernünftig noch gerecht sein kann. Wie in den Stücken Kleists ist das Urteil eine Wiederholung des Verbrechens, das es verurteilt. Wenn wir nach der Lektüre der *Profession de foi* versucht sind, uns zum Theismus zu bekennen, so werden wir doch vom Gericht des Intellekts wegen Torheit verurteilt. Wenn wir uns aber entscheiden, daß der Glaube in der weitest möglichen Verwendung dieses Begriffs (der alle möglichen Formen der Idolatrie und Ideologie einschließen muß) ein für allemal vom Geist der Aufklärung überwunden werden kann, dann steht diese Götterdämmerung der Idole nur um so törichter da, weil sie sich nicht selbst als erstes Opfer ihres Auftretens erkennt. Man sieht daraus, daß die Unmöglichkeit des Lesens nicht zu leicht genommen werden sollte» (*Allegories of Reading*, S. 245).

Eine derartige Unlesbarkeit ist nicht einfach die Folge einer zentralen Ambiguität oder Wahl, sondern der Weise, wie das Wertesystem des Textes zu einer Wahl auffordert und diese zugleich verhindert. Das einfachste Beispiel solcher Unlesbarkeit sind paradoxe Befehle wie ‹Gehorche mir nicht dauernd!› oder ‹Sei spontan!›, die zu einer *double-bind*-Situation führen: Man muß zwischen Gehorsam und Ungehorsam wählen; aber die Wahl ist unmöglich, weil Gehorsam Ungehorsam wäre und Ungehorsam Gehorsam. In der *Profession de foi* wird der Theismus, den der Text so ostensiv propagiert, als Zustimmung zu einer inneren Stimme definiert, der Stimme der Natur, und die Wahl, zu der man aufgefordert wird, ist eine zwischen dieser Stimme und Urteilen. Aber die Möglichkeit dieser Wahl wird von dem Begriffssystem im Text unterminiert; denn einerseits wird die Zustimmung zu der inneren Stimme als Akt des Urteilens definiert, andererseits definiert Rousseaus Darstellung des Urteilens dieses als einen Prozeß des In-Beziehung-Setzens und Ersetzens, der sowohl eine Quelle des Irrtums wie auch des Wissens ist. Indem er die Oppositionen, auf denen er ruht und zwischen denen zu wählen er den Leser auffordert, aufhebt, versetzt der Text den Leser in eine unmögliche Situation, die nicht in einem Triumph enden kann, sondern nur in einer schon vorher für unangemessen gehaltenen Lösung: einer nicht gerechtfertigten Wahl oder einem Mißlingen der Wahl.

Lesen ist ein Versuch, das Geschriebene durch die Bestimmung der referentiellen und rhetorischen Modi eines Textes zu verstehen, etwa indem man metaphorische Bedeutungen in wörtliche übersetzt oder Hindernisse bei der Suche nach einem kohärenten Resultat beiseite räumt; aber die Konstruktion von Texten – besonders von literarischen Werken, bei denen die pragmatischen Kontexte eine sichere Unterscheidung zwischen dem Metaphorischen und dem Wörtlichen oder dem Referentiellen und dem Nichtreferentiellen nicht so einfach rechtfertigen – kann diesen Verstehensprozeß blockieren. «Die Möglichkeit einer Lektüre», schreibt de Man, «ist niemals selbstverständlich gegeben» (*Blindness and Insight*, S. 107). Die Rhetorik «stellt sich jeder Lektüre und jedem Verstehen als unüberwindliches Hindernis entgegen» (*Allegories of Reading*, S. 131). Der Leser kann in eine unmögliche Situation versetzt werden, die keinen glücklichen Ausgang kennt, sondern einzig die Möglichkeit, eine Rolle zu spielen, die der Text vorgibt.

Diese Möglichkeit, die später im 3. Kapitel erörtert wird, ist ein Aspekt von Texten, den die Dekonstruktion untersucht, aber sie taucht in Lektüregeschichten auf, die zunächst dem Text keine solche Macht verleihen wollen. Zusammenfassend könnte man sagen, daß Theorien, wie wir sie gerade diskutiert haben, in der Lektüre eines Textes nicht definitiv feststellen können, was in dem Text ist und was nicht, und sie hoffen, indem sie sich der Erfahrung des Lesers zuwenden, eine andere sichere Basis für die Poetik und bestimmte Interpretationen zu finden. Aber es zeigt sich, daß es keineswegs leichter ist, festzustellen, was in der Erfahrung *des* oder *eines* Lesers ist, als was im Text ist: ‹Erfahrung› ist in sich gespalten und aufgeschoben – sie liegt schon hinter uns als etwas, worauf wir zurückgreifen, und doch auch vor uns als etwas, was erst noch geleistet werden muß. Das Ergebnis ist nicht eine neue Basis, sondern sind Lektüregeschichten, und diese Geschichten setzen den Text wieder als Handelnden mit bestimmten Qualitäten und Eigenschaf-

Die Welt des Geistes und des Geldes

DEUTSCHLAND

«Die schlechtesten Leser sind die…

... welche wie plündernde Soldaten verfahren; sie nehmen sich einiges, was sie brauchen können, heraus, beschmutzen und verwirren das übrige und lästern auf das Ganze.»

Friedrich Nietzsche (1844–1900)

Pfandbriefe und Kommunalobligationen dienen weniger der Lektüre, werden dafür aber um so positiver beurteilt; sind es doch die sichersten Wertpapiere, wenn man von plündernden Soldaten absieht. Die würden sich ihrer allerdings sofort bemächtigen.

Pfandbrief und Kommunalobligation

Meistgekaufte deutsche Wertpapiere - hoher Zinsertrag - bei allen Banken und Sparkassen

Verbriefte Sicherheit

ten ein, weil sich so präzisere und dramatischere Erzählungen ergeben und die Möglichkeit des Lernens geschaffen wird, die es einem erlaubt, große Werke zu rühmen. Der Wert eines Textes beruht auf der Wirksamkeit, die ihm in diesen Geschichten zugesprochen wird – die Fähigkeit, stimulierende, beunruhigende, bewegende und reflektierte Erfahrungen hervorzubringen. Aber diese Geschichten von Provokation und Manipulation veranlassen zu der Frage, wodurch das Happy-End gerechtfertigt wird. Stimmt es, daß der Leser, indem er ein Werk vollendet, dieses transzendiert und so von einer Position außerhalb erfaßt, wie es auf ihn gewirkt hat? Verläßt der Leser wirklich den Text, oder ist die Position, von der aus der Versuch des Verstehens unternommen wird, in und von dem Text vorgezeichnet, der so eine unhaltbare und unausweichliche Position schaffen könnte?

Die Dekonstruktion befaßt sich auch mit anderen von Lektüregeschichten aufgeworfenen Fragen: so mit der Beziehung zwischen der eigentümlich gespaltenen Struktur der ‹Erfahrung› und dem Wert der Präsenz, die in der Berufung auf die Erfahrung impliziert ist: Worum geht es bei der These, daß Sinn das ist, was jeweils in der Erfahrung des Lesers präsent ist, oder bei der Vorstellung, daß das Ziel der Lektüre die Selbstpräsenz des Lesers ist? Oder weshalb, um noch eine andere Frage aufzugreifen, stoßen wir auf dieses Oszillieren zwischen einem Monismus der Theorie und einem Dualismus der Erzählung, in der die Gegensätze, die unter dem theoretischen Blick sich auflösten, sich in Wiedergaben unserer Erfahrung wieder einstellen? Was für ein System verhindert die Ausarbeitung einer nicht-kontradiktorischen Synthese?

In ihrer Gesamtheit umreißen diese Lektüregeschichten die paradoxe Situation, in der die Dekonstruktion operiert. Indem sie Sinn als Problem der Lektüre auffassen, als Resultat der Anwendung von Codes und Konventionen, verlassen sich diese Geschichten auf den Text als Quelle der Einsicht und schlagen vor, dem Text eine gewisse Autorität zu verleihen, um so den Versuch machen zu können, etwas von ihm zu lernen, selbst wenn das, was man über Texte und Lektüren lernt, die These in Frage stellt, irgend etwas Bestimmtes sei definitiv im Text.

Die Dekonstruktion erkundet die problematische Situation, in die Lektüregeschichten uns gebracht haben. Wenn sie als Kulminationspunkt neuerer Arbeiten über das Lesen angesehen werden kann, dann deshalb, weil Projekte, die von einer ganz anderen Absicht ausgingen, mit Fragen konfrontiert werden, mit denen die Dekonstruktion sich befaßt.

Anmerkungen

1. Die Probleme, die sich in diesen Werken stellen, von denen in diesem Kapitel einige kurz behandelt werden, habe ich in meinem Buch *The Pursuit of Signs: Semiotics, Literature, Deconstruction* ausführlich dargestellt. Vgl. Kapitel 3 wegen eines allgemeinen Überblicks über «Semiotik als Theorie des Lesens», Kapitel 4 über Riffaterre und Kapitel 5 über Fish. Eine Diskussion strukturalistischer Darstellungen des Lesens findet sich in meinem Buch *Structuralist Poetics* und eine Würdigung des Beitrags von Roland Barthes in meinem Buch *Barthes*.

2. *A History of Literary Criticism in the Italian Renaissance* (Chicago: University of Chicago Press 1961), Bd. 2, S. 806, zitiert in Jane Tompkins' wertvollem Essay «The Reader in History: The Changing Shape of Literary Response», S. 207. – Tompkins zeigt, daß die Kritik der Antike und der Renaissance stärker an der Wirkung auf das Publikum interessiert war als an der Bedeutung für ein Publikum.

3. Vgl. dazu Roman Ingarden, *Vom Erkennen des literarischen Kunstwerks*, und ders., *Das literarische Kunstwerk*, sowie Wolfgang Iser, *Der implizite Leser*, und seine ausführliche Studie, *Der Akt des Lesens*. Zur Diskussion dieser Werke vgl. Henryk Markiewicz, «The Places of Indeterminacy in a Literary Work», und Stanley Fish, «Why No One's Afraid of Wolfgang Iser», sowie Wolfgang Isers «Interview».

4. Frank Lentricchia erhebt in *After The New Criticism* unter anderem den Anspruch, «eine historische Darstellung der Entwicklung in Amerika zu geben, seit der New Criticism aus der Mode kam», besonders der Zeit von 1957 bis 1977, erwähnt aber mit keinem Wort die feministische Kritik. Vielleicht ist das deswegen der Fall, weil die feministische Kritik mit ihrer spezifisch politischen Orientierung genau das tut, für dessen Fehlen er andere Kritiker verurteilt, und wenn er sich damit auseinandersetzte, könnte das die Fragwürdigkeit seines eigenen kritischen Ideals offenbaren: eine Foucaultsche Literaturkritik, deren Ziel es ist, die proletarische Revolution zu fördern und historisches Wissen bereitzustellen, die aber all den Paradoxen und Problemen aus dem Weg geht, die von der Dekonstruktion analysiert werden. Das Beispiel der feministischen Kritik zeigt, daß eine politisch erfolgreiche Kritik ausgesprochen heterogen und auf epistemologischer

Ebene problematisch sein kann. – Was auch immer die Erklärung sein mag, Lentricchias Entscheidung, die feministische Kritik zu ignorieren, während er den «Versionen der Phänomenologie» (Georges Poulet und J. Hillis Miller) ein ganzes Kapitel widmet, weckt Zweifel an seinem Anspruch auf historisches Verstehen und an seiner Berechtigung, andere für dessen Fehlen zu kritisieren. – Eine umsichtige Kritik anderer Aspekte von *After The New Criticism* findet sich in Andrew Parkers eindrucksvoller Diskussion «Taking Sides (On History): Derrida Re-Marx».

5. Dies macht einen auf ein bemerkenswertes Szenario in Hartmans neueren kritischen Schriften aufmerksam. *The Fate of Reading* bietet folgende Prognose: die meisten Lektüren sind wie Auf-Brautschau-Gehen, zweifellos «wortbrüchig, mörderisch, blutig, schuldbeladen». Das Heilmittel besteht in einer Periode von *Criticism in the Wilderness*, wonach, gezüchtigt und gereinigt, die Kritik sich dem *Saving the Text* zuwenden kann – seiner Rettung, wie sich zeigt, vor einer frivolen, verführerischen, «mit sich selbst beschäftigten» Dekonstruktion, die das Heilige ignoriert.

6. Vgl. zum Beispiel die frühe Erwiderung von Mary Jacobus, die argumentiert, daß das, was Millett Hardys «Verwirrung» nennt, in Wahrheit eine «vorsichtige Nicht-Übereinstimmung» ist: «durch Sues Dunkelheit sondiert er die Beziehung von Charakter und Idee in einer Weise, die den Leser dazu bringt, sich mit ihr auseinanderzusetzen wie mit wenigen Frauengestalten der Literatur» («Sue the Obscure», S. 305/325).

7. Die feministische Kritik befaßt sich natürlich auch mit anderen Problemen, insbesondere mit der Besonderheit weiblichen Schreibens und mit den Errungenschaften von Schriftstellerinnen. Die Probleme weiblicher Lektüre und weiblichen Schreibens sind sehr ähnlich; aber die Konzentration auf letzteres führt die feministische Kritik in Gebiete, die mich in diesem Zusammenhang nicht betreffen, zum Beispiel die Etablierung einer auf Schriftstellerinnen ausgerichteten Kritik, die der auf Männer ausgerichteten Kritik parallel läuft. Showalter, eine der wichtigsten Advokatinnen dieser Bewegung, sagt, daß die Gynokritik sich «mit der Frau als Produzentin textueller Bedeutung» befaßt, «mit der Geschichte, den Themen, den Gattungen und den Strukturen der Literatur von Frauen. Zu ihren Gegenständen gehören die Psychodynamik weiblicher Kreativität; die Linguistik und das Problem weiblicher Sprache; der Verlauf individueller oder kollektiver literarischer Karrieren von Frauen; die Literaturgeschichte; und natürlich das Studium bestimmter Schriftstellerinnen und ihrer Werke» («Towards a Feminist Poetics», S. 25). Zu Arbeiten dieser Art vgl. Sandra Gilbert und Susan Gubar, *The Madwoman in the Attic*, und die von Sally McConnell-Ginet, Ruth Borker und Nelly Furman herausgegebene Sammlung *Women and Language in Literature and Society* (New York: Praeger 1980).

8. Die Analogie zur sozialen Klasse ist instruktiv: progressive politische Schriften appellieren an die vom Proletariat gemachte Erfahrung der Unterdrückung, aber gewöhnlich besteht das Problem politischer Bewegungen

gerade darin, daß die Mitglieder der Klasse die Erfahrung nicht haben, welche die Situation eigentlich erfordert. Eine heimtückische Form der Unterdrückung entfremdet die Gruppe ihren eigenen Interessen und bringt sie dazu, sich mit den Interessen ihrer Unterdrücker zu identifzieren, so daß der politische Kampf sie zuerst einmal für ihre eigenen Interessen und ihre ‹Erfahrung› wecken muß.

9. Vgl. Gilbert und Gubar, *The Madwoman in the Attic*, S. 3–92. Feministische Kritikerinnen haben Harold Blooms Modell des poetischen Schaffensprozesses beträchtliches Interesse entgegengebracht, weil es die sexuellen Konnotationen von Autorschaft und Autorität expliziert. Dieses ödipale Szenario, in dem man zum Dichter wird durch den Kampf mit einem Dichtervater um den Besitz der Muse, verweist auf die problematische Situation einer Frau, die Dichterin werden will. Was für eine Beziehung kann sie zur Tradition haben?

10. Die Artikel in Elaine Marks und Isabelle de Courtivron, *New French Feminism*, geben einen ausgezeichneten Überblick über neuere Strategien. Vgl. auch die Diskussion in *Yale French Studies 62* (1981), «Feminist Readings: French Texts/American Contexts». Die Beziehung zwischen Feminismus und Dekonstruktion ist eine komplexe Frage. Einige kurze Hinweise finden sich in Kapitel 2, Teil 4, dieser Arbeit. Derridas *Eperons* über Nietzsche und den Begriff der Frau ist ein bedeutendes, aber in vieler Hinsicht unbefriedigendes Dokument in dieser Angelegenheit.

11. In der interessantesten Diskussion in *Making Sense of Literature* stellt John Reichert fest, daß «Kritiker oft zugunsten einer Reaktion argumentieren, die kein Leser je hatte», und schließt daraus, daß Aussagen über Reaktionen im Grunde Anleitungen sind, wie wir eine Passage oder ein Werk verstehen sollen (S. 87). Aussagen wie ‹Der Leser hat Mitleid mit Macbeth› sind gewöhnlich Versuche, den Leser zu einem bestimmten Verständnis des Stücks zu überreden, und ich sehe darin einen weiteren Hinweis auf den gespaltenen und aufgeschobenen Charakter von Reaktionen: ‹Der Leser hat Mitleid mit Macbeth› ist ein Versuch, die Reaktion erst hervorzurufen, auf die sie sich bezieht und auf deren Autorität sie sich beruft. In seiner tiefen Überzeugung, daß die Dinge unproblematisch sind, weist Reichert solche Komplikationen zurück und behauptet, daß «man immer die Emotion hat, die dem eigenen Verständnis angemessen ist» (S. 85). Das würde aber bedeuten, daß der Kritiker, der für ein bestimmtes Verständnis eines Stücks argumentiert, das Gefühl hätte und so reagierte, wie es diesem Verständnis angemessen wäre; seine Behauptung, der Leser fühle Mitleid, wäre in Wirklichkeit eine Wiedergabe seines eigenen Mitleidgefühls. Wie wir gesehen haben, funktionieren Reaktionen nicht auf diese Weise, und Reichert erkennt dies auch, wenn er feststellt, scharfsinniger übrigens als seine Theorie erlaubt, daß Kritiker zugunsten einer Reaktion argumentieren, die keiner – auch sie selbst nicht – je hatte.

12. In «Talk Like Wales», einer Erwiderung auf Fish, stellt Iser die These

auf, daß «die Worte eines Textes gegeben sind, die Interpretation der Worte ist determiniert, und die Lücken zwischen gegebenen Elementen und/oder Interpretationen sind die Unbestimmtheitsstellen». Das ist offensichtlich unbefriedigend; denn in vielen Fällen ist die Interpretation gewisser Worte ganz indeterminiert, und oft ist die Frage, worauf ein Wort sich bezieht, Sache der Interpretation, nicht ein Gegebenes. Ein Hinweis auf eine vorsichtigere Antwort, in der die Unterscheidung von determiniert und indeterminiert zu einem variablen operationalen Gegensatz wird, findet sich in seinem Interview in *Diacritics*, wo er von «dem Unterschied zwischen einer Bedeutung, die erst noch geschaffen werden muß, und einer Bedeutung, die bereits geschaffen worden ist», spricht. «Hat der Leser das Verbindungsglied erst einmal hergestellt, wird sie determiniert» (Interview, S. 72).

13. Diese Geschichte habe ich selbst erzählt, und ich lege großen Wert auf sie. *Flaubert: The Uses of Uncertainty* postuliert einen Leser, der erwartet, daß der Roman den Konventionen des Balzacschen Romans gehorcht und beschreibt wie Flauberts Text die Annahmen dieses Lesers über die Funktion von Beschreibungen, die signifikante Rolle binärer Oppositionen, die Kohärenz der Erzählperspektive und die Möglichkeiten thematischer Synthesen unterminiert. Für den Leser besteht das Resultat dieser beunruhigenden Erfahrung in einem bewußten Verstehen der Prozesse, durch die wir Sinn konstruieren. Zur weiteren Diskussion einiger Lektüregeschichten vgl. Steven Mailloux, «Learning to Read: Interpretation and Reader-Response Criticism», S. 99-107, und Didier Coste, «Trois conceptions du lecteur».

14. Aus einer anderen Perspektive könnte Blooms Darstellung des Lesens mit ihrer Verherrlichung des heroischen Kampfes des Willens einzelner Subjekte als unheilbar optimistisch angesehen werden. Vgl. Culler, *The Pursuit of Signs*, S. 107-111.

Zweites Kapitel

Dekonstruktion

Die Dekonstruktion wird je nachdem ganz verschieden präsentiert: als philosophische Position, als politische oder intellektuelle Strategie oder als ein bestimmter Modus der Lektüre. Studenten der Literaturwissenschaft sind zweifellos in erster Linie an ihrer Stärke als Lektüre- und Interpretationsmethode interessiert; aber wenn es unser Ziel ist, die Praxis der Dekonstruktion in der Literaturwissenschaft zu beschreiben und zu bewerten, so ist dies ein guter Grund, woanders zu beginnen: mit der Dekonstruktion als philosophischer Strategie.[1] Vielleicht sollten wir präziser sagen: mit der Dekonstruktion als einer Strategie innerhalb der Philosophie und als einer Strategie, wie man mit der Philosophie umgeht; denn die Praxis der Dekonstruktion will beides sein: rigorose Argumentation innerhalb der Philosophie und Deplazierung philosophischer Kategorien und philosophischer Versuche der Beherrschung. Folgendermaßen beschreibt Derrida «eine allgemeine Strategie der Dekonstruktion»: «...bei einem klassischen philosophischen Gegensatz (hat man es) nicht mit der friedlichen Koexistenz eines Vis-à-vis, sondern mit einer gewaltsamen Hierarchie zu tun... Einer der beiden Ausdrücke beherrscht (axiologisch, logisch usw.) den anderen, steht über ihm. Eine Dekonstruktion des Gegensatzes besteht zunächst darin, im gegebenen Augenblick die Hierarchie umzustürzen» (*Positionen*, S. 88).

Dies ist ein wesentlicher Schritt, aber eben nur ein Schritt. Die Dekonstruktion muß, fährt Derrida fort, «durch eine doppelte Geste, eine doppelte Wissenschaft, eine doppelte Schreibweise eine *Umkehrung* des klassischen Gegensatzes *und* eine generelle *Deplazierung* des Systems praktizieren. Nur unter dieser Bedingung kann die Dekonstruktion die Mittel erlangen, in das Feld der Gegensätze, die sie kritisiert, das zugleich ein Feld nicht-diskursiver Kräfte ist, *einzugreifen*» (*Randgänge*, S. 154). Der Praktiker der Dekonstruktion arbeitet innerhalb eines Begriffssystems, aber in der Absicht, es aufzubrechen.

Hier eine andere Formulierung: «Die Philosophie ‹dekonstruieren› hieße demnach, die strukturierte Genealogie ihrer Begriffe auf die getreueste und immanenteste Weise zu denken, aber zugleich von der Position eines gewissen Außen her, das sie selbst weder bestimmen noch benennen kann, festzustellen, was diese Geschichte verdecken oder verbieten konnte, indem sie sich gerade durch diese Unterdrückung, an der sie selbst irgendwie interessiert war, als Geschichte konstituierte» (*Positionen*, S. 38).

Fügen wir diesen Formulierungen noch eine hinzu: Einen Diskurs dekonstruieren heißt aufzeigen, wie er selbst die Philosophie, die er vertritt, bzw. die hierarchischen Gegensätze, auf denen er ruht, unterminiert, indem man die rhetorischen Verfahren nachweist, die die angenommene Basis der Beweisführung, den Schlüsselbegriff oder die Voraussetzung erst schaffen. Diese Beschreibungen der Dekonstruktion unterscheiden sich in dem, worauf sie jeweils den Nachdruck legen. Um zu sehen, wie die Verfahrensweisen, die sie anführen, in der Praxis vielleicht konvergieren könnten, betrachten wir einen Fall, der sich einer kurzen Erörterung anbietet: die Nietzscheanische Dekonstruktion der Kausalität.

Die Kausalität ist ein fundamentales Prinzip unseres Universums. Nähmen wir nicht für selbstverständlich an, daß ein Ereignis ein anderes verursacht, daß Ursachen Wirkungen haben, könnten wir nicht so leben oder denken, wie wir es tun. Das Kausalitätsprinzip setzt die logische und zeitliche Priorität der Ursache gegenüber der Wirkung voraus. Aber, argumentiert Nietzsche in den Fragmenten aus dem Nachlaß, dieser Begriff der kausalen Struktur ist nicht gegeben, sondern das Produkt einer bestimmten tropologischen oder rhetorischen Operation, einer *chronologischen Umdrehung*. Nehmen wir einmal an, jemand empfindet Schmerz. Dies veranlaßt ihn dazu, nach einer Ursache zu suchen; indem er vielleicht eine Nadel erblickt, postuliert er eine Beziehung und kehrt die wahrgenommene oder phänomenologische Ordnung: Schmerz – Nadel um und erstellt eine kausale Folge: Nadel – Schmerz. «Das Stück Außenwelt, das uns bewußt wird, ist nachgeboren nach der Wirkung, die von außen auf uns geübt ist, ist nachträglich projiziert als deren ‹Ursache›... In dem Phänomenalismus der ‹inneren Welt› kehren wir die Chronologie von Ursache und Wirkung um. Die Grundtatsache der ‹inneren Erfahrung› ist, daß die Ursache imaginiert wird, nachdem die Wirkung erfolgt ist...» (Werke, Bd. 3, S. 804). Das kausale Schema wird durch eine Metonymie oder Metalepsis (Ersetzung der Wirkung durch die Ursache) ersetzt; es ist also keine unbezweifelbare Grundlage, sondern das Produkt einer rhetorischen Operation.

Seien wir in bezug auf die Implikationen dieses einfachen Beispiels so genau wie möglich. Zunächst einmal führt es keineswegs zu der Schlußfolgerung, daß das Kausalitätsprinzip illegitim ist und deswegen über Bord geworfen werden sollte. Im Gegenteil, die Dekonstruktion selbst verläßt sich auf den Begriff der Ursache: Die Erfahrung des Schmerzes, heißt es, ist die Ursache, weshalb wir die Nadel entdecken, und verursacht so die Erzeugung einer Ursache. Um die Kausalität zu dekonstruieren, muß man mit dem Begriff der Ursache operieren und ihn auf die Kausalität selbst anwenden. Die Dekonstruktion beruft sich nicht auf ein höheres logisches Prinzip oder eine überlegene Vernunft, sondern verwendet genau die Prinzipien, die sie dekonstruiert. Der Begriff der Kausalität ist kein Irrtum, den die Philosophie hätte vermeiden sollen oder können, sondern er ist unverzichtbar – für die Beweisführung der Dekonstruktion genauso wie für andere Beweisführungen.

Zweitens ist die Dekonstruktion nicht mit Humes skeptischem Argument identisch, auch wenn beide etwas gemeinsam haben. Wenn wir kausale Folgen untersuchen, behauptet Hume in seinem *Treatise on Human Nature*, können wir nur Kontiguitätsbeziehungen und zeitliche Abfolgen finden. Soweit ‹Verursachung› mehr bedeutet als Kontiguität und Abfolge, kann dies niemals bewiesen werden. Wenn wir sagen, daß eine Sache eine andere verursacht, dann haben wir in Wirklichkeit nur die Erfahrung gemacht, daß «gleiche Objekte immer in gleiche Kontiguitäts- und Abfolgebeziehungen gestellt worden sind» (I, III, VI). Auch die Dekonstruktion stellt die Kausalität auf diese Weise in Frage, verwendet aber zugleich, in einer andersgelagerten Bewegung, den Begriff der Ursache in der Beweisführung. Wenn ‹Ursache› eine Interpretation von Kontiguität und Abfolge ist, dann kann Schmerz zur Ursache werden, weil er in der Abfolge der Erfahrung zuerst kommt.[2] Dieser doppelte Prozeß der systematischen Verwendung von Begriffen und Voraussetzungen, die zugleich unterminiert werden, versetzt den Kritiker nicht in eine Position skeptischer Distanz, sondern in die einer untragbaren Betroffenheit, da er die Unverzichtbarkeit der Kausalität behauptet, während er dieser zugleich jegliche rigorose Berechtigung entzieht. Es wird vielen schwerfallen, diesen Aspekt der Dekonstruktion zu verstehen und zu akzeptieren.

Drittens kehrt die Dekonstruktion die hierarchischen Gegensätze des kausalen Schemas um. Die Unterscheidung von Ursache und Wirkung macht aus der Ursache einen Ursprung, der logisch und zeitlich vorausgeht. Die Wirkung ist abgeleitet, sekundär, von der Ursache abhängig. Ohne die Implikationen dieser Hierarchisierung zu untersuchen, stellen wir fest, daß die Dekonstruktion, indem sie innerhalb dieser Gegensätze arbeitet, die Hierarchie durch einen Austausch der Eigenschaften umkehrt. Wenn die Wirkung das ist, was verursacht, daß die Ursache zur Ursache wird, dann sollte eigentlich die Wirkung, nicht die Ursache, als Ursprung angesehen werden. Der Nachweis, daß das Argument, das für die Ursache spricht, auch zugunsten der Wirkung angeführt werden kann, enthüllt das für die Hierarchisierung verantwortliche rhetorische Verfahren, macht es wirkungslos und führt so zu einer signifikanten Deplazierung. Wenn die Ursache wie auch die Wirkung die Position des Ursprungs einnehmen können, dann ist der Ursprung nicht mehr ursprünglich; er verliert sein metaphysisches Privileg. Ein nicht-ursprünglicher Ursprung ist ein ‹Begriff›, der innerhalb des alten Systems nicht verstanden werden kann und dieses dadurch zerreißt.

Dieses Beispiel von Nietzsche führt zu einer Reihe von Problemen; aber für den Augenblick mag es als ein kompaktes Beispiel für die allgemeinen Prozeduren dienen, auf die wir im Werk Jacques Derridas stoßen. Derridas Schriften sind Auseinandersetzungen mit einer Reihe von Texten, von denen die meisten von großen Philosophen stammen, aber auch von anderen: Plato *(La dissémination)*, Rousseau *(Grammatologie)*, Kant *(«Economimesis», La vérité en peinture)*, Hegel *(Marges, Glas)*, Husserl *(L'origine de la géométrie, Die Stimme und das Phänomen, Marges)*, Heidegger *(Marges)*, Freud *(Die Schrift und die Differenz, Die Postkarte)*, Genet *(Glas)*, Lévi-Strauss *(Die Schrift und die Differenz, Grammatologie)*, Austin *(Marges)*. Die meisten dieser Auseinandersetzungen verweisen auf ein Interesse für ein Problem, das er in *La pharmacie de Platon* prägnant formuliert: Platon schreibt Philosophie und verurteilt dabei die Schrift: Warum?

«Welches Gesetz regelt diesen ‹Widerspruch›, diesen Gegensatz zu sich selbst des Gesprochenen gegen die Schrift, des Gesprochenen, das gegen sich selbst spricht, sobald es sich schreibt, seine Selbstidentität niederschreibt und seine Eigenheit *gegen* den Hintergrund der Schrift abhebt? Dieser ‹Widerspruch›, der nichts anderes ist als der Bezug-zu-sich-selbst des Gesagten, das sich dem Geschriebenen entgegensetzt, ... dieser Widerspruch ist nicht kontingent» (*La dissémination*, S. 182).

Der philosophische Diskurs definiert sich durch seinen Gegensatz zur Schrift und damit durch seinen Gegensatz zu sich selbst; aber diese Selbst-Spaltung oder dieser Selbst-Gegensatz ist, behauptet Derrida, kein Fehler oder Zufall, der manchmal in philosophischen Texten vorkommt. Sie ist eine strukturale Eigenheit des Diskurses selbst.

Warum ist das so? Macht man diese These zum Ausgangspunkt einer Auseinandersetzung mit Derrida, stellen sich mehrere Fragen. Warum widersetzt sich die Philosophie dem Gedanken, daß sie eine Art Schrift ist? Warum ist die Frage nach dem Status der Schrift wichtig? Um diese Fragen zu beantworten, müssen wir ein beträchtliches Gebiet bearbeiten.

1. Schrift und Logozentrismus

In der *Grammatologie* und anderen Texten dokumentiert Derrida die Abwertung der Schrift in philosophischen Schriften. Der amerikanische Philosoph Richard Rorty schlägt vor, uns Derrida vorzustellen, wie er folgende Frage beantwortet: «‹Gehen wir einmal davon aus, daß die Philosophie eine Art Schrift ist; warum sollte dieser Gedanke auf einen derartigen Widerstand stoßen?› Diese wird in seinem Werk zu der etwas spezifischeren Frage: ‹Was für eine Vorstellung vom Schreiben müssen die Philosophen, die diese Charakterisierung ablehnen, haben, daß sie den Gedanken, daß sie genau das tun, so beleidigend finden?›» («Philosophy as a Kind of Writing», S. 144).

Philosophen schreiben, glauben aber nicht, daß Philosophie ein

Schreiben sein sollte. Die Philosophie, die sie schreiben, behandelt die Schrift als ein Ausdrucksmittel, das für den Gedanken, den sie ausdrückt, bestenfalls irrelevant, schlimmstenfalls ein Hindernis ist. Für Philosophien, fährt Rorty fort, ist

«die Schrift eine bedauerliche Notwendigkeit; wirklich intendiert ist: zeigen, beweisen, darlegen, offenlegen, den Gesprächspartner dazu bringen, der Welt mit offenen Augen zu begegnen... In einer ausgereiften Wissenschaft sollten die Worte, in denen der Forscher seine Ergebnisse ‹aufschreibt›, so wenige wie möglich und so transparent wie möglich sein... In der Philosophie besteht das Ziel des Schreibens, für Heidegger wie für Kantianer, darin, dem Schreiben ein Ende zu setzen. Für Derrida hingegen führt jede Schrift zu immer mehr und mehr Schriften» (S. 145).

Es ist für die Philosophie charakteristisch, daß sie hofft, Probleme zu lösen, zu zeigen, wie die Dinge sind, oder Schwierigkeiten zu entwirren und so dem Schreiben über ein Thema ein Ende zu setzen, indem sie es richtig erfaßt. Die Philosophie steht mit dieser Hoffnung natürlich nicht allein da. Die Voraussetzung jeder wissenschaftlichen Disziplin ist die Möglichkeit, Probleme zu lösen, die Wahrheit zu finden und so über ein Thema das letzte Wort zu schreiben. Jede Disziplin versteht sich als eine Untersuchung, durch die das Schreiben an sein Ende gebracht werden könnte. Bestürzt über die Wucherung von Interpretationen und die Aussicht auf eine Zukunft, in der Schriften zu immer neuen Schriften führen, solange es akademische Zeitschriften und Universitätsverlage gibt, versuchen Literaturkritiker oft, sich Wege vorzustellen, wie man das Schreiben zu Ende führen könnte, indem sie die Ziele der Literaturkritik neu formulieren, um aus ihr eine wahre Disziplin zu machen. Thesen über den wahren Zweck der Kritik definieren gewöhnlich Aufgabenstellungen, die im Prinzip abgeschlossen werden könnten. Sie beschwören die Hoffnung, das letzte Wort sagen zu können und so den Prozeß des Kommentierens abzuschließen. Im Grunde ist es diese Hoffnung, etwas richtig zu erfassen, was Kritiker zum Schreiben veranlaßt, auch wenn sie gleichzeitig wissen, daß Schreiben dem Schreiben niemals ein Ende setzt. Paradoxerweise zieht eine Interpretation um so mehr Schriften nach sich, je überzeugender und maßgebender sie ist.

Wie unangenehm die Situation für Literaturkritiker auch sein mag, für Philosophen ist sie ganz besonders unglücklich. Wenn sie Lösungen für die Probleme der Wahrheitsbedingungen, der Möglichkeit des Wissens und der Beziehung von Sprache und Welt suchen, dann ist die Beziehung ihrer eigenen Sprache zu Wahrheit und zur Welt Teil des Problems. Die Philosophie als eine Form des Schreibens ansehen würde zu Schwierigkeiten führen. Wenn Philosophie die Beziehung der Schrift zur Vernunft definieren soll, darf sie nicht selbst Schrift sein; denn sie will die Beziehung nicht aus der Perspektive der Schrift definieren, sondern aus der Perspektive der Vernunft. Wenn sie die Wahrheit über die Beziehung von Schrift und Wahrheit bestimmen soll, dann muß sie auf der Seite der Wahrheit stehen, nicht auf der der Schrift. Um auf Derridas oben zitierte Bemerkung, daß das Gesprochene gegen sich selbst spricht, sobald es sich schreibt oder geschrieben wird, zurückzukommen: Es ist gerade die Tatsache, daß sie geschrieben ist, weshalb die Philosophie die Schrift verurteilen und sich als Gegensatz zur Schrift definieren muß. Der philosophische Diskurs definiert sich als Gegensatz zur Schrift, um versichern zu können, daß seine Aussagen durch Logik, Vernunft und Wahrheit und nicht durch die Rhetorik der Sprache, in der sie ausgedrückt werden, strukturiert werden.

In dieser Perspektive wird die Schrift zum Außen, Gegenständlichen, Nichttranszendentalen, und die Gefahr der Schrift besteht dann darin, daß die Verfahren, die nichts weiter als Ausdrucksmittel sein sollten, die Bedeutung, die sie repräsentieren sollen, affizieren oder gar infizieren könnten. Wir erkennen hier die Umrisse eines vertrauten Modells. Es gibt das Denken – das Feld der Philosophie zum Beispiel –, und es gibt Vermittlungssysteme, durch die das Denken sich mitteilt. Schon in der Rede findet Vermittlung statt, aber die Signifikanten verschwinden, sobald sie geäußert werden; sie drängen sich nicht auf, und der Sprecher kann jede eventuelle Ambiguität erläutern, um sicherzugehen, daß der Gedanke auch vermittelt worden ist. In der Schrift werden die problematischen Aspekte der Vermittlung offenbar. In der Schrift stellt sich die Sprache als eine Serie materieller Markierungen dar, die in Abwesenheit des Sprechers noch ihre Funktion erfüllen. Diese können ausgesprochen zweideutig oder in kunstvollen rhetorischen Strukturen organisiert sein.

Das Ideal wäre, das Denken unmittelbar betrachten zu können.

Da dies unmöglich ist, sollte die Sprache so transparent wie möglich sein. Die Drohung der Nichttransparenz besteht in der Gefahr, daß die linguistischen Zeichen den Blick arretieren könnten, indem sie ihre materielle Form dazwischenschieben, und so das Denken affizieren oder infizieren. Schlimmer noch, das philosophische Denken, das von der Kontingenz der Sprache und des Ausdrucks unberührt sein sollte, könnte von der Form der Signifikanten einer Sprache affiziert werden, die zum Beispiel eine Beziehung zwischen dem Begehren zu schreiben und dem Begehren, die Dinge richtig zu erfassen, nahelegen könnten. Können wir sicher sein, daß unser philosophisches Denken über die Beziehung von Subjekt und Objekt nicht von der visuellen oder morphologischen Symmetrie dieser Ausdrücke und der Tatsache, daß sie sehr ähnlich klingen, beeinflußt worden ist? Ein extremer Fall, eine Sünde gegen die Vernunft, ist das Wortspiel, wobei ‹zufällige› oder äußere Beziehungen zwischen Signifikanten wie begriffliche Beziehungen behandelt werden, indem etwa ‹history› als ‹his story› aufgefaßt wird oder Sinn *(sens)* und Abwesenheit *(sans)* miteinander in Verbindung gebracht werden. Wir behandeln das Wortspiel als Witz, aus Furcht, Signifikanten könnten das Denken infizieren.

Die Verwerfung des Signifikanten nimmt die Form der Verwerfung der Schrift an. Durch diesen Schachzug konstituiert sich die Philosophie als eine Disziplin, die von den Machenschaften der Worte und ihren kontingenten Beziehungen nicht affiziert wird – als eine Disziplin des Denkens und der Vernunft. Die Philosophie definiert sich als dasjenige, was die Schrift transzendiert, und indem sie gewisse Aspekte der Sprache mit Schrift gleichsetzt, versucht sie, dieses Problem loszuwerden, indem sie die Schrift ganz einfach als ein künstliches Substitut der Rede beiseite schiebt. Diese Verurteilung der Schrift ist deshalb so bedeutsam, weil der ‹Phonozentrismus›, der die Schrift als bloße Repräsentation der Rede ansieht und damit eine unmittelbare Beziehung von Rede und Sinn herstellt, unausweichlich mit dem ‹Logozentrismus› der Metaphysik verbunden ist, der Ausrichtung der Philosophie auf eine Ordnung des Sinns – Denken, Wahrheit, Vernunft, Logik, das Wort –, die als in sich selbst existierend, als Basis aufgefaßt wird. Zu dem von Derrida festgestellten Problem gehört nicht nur die Beziehung von Rede und Schrift, sondern auch die Behauptung, daß die miteinander im Wettstreit liegenden Philosophien nur Versionen des Logozentrismus sind. Im Grunde, könnte Derrida sagen, ist es nur wegen dieser gemeinsamen Suche nach einer Grundlage, nach etwas, das nicht zu überschritten werden braucht, daß die Philosophien überhaupt miteinander in Wettstreit treten können.

Die Philosophie ist immer eine «Metaphysik der Präsenz» gewesen, die einzige uns bekannte Metaphysik. «Man könnte zeigen», schreibt Derrida, «daß alle Namen für Begründung, Prinzip oder Zentrum immer nur die Invariante einer Präsenz (*eidos, arche, telos, energeia, ousia* [Essenz, Existenz, Substanz, Subjekt], *aletheia*, Transzendentalität, Bewußtsein, Gott, Mensch usw.) bezeichnet haben» (*Die Schrift und die Differenz*, S. 424). Der Phonozentrismus, die Privilegierung der Stimme, verschmilzt

«mit der historischen Bestimmung des Sinns von Sein überhaupt als Präsenz..., im Verein mit all den Unterbestimmungen, die von dieser allgemeinen Form abhängen und darin ihr System und ihren historischen Zusammenhang organisieren (Präsenz des betrachteten Dinges als *eidos*, Präsenz als Substanz/Essenz/Existenz *[ousia]*, zeitliche Präsenz als Punkt *[stigme]* des Jetzt oder des Augenblicks *[nun]*, Selbstpräsenz des cogito, Bewußtsein, Subjektivität, gemeinsame Präsenz von und mit dem anderen, Intersubjektivität als intentionales Phänomen des Ego usw.). Der Logozentrismus ginge also mit der Bestimmung des Seins des Seienden als Präsenz einher» (*Grammatologie*, S. 26).

Jeder dieser Begriffe, die alle die Idee der Präsenz einschließen, spielte in philosphischen Versuchen der Beschreibung dessen, was als grundlegend anzusehen ist, eine Rolle und wurde als zentrierende, fundierende Kraft oder als ein solches Prinzip behandelt. In solchen Gegensätzen wie Bedeutung/Form, Seele/Körper, Intuition/Ausdruck, wörtlich/metaphorisch, Natur/Kultur, geistig/sinnlich, positiv/negativ, transzendental/empirisch, ernst/unernst gehört der höhergestellte Ausdruck dem *logos* an und ist eine höhere Form der Präsenz; der tiefergestellte Ausdruck dagegen bezeichnet einen Niedergang. Der Logozentrismus nimmt demnach die Priorität des ersten Ausdrucks an und versteht den zweiten nur in Beziehung zu diesem, als Komplikation, Negation, Manifestation oder als Zerstörung des ersten. Die Beschreibung oder Analyse wird so «zum Unternehmen einer ‹strategischen› Rückkehr, in Form einer Idealisierung, zu einem Ursprung oder einer Priorität, die als einfach, intakt, normal, rein, mustergültig, selbstidentisch gesehen wird, um *dann* davon ausgehend die Ableitung, die Komplikation, den Verfall, den Zufall usw. zu denken. Von Plato bis Rousseau, von Descartes bis Husserl sind alle Metaphysiker so vorgegangen: das Gute vor dem Bösen, das Positive vor dem Negativen, das Reine vor dem Unreinen, das Wesentliche vor dem Zufälligen, das Nachgeahmte vor der Nachahmung usw. Es handelt sich hier nicht um *eine* metaphysische Geste unter anderen; es ist die metaphysische Forderung schlechthin, die konstanteste, tiefste und stärkste Vorgehensweise» (*Limited Inc.*, S. 236).

Tatsächlich gehen wir gewöhnlich davon aus, daß dies die Verfahrensweise ist, die wir bei jeder ‹ernsthaften› Analyse befolgen: zum Beispiel die Beschreibung des einfachen, normalen Standardfalls der Dekonstruktion, indem wir seine ‹wesentliche› Natur darstellen und dann, davon ausgehend, andere Fälle untersuchen, die dann als Komplikationen, Ableitungen und Verfallserscheinungen definiert werden können. Schon die Schwierigkeit, sich andere Verfahrensweisen vorzustellen und anzuwenden, ist ein Hinweis auf die Allgegenwärtigkeit des Logozentrismus.

Zu den vertrauten Begriffen, die von dem Wert der Präsenz abhängen, gehören: die Unmittelbarkeit der Empfindung, die Präsenz letzter Wahrheiten für ein göttliches Bewußtsein, die tatsächliche Präsenz eines Ursprungs historischer Entwicklung, die spontane, nicht-vermittelte Intuition, die Aufhebung von These und Antithese in der dialektischen Synthese, die Präsenz logischer und grammatischer Strukturen in der Rede, die Wahrheit als das, was hinter der Erscheinung steht, und die effektive Präsenz eines Ziels in den Stufen, die zu ihm führen. Die Autorität der Präsenz, ihre Macht der Aufwertung, strukturiert unser ganzes Denken. Die Begriffe des ‹Klarmachens›, des ‹Erfassens›, des ‹Beweisens›, des ‹Enthüllens› und des ‹Zeigens›, was der Fall ist, berufen sich alle auf die Präsenz. Die These, wie im Falle des Cartesianischen *cogito*, daß das ‹Ich› dem radikalen Zweifel widersteht, weil es sich im Akt des Denkens oder des Zweifelns präsent ist, ist eine Form der Berufung auf die Präsenz. Eine andere ist die Vorstellung, daß der Sinn einer Äußerung dasjenige ist, was im Bewußtsein des Sprechers präsent ist, woran er oder sie im Augenblick der Äußerung ‹denkt›.

Wie diese Beispiele zeigen, ist die Metaphysik der Präsenz umfassend, vertraut und mächtig. Es gibt allerdings ein Problem, auf das sie charakteristischerweise stößt: Wann immer die Argumentation spezifische Beispiele der Präsenz als Grundlage weitergehender Entwicklungen anführt, erweisen sich diese Beispiele unausweichlich als schon in sich komplexe Konstruktionen. Was als ein Gegebenes, als elementares Konstituens vorgeschlagen wird, erweist sich als Produkt, in einer Weise abhängig oder abgeleitet, die ihm die Autorität einfacher oder reiner Präsenz entzieht.

Nehmen wir zum Beispiel den Flug eines Pfeils. Wenn Realität das ist, was an irgendeinem gegebenen Augenblick präsent ist, dann stellt der Pfeil ein Paradox dar. Zu jedem gegebenen Augenblick befindet er sich an einem bestimmten Ort; er ist immer an einem bestimmten Ort und niemals in Bewegung. Wir möchten, und das ist sehr berechtigt, darauf bestehen, daß der Pfeil von Anfang bis Ende seines Flugs sich in Bewegung befindet, und doch ist seine Bewegung zu keinem gegenwärtigen Augenblick präsent. Es erweist sich, daß die Präsenz der Bewegung nur zu erfassen ist, wenn jeder Augenblick schon von der Spur der Vergangenheit oder der Zukunft markiert ist. Bewegung kann also nur präsent sein, wenn der gegenwärtige Augenblick nicht ein Gegebenes ist, sondern ein Produkt der Beziehung von Vergangenheit und Zukunft. Zu einem gegebenen Augenblick kann etwas nur geschehen, wenn dieser Augenblick schon in sich gespalten ist, wenn ihm die Nicht-Präsenz schon innewohnt.

Es handelt sich hier um eines von Zenons Paradoxen, das die Unmöglichkeit der Bewegung beweisen soll: was es aber viel überzeugender darlegt, sind die Schwierigkeiten, auf die ein System stößt, das auf der Präsenz aufgebaut ist. Wir halten das für wirklich, was zu irgendeinem gegebenen Augenblick präsent ist, weil der gegenwärtige Augenblick ein einfaches, nicht zerlegbares Absolutes zu sein scheint. Die Vergangenheit ist eine ehemalige Gegenwart, die Zukunft ist eine vorweggenommene Gegenwart, der gegenwärtige Augenblick jedoch ist ganz einfach: ein autonomes Gegebenes. Es erweist sich aber, daß der gegenwärtige Augenblick nur dann als Grundlage dienen kann, wenn er nicht ein reines und autonomes Gegebenes ist. Wenn Bewegung präsent sein soll, muß die Präsenz schon von der Differenz und der Aufschiebung markiert sein. Wir müssen, sagt Derrida, «die Präsenz ausgehend von der Zeit als *différance* denken» (*Grammatologie*, S. 285). Der Begriff der Präsenz und des Präsenten ist abgeleitet: ein Effekt von Differenzen. «Wir müssen also», schreibt Derrida, «die Präsenz nicht mehr als absolute Matrixform des Seins, sondern als eine ‹Bestimmung› und als einen ‹Effekt› denken. Bestimmung oder Effekt innerhalb eines Systems, das nicht mehr das der Präsenz, sondern das der *différance* ist» (*Randgänge*, S. 23).

In diesem Fall geht es um den hierarchischen Gegensatz von Präsenz und Absenz. Eine Dekonstruktion müßte den Beweis führen, daß die Präsenz, um so zu funktionieren, wie man von ihr sagt, die Qualitäten hat, die angeblich ihrem Gegensatz, der Absenz, zukommen. Anstatt die Absenz in Termini der Präsenz, als deren Negation, zu definieren, können wir demnach ‹Präsenz› als den Effekt einer generalisierten Absenz bzw., wie wir gleich sehen werden, der *différance* behandeln. Dieses Verfahren wird vielleicht klarer, wenn wir uns ein anderes Beispiel der Schwierigkeiten ansehen, die in der Metaphysik der Präsenz auftauchen. Es geht hier um das Problem des Bedeutens, und man könnte es das Paradox von Struktur und Ereignis nennen.

Man kann die plausible These aufstellen, daß die Bedeutung eines Wortes das ist, was ein Sprecher damit meint. Die Bedeutung eines Wortes, das also, was wir finden, wenn wir die Bedeutung eines Wortes in einem Wörterbuch nachschlagen, ist das Ergebnis der Bedeutungen, die Sprecher ihm in vergangenen Kommunikationsakten gegeben haben. Und was für das Wort gilt, gilt auch für Sprache generell: Die Struktur einer Sprache, ihr Normen- und Regelsystem, ist das Produkt von Ereignissen, das Ergebnis vorhergehender Sprechakte. Wenn wir allerdings dieses Argument ernst nehmen und uns die Ereignisse, die angeblich Strukturen determinieren, ansehen, stellen wir fest, daß jedes Ereignis seinerseits bereits von vorangegangenen Strukturen determiniert ist und ermöglicht wird. Die Möglichkeit, mit einer Äußerung etwas zu bedeuten, ist bereits in die Struktur der Sprache eingeschrieben. Die Strukturen sind selbst immer Produkte; aber wie weit wir auch zurückgehen mögen, selbst wenn wir versuchen, uns die ‹Geburt› der Sprache vorzustellen und das ursprüngliche Ereignis zu beschreiben, das die erste Struktur generiert haben könnte, stellen wir fest, daß wir immer schon vorhergehende Organisationen und Differenzierungen annehmen müssen.

Wie im Falle der Kausalität finden wir nur nicht-ursprüngliche Ursprünge. Wenn ein Höhlenmensch Sprache dadurch erfolgreich inauguriert, daß er einen Grunzlaut mit der Bedeutung ‹Essen› hervorbringt, müssen wir annehmen, daß dieser Grunzlaut sich bereits von anderen Grunzlauten unterscheidet und daß die Welt bereits in die Kategorien ‹Essen› und ‹Nichtessen› eingeteilt ist. Akte des Bezeichnens hängen von Differenzen ab wie dem Gegensatz von ‹Essen› und ‹Nichtessen›, wodurch Essen erst bezeichnet werden kann, oder dem Gegensatz signifikanter Elemente, die eine Lautfolge erst als Signifikanten funktionieren lassen. Die Lautfolge *bat* ist ein Signifikant, weil sie von *pat, mat, bad, bet* usw. sich unterscheidet. Dem ‹präsenten› Geräusch, wenn man *bat* sagt, wohnen die Spuren von Formen schon inne, die man nicht äußert, und es kann als Signifikant nur funktionieren, soweit es aus solchen Spuren besteht. Wie im Falle der Bewegung ist das, was angeblich präsent ist, bereits komplex und differenziert, von der Differenz markiert, ein Produkt von Differenzen.

Jede um eine solide Basis bemühte Darstellung der Sprache wird sicherlich Bedeutung als etwas behandeln, das irgendwo präsent ist – zum Beispiel dem Bewußtsein im Augenblick eines bezeichnenden Aktes; aber jede angeführte Präsenz erweist sich als schon von der Differenz heimgesucht. Versucht man hingegen, eine Darstellung der Bedeutung auf die Differenz zu gründen, ergeht es einem nicht besser; denn Differenzen sind nie als solche gegeben, sondern immer produziert. Eine gewissenhafte Theorie muß zwischen diesen beiden Perspektiven, des Ereignisses und der Struktur, der *parole* und der *langue*, die nie zu einer Synthese führen, pendeln. In einem unlösbaren Alternieren oder einer Aporie zeigt jede der Perspektiven die Fehler der anderen auf. Wie Derrida schreibt,

«kann man auf das Zeichensystem im allgemeinen anwenden, was Saussure über die Sprache gesagt hat: ‹Die Sprache ist erforderlich, damit das Sprechen verständlich sei und seinen Zweck erfülle. Das Sprechen aber ist erforderlich, damit die Sprache sich bilde...› Diese Aussage enthält einen Zirkelschluß, denn wenn man streng zwischen Sprache *(langue)* und Sprechen *(parole)*, zwischen Code und Botschaft, zwischen Schema und Verwendung usw. unterscheidet und wenn man beiden der eben genannten Postulate gerecht werden will, dann weiß man nicht, wo man beginnen soll und wie überhaupt etwas den Anfang machen soll, sei es nun die Sprache oder das Sprechen. Man muß daher vor jeder Trennung von Sprache und Sprechen, von Code und Botschaft usw. (mit allem was dazugehört) eine systematische Produktion von Differenzen, *Produktion* eines Systems von Differenzen – eine *différance* – annehmen, aus deren Wirkungen man eventuell durch Abstraktion, und indem man bestimmten Motivationen folgt, eine Linguistik der Sprache und eine Linguistik des Sprechens herausschneiden können wird» (*Positionen*, S. 69/70).

Der Ausdruck *différance*, den Derrida hier einführt, spielt auf die unentscheidbare, nicht-synthetische Alternation zwischen der Perspektive der Struktur und der des Ereignisses an. Das Verb *différer* bedeutet ‹unterscheiden› und ‹aufschieben›. *Différance* klingt genauso wie *différence*, die Endung *ance* jedoch, die zur Bildung substantivierter Verben dient, macht daraus eine neue Form mit der Bedeutung ‹Differenz – Sich-unterscheiden – Aufschieben›. *Différance* bezeichnet demnach sowohl eine ‹passive› Differenz, die als Bedingung des Bedeutens schon gegeben ist, und den Akt des Unterscheidens, der Differenzen erst erzeugt. Gelegentlich verwendet Derrida auch den Ausdruck *espacement* (Verräumlichung); *différance* ist jedoch kräftiger und angemessener, da Differenz ein zentraler Begriff in den Schriften Nietzsches, Saussures, Freuds, Husserls und Heideggers ist. Ihre Untersuchungen von Systemen des Bedeutens führten sie dazu, die Differenz und die Differenzierung hervorzuheben, und Derridas stillschweigende Deformierung des Begriffs, ebenso wie sein Nachweis, daß die Schrift nicht einfach als Repräsentation der Rede angesehen werden kann, legt das Problem offen, das jede Theorie der Bedeutung determiniert und zugleich subvertiert. Die *différance*, schreibt er,

«ist demnach eine Struktur oder eine Bewegung, die sich nicht mehr von dem Gegensatzpaar Anwesenheit/Abwesenheit her denken läßt. Die *différance* ist das systematische Spiel der Differenzen, der Spuren von Differenzen, der Verräumlichung, mittels derer sich die Elemente aufeinander beziehen. Diese Verräumlichung ist die zugleich aktive und passive Herstellung der Intervalle, ohne die die ‹vollen› Ausdrücke nicht bezeichnen, nicht funktionieren würden (das *a* der *différance* weist auf jene Unentschiedenheit in bezug auf die Aktivität oder Passivität und auf das, was sich noch von diesem Gegensatz her bestimmen und in diesen Gegensatz einordnen läßt)» (*Positionen*, S. 67/68).

In der *Grammatologie* geht Derrida in seiner Saussure-Lektüre diesen Problemen weiter nach. Man kann zeigen, daß Saussures *Cours de linguistique générale*, der den Strukturalismus und die Semiotik inspiriert hat, zwar einerseits eine starke Kritik der Metaphysik der Präsenz enthält, andererseits den Logozentrismus ausdrücklich affirmiert und unvermeidlich in ihn verwickelt ist. Derrida zeigt so, daß Saussures Diskurs sich selbst dekonstruiert; aber er legt auch dar, und diesen Punkt darf man nicht vernachlässigen, daß diese Bewegung der Selbst-Dekonstruktion den *Cours* keineswegs wertlos macht, sondern für seine Stärke und Relevanz wesentlich ist. Der Wert und die Kraft eines Textes können in beträchtlichem Maße von der Weise abhängen, wie er die Philosophie, die ihn stützt, dekonstruiert.

Saussure beginnt mit der Definition der Sprache als Zeichensystem. Geräusche zählen nur dann als Sprache, wenn sie zum Ausdruck und zur Kommunikation von Gedanken dienen, und so wird für ihn die Natur des Zeichens zur zentralen Frage: Was verleiht diesem seine Identität, und was befähigt es, als Zeichen zu funktionieren? Er argumentiert, daß Zeichen arbiträr und konventionell sind und daß jedes Zeichen nicht durch wesentliche Eigenschaften, sondern durch die Differenzen definiert wird, die es von anderen Zeichen unterscheiden. Sprache wird so als System von Differenzen aufgefaßt, und dies führt zur Entwicklung der Unterscheidungen, auf die der Strukturalismus und die Semiotik aufbauen: zwischen Sprache als System von Differenzen *(langue)* und den Redeereignissen, welche das System ermöglicht *(parole)*, zwischen der Untersuchung der Sprache als System zu einem gegebenen Zeitpunkt (Synchronie) und der Untersuchung der Beziehungen zwischen Elementen aus verschiedenen historischen Perioden (Diachronie), zwischen zwei Arten von Differenzen innerhalb des Systems, syntagmatischen und paradigmatischen Beziehungen, und zwischen den beiden Konstituenten des Zeichens, dem Signifikanten und dem Signifikat. Diese fundamentalen Unterscheidungen konstituieren gemeinsam das linguistische und semiotische Projekt, linguistische Ereignisse dadurch zu erfassen, daß man das System der Beziehungen, die diese erst ermöglicht, explizit macht.

Je rigoroser aber Saussure seine Untersuchungen vorantreibt, desto mehr sieht er sich gezwungen, die rein relationale Natur des linguistischen Systems zu betonen. Tatsächlich kommt er zu der Schlußfolgerung, daß es «in der Sprache... nur Verschiedenheiten *ohne positive Einzelglieder*» gibt (*Grundzüge*, S. 143). Dies ist eine radikale Formulierung. Die allgemeine Ansicht ist zweifellos, daß eine Sprache aus Worten besteht, aus positiven Wesenheiten, die zusammen ein System bilden und so Beziehungen zueinander herstellen; Saussures Analyse hingegen führt zu der umgekehrten Schlußfolgerung, daß Zeichen das Produkt eines Systems von Differenzen sind; tatsächlich sind sie keineswegs positive Wesenheiten, sondern Effekte der Differenz. Dies ist eine sehr starke Kritik des Logozentrismus; die Schlußfolgerung, erklärt Derrida, daß das System nur aus Differenzen besteht, unterminiert den Versuch, eine Theorie der Sprache auf positive Wesenheiten aufzubauen, die entweder im Redeereignis oder im System präsent sein könnten. Wenn es im linguistischen System nur Differenzen gibt, stellt Derrida fest, dann

> «setzt das Spiel der Differenzen... in der Tat Synthesen und Verweise voraus, die es verbieten, daß zu irgendeinem Zeitpunkt, in irgendeinem Sinn ein einfaches Element als solches präsent wäre und nur auf sich selbst verwiese. Kein Element kann je die Funktion eines Zeichens haben, ohne auf ein anderes Element, das selbst nicht einfach präsent ist, zu verweisen, sei es auf dem Gebiet der gesprochenen oder auf dem der geschriebenen Sprache. Aus dieser Verkettung folgt, daß sich jedes ‹Element› – Phonem oder Graphem – aufgrund der in ihm vorhandenen Spur der anderen Elemente der Kette oder des Systems konstituiert. Diese Verkettung, dieses Gewebe ist der Text, welcher nur aus der Transformation eines anderen Textes hervorgeht. Es gibt nichts, weder in den Elementen noch im System, das irgendwann oder irgendwo einfach anwesend oder abwesend wäre. Es gibt durch und durch nur Differenzen und Spuren von Spuren» (*Positionen*, S. 66/67).

Die arbiträre Natur des Zeichens und das System ohne positive Elemente führen zu dem paradoxen Begriff der «instituierten Spur», einer Struktur unendlicher Verweisungen, in der es nur Spuren gibt – Spuren, die jeder Wesenheit, von der sie die Spur sein könnten, vorausgehen.

Gleichzeitig aber enthält Saussures Argumentation eine Affirmation des Logozentrismus. Der Begriff des Zeichens, von dem Saussure ausgeht, ruht selbst auf der Unterscheidung von Sensiblem und

Intelligiblem; der Signifikant existiert nur, um den Zugang zum Signifikat zu ermöglichen, und scheint so dem Begriff oder der Bedeutung, die er kommuniziert, untergeordnet zu sein. Darüber hinaus muß der Linguist, um ein Zeichen vom anderen unterscheiden zu können, um angeben zu können, wann materielle Unterschiede signifikant werden, von der Annahme ausgehen, daß es möglich ist, Signifikate direkt zu erfassen und sie so zum Ausgangspunkt zu machen. Der Begriff des Zeichens ist demnach mit den fundamentalen Begriffen des Logozentrismus derart verbunden, daß es für Saussure schwierig wäre, diesen zu verändern, selbst wenn er es wollte. Auch wenn ein Großteil seiner Analyse auf dieses Ziel hinarbeitet, so affirmiert er doch ausdrücklich die logozentrische Auffassung des Zeichens und schreibt so seine Analyse in den Logozentrismus ein. Dies erweist sich, was für Derrida besonders interessant ist, in Saussures Behandlung der Schrift, die er auf einen sekundären und abgeleiteten Status verweist. Auch wenn er den Laut als solchen ausdrücklich aus dem linguistischen System ausgeschlossen und auf dem formalen Charakter linguistischer Einheiten bestanden hatte, hält er doch daran fest, daß «nicht die Verknüpfung von geschriebenem und gesprochenem Wort Gegenstand der Sprachwissenschaft (ist), sondern nur das letztere, das gesprochene Wort allein... ihr Objekt (ist)» (*Grundzüge*, S. 28). Die Schrift ist nur ein Mittel, um Sprache zu repräsentieren, ein technisches Werkzeug oder ein äußeres Hilfsmittel, das bei der Untersuchung der Sprache nicht in Betracht gezogen zu werden braucht.

Dies mag als ein relativ harmloser Zug erscheinen; aber in Wirklichkeit ist er, wie Derrida zeigt, dem westlichen Denken über die Sprache wesentlich, in dem die Rede als natürliche, unmittelbare Kommunikation und die Schrift als künstliche und mittelbare Repräsentation der Repräsentation angesehen wird. Zur Verteidigung dieser Abstufung könnte man die Tatsache anführen, daß Kinder sprechen lernen, bevor sie schreiben lernen, oder daß Millionen Menschen, ja ganze Kulturen, über Sprache verfügen, aber nicht über Schrift. Wenn solche Fakten aber angeführt werden, werden sie nicht dazu benutzt, eine bloß faktische oder lokale Priorität der Rede gegenüber der Schrift zu belegen, sondern um eine viel weitergehende, generelle und umfassendere Priorität zu beweisen. Die Rede gilt als unmittelbarer Zugang zur Bedeutung: Der Sprecher äußert Worte als spontane und fast transparente Zeichen seiner präsenten Gedanken, die der Hörer zu erfassen hofft. Die Schrift dagegen besteht aus materiellen Markierungen, die von dem Denken, das sie hervorgebracht haben könnte, getrennt sind. Für sie ist charakteristisch, daß sie auch in der Abwesenheit des Sprechers funktioniert, daß sie einen ungewissen Zugang zum Denken vermittelt und daß sie sogar von jedem Sprecher oder Autor abgeschnitten sein kann. Die Schrift stellt sich so nicht nur als ein technisches Mittel zur Repräsentation der Rede dar, sondern als eine Verzerrung der Rede. Diese Beurteilung der Schrift ist so alt wie die Philosophie. In *Phaedrus* verurteilt Platon die Schrift als eine bastardisierte Form der Kommunikation; abgetrennt vom Vater oder vom Moment des Ursprungs, führt die Schrift zu allen möglichen Formen des Mißverständnisses, da der Sprecher nicht anwesend ist, um dem Zuhörer zu erklären, was er meint.

Durch die Privilegierung der Rede, indem man die Schrift als deren parasitäre und unvollkommene Repräsentation behandelt, werden gewisse Merkmale der Sprache und Aspekte ihres Funktionierens ausgeklammert. Wenn Distanz, Abwesenheit, Mißverständnis, Unredlichkeit und Ambiguität Aspekte der Schrift sind, kann man durch die Gegenüberstellung von Schrift und Rede ein Kommunikationsmodell konstruieren, dessen Norm ein an der Rede orientiertes Ideal ist – in dem die Worte Träger von Bedeutungen sind und der Zuhörer das, was der Sprecher meint, im Prinzip präzise erfassen kann. Der moralische Eifer, der Saussures Auseinandersetzung mit der Schrift auszeichnet, verweist darauf, daß es hier um etwas sehr Wichtiges geht. Er spricht von den «Gefahren» der Schrift, die die Sprache «verdeckt», und manchmal sogar die Rolle der Rede «usurpiert». Die «Tyrannei» des Buchstabens sei mächtig und heimtückisch; so führe sie zu Irrtümern in der Aussprache, die «pathologisch» seien, eine Korruption oder Infektion der natürlichen gesprochenen Form. Linguisten, die sich mit der geschriebenen Form befassen, «gehen in eine Falle». Die Schrift, angeblich eine Repräsentation der Rede, bedrohe die Reinheit des Systems, dem sie dient (*Grammatologie*, S. 60–76).

Wenn die Schrift aber die Rede affizieren kann, dann muß die Beziehung komplexer sein, als es zunächst schien. Das hierarchische Schema, das dem gesprochenen Wort Priorität zuerkannte und die

Schrift von diesem abhängig machte, wird von Saussure noch stärker verzerrt, wenn Saussure auf das Beispiel der Schrift zurückgreift, um die Natur linguistischer Einheiten zu erklären. Wie kann man den Begriff einer rein differentiellen Einheit illustrieren? «Da man die gleichen Verhältnisse in einem anderen Zeichensystem, nämlich der Schrift, feststellen kann, nehmen wir dieses als Vergleichspunkt zur Aufklärung dieser Frage» (*Grundzüge*, S. 142). Der Buchstabe *t* kann zum Beispiel auf verschiedene Art geschrieben werden, solange er sich von *l, f i, d* usw. unterscheidet. Es gibt keine wesentlichen Merkmale, die bewahrt werden müssen; seine Identität ist rein relational.

Die Schrift, von der Saussure behauptete, sie dürfe nicht Gegenstand der linguistischen Untersuchung sein, erweist sich demnach als die beste Illustration der Natur linguistischer Einheiten. Die Rede muß als eine Form der Schrift verstanden werden, als ein Beispiel des fundamentalen linguistischen Mechanismus, der in der Schrift sich manifestiert. Saussures Argumentation führt zu folgender Umkehrung: Die angekündigte Hierarchie, die aus der Schrift eine abgeleitete Form der Rede macht, einen der Rede hinzugefügten parasitären Modus der Repräsentation, wird umgekehrt, und die Rede wird als eine Form der Schrift dargestellt und erklärt. Dies führt zu einem neuen Begriff der Schrift: der Schrift überhaupt, von der die gesprochene Schrift und die graphische Schrift Unterarten wären.

Indem er dem Zusammenhang von Rede und Schrift in den Texten von Platon, Rousseau, Husserl, Lévi-Strauss, Condillac und Saussure nachgeht, erbringt Derrida den Nachweis, daß die Rede bereits eine Form der Schrift ist, wenn man die Schrift durch die Merkmale definiert, die ihr traditionell zugesprochen werden. Beispielsweise wird die Schrift oft als bloß technisches Hilfsmittel zur Wiedergabe der Rede in Inschriften abgetan, die wiederholt werden und in Abwesenheit der die Rede belebenden Bedeutungsintention zirkulieren können; man kann aber zeigen, daß diese Iterabilität die Bedingung jedes Zeichens ist. Eine Lautfolge kann als Signifikant nur funktionieren, wenn sie wiederholt, wenn sie als ‹dieselbe› unter verschiedenen Umständen erkannt werden kann. Es muß mir möglich sein, einem Dritten zu sagen, was jemand mir gesagt hat. Eine Wortfolge ist nur dann eine Zeichenfolge, wenn sie zitiert werden kann und unter denen zirkulieren kann, die den ‹ursprünglichen› Sprecher und dessen Bedeutungsintentionen nicht kennen. Die Äußerung «Ris-Orangis ist eine Vorstadt im Süden von Paris» bedeutet auch dann noch, wenn sie wiederholt, zitiert oder, wie hier, als Beispiel angeführt wird; und sie wird bedeuten, ganz gleich, ob diejenigen, die sie wiedergeben oder zitieren, damit etwas ‹meinen› oder nicht. Die Möglichkeit, ohne Rücksicht auf eine besondere Bedeutungsintention wiederholt zu werden und zu funktionieren, ist eine Bedingung des linguistischen Zeichens überhaupt, nicht nur der Schrift. Schrift kann als materielle Aufzeichnung aufgefaßt werden, aber, wie Derrida feststellt, «wenn ‹Schrift› Inschrift und vor allem dauerhafte Instituierung bedeutet (und dies ist der einzige irreduzible Kern des Begriffs der Schrift), dann deckt die Schrift im allgemeinen den gesamten Bereich der sprachlichen Zeichen... Die Idee der Instituierung selbst – also der Arbitrarität des Zeichens – kann vor der Möglichkeit der Schrift und außerhalb ihres Horizontes nicht gedacht werden» (*Grammatologie*, S. 78). Schrift-im-allgemeinen ist eine *archi-écriture*, eine Archi-Schrift oder Protoschrift, welche die Bedingung sowohl der Rede als auch der Schrift im eigentlichen Sinne ist.

In der Beziehung von Rede und Schrift erkennen wir eine Struktur, die Derrida in einer Reihe von Texten entdeckt und die er unter Verwendung eines Ausdrucks, den Rousseau auf die Schrift anwendet, die Logik des «Supplements» nennt. Ein Supplement ist laut Duden eine «Ergänzung (Ergänzungsband oder Ergänzungsteil); Nachtrag, Anhang». Das Supplement eines Lexikons ist eine ergänzende zusätzliche Sektion; aber die Möglichkeit, ein Supplement anzufügen, zeigt an, daß das Lexikon selbst nicht vollständig ist. «Sprachen sind dazu da, um gesprochen zu werden», schreibt Rousseau, «die Schrift dient nur als Supplement der Rede.» Dieser Begriff des Supplements, der bei Rousseau überall anzutreffen ist, «birgt in sich zwei Bedeutungen, deren Zusammengehörigkeit ebenso befremdlich wie notwendig ist» (*Grammatologie*, S. 250). Das Supplement ist ein unwesentlicher Zusatz, der zu etwas hinzugefügt wird, was schon in sich vollständig ist; aber das Supplement wird hinzugefügt, um zu vervollständigen, um in dem, was eigentlich als in sich vollständig galt, einen Mangel zu kompensieren. Diese beiden Bedeutungen von Supplement verschränken sich in einer wirkungsvollen Logik, und in beiden Bedeutungen wird das Supplement als äußerlich, als der ‹wesentlichen› Natur dessen, dem es hinzugefügt wird oder das es substituiert, fremdartig bezeichnet.

Rousseau beschreibt die Schrift als eine die Rede ergänzende Technik, die der Natur der Sprache fremd sei; es zeigt sich aber, daß auch die andere Bedeutung von Supplement hier sich auswirkt. Die Schrift kann zur Rede nur hinzugefügt werden, wenn die Rede sich nicht selbst genügt, wenn sie keine natürliche Fülle ist, wenn in der Rede bereits ein Mangel oder eine Abwesenheit vorhanden ist, der es der Schrift erst ermöglicht, diese zu supplementieren. In Rousseaus Diskussion der Schrift wird dies offensichtlich; denn während er die Schrift als «Zerstörung der Gegenwart und Verseuchung der Rede» verdammt, stellt er seine Tätigkeit als Schriftsteller traditionell als Versuch dar, durch die Abwesenheit der Schrift eine Präsenz wiederherzustellen, die der Rede mangelte. In den *Confessions* formuliert er dies prägnant: «Wie jeder andere würde ich die Gesellschaft lieben, hätte ich nicht die Gewißheit, mich nicht nur zu meinen Ungunsten zu zeigen, sondern ganz anders, als ich in Wirklichkeit bin. Wenn ich mich entschied, zu schreiben und mich zurückzuziehen, so deshalb, weil dies mir am meisten zusagte. Anwesend hätte man nie in Erfahrung bringen können, was ich galt» (*Grammatologie*, S. 246).

Die Schrift kann nur deshalb eine Ergänzung, ein Supplement der Rede sein, weil die Rede bereits von den Eigenschaften gezeichnet ist, die allgemein der Schrift zuerkannt werden: Abwesenheit und Mißverstehen. Derrida stellt fest, auch wenn er sich hier auf die linguistische Theorie im allgemeinen und nicht auf Rousseaus Argument bezieht, daß die Schrift nur unter einer Bedingung sekundär und abgeleitet sein kann: «daß die ‹ursprüngliche›, ‹natürliche› usw. Sprache nie existiert hat, daß sie nie unversehrt, nie unberührt von der Schrift war; daß sie selbst schon immer eine Schrift gewesen ist», eine Archi-Schrift (*Grammatologie*, S. 99). In seiner Diskussion dieses «gefährlichen Supplements» bei Rousseau beschreibt Derrida diese Struktur auf verschiedenen Gebieten: Rousseaus diverse Supplemente werden gerade deswegen als Supplemente eingeführt, weil es in demjenigen, das sie supplementieren, immer einen Mangel gibt, einen ursprünglichen Mangel.

Rousseau stellt beispielsweise die Erziehung als ein Supplement der Natur dar. Im Prinzip ist die Natur vollkommen, eine natürliche Fülle, zu der die Erziehung nur eine äußerliche Ergänzung ist. Aber die Beschreibung dieser Supplementierung enthüllt einen der Natur inhärenten Mangel; Natur muß durch Erziehung vervollständigt – supplementiert – werden, wenn sie wirklich sie selbst sein soll: Die richtige Erziehung ist notwendig, damit die menschliche Natur so zum Vorschein kommt, wie sie wirklich ist. Die Logik der Supplementarität verleiht so dem Begriff der Natur eine Priorität, eine anfangs vorhandene Fülle, enthüllt aber zugleich einen inhärenten Mangel oder eine innere Abwesenheit, so daß die Erziehung, die hinzugefügte Ergänzung, ihrerseits zu einer wesentlichen Bedingung dessen wird, was sie supplementiert.

Rousseau nennt auch die Masturbation ein «gefährliches Supplement». Wie die Schrift ist sie eine perverse Ergänzung, eine die normale Sexualität ergänzende Praxis oder Technik, so wie die Schrift die Rede ergänzt. Die Masturbation kann aber auch an die Stelle der ‹normalen› sexuellen Aktivität treten und diese ersetzen. Um als Ersatz fungieren zu können, muß sie demjenigen, an dessen Stelle sie tritt, auf irgendeine wesentliche Art ähneln; und tatsächlich wird die fundamentale Struktur der Masturbation – das Begehren als Selbst-Affektion, die sich auf ein imaginäres Objekt richtet, das man niemals ‹besitzen› kann – in anderen sexuellen Beziehungen wiederholt, die demnach als Momente einer generalisierten Masturbation angesehen werden können.

Es wäre allerdings genauer, von einer generalisierten Substitution zu sprechen, denn Rousseaus Supplemente enthüllen eine unendliche Kette von Supplementen. Die Schrift ist ein Supplement der Rede, aber die Rede ist bereits selbst ein Supplement: Kinder, sagt *Emile*, lernen sehr schnell den Gebrauch der Sprache, «um ihre eigene Schwäche zu ersetzen. ... Man braucht keine lange Erfahrung, um zu merken, wie angenehm es ist, durch die Tätigkeit anderer etwas zu erreichen, und daß man nur die Zunge zu rühren braucht, um die Welt in Bewegung zu setzen» (*Grammatologie*, S. 254). In den *Confessions* beschreibt er, wie er in der Abwesenheit von Madame de Varens, seiner geliebten «Maman», auf Supplemente zurückgreift:

«Ich würde kein Ende finden, wenn ich die einzelnen Torheiten, zu welchen der Gedanke an diese geliebte Maman, in den Stunden, da ich nicht um sie war, mich verführte, alle erzählen wollte. Wie oft habe ich nicht Küsse auf mein Bett gedrückt, wenn ich mir dachte, daß sie in demselben gelegen habe, oder auf meine Vorhänge, auf alles Gerät in meinem Zimmer, wenn ich daran dachte, daß es ihr Eigentum sei, daß ihre schönen Hände es berührt hätten. Ja selbst auf den Fußboden warf ich mich und küßte ihn, in der Vorstellung, daß sie auf demselben gegangen war» (*Grammatologie*, S. 262).

Diese Supplemente funktionieren in ihrer Abwesenheit als Ersatz ihrer Präsenz, aber der Text fährt unmittelbar darauf fort: «Zuweilen entwischten mir, selbst in ihrem Beisein, Ausschweifungen, welche nur von der heftigsten Liebe eingegeben scheinen konnten. Einst rief ich bei Tische, als sie eben einen Bissen in den Mund gesteckt hatte, daß ich ein Haar daran sehe. Kaum aber war der Bissen wieder auf dem Teller, so ergriff ich ihn und schlang ihn hinunter.» Rousseaus Text markiert durch die Signifikanten scharfsinnig die Struktur, die hier wirksam ist. Sein Ausruf, was er auf dem Bissen sehe, bezeichnet zugleich etwas Fremdes und Indifferentes (*un cheveu*/ein Haar) und sein eigenes Begehren (*un je veux*/ein ich will), das sich durch kontingente Supplemente manifestiert.

Diese Kette der Substitutionen könnte fortgesetzt werden. Mamans ‹Präsenz› bringt sie, wie wir gesehen haben, nicht zum Abschluß. Selbst wenn er sie ‹besäße›, wie man so sagt, wäre auch dies noch von einer Abwesenheit markiert: «das körperliche Besitzen», sagt Proust, «wobei man übrigens nichts besitzt». Und Maman ist selbst nur Substitut einer unbekannten Mutter, die ihrerseits ein Supplement wäre.

«Durch diese Abfolge von Supplementen hindurch wird die Notwendigkeit einer unendlichen Verknüpfung sichtbar, die unaufhaltsam die supplementären Vermittlungen vervielfältigt, die gerade den Sinn dessen stiften, was sie verschieben: die Vorspiegelung der Sache selbst, der unmittelbaren Präsenz, der ursprünglichen Wahrnehmung. Die Unmittelbarkeit ist abgeleitet. Alles beginnt durch das Vermittelnde...» (*Grqmmatologie*, S. 272).

Wie viele andere lehren auch Rousseaus Texte, daß Präsenz immer aufgeschoben ist, daß die Supplementierung nur durch einen ursprünglichen Mangel möglich ist; somit legen sie nahe, das, was wir das ‹Leben› nennen, nach dem Modell der Supplementierung zu begreifen, wie sie Bezeichnungsprozesse aufweisen. Diese Texte behaupten nicht, daß es außerhalb der empirischen Texte – der Schriften – einer Kultur nichts gäbe, sondern daß dasjenige, was außerhalb liegt, nur mehr Supplemente sind, Supplementketten, die damit die Unterscheidung von Innen und Außen in Frage stellen. Eine Untersuchung würde erweisen, daß die Matrix dessen, was wir Rousseaus wirkliches Leben nennen – mit seinen sozio-ökonomischen Bedingungen und öffentlichen Ereignissen, seinen privaten sexuellen Erfahrungen und seinen Schreibakten –, durch die Logik der Supplementarität konstituiert wird, ebenso wie die physischen Objekte, die er in der Passage über Maman in den *Confessions* evoziert. Derrida schreibt:

«Indem wir dem Leitfaden des ‹gefährlichen Supplements› folgten, suchten wir zu zeigen, daß es in dem, was man das ‹reale› Leben dieser Existenzen ‹aus Fleisch und Blut› nennt, jenseits und hinter dem, was man als das Werk Rousseaus glaubt abgrenzen zu können, immer nur Schrift gab; es gab immer nur Supplemente, substitutive Bedeutungen, die nur aus einer Kette differentieller Verweisungen hervorgehen konnten, und zu denen das ‹Reale› nur hinzukam, sich anfügte, indem es von einer Spur, einem Aufruf zum Supplement etc. seine Bedeutung erhielt. Und so bis ins Unendliche, denn wir haben – *in dem Text* – gelesen, daß die absolute Präsenz, die Natur, das, was die Worte ‹reale Mutter› benennen, etc. sich immer schon entzogen, niemals existiert haben; daß es diese Schrift als Verschwinden der natürlichen Präsenz ist, was den Sinn und die Sprache eröffnet» (*Grammatologie*, S. 274).

Diese Allgegenwart des Supplements bedeutet keineswegs, daß es zwischen der ‹Anwesenheit› und der ‹Abwesenheit› von Maman oder Thérèse oder zwischen einem realen und einem fiktiven Ereignis keinen Unterschied gäbe. Diese Unterschiede sind entscheidend und spielen eine bedeutende Rolle in dem, was wir unsere Erfahrung nennen. Aber Effekte der Präsenz und der historischen Realität tauchen innerhalb der Supplementarität auf und werden durch sie, durch die Differenz, als besondere Bestimmungen dieser Struktur erst ermöglicht. Mamans ‹Anwesenheit› ist ein gewisser Modus ihrer ‹Abwesenheit›, und ein reales historisches Ereignis ist, wie viele Theoretiker zu zeigen versucht haben, ein besonderer Modus der

Fiktion. Präsenz ist nicht ursprünglich, sondern rekonstituiert (*Die Schrift und die Differenz*, S. 323). Die metaphysische Strategie, die in Rousseaus Texten wirksam ist, die aber durch diese zugleich unterminiert wird, besteht darin,

«die Nicht-Präsenz dadurch auszuschließen, daß sie das Supplement als einfache Exteriorität, als reine Hinzufügung oder als reine Abwesenheit bestimmt... Was hinzugefügt wird, ist nichts, da es einer erfüllten Präsenz hinzugefügt wird, welcher es äußerlich ist. Das gesprochene Wort fügt sich an die intuitive Präsenz (des Seienden, des Wesens, des *eidos*, der *ousia* usw.); die Schrift fügt sich an das lebendige und sich selbst präsente Wort; die Masturbation fügt sich an die sogenannt normale sexuelle Erfahrung; die Kultur fügt sich an die Natur, das Böse an die Unschuld, die Geschichte an den Ursprung usw.» (*Grammatologie*, S. 286).

Die Bedeutung dieser Strukturen und Werte für unser Denken zeigt, daß die Privilegierung der Rede gegenüber der Schrift nicht ein Fehler ist, der von den Autoren hätte vermieden werden können. Derrida insistiert, daß die Einklammerung der Schrift als Supplement ein Verfahren ist, das von der gesamten Geschichte der Metaphysik unterschrieben worden ist, und daß es sogar das grundlegende Verfahren in der ‹Ökonomie› metaphysischer Begriffe ist.

«Hängt doch das Privileg der *phonè* nicht von einer Wahl ab, die man hätte vermeiden können. Es entspricht einem Moment der *Ökonomie* (anders gesagt, des ‹Lebens›, der ‹Geschichte› oder des ‹Seins als Selbstbezug›). Das System des ‹Sich-Sprechen-Hörens› durch die Lautsubstanz hindurch – die *sich* als nicht-äußerlicher, nicht-weltlicher, also nicht-empirischer oder nicht-kontingenter Signifikant *gibt* – mußte notwendigerweise während einer ganzen Epoche die Geschichte der Welt beherrschen und hat sogar, ausgehend von der Differenz zwischen dem Weltlichen und dem Nicht-Weltlichen, dem Draußen und dem Drinnen, der Idealität und der Nicht-Idealität, dem Universalen und dem Nicht-Universalen, dem Transzendentalen und dem Empirischen, die Idee des Ursprungs der Welt hervorgebracht» (*Grammatologie*, S. 18/19).

Dies sind sehr weitgehende Thesen. Sie werden verständlicher, wenn man sich klarmacht, daß die Idee der ‹Welt› als dasjenige, was dem Bewußtsein äußerlich ist, von solchen Unterscheidungen wie der von Innen und Außen abhängt und daß jedes dieser Gegensatzpaare von einem Differenzierungspunkt abhängt, einem Punkt, in dem das Außen vom Innen unterschieden wird. Die Unterscheidung wird von dem Differenzierungspunkt beherrscht. Derridas These ist eine doppelte. Erstens dient der Moment der Rede oder genauer: der Moment der eigenen Rede, in der Signifikant und Signifikat zugleich gegeben und in der innen und außen, materiell und geistig miteinander verschmolzen zu sein scheinen, als Referenzpunkt, in bezug auf den all diese wesentlichen Unterscheidungen erst gesetzt werden können. Zweitens ermöglicht die Bezugnahme auf die eigene Rede, die daraus resultierenden Unterscheidungen als hierarchische Gegensätze zu behandeln, in denen der eine Ausdruck der Präsenz und dem Logos angehört und der andere einen Abfall von der Präsenz bedeutet. Die In-Frage-Stellung des Privilegs der Rede wäre eine Bedrohung des gesamten Gebäudes.

Die Rede kann diese Rolle spielen, weil im Moment des Sprechens der materielle Signifikant und das geistige Signifikat sich als untrennbare Einheit zu präsentieren scheinen, in der das Intelligible das Sensible beherrscht. Geschriebene Worte mögen als physikalische Markierungen erscheinen, die der Leser erst interpretieren und beseelen muß; man kann sie wahrnehmen, ohne sie zu verstehen, und diese Möglichkeit der Lücke ist Bestandteil ihrer Struktur. Wenn ich aber spreche, dann scheint meine Stimme nicht etwas Äußerliches zu sein, das ich zuerst höre und danach verstehe. Meine Rede im Moment des Sprechens hören und verstehen sind ein und dieselbe Sache. Dies nennt Derrida das System des «Sich-Sprechen-Hörens» *(s'entendre parler)*. In der Rede scheine ich unmittelbaren Zugang zu meinem Denken zu haben. Die Signifikanten trennen mich nicht von meinem Denken, sondern lösen sich vor ihm auf. Auch scheinen die Signifikanten keine äußerlichen, der Welt entnommenen und verwendeten Werkzeuge zu sein. Sie tauchen aus dem Innern spontan auf und sind für das Denken transparent. Der Moment des Sich-Sprechen-Hörens bietet

«die einzigartige Erfahrung eines Signifikats, das sich zwar spontan aus dem Innen des Selbst heraus, aber dennoch, als bezeichneter Begriff, im Element der Idealität und der Universalität erzeugt. Der nichtweltliche Charakter dieser Ausdruckssubstanz ist für diese Idealität konstitutiv. Die Erfahrung, daß der Signifikant in der Stimme erlischt, ist nicht irgendeine beliebige Illusion – denn sie bedingt gerade die Idee der Wahrheit» (*Grammatologie*, S. 38).

Die Auslöschung des Signifikanten in der Rede ist eine Bedingung der Wahrheit, weil sie die Möglichkeit der Objektivität – Wiederholbarkeit der Äußerung, Präsenz einer konstanten Bedeutung in unterschiedlichen Erscheinungsweisen – mit der Herrschaft der Bedeutung über die Erscheinung verbindet. Wenn Wahrheit die Möglichkeit einer konstanten Bedeutung voraussetzt, die sich manifestieren kann, und durch die Mittel, in denen sie sich manifestiert, weder verändert noch affiziert wird, dann bietet die Stimme dafür das notwendige Modell. Mit Hilfe dieses Modells, in dem die Unterscheidung von Bedeutung und Form zu einem hierarchischen Gegensatz führt, beherrscht Wahrheit den Gegensatz von Wahrheit und Erscheinung.

Es ist jedoch offensichtlich, daß diesem Modell eine Illusion innewohnt. Die Auflösung des Signifikanten in der Rede schafft den Eindruck einer unmittelbaren Präsenz des Denkens; aber wie schnell auch immer es sich auflösen mag, so bleibt doch das gesprochene Wort immer noch eine materielle Form, die, genau wie die geschriebene Form, nur durch ihre Differenzen zu anderen Formen funktioniert. Wenn der gesprochene Signifikant zu Forschungszwecken aufbewahrt wird, beispielsweise in einer Tonbandaufnahme, wo wir ‹uns selbst sprechen hören› können, stellen wir fest, daß auch die Rede, genau wie die Schrift, eine Folge von Signifikanten ist, die auf ähnliche Weise der Interpretation offensteht. Auch wenn Rede und Schrift ganz verschiedene Bedeutungseffekte erzeugen mögen, gibt es keinen Grund für die Behauptung, daß die Stimme das Denken direkt übermittelt, wie dies im Falle des Sich-Sprechen-Hörens der Fall zu sein scheint. Eine Aufnahme der eigenen Rede macht deutlich, daß auch die Rede durch das differentielle Spiel der Signifikanten funktioniert, obwohl es gerade dieses Funktionieren der Signifikanten ist, welches das Privileg der Rede zu verdrängen sucht. «Die Stimme und das Bewußtsein von Stimme – das heißt das Bewußtsein überhaupt als Selbst-Präsenz – sind Phänomene einer Selbst-Affektion, die als Unterdrückung der *différance* gelebt wird. Dieses *Phänomen*, diese vorausgesetzte Unterdrückung der *différance*, diese gelebte Reduktion der Opazität des Signifikanten, sind der Ursprung dessen, was man die Präsenz nennt» (*Grammatologie*, S. 285).

Wir haben gesehen, wie das System des Sich-Sprechen-Hörens als

Modell der Präsenz dient und so die Solidarität von Phonozentrismus, Logozentrismus und Metaphysik der Präsenz offenbart, und haben damit die Gründe erkundet, warum die Rede der Schrift vorgeordnet wird. Dieser Gegensatz wird, in seiner gesamten strategischen Bedeutung, in den Texten, die ihn affirmieren, dekonstruiert, da die Rede sich als von genau den Eigenschaften abhängig erweist, die der Schrift zugesprochen worden sind. Theorien, die auf der Präsenz basieren – sei es der Bedeutung als der im Moment der Äußerung dem Bewußtsein präsenten Bedeutungsintention, sei es als idealer Norm, die in allen Erscheinungen identisch bleibt –, heben sich selbst auf, da die vorausgesetzte Basis sich als Produkt eines differentiellen Systems erweist, genauer gesagt, eines Systems der Differenz, Differenzierung und Aufschiebung. Das Verfahren der Dekonstruktion bzw. die Selbst-Dekonstruktion logozentrischer Theorien führt nicht zu einer neuen Theorie, die alles in Ordnung bringt. Selbst Theorien wie die Saussures, die mit ihrer Idee eines rein differentiellen Systems eine überzeugende Kritik des Logozentrismus darstellt, können den logozentrischen Voraussetzungen, die sie unterminieren, sich nicht entziehen; und es gibt keinen Grund zu der Annahme, daß ein theoretisches Unterfangen dieser Voraussetzungen je sich entziehen könnte. Es mag sein, daß jede Theorie zur strukturalen Inkonsistenz verdammt ist.

Die Frage, die sich nun stellt, und zwar besonders für Literaturkritiker, die sich mehr für die Implikationen philosophischer Theorien als für deren Konsistenz oder deren Ableitungen interessieren, ist: Was hat dies mit der Theorie der Bedeutung und der Textinterpretation zu tun? Die bisher betrachteten Beispiele ermöglichen zumindest eine vorläufige Antwort: Die Dekonstruktion erhellt Texte nicht in dem traditionellen Sinn, daß man versucht, einen Einheit stiftenden Inhalt oder Gegenstand zu erfassen; sie untersucht vielmehr, wie in den Argumentationen der Texte metaphysische Gegensätze wirken und wie textuelle Figuren und Beziehungen, etwa das Spiel der Supplemente bei Rousseau, zu einer doppelten aporetischen Logik führen. Die angeführten Beispiele geben keinen Anlaß zu der manchmal vorgebrachten Annahme, die Dekonstruktion mache aus der Interpretation ein Verfahren freier Assoziation, in dem alles erlaubt ist, auch wenn sie ihre Aufmerksamkeit eher auf die Implikationen von Begriffen und Redefiguren richtet als auf die

Intention des Autors. Auf jeden Fall kann die Dekonstruktion des Gegensatzes von Rede und Schrift, indem sie die Prädikate, die gewöhnlich nur dem Buchstaben zugeordnet werden, zu zentralen Aspekten der Sprache macht, zu Implikationen führen, die wir noch nicht untersucht haben. Welche Auswirkung hat es zum Beispiel für die Interpretation, wenn Bedeutung eher als Produkt der Sprache und nicht als deren Ursprung gedacht wird? Einen guten Zugang zu den Implikationen der Dekonstruktion für Bedeutungsmodelle bietet Derridas Lektüre von J. L. Austin in *Signatur Ereignis Kontext (Randgänge)* und die darauf folgende Auseinandersetzung mit dem amerikanischen Sprechakttheoretiker John Searle.

2. Bedeutung und Iterabilität

In Saussures Perspektive ist Bedeutung das Produkt eines linguistischen Systems, Effekt eines differentiellen Systems. Bedeutungen erklären heißt, die Gegensatzbeziehungen und Kombinationsmöglichkeiten, die eine Sprache konstituieren, darzulegen. Dieses Verfahren ist für die Analyse von Bedeutungsprozessen wesentlich; zwei Feststellungen müssen aber über die Theorie, die es vorschlägt, getroffen werden. Erstens kann eine Theorie, die auf der Differenz aufbaut, wie wir bei der Nachzeichnung von Saussures Selbst-Dekonstruktion gesehen haben, dem Logozentrismus nicht sich entziehen, sondern muß sich selbst auf die Präsenz berufen, nicht nur, weil die Begriffe: Analyse, Beweisführung und Objektivität eine solche Referenz implizieren, sondern auch, weil man zur Feststellung der für Bedeutungen verantwortlichen Differenzen einige Bedeutungen als gegeben annehmen muß, als ob sie irgendwo als Ausgangspunkt ‹präsent› wären.

Zweitens erklärt eine Theorie, die Bedeutungen aus linguistischen Strukturen ableitet, auch wenn sie einiges zur Analyse von Bedeutungen beiträgt, diese nicht völlig. Wenn man Bedeutung als den in einer Äußerung sich manifestierenden Effekt linguistischer Strukturen ansieht, dann muß man die Tatsache erklären, daß ein Sprecher mit der gleichen linguistischen Sequenz zu verschiedenen Gelegenheiten verschiedene Sachverhalte meinen kann. «Könntest du diese Kiste wegtun?» kann eine Bitte sein oder eine Frage nach der Stärke des Gesprächspartners oder sogar, als rhetorische Frage, der resignierte Hinweis auf eine Unmöglichkeit.

Derartige Beispiele scheinen ein Modell zu reinstallieren, in dem das Subjekt – das Bewußtsein des Sprechers – zur Quelle der Bedeutung wird: Trotz des Beitrags der linguistischen Struktur variiert die Bedeutung der Äußerung von Fall zu Fall. Konfrontiert mit einem solchen Modell, wird ein Vertreter der strukturalen Erklärung fragen, wodurch ein Sprecher mit einer Äußerung so verschiedene Dinge meinen kann. So wie wir die Bedeutung von Sätzen durch eine Analyse des linguistischen Systems erklären, sollen wir die Bedeutung von Äußerungen (bzw. wie Austin sagt, ihre illokutionäre Rolle) durch die Analyse eines anderen Systems erklären, des Systems der Sprechakte. Als Begründer der Sprechakttheorie wiederholt Austin im Grunde nur auf einer anderen Ebene (wenn auch weniger explizit) den entscheidenden Zug Saussures: Um Bedeutungsereignisse *(parole)* zu erklären, muß man das System beschreiben, das sie ermöglicht.

Demgemäß argumentiert Austin, daß zum Beispiel mit einer Äußerung etwas meinen nicht heißt, einen inneren Akt des Meinens zu vollziehen, der die Äußerung begleitet. Der Gedanke, daß ich mit «Könntest du diese Kiste wegtun?» verschiedene Dinge meinen kann, scheint nahezulegen, die Bedeutung dadurch zu erklären, daß wir danach fragen, was der Sprecher gerade denkt, als ob dies der determinierende Faktor wäre. Aber gerade dies verneint Austin. Was aus einer Äußerung einen Befehl, ein Versprechen oder eine Bitte macht, ist nicht das, was der Sprecher im Moment der Äußerung gerade denkt, sondern es sind konventionelle Regeln, die bestimmte Aspekte des Kontextes implizieren. Wenn ich unter angemessenen Umständen sage «Ich verspreche, dir dies zurückzugeben», dann habe ich ein Versprechen gegeben, ganz gleich, was mir in jenem Moment durch den Kopf ging; umgekehrt dagegen habe ich, als ich eben in diesem Satze die Worte «Ich verspreche, dir dies zurückzugeben» niederschrieb, kein Versprechen gegeben, selbst wenn meine Gedanken dabei denen ähnlich waren, die ich hatte, als ich tatsächlich ein Versprechen gab. Versprechen ist ein Akt, der von gewissen Konventionen geregelt wird, die der Sprechakttheoretiker zu explizieren sucht.

Austins Vorhaben ist so der Versuch einer strukturalen Erklärung und enthüllt eine relevante Kritik logozentrischer Voraussetzungen; aber in seiner Argumentation führt es genau die Annahmen wieder ein, die sein Vorhaben in Frage stellt. Derrida zeichnet diese Bewegung der Selbst-Dekonstruktion in einem Abschnitt seines Textes «Signatur Ereignis Kontext» nach; aber John Searles ungeheuerliches Mißverständnis in «Reiterating the Differences: A Reply to Derrida» zeigt, daß es wichtig sein könnte, etwas langsamer als Derrida vorzugehen und Austins Vorhaben und Derridas Feststellungen dazu detaillierter darzustellen.

Austin beginnt *How to Do Things With Words* mit folgender Feststellung: «Die Philosophen haben jetzt lange genug angenommen, das Geschäft von ‹Feststellungen› oder ‹Aussagen› *(statements)* sei einzig und allein, einen Sachverhalt zu ‹beschreiben› oder ‹eine Tatsache zu behaupten›, und zwar entweder zutreffend oder unzutreffend» (S. 25). Der normale Satz wurde als zutreffende oder unzutreffende Aussage über einen Sachverhalt aufgefaßt, und eine große Anzahl Sätze, die diesem Modell nicht entsprachen, wurden entweder als unbedeutende Ausnahmen oder als abweichende «Pseudoaussagen» behandelt. «Nun geben wir zwar zu, daß wir Unsinn reden; aber sogar wir Philosophen setzen da Grenzen. Daraus hat sich in einem zweiten Schritt die Frage ergeben, wie viele der scheinbaren Pseudoaussagen denn überhaupt ‹Aussagen› darstellen *wollen*» (S. 26).

Austin schlägt also vor, die Aufmerksamkeit auf solche Fälle zu richten, die vorher als marginal oder problematisch galten, und diese nicht als mißglückte Aussagen, sondern als unabhängige Typen zu behandeln. Er will zwischen Aussagen oder *konstativen Äußerungen*, die einen Sachverhalt beschreiben und entweder wahr oder falsch sind, und einer anderen Klasse von Äußerungen unterscheiden, die weder wahr noch falsch sind und die im Grunde die Handlung vollziehen, auf die sie sich zugleich beziehen («Ich verspreche, dich morgen zu bezahlen» führt zum Beispiel einen Versprechensakt aus). Diese nennt er *performative Äußerungen*.

Die Unterscheidung von performativen und konstativen Äußerungen hat sich für die Sprachanalyse als sehr fruchtbar erwiesen; aber indem Austin seine Beschreibung der distinktiven Merkmale verschiedener performativer Äußerungen weitertreibt, kommt er zu einer überraschenden Schlußfolgerung. Eine Äußerung wie «Hiermit bestätige ich, daß die Katze auf der Matte ist» scheint auch all die wesentlichen Merkmale des Vollzugs der Handlung (der Bestätigung) aufzuweisen, auf die sie sich bezieht. *Ich bestätige X* ist genau wie *Ich verspreche X* weder wahr noch falsch, sondern vollzieht die Handlung, auf die es sich bezieht. Sie müßte demnach als performative Äußerung zählen. Aber Austin hat gezeigt, daß ein anderes wesentliches Merkmal der performativen Äußerung die Möglichkeit ist, das explizit performative Verb auszulassen. Anstatt zu sagen, «Ich verspreche, dich morgen zu bezahlen», kann man unter den angemessenen Umständen das Versprechen auch vollziehen, indem man sagt: «Ich werde dich morgen bezahlen» – eine Aussage, deren illokutionäre Rolle weiterhin performativ ist. Genauso kann man die Handlung der Bestätigung oder des Aussagens vollziehen, indem man «Hiermit bestätige ich» ausläßt. «Die Katze ist auf der Matte» kann als verkürzte Version von «Hiermit bestätige ich, daß die Katze auf der Matte ist» angesehen werden. Aber «Die Katze ist auf der Matte» ist natürlich ein klassisches Beispiel für eine konstative Äußerung.

Austins Analyse bietet ein hervorragendes Beispiel dafür, wie die Logik des Supplements arbeitet. Indem er von der philosophischen Hierarchie ausgeht, die wahre oder falsche Aussagen zur Norm der Sprache macht und andere Äußerungen als verfehlte Aussagen oder als besondere – supplementäre – Formen behandelt, führt Austins Untersuchung der Eigenschaften marginaler Fälle zur Dekonstruktion und Umkehrung der Hierarchie: Die performative Äußerung ist nicht eine verfehlte konstative Äußerung; ganz im Gegenteil, die konstative Äußerung ist ein Sonderfall der performativen. Die Möglichkeit, daß eine konstative Äußerung eigentlich eine performative ist, in der verschiedene performative Verben ausgelassen worden sind, wird seitdem von vielen Linguisten geteilt.

«Es (ist) nur natürlich, daß wir die Möglichkeit in Betracht ziehen, alle Sätze von zugrunde liegenden Strukturen mit einem fakultativ tilgbaren Hauptsatz abzuleiten, der ein Subjekt in der ersten Person, ein performatives Verb des Sagens und einen fakultativen, auf den Adressaten referierenden Ausdruck des indirekten Objekts enthält» (Lyons, *Semantik*, Bd. II, S. 379).

Dies wäre eine Möglichkeit, die Grammatik zu erweitern, um einen Teil der Rollen, die Äußerungen haben können, zu erklären. Anstatt zu sagen, daß Sprecher mit dem Satz «Dieser Stuhl ist kaputt» verschiedene Dinge meinen können, können die Linguisten das linguistische System so erweitern, daß es gewisse Bedeutungsvariationen erklärt. «Dieser Stuhl ist kaputt» kann verschiedene Bedeutungen haben, weil er von mehreren Tiefenstrukturen abgeleitet werden kann – Tiefenstrukturen, die folgendermaßen formuliert werden können: «Ich warne dich davor, daß dieser Stuhl kaputt ist», «Ich informiere dich darüber, daß dieser Stuhl kaputt ist», «Ich gebe zu, daß dieser Stuhl kaputt ist», «Ich behaupte, daß dieser Stuhl kaputt ist», «Ich beschwere mich darüber, daß dieser Stuhl kaputt ist».

Austin gibt seiner Theorie nicht diese Form und wäre gegenüber Versuchen zur Erweiterung der Grammatik sehr skeptisch. Er verweist auf Beziehungen zwischen solchen Paaren wie «Ich warne dich davor, daß dieser Stuhl kaputt ist» und «Dieser Stuhl ist kaputt», um zu zeigen, daß sich die illokutionäre Rolle nicht notwendigerweise aus der grammatischen Struktur ergibt. Er schlägt sogar vor, lokutionäre von illokutionären Akten zu unterscheiden. Wenn ich sage «Dieser Stuhl ist kaputt», führe ich zugleich den *lokutionären* Akt der Äußerung eines bestimmten englischen Satzes und den *illokutionären* Akt des Feststellens, Warnens, Behauptens oder Sich-Beklagens aus. (Es gibt auch noch das, was Austin einen *perlokutionären* Akt nennt, das, was ich durch die Ausführung des lokutionären und des illokutionären Aktes vielleicht erreiche: durch Argumente könnte ich dich *überreden*; indem ich etwas behaupte, könnte ich dir eine Kenntnis *vermitteln*.) Die Regeln des linguistischen Systems erklären die Bedeutung des lokutionären Aktes; das Ziel der Sprechakttheorie ist, die Bedeutung des illokutionären Aktes oder, wie Austin sagt, der illokutionären Rolle einer Äußerung zu erklären.

Zur Erklärung illokutionärer Rollen muß man die Konventionen ermitteln, welche die Ausführung verschiedener illokutionärer Akte ermöglichen: was man also tun muß, um ein Versprechen zu geben, eine Warnung auszusprechen, sich über etwas zu beklagen, einen Befehl zu geben.

«Außer daß man die Wörter der performativen Äußerung aussprechen muß, müssen in der Regel eine ganze Menge anderer Dinge in Ordnung sein und richtig ablaufen, damit man sagen kann, wir hätten unsere Handlung glücklich zustande gebracht. Wir hoffen, daß wir diese Dinge entdecken können, indem wir Fälle untersuchen und klassifizieren, in denen etwas schiefläuft und die Handlung – Heiraten, Wetten, Taufen, Vermachen oder was es gerade ist – deshalb mindestens zu einem gewissen Grade ein Mißerfolg ist» (S. 36).

Austin behandelt also den Mißerfolg nicht als ein äußerliches Mißglücken, das den performativen Äußerungen zustoßen kann. Die Möglichkeit des Mißerfolgs ist der performativen Äußerung inhärent und Ausgangspunkt der Untersuchung. Eine Äußerung ist nur dann eine performative, wenn sie mißlingen kann.

Ein solcher Ansatz mag ungewöhnlich erscheinen, stimmt aber im Grunde mit den grundlegenden Axiomen der Semiotik überein. «Ein Zeichen», schreibt Umberto Eco in *A Theory of Semiotics*, «ist alles, was etwas anderes als Zeichen ersetzen kann. Die Semiotik ist im Grunde eine Disziplin, die alles das untersucht, was zum Lügen verwendet werden kann. Wenn etwas nicht zum Lügen verwendet werden kann, kann es umgekehrt auch nicht dazu verwendet werden, die Wahrheit zu sagen» (S. 7). «Die Katze ist auf der Matte» wäre keine bedeutende Sequenz, wenn es nicht möglich wäre, sie falsch zu äußern. In ähnlicher Weise wäre «Ich erkläre euch hiermit für Mann und Frau» keine performative Äußerung, wenn sie nicht mißlingen könnte, wenn sie nicht unter unangemessenen Umständen verwendet werden könnte, ohne damit eine Eheschließung zu vollziehen. Austin nennt folgende Bedingungen, damit eine performative Äußerung gelingt:

«(A.1) Es muß ein übliches konventionales Verfahren mit einem bestimmten konventionalen Ergebnis geben; zu dem Verfahren gehört, daß bestimmte Personen unter bestimmten Umständen bestimmte Wörter äußern. (A.2) Die betroffenen Personen und Umstände müssen im gegebenen Fall für die Berufung auf das besondere Verfahren passen, auf welches man sich beruft. (B.1) Alle Beteiligten müssen das Verfahren korrekt (B.2) und vollständig durchführen» (S. 37).

Gemäß dieser Analyse heißt etwas versprechen, eine der konventionalen Formulierungen unter angemessenen Umständen zu äußern. Es wäre falsch, meint Austin, zu glauben, daß «die Worte (bloß) als äußeres, sichtbares Zeichen eines inneren geistigen Aktes fungierten – weil es gerade paßt oder weil man ihn festhalten oder mitteilen möchte» (S. 32). «Und man kennzeichnet die Handlung des Heiratens, genauso wie die des Wettens, jedenfalls *besser* als das *Äußern bestimmter Wörter* denn als den Vollzug einer andersartigen, innerlichen, geistigen Handlung, deren bloß äußeres, hörbares Zeichen die Wörter wären. Das kann man wohl kaum *beweisen*, aber ich möchte doch behaupten, daß es stimmt» (S. 35).

Austin weigert sich, Bedeutung in Begriffen eines inneren Zustands zu erklären, und schlägt statt dessen eine Analyse der diskursiven Konventionen vor. Ist ein derartiges Programm durchführbar? Kann seine Theorie eine Wiederheraufbeschwörung des Begriffs der Präsenz umgehen? Saussure führt die Präsenz in seiner Behandlung der Stimme wieder ein. Kann Austin ohne die Reinstallierung des Begriffs der Bedeutung als einer Bedeutungsintention auskommen, die im Moment der Äußerung dem Bewußtsein präsent ist, ohne also die Bedeutung eines Sprechakts als letztlich durch ein Bewußtsein, dem seine Intention völlig präsent ist, determiniert oder in ihm begründet anzusehen? Derridas Lektüre konzentriert sich darauf, wie diese Wiedereinführung geschieht. Ein besonders interessanter Punkt, an dem sich zeigen läßt, daß die Argumentation einen solchen Bezug impliziert, findet sich zu Beginn von *How to Do Things With Words*, wo Austin das Feld seines Unternehmens absteckt. Nachdem er die Philosophen getadelt hat, weil sie alle Äußerungen, die weder wahr noch falsch sind, als marginale behandeln und so die Annahme nahelegt, daß er sich mit solchen Fällen wie fiktiven Äußerungen, die weder wahr noch falsch sind, befassen wird, führt Austin einen Einwand gegen den Begriff der performativen Äußerung an: Die Worte «muß man doch wohl ‹ernsthaft› sagen und auch so, daß (sie) ‹ernst› genommen (werden)? Das ist recht vage, stimmt aber ganz generell – eine wichtige Selbstverständlichkeit bei jeder Frage nach der Absicht hinter einer Äußerung. Zum Beispiel darf ich sie weder scherzhaft äußern noch als Verszeile niederschreiben» (S. 31).

Die rhetorische Struktur dieser Passage ist recht enthüllend. Obwohl er das Nicht-Ernsthafte ausschließt, bestimmt er es nicht genauer, vermutlich, weil er an diesem Punkt ganz besonders darauf bedacht ist, jede Referenz auf eine innere Intention zu vermeiden, die für eine solche Beschreibung notwendig wäre. Statt dessen führt der Text einen anonymen Einwand ein, der «ernsthaft» in Anführungszeichen setzt, als ob er selbst nicht ganz ernsthaft wäre. Indem er sich selbst verdoppelt, um diesen Einwand anzuführen, dessen Schlüsselbegriff nicht verankert wird, kann der Text dann den Einwand als etwas Selbstverständliches behandeln.

Früher war es, wie Austin bereits sagte, für Philosophen normal, Äußerungen – ungerechtfertigt – auszuschließen, die keine wahren oder falschen Aussagen waren. Jetzt läßt es der Text als normal erscheinen, Äußerungen auszuschließen, die nicht ernsthaft sind. Es handelt sich hier, wie die Bemerkung über die Vagheit der ‹Ernsthaftigkeit› zeigt, nicht um eine klare Bestimmung innerhalb der Philosophie, sondern um eine traditionelle Ausschließung, auf die die Philosophie vertraut. In einem Kommentar an anderer Stelle, der sich auf die Komplexitäten des Ernsthaften und des Vielleicht-nicht-ganz-Ernsthaften beziehen könnte, schreibt Austin: «... nicht die Dinge sind einfach, sondern die Philosophen. Ich nehme an, daß Sie schon einmal gehört haben, daß übermäßige Vereinfachung die Berufskrankheit der Philosophen ist, und in gewisser Weise könnte man dem zustimmen. Gäbe es da nicht den heimlichen Verdacht, daß dies ihr Beruf ist» (*Philosophical Papers*, S. 252).[3]

Die Ausschließung des Nicht-Ernsthaften wird in einer längeren Passage wiederholt, die deutlich machen hilft, worum es hier geht. Nach einer Auflistung verschiedener Fehlschläge, die den erfolgreichen Vollzug einer performativen Äußerung verhindern könnten, stellt Austin fest:

«... Unsere performativen Äußerungen (sind) als *Äußerungen* gewissen anderen Übeln ausgesetzt, die *alle* Äußerungen befallen können. Auch sie schließen wir für unsere Untersuchung in voller Absicht aus, obwohl eine umfassendere Theorie sie einschließen könnte. Ich meine zum Beispiel folgendes: In einer *ganz besonderen Weise* sind performative Äußerungen unernst oder nichtig, wenn ein Schauspieler sie auf der Bühne tut oder wenn sie in einem Gedicht vorkommen oder wenn jemand sie zu sich selbst sagt. Jede Äußerung kann diesen Szenenwechsel in gleicher Weise erleben. Unter solchen Umständen wird die Sprache auf ganz bestimmte, dabei verständliche und durchschaubare Weise unernst gebraucht, und zwar wird der gewöhnliche Gebrauch parasitär ausgenutzt. Das gehört zur Lehre von der *Auszehrung (etiolatio)* der Sprache. All das schließen wir aus unserer Betrachtung aus. Ganz gleich, ob unsere performativen Äußerungen glücken oder nicht, sie sollen immer unter normalen Umständen getan sein» (*How to Do Things With Words*, S. 44/45).

Das Bild vom Parasiten verweist darauf, daß es hier um die bekannte Supplementaritätsbeziehung geht: Die unernste Verwendung der Sprache ist etwas Zusätzliches, das der normalen Sprache angefügt wird und von ihr völlig abhängt. Wenn wir die Verwendung normaler Sprache untersuchen, brauchen wir die unernste Verwendung nicht zu beachten, da sie nur ein Parasit ist.

In seiner Erwiderung auf Derrida meint John Searle, daß diese Ausschließung keine Bedeutung habe, da sie rein provisorisch sei.

«Austins Gedanke ist ganz einfach folgender: wenn wir wissen wollen, was es heißt, ein Versprechen zu geben oder eine Aussage zu machen, dann sollten wir zum *Ausgangspunkt* unserer Untersuchung besser nicht solche Versprechen machen, die von Schauspielern auf der Bühne während eines Stükkes gegeben werden, oder Aussagen, die Schriftsteller in Romanen über die Figuren der Romane machen, denn solche Äußerungen sind auf eine ziemlich offensichtliche Weise keine Normalfälle von Versprechen und Aussagen... Austin sah ganz richtig, daß es notwendig ist, eine Reihe von Fragen über den parasitären Diskurs zurückzustellen, bis man eine Reihe von logisch vorangehenden Fragen über den ‹ernsthaften› Diskurs beantwortet hat» («Reiterating the Differences», S. 204/205).

Es mag sein, daß dies «Austins Gedanke» war; aber es ist gerade die Angemessenheit dieses Gedankens, die hier zur Diskussion steht. «Worum es hier geht», schreibt Derrida, «ist gerade die strukturale Unmöglichkeit und Unzulässigkeit einer solchen ‹Idealisierung›, und sei sie auch nur methodologisch und provisorisch» (*Limited Inc.*, S. 206). Austin, der in seiner Untersuchung performativer Äußerungen mit der Frage beginnt, wie sie fehlschlagen können, bestreitet selbst Searles These der logischen Priorität: «Der Versuch, alle Möglichkeiten und Variationen zu klären, wie man Dinge *nicht unbedingt tut*, muß zu Ende geführt werden, wenn wir angemessen verstehen wollen, was es heißt, Dinge zu tun» (*Philosophical Papers*, S. 27). Bestimmte Verwendungen der Sprache als parasitär ausklammern, um die Theorie auf andere ‹normale› Verwendungen der Sprache aufzubauen, heißt, genau die Fragen als gegeben vorauszusetzen, die eine Sprachtheorie erst beantworten müßte. Austin wandte sich gerade gegen solche Ausschließungen seiner Vorgänger: Indem sie von der Annahme ausgingen, daß die normale Verwendung der Sprache darin besteht, wahre oder falsche Aussagen zu machen, schlossen sie gerade jene Fälle aus, die ihm die Schlußfolgerung ermöglichen, daß Aussagen nur eine besondere Kategorie performativer Äußerungen sind. Wenn Austin dann die gleiche Ausschließung vornimmt, veranlaßt uns sein eigenes Beispiel zu der Frage, ob dies nicht genauso unzulässig ist, zumal die Tatsache, daß beide, Austin und Searle, «ernsthaft» in Anführungszeichen setzen, auf die Fragwürdigkeit des hierarchischen Gegensatzes ernsthaft/nicht-ernsthaft hinweist. Daß Austins eigene Schreibweise oft äußerst spielerisch und verführerisch ist und daß er keineswegs zögert, Unterscheidungen, die er selbst trifft, sogleich wieder zu unterminieren, betont nur, wie unangemessen es wäre, den nicht-ernsthaften Diskurs aus der Betrachtung auszuschließen.[4]

Searle versucht in seiner *Reply to Derrida* nicht, diese Probleme zu untersuchen, sondern er affirmiert nur dogmatisch die in Frage stehende Struktur. «Die Existenz der vorgetäuschten Form des Sprechakts hängt logisch von dem nicht vorgetäuschten Sprechakt in der gleichen Weise ab, wie jede vorgetäuschte Verhaltensweise von einer nicht vorgetäuschten Verhaltensweise abhängt, und so kann man sagen, daß die vorgetäuschte Form sich gegen die nicht vorgetäuschte Form *parasitär* verhält» («Reiterating the Differences», S. 205).

In welchem Sinne hängt das Vorgetäuschte von dem Nicht-Vorgetäuschten ab? Searle gibt ein Beispiel: «beispielsweise könnten Schauspieler in einem Stück keine Versprechen geben, wenn es im wirklichen Leben nicht die Möglichkeit gäbe, ein Versprechen zu geben.» An eine solche Denkweise sind wir gewiß gewöhnt: Ein Versprechen, das ich gebe, ist wirklich; ein Versprechen in einem Schauspiel ist eine fiktive Imitation eines wirklichen Versprechens, die leere Iteration einer Formulierung, die dazu verwendet wird, wirkliche Versprechen zu geben. Aber man kann auch zeigen, daß die Abhängigkeitsbeziehung auch andersherum funktioniert. Wenn eine Figur in einem Schauspiel kein Versprechen geben könnte, gäbe es auch keine Versprechen im wirklichen Leben; denn was das Versprechen erst ermöglicht, sagt uns Austin, ist die Existenz konventioneller Prozeduren, von Formulierungen, die wiederholt werden können. Damit ich im «wirklichen» Leben ein Versprechen geben kann, muß es iterierbare Prozeduren oder Formulierungen geben, wie sie auch auf der Bühne verwendet werden. ‹Ernsthaftes› Verhalten ist ein Sonderfall des Rollenspiels.

«Könnte eine performative Äußerung erfolgreich sein», fragt Derrida oder tut zumindest so, «wenn ihre Formulierung nicht eine codierte oder iterierbare Äußerung wiederholte, oder anders gesagt, wenn die Formel, die ich verwende, um eine Versammlung zu eröffnen, ein Schiff zu taufen oder eine Heirat zu vollziehen, nicht als mit einem iterierbaren Modell *konform* zu identifizieren wäre, wenn sie also nicht auf irgendeine Weise als ‹Zitat› identifizierbar wäre?» (*Randgänge*, S. 150). Damit der ‹Normalfall› des Versprechens gelingen kann, muß er als Wiederholung einer konventionellen Prozedur erkennbar sein, und die Aufführung *(performance)* des Schauspielers auf der Bühne ist ein hervorragendes Beispiel für eine solche Wiederholung. Die Möglichkeit ‹ernsthafter› performativer Äußerungen hängt von der Möglichkeit der Aufführung ab, weil performative Äußerungen von der Iterierbarkeit abhängen, die in Aufführungen am deutlichsten sich manifestiert.[5] So wie Austin den hierarchischen Gegensatz seiner Vorgänger durch den Nachweis umkehrte, daß konstative Äußerungen ein Sonderfall performativer Äußerungen sind, können wir den Gegensatz von ernsthaft und parasitär umkehren, indem wir zeigen, daß seine sogenannten ernsthaften performativen Äußerungen nichts weiter als ein Sonderfall von Aufführungen sind.

Dies ist ein sehr weitgehendes Prinzip. Etwas kann nur dann eine bedeutende Sequenz sein, wenn es iterierbar ist, wenn es in unterschiedlichen ernsthaften und nicht ernsthaften Kontexten wiederholt, zitiert und parodiert werden kann. Die Nachahmung ist kein Mißgeschick, das einem Original wiederfährt, sondern die Bedingung von dessen Möglichkeit. Einen originären Hemingway-Stil gibt es nur, wenn er auch imitiert, zitiert und parodiert werden kann. Damit es einen solchen Stil geben kann, muß er charakteristische wiedererkennbare Merkmale haben, die zu seiner spezifischen Wirkung führen; um Merkmale erkennen zu können, muß man sie aber als eventuell wiederholbare Elemente isolieren können. Demnach ist also die Iterabilität, die im Nicht-Authentischen, im Abgeleiteten, im Nachgeahmten, im Parodierten sich manifestiert, gerade dasjenige, was das Ursprüngliche und Authentische ermöglicht. Um ein passenderes Beispiel zu nehmen, könnte man sagen, daß die Dekonstruktion nur dank der Iterabilität existiert. Die Versuchung, von einer originären dekonstruktiven Praxis in den Schriften Derridas zu reden und die Nachahmungen seiner Bewunderer als abgeleitet abzutun, besteht sicher; aber im Grunde verhelfen diese Wiederholungen, Parodien, ‹Verzehrungen› und Verzerrungen einer Methode zur Existenz und artikulieren im Rahmen der Arbeit Derridas die Praxis der Dekonstruktion.

Eine dekonstruktive Lektüre Austins interessiert sich dafür, wie er die Züge, die er bei anderen feststellt und kritisiert, selbst wiederholt und wie die Unterscheidung von ernsthaft und parasitär, die für ihn die Analyse von Sprechakten erst ermöglicht, durch die Implikationen dieser Analyse selbst hinfällig wird. Da jede ernsthafte performative Äußerung auf verschiedene Arten reproduziert werden kann und selbst die Wiederholung einer konventionellen Prozedur ist, kann die Möglichkeit der Wiederholung nicht etwas Äußerliches sein, das die performative Äußerung heimsucht. Ganz im Gegenteil, betont Derrida, die performative Äußerung wird von Anfang an von dieser Möglichkeit strukturiert. «Diese *Möglichkeit* ist Bestandteil des sogenannten ‹Normalfalles›. Sie ist ein wesentlicher, innerer und permanenter Bestandteil, und das, was Austin selbst als *konstante* Möglichkeit zuläßt, aus der Beschreibung ausschließen, hieße etwas anderes beschreiben als den sogenannten Normalfall» (*Limited Inc.*, S. 231).

Aber wie Saussures Ausschließung der Schrift ist auch Austins Ausschließung des Parasitären nicht einfach ein Irrtum, der hätte vermieden werden können. Sie ist strategischer Bestandteil seines Unternehmens. Wie wir bereits gesehen haben, kann für Austin eine Äußerung nur dann als performative fungieren und so eine bestimmte Bedeutung oder illokutionäre Rolle erhalten, wenn es eine konventionelle Prozedur gibt, zu der «die Äußerung bestimmter Worte durch bestimmte Personen unter bestimmten Umständen» gehört, und wenn diese spezifizierten Bedingungen tatsächlich erfüllt sind. Die illokutionäre Rolle wird demnach als kontextabhängig angesehen, und der Theoretiker muß, um die Bedeutung zu erklären, die notwendigen Kontextmerkmale spezifizieren – die Natur der erforderlichen Wörter, Personen und Umstände. Was geschieht, wenn man eine solche Spezifizierung versucht? Heiraten ist ein von Austin angeführtes Beispiel. Wenn der Priester sagt: «Hiermit erkläre ich euch zu Mann und Frau», dann vollzieht seine Äußerung erfolgreich die Handlung des Verheiratens eines Paars, vorausgesetzt, der Kontext erfüllt gewisse Bedingungen. Der Sprecher muß dazu berechtigt sein, Eheschließungen vorzunehmen; die Personen, an die er sich wendet, müssen ein Mann und eine Frau sein, die nicht verheiratet sind, das Aufgebot bestellt und in der vorangegangenen Zeremonie die erforderlichen Sätze geäußert haben. Wenn man allerdings solche Bedingungen für die Worte, Personen und Umstände formuliert, die notwendig sind, damit eine Äußerung eine bestimmte Bedeutung oder Rolle erhält, fällt es einem Zuhörer oder Kritiker gewöhnlich leicht, sich Umstände vorzustellen, die diese Bedingungen erfüllen, unter denen die Äußerung aber gleichwohl nicht jene illokutionäre Rolle hätte, die ihr eigentlich zukäme. Wir können uns zum Beispiel vorstellen, daß zwar alle Bedingungen einer Hochzeitszeremonie erfüllt sind, einer der Beteiligten aber unter Hypnose steht; oder auch, daß die Zeremonie selbst in jeder Hinsicht in Ordnung, aber nur eine Probe ist; oder auch, daß sowohl der Priester wie auch das Paar die Bedingungen zur Eheschließung erfüllen, in diesem Fall aber in einem Schauspiel mitspielen, in dem zufälligerweise eine Hochzeitszeremonie vorkommt.

Wenn einer das Beispiel eines sinnlosen Satzes anführt, kann der Zuhörer sich gewöhnlich einen Kontext vorstellen, in dem der Satz sinnvoll wäre; indem er ihm einen Rahmen gibt, kann er ihn sinnvoll machen. Dieser Aspekt des Funktionierens von Sprache, die Möglichkeit nämlich, eine Sequenz einem Kontext aufzupfropfen, der ihre Funktion verändert, gilt auch im Falle performativer Äußerungen. Zu jeder Spezifizierung der Umstände, unter denen eine Äußerung als Versprechen gilt, können wir uns entweder weitere Details vorstellen, welche diese verändern, oder wir können den Umständen einen weiteren Rahmen verleihen. (Wir stellen uns etwa vor, daß die Bedingungen auf der Bühne oder in einem Beispiel erfüllt werden.)

Um diesen Prozeß, der die Möglichkeit einer erfolgreichen Sprechakttheorie bedroht, anzuhalten und zu beherrschen, muß Austin den zuvor verworfenen Gedanken wieder einführen, daß die Bedeutung einer Äußerung von der Präsenz einer Bedeutungsintention im Bewußtsein des Sprechers abhängt. Erstens schließt er das Nicht-Ernsthafte aus – einen Begriff, der zwar nicht explizit definiert wird, aber offensichtlich einen Bezug auf Intentionalität impliziert: Ein Sprechakt ist ‹ernsthaft›, wenn der Sprecher der Handlung, die er allem Anschein nach vollzieht, bewußt zustimmt. Zweitens führt er Intentionalität als Merkmal der Umstände ein, indem er solche Sprechakte ausschließt, die nicht intentional vollzogen werden – die «unter Zwang oder versehentlich oder auf Grund eines Fehlers oder in anderer Weise ohne Absicht getan werden...» (S. 43).

Diese Wiedereinführung löst das Problem aber nicht; Intentionalität kann nicht als entscheidende Bestimmung oder letzte Grundlage einer Sprechakttheorie dienen. Um sich dies klar zu machen, braucht man nur zu erwägen, was wohl geschähe, wenn nach dem offensichtlichen Vollzug der Hochzeitszeremonie einer der Beteiligten sagt, er habe nur einen Scherz gemacht – daß er nur so getan, geprobt oder unter Zwang gehandelt habe. Selbst wenn die anderen seine Aussage über seine Intention glauben, wird diese allein nicht entscheidend sein. Was er im Augenblick der Äußerung dachte, determiniert nicht, welchen Sprechakt er mit seiner Äußerung vollzog. Ganz im Gegenteil, die Frage, ob tatsächlich eine Ehe geschlossen wurde, hängt von einer weitergehenden Erörterung der Umstände ab. Falls der Priester gesagt hatte, daß unmittelbar vor der wirklichen Zeremonie eine Probe in vollständiger Hochzeitskleidung stattfinden sollte, oder falls der Bräutigam seine Behauptung untermauern kann, daß er während der gesamten Zeremonie vom Vater der Braut mit der Pistole bedroht wurde, könnte man zu einer anderen Schlußfolgerung über die illokutionäre Rolle der Äußerungen gelangen. Was zählt, ist die Plausibilität der Beschreibung der Umstände: ob die hinzugekommenen Kontextmerkmale einen Rahmen schaffen, der die illokutionäre Rolle der Äußerungen verändert.

Die Möglichkeit, eine Äußerung auf einen neuen Kontext aufzupfropfen oder eine Formel unter verschiedenen Umständen zu wiederholen, diskreditiert demnach nicht das Prinzip, daß die illokutionäre Rolle vom Kontext und nicht von der Intention determiniert wird. Im Gegenteil, dieses Prinzip wird sogar bestätigt: Im Zitat, in der Iteration oder der Einrahmung sind es die neuen Kontextmerkmale, welche die illokutionäre Rolle verändern. Wir nähern uns hier einem allgemeinen Prinzip von beträchtlicher Bedeutung. Die Untrennbarkeit von performativ und Aufführen *(performance)* stellt nicht die Determinierung illokutionärer Rollen durch den Kontext in Frage, sondern die Möglichkeit, das gesamte Gebiet der Sprechakte durch eine erschöpfende Spezifizierung der kontextuellen Determinanten illokutionärer Rollen beherrschen zu können. Eine Sprechakttheorie muß dazu in der Lage sein, jedes Kontextmerkmal zu spezifizieren, das das Gelingen oder Mißlingen eines gegebenen Sprechaktes oder auch die Frage, was für ein Sprechakt in der Äußerung tatsächlich vollzogen wird, affizieren könnte. Wie Austin erkennt, wäre dazu eine Beherrschung des gesamten Kontextes nötig. «Letzten Endes gibt es *nur ein wirkliches Ding*, um dessen Klärung wir uns bemühen, und das ist der gesamte Sprechakt in der gesamten Redesituation» (S. 166). Der gesamte Kontext jedoch ist weder prinzipiell noch in der Praxis beherrschbar. Bedeutung ist kontextgebunden, der Kontext jedoch ist unbegrenzt. Derrida stellt fest: «Dies ist mein Ausgangspunkt: keine Bedeutung kann außerhalb eines Kontextes determiniert werden, aber kein Kontext kann sie ganz ausschöpfen. Ich beziehe mich hier nicht auf Reichtum der Substanz oder semantische Fruchtbarkeit, sondern auf Struktur, die Struktur des Rests oder der Iteration» (*Parages*, S. 125).

Der Kontext ist in einem doppelten Sinn unbegrenzt. Erstens steht jeder Kontext einer weitergehenden Beschreibung offen. Im Prinzip gibt es keine Begrenzung, was in einen gegebenen Kontext eingeführt werden oder sich als für die Performanz eines bestimmten Sprechakts als relevant erweisen könnte. Diese strukturale Offenheit des Kontextes ist für alle Disziplinen wesentlich: Der Wissenschaftler entdeckt Faktoren, die vorher als für das Verhalten gewisser Objekte nicht relevant galten; der Historiker bewertet bestimmte Ereignisse unter dem Aspekt neuer oder neuinterpretierter Daten; der Literaturkritiker stellt eine Beziehung zwischen einer Passage und einem Text oder Kontext her, die diese in einem neuen Licht erscheinen lassen. Derrida merkt an, daß besonders bemerkenswerte Beispiele für die Möglichkeit weitergehender Kontextspezifizierung die Verschiebungen sind, welche der Begriff des Unbewußten ermöglicht. In *Sprechakte* führt Searle als eine Bedingung von Versprechen an: «Ein Versprechen ist unvollständig, wenn das Versprochene etwas ist, was der, dem es versprochen wird, gar nicht will» (S. 90). Wenn das unbewußte Begehren in den Kontext einbezogen wird, wird sich der Status einiger Sprechakte ändern; eine Äußerung, die zu tun verspricht, was der Zuhörer scheinbar wünscht, unbewußt aber fürchtet, wäre dann kein Versprechen mehr, sondern würde zu einer Drohung. Umgekehrt könnte eine Äußerung, die Searle als unvollständiges Versprechen ansähe, weil sie etwas ‹verspricht›, was der Zuhörer nicht zu wünschen behauptet, zu einem wohlgeformten Versprechen werden (*Limited Inc.*, S. 215). Die Bedeutung wird vom Kontext determiniert, und aus eben diesem Grunde ist sie für Veränderungen offen, wenn andere Möglichkeiten einbezogen werden.

Der Kontext ist auch in einem anderen Sinne nicht beherrschbar: Jeder Versuch zur Kodifizierung des Kontexts kann auf den Kontext, den er beschreiben will, aufgepfropft werden und so einen neuen Kontext schaffen, der sich der vorherigen Formulierung entzieht. Versuche, Grenzen zu beschreiben, ermöglichen immer eine Verschiebung dieser Grenzen; so hat Wittgensteins Ausführung, daß man nicht «Bububu» sagen und damit «Wenn es nicht regnet, gehe ich spazieren» meinen kann, paradoxerweise die Möglichkeit geschaffen, genau dies zu tun. Gerade die Verneinung stellt eine Beziehung her, die dann ausgenutzt werden kann. Vertreter der Sprechakttheorie, die nicht-ernsthafte Äußerungen aus dem Korpus, den sie zu meistern suchen, ausschließen wollen, werden vielleicht das Prinzip bewundern, das einem Hinweisschild zugrunde liegt, welches in manchen amerikanischen Flughäfen an der Stelle angebracht ist, wo das Handgepäck der Passagiere durchsucht wird: «Jede Bemerkung über Bomben oder Waffen wird ernst genommen.» In der Absicht entworfen, die Bedeutung durch Spezifizierung der illokutionären Rolle gewisser Aussagen in diesem Kontext zu kontrollieren, versucht es, die Möglichkeit, scherzhaft zu sagen: «Ich habe eine Bombe im Schuh», von vornherein auszuschließen, indem es solche Äußerungen zu ernsthaften Aussagen erklärt. Aber diese Kodifizierung kann das Spiel der Bedeutung nicht anhalten, und dieses Mißlingen ist kein Zufall. Die Struktur der Sprache pfropft diese Kodifizierung auf den Kontext, den sie kontrollieren soll, auf, und der neue Kontext schafft neue Möglichkeiten für anstößiges Verhalten. «Angenommen, ich sage Ihnen, daß ich eine Bombe im Schuh habe, dann müssen Sie diese Bemerkung doch ernst nehmen, nicht wahr?» ist nur eine von zahlreichen Bemerkungen, deren Rolle eine Funktion des Kontexts ist, die sich aber dem vorangehenden Versuch der Kodifizierung der kontextuellen Rolle entziehen. Ein Meta-Hinweisschild «Alle Bemerkungen über Bomben und Waffen, einschließlich Bemerkungen über Bemerkungen über Bomben und Waffen, werden ernst genommen» würde den Wettstreit nur eskalieren, ohne ihn abschließen zu können, und neue Möglichkeiten für anstößige Bemerkungen über dieses Hinweisschild über Bemerkungen schaffen.

Wenn dies als nicht-ernsthaftes Beispiel erscheint, können wir auch ein ernsthafteres betrachten. Welcher Sprechakt könnte ernsthafter sein als die Unterzeichnung eines Dokuments, eine Handlung, deren gesetzliche, finanzielle oder politische Implikationen äußerst schwerwiegend sein können? Austin führt die Unterschrift als das schriftliche Äquivalent explizit performativer Äußerungen der Form «Hiermit erkläre ich...» an; indem man seine Unterschrift unter etwas setzt, kann man ja tatsächlich in unserer Kultur am deutlichsten die Verantwortung für eine Äußerung übernehmen. Durch die Unterschrift unter ein Dokument intendiere ich dessen Bedeutung und führe den Akt des Unterzeichnens ernsthaft aus.

Derrida schließt «Signatur Ereignis Kontext» mit dem, was er eine «äußerst unwahrscheinliche Unterschrift» nennt, mit der Reproduktion eines handgeschriebenen «J. Derrida» über einem gedruckten «J. Derrida», versehen mit folgender «Anmerkung»: «*Anmerkung:* Der – schriftliche – Text dieser – mündlichen – Mitteilung mußte vor der Tagung an die *Association des sociétés de philosophie de langue française* geschickt werden. Eine solche Sendung mußte also unterzeichnet werden. Was ich auch gemacht habe und hier nachmache. Wo? Da. J. D.» (*Randgänge*, S. 155). Ist das kursive «J. Derrida» eine Unterschrift, auch wenn es eine Zitierung der Unterschrift unter der mit der Post geschickten Kopie des Textes ist? Ist es noch eine Unterschrift, wenn der angenommene Unterzeichner es eine Nachahmung nennt? Kann man seine eigene Unterschrift nachahmen? Kurz, was ist eine Unterschrift?

Austins Ausführungen zeigen, daß in der bisherigen Denktradition die Unterschrift attestieren soll, zu einem ganz bestimmten

Zeitpunkt sei dem Bewußtsein eine Bedeutungsintention präsent. Ganz gleich, was ich davor oder danach dachte, es gab einen Augenblick, in dem ich eine intendierte Bedeutung voll und ganz intendierte. Der Begriff der Unterschrift scheint so einen Moment des Dem-Bewußtsein-präsent-Seins zu implizieren, der zum Ursprung von daraus folgenden Verpflichtungen oder anderer Wirkungen wird. Wenn wir aber fragen, was eine derartige Funktion der Unterschrift ermöglicht, stellen wir fest, daß die Wirkungen einer Unterschrift von ihrer Iterabilität abhängt. Wie Derrida schreibt, ist «die Bedingung der Möglichkeit dieser Wirkungen, um es noch einmal zu sagen, zugleich die Bedingung ihrer Unmöglichkeit, der Unmöglichkeit ihrer strengen Reinheit. Um ihre Funktion erfüllen zu können, d. h. um lesbar zu sein, muß eine Unterschrift eine wiederholbare, iterierbare, nachahmbare Form haben; sie muß sich von der präsenten und einmaligen Intention ihrer Ausführung lösen können. Es ist gerade ihre Gleichheit, die ihre Identität und Einmaligkeit korrumpiert und so das Siegel spaltet» (*Randgänge*, S. 153/154).

Eine echte Unterschrift, die einem Scheck oder einem anderen Dokument Gültigkeit verleiht, entspricht einem Modell und ist als Wiederholung erkennbar. Diese Iterabilität, ein wesentliches Merkmal der Struktur der Unterschrift, führt als Teil ihrer Struktur eine gewisse Unabhängigkeit von der Bedeutungsintention ein. Wenn die Unterschrift auf einem Scheck dem Modell entspricht, kann der Scheck eingelöst werden, ganz gleich, welche Intention ich im Augenblick des Unterzeichnens habe. Dies ist so wahr, daß die empirische Präsenz noch nicht einmal zu den wesentlichen Merkmalen der Unterschrift zählt. Daß eine Unterschrift mit einem Stempel oder von einer Maschine gemacht werden kann, ist Bestandteil ihrer Struktur. Glücklicherweise können wir einen von einer Maschine unterschriebenen Scheck einlösen und unser Gehalt erhalten, selbst wenn der Unterzeichner den Scheck weder gesehen noch eine bestimmte Intention, uns die fragliche Summe auszuzahlen, jemals hatte.

Man ist natürlich versucht, Schecks, die von einer Maschine unterschrieben sind, für pervertierte Ausnahmen zu halten, die für die grundlegende Natur der Unterschrift irrelevant sind. Um das Modell, das auf einer dem Bewußtsein präsenten Intention beruht, zu bewahren, klammert die logozentrische Idealisierung solche Fälle als Unfälle, ‹Supplemente› oder ‹Parasiten› aus. Solche Fälle könnten aber gar nicht vorkommen, wenn sie nicht zur Struktur der fraglichen Phänomene gehörten; ein von einer Maschine unterschriebener Scheck ist keineswegs eine pervertierte Ausnahme, sondern ein logisches und explizites Beispiel für die Iterabilität der Unterschrift. Die Notwendigkeit, daß eine Unterschrift als Wiederholung erkennbar ist, impliziert die Möglichkeit der Maschine als Teil der Struktur der Unterschrift und eliminiert zugleich die Notwendigkeit irgendeiner besonderen Intention im Augenblick des Unterzeichnens.

Die Unterschrift gehört demnach zu dem, was Derrida «eine Typologie der Iterationsformen» nennt:

«In dieser Typologie wird die Kategorie der Intention nicht verschwinden, sie wird ihren Platz haben, aber sie wird von diesem Platz aus nicht mehr den ganzen Schauplatz und das gesamte System der Äußerung beherrschen können. Vor allem hat man es dann mit verschiedenen Arten von Markierungen oder Ketten iterierbarer Markierungen zu tun und nicht mehr mit dem Gegensatz von zitathaften Äußerungen einerseits und einzigartigen und ursprünglichen Äußerungs-Ereignissen andererseits. Die erste Konsequenz daraus wäre folgende: ist diese Struktur der Iteration einmal gegeben, so wird die Intention, welche die Äußerung beseelt, sich selbst und ihrem Inhalt nie vollkommen präsent sein. Die Iteration, die sie a priori strukturiert, führt in sie eine wesentliche Dehiszenz und einen wesentlichen Bruch ein» (*Randgänge*, S. 150).

Es geht nicht darum zu leugnen, daß Unterzeichner Intentionen haben, sondern darum, diese Intentionen zu situieren. Man könnte das zum Beispiel tun, indem man das Unbewußte, wie Vincent Descombes dargelegt hat, «nicht als ein Phänomen des Willens, sondern als ein Phänomen des Aussagevorgangs *(énonciation)* ansieht» (*L'inconscient malgré lui*, S. 85). Die These vom Unbewußten «ist nur sinnvoll in bezug auf das Subjekt des Aussagevorgangs: es weiß nicht, was es sagt» (S. 15). Das Unbewußte ist die Weise, in der das, was man sagt, das, was man weiß, bzw. das, was man sagt, das, was man sagen will, überschreitet. Entweder besteht die Intention des Sprechers in dem im Moment der Äußerung dem Bewußtsein präsenten Inhalt, dann ist sie variabel und unvollständig und für die illokutionäre Rolle der Äußerung nicht verantwortlich; oder sie ist zugleich umfassend und gespalten – zugleich bewußt und unbewußt –, eine strukturale Intentionalität, die niemals irgendwo präsent ist und die Implikationen hat, die mir niemals, wie man so sagt, in den Sinn kamen. Eine solche Intention, die von dem, was Derrida eine wesentliche Spaltung oder Teilung nennt, gezeichnet ist, ist im Grunde der Normalfall. Wenn ich über die Implikationen einer Äußerung befragt werde, kann ich in meine Intention immer Implikationen einfügen, die mir vorher gar nicht in den Sinn kamen. Meine Intention ist die Summe nachträglicher Erklärungen, die ich vielleicht abgebe, wenn ich über irgendeinen Punkt befragt werde, und somit weniger der Ursprung, sondern ein Produkt, weniger ein abgegrenzter Inhalt als vielmehr eine offene Menge diskursiver Möglichkeiten, die mit den Wirkungen iterierbarer Akte und den Kontexten, die bestimmte Fragen über diese Akte ermöglichen, in Zusammenhang stehen.

Im Fall der Unterschrift treffen wir demnach auf die gleiche Struktur wie bei anderen Sprechakten: (1) Abhängigkeit der Bedeutung von konventionellen und kontextuellen Faktoren, aber (2) Unmöglichkeit, kontextuelle Möglichkeiten erschöpfend zu beschreiben, um so die Grenzen illokutionärer Rollen zu spezifizieren, und schließlich (3) Unmöglichkeit für eine Theorie, diskursive Bedeutungen oder Rollen zu beherrschen, ganz gleich, ob diese Theorie sich auf die Intentionalität von Subjekten oder auf Codes und Kontexte beruft. Wie andere Philosophen und Literaturtheoretiker versucht auch Austin, Bedeutung beherrschbar zu machen, indem er dasjenige, was seiner Theorie sich entzieht, als marginal definiert – indem er es, wie Derrida sagt, «im Namen einer Art idealer Regulierung» (*Randgänge*, S. 144) ausschließt. Wie andere Versuche theoretischer Beherrschung, ob einzeln oder in ihrer Gesamtheit betrachtet, oszilliert auch Austin zwischen Versuchen, determinierende Kontexte zu definieren – sein Inventar von Ausführungsbedingungen für verschiedene Sprechakte –, und dem Rückgriff auf Intentionsversionen, wenn die Kontextbeschreibungen die kontextuellen Möglichkeiten nicht erschöpfend darlegen können. Unsere frühere Formulierung «Bedeutung ist kontextgebunden, der Kontext jedoch ist unbegrenzt» mag uns in Erinnerung rufen, warum beide Unternehmungen fehlschlagen: Da die Bedeutung kontextgebunden ist, reichen Intentionen nicht aus, um Bedeutungen zu determinieren; der Kontext muß hinzugezogen werden. Der Kontext selbst jedoch ist unbegrenzt, so daß Erklärungen durch den Kontext die Bedeutung niemals ganz determinieren können. Zu jeder Reihe von Formulierungen kann man sich weitere Kontextmöglichkeiten vorstellen, einschließlich der Erweiterung des Kontextes durch die Wiedereinschreibung seiner eigenen Beschreibung in den Kontext.

Diese Darstellung von Sinn und Kontext kann den Umgang der Dekonstruktion mit dem Begriff der Geschichte klären, der für viele ein dunkler Punkt ist. Diejenigen, die sich auf die Geschichte berufen, führen diese als eine Basis der Determinierung von Sinn an, und da Derrida sie nicht so verwendet, sehen sie in ihm einen ‹Textualisten›, der bestreitet, daß historische Kontexte Sinn determinieren. Aber die Dekonstruktion betont in ihrer Kritik der Philosophie und anderer grundlegender Theorien, daß Diskurse, Sinn und Lektüren durch und durch historisch sind und durch Prozesse der Kontextualisierung, Dekontextualisierung und Rekontextualisierung erzeugt werden. Wenn Derrida schreibt, daß wir versuchen müssen, die Präsenz (und damit auch Sinn als etwas dem Bewußtsein Präsentes) «ausgehend von der *différance*» (ausgehend von/in bezug auf Zeit als Differenz, differenzierend und aufschiebend) zu denken, macht er damit sowohl die Geschichtlichkeit der Artikulationen deutlich als auch die Unmöglichkeit, Geschichtlichkeit zur Basis oder Grundlage zu machen (*Grammatologie*, S. 286). Die Zeit als unterscheidend und aufschiebend unterminiert die Präsenz, indem sie diese zu einem Konstrukt macht und nicht zu einem Gegebenen; aber die Zeit ist keine Grundlage. «(Wir) bezeichnen... mit *différance*», schreibt Derrida, «jene Bewegung, durch die sich die Sprache oder jeder Code, jedes Verweisungssystem im allgemeinen ‹historisch› als Gewebe von Differenzen konstituiert.» «Brächte das Wort ‹Geschichte› nicht an sich das Motiv einer endgültigen Unterdrückung der Differenz mit sich, so könnte man sagen, daß nur die Differenzen seit Anbeginn des Spiels durch und durch ‹historisch› sein können» (*Randgänge*, S. 17/18).

Die Verfechter eines ‹historischen Ansatzes› oder diejenigen, die glauben, die Dekonstruktion weigere sich, die historische Determinierung von Sinn zu würdigen, bieten eine zweifelhafte Alternative. Der ‹historische Ansatz› beruft sich auf Geschichtserzählungen *(historical narratives)* – auf Geschichten der Veränderungen im Denken oder in den Ideen und Glaubensinhalten unterscheidbarer historischer Epochen –, um die Bedeutung eines reichhaltigen und komplexen Werks dadurch zu beherrschen, indem er mögliche Bedeutungen als historisch unzutreffend ausschließt. Diese Geschichtserzählungen kommen durch die Interpretation angeblich weniger komplexer und ambiger Texte einer Epoche zustande, deren Autorität, den Sinn komplexester Texte zu autorisieren oder zu beherrschen, sicher fraglich ist. Die als letzte Realität und Quelle der Wahrheit evozierte Geschichte manifestiert sich in narrativen Konstrukten, in Geschichten, die Sinn durch narratives Ordnen hervorbringen sollen. In *Positionen* betont Derrida sein Mißtrauen gegen den Begriff der Geschichte mit seinem gesamten logozentrischen System von Implikationen, aber er merkt auch an, daß er den Begriff *Geschichte* häufig in kritischer Weise verwendet, um dessen Kraft neu einzuschreiben (*Positionen*, S. 114/115). Derrida wendet die Geschichte gegen die Philosophie: Konfrontiert mit essentialistischen und idealisierenden Theorien und Ansprüchen auf ahistorisches oder transhistorisches Verstehen, bekräftigt er die Geschichtlichkeit dieser Diskurse und ihrer theoretischen Voraussetzungen. Aber er wendet auch die Philosophie gegen die Geschichte und die Ansprüche von Geschichtserzählungen. Die Dekonstruktion verbindet eine philosophische Kritik der Geschichte und des historischen Verstehens mit der Spezifizierung, daß, im Prinzip und in der Praxis, Diskurse historisch sind und Sinn historisch determiniert ist.

Geschichte ist keine privilegierte Autorität, sondern Bestandteil dessen, was Derrida «le texte général» nennt, des allgemeinen Textes, der unbegrenzt ist («Avoir l'oreille de la philosophie», S. 310). Wir sind ständig dabei, diesen allgemeinen Text zu interpretieren, indem wir Sinnentscheidungen treffen und aus praktischen Gründen die Untersuchung und Neubeschreibung des Kontexts anhalten. Die Bedeutungen, die wir bei der wechselseitigen Interpretation unseres Sprechens, Schreibens und Handelns determinieren, reichen im allgemeinen für unsere Zwecke aus, und einige Kritiker der Dekonstruktion meinten, daß wir diese relative Determiniertheit als die Natur des Sinns akzeptieren sollten. Sinn ist das, was wir verstehen; und statt das Fehlen einer Grundlage oder einer entscheidenden Autorität darzulegen, sollten wir mit Wittgenstein einfach sagen: «dieses Sprachspiel wird gespielt.»

In einem gewissen Sinne ist dies ein berechtigter Einwand: Wir könnten durchaus die Diskussion der vorangehenden Seiten als für unsere Interessen irrelevant ansehen und sie zu ignorieren versuchen (ob wir sie wirklich ignorieren können, ist eine andere Angelegenheit: eine Frage der historischen Mächtigkeit dieser theoretischen Diskurse). Aber diejenigen, die diesen Einwand vorbringen, begnügen sich selten damit, die Dekonstruktion einfach zu ignorieren. Sie beginnen mit der Feststellung, daß wir ständig Sinn determinieren, sind dann aber versucht, daraus abzuleiten, daß aus eben diesem Grunde Sinn determiniert *ist*. Sie beginnen mit der Feststellung, daß wir, ganz gleich, was die Philosophen sagen, die Erfahrung machen, Bedeutungen zu determinieren und zu erfassen; dann aber behandeln sie diese Erfahrung, als ob sie eine Basis für die Zurückweisung des philosophischen Skeptizismus wäre.[6] Wittgenstein versichert, daß «das Sprachspiel nicht voraussagbar ist. Ich meine, es basiert auf keiner Grundlage. Es ist nicht vernünftig (oder unvernünftig). Es ist da – wie unser Leben» (*On Certainty*, S. 73). Seine Bewunderer reden aber, als wäre das Sprachspiel selbst eine Grundlage – eine wahre Präsenz, welche den Sinn determiniert. Wenn man aber versucht, diese Argumentation auszuführen, indem man die Regeln und Konventionen des Sprachspiels darlegt, stößt man auf all die Probleme, die wir erörtert haben. Ein Derridianer würde zustimmen, daß das Sprachspiel gespielt wird, würde dann aber wohl darauf hinweisen, daß man niemals sicher sein kann, wer spielt oder ‹ernsthaft› spielt, worin die Regeln bestehen oder welches Spiel gespielt wird. Und diese Ungewißheit ist keineswegs zufällig oder äußerlich. Diejenigen, die Wittgenstein zitieren, neigen dazu, das Sprachspiel und seine Regeln als etwas einfach Gegebenes anzuführen. «Aber», soll Wittgenstein gesagt haben, «es ist einfach nur ein Faktum, daß die Menschen diese oder jene Regeln festgelegt haben» (*Lectures and Conversations*, S. 6, Anm.). Es ist dennoch immer möglich, daß eine Neubeschreibung die Regeln verändert oder die Äußerung in ein anderes Sprachspiel versetzt. In der Diskussion des Satzes «Ich habe meinen Regenschirm vergessen», der sich in Anführungszeichen in Nietzsches Nachlaß findet, schreibt Derrida: «Tausend Möglichkeiten werden immer offen bleiben» (*Limited Inc.*, S. 201). Sie bleiben nicht deshalb offen, weil der Leser dem Satz jede beliebige Bedeutung zuweisen kann, sondern weil immer andere Kontextspezifizierungen oder Interpretationen des ‹allgemeinen Textes› möglich sind.

Es sollte inzwischen klar sein, daß die Dekonstruktion keine Theorie ist, die Sinn definiert, um Anweisungen zu geben, wie man ihn findet. Als kritische Aufhebung der hierarchischen Gegensätze, von denen Theorien abhängen, weist sie die Schwierigkeiten jeder Theorie auf, die Sinn eindeutig definieren möchte: als Intention des Autors, als determiniert durch Konventionen, als Erfahrung des Lesers. «Es gibt zwei Interpretationen der Interpretation», schreibt Derrida in einer vielzitierten Passage aus «Die Struktur, das Zeichen und das Spiel im Diskurs der Wissenschaften vom Menschen».

«Die eine träumt davon, eine Wahrheit und einen Ursprung zu entziffern, die dem Spiel und der Ordnung des Zeichens entzogen sind, und erlebt die Notwendigkeit der Interpretation gleich einem Exil. Die andere, die dem Ursprung nicht länger zugewandt bleibt, bejaht das Spiel und will über den Menschen und den Humanismus hinausgelangen, weil Mensch der Name des Wesens ist, das die Geschichte der Metaphysik und der Onto-theologie hindurch, das heißt im Ganzen seiner Geschichte, die volle Präsenz, den versichernden Grund, den Ursprung und das Ende des Spiels geträumt hat... An mehr denn einem Anzeichen könnte man heute ablesen, daß diese beiden Interpretationen der Interpretation – die gänzlich unversöhnbar sind, wenn wir sie auch gleichzeitig erleben und in einer dunklen Ökonomie versöhnen – sich in das Feld dessen teilen, was auf so bedenkliche Art Wissenschaft vom Menschen genannt wird.

Ich für meinen Teil glaube nicht, daß man zwischen ihnen heute zu *wählen* hat, auch wenn diese beiden Interpretationen ihre Unterschiede und ihre Nichtreduzierbarkeit aufeinander schärfer hervortreten lassen müssen. Erstens, weil wir uns hier in einem Bereich – sagen wir, vorläufig, noch einmal: der Geschichtlichkeit – befinden, in dem die Kategorie der Wahl sehr leicht genommen wird. Sodann, weil man erst einmal versuchen muß, den gemeinsamen Boden und die *différance* dieser unreduzierbaren Differenz zu denken» (*Die Schrift und die Differenz*, S. 441/442).

Derrida ist oft so gelesen worden, als dränge er uns, die zweite Interpretation der Interpretation zu wählen und das freie Spiel des Sinns zu affirmieren[7]; wie er hier aber anmerkt, kann man nicht einfach oder effektiv zwischen Sinn als dem ursprünglichen Sinn des Autors und Sinn als kreativer Erfahrung des Lesers wählen. Wie wir im ersten Kapitel gesehen haben, kann der Versuch, die Erfahrung des Lesers zum Sinn zu erklären, das Problem nicht lösen, sondern deplaziert es nur und führt zu einer Aufspaltung und Verschiebung des Begriffs der Erfahrung, und der Gedanke von der kreativen Freiheit des Lesers bricht recht schnell zusammen. Man kann natürlich diese zweite Interpretation der Interpretation wählen oder zumindest behaupten, sie gewählt zu haben; aber es gibt keine Garantie dafür, daß diese Wahl in der Ökonomie des eigenen Diskurses auch effektiv realisiert werden kann. Der Begriff der Wahl ist hier «sehr schwach», wie Derrida sagt; denn wie auch immer die Wahl des Theoretikers ausfallen mag, die Theorie scheint immer einen gespaltenen Sinn oder eine gespaltene Interpretation zu präsentieren – gespalten zum Beispiel zwischen dem Sinn als einer Eigenschaft des Textes und dem Sinn als Erfahrung des Lesers. Was wir unsere Erfahrung nennen, ist in diesen Angelegenheiten kaum ein verläßlicher Führer; aber es scheint, daß in der eigenen Erfahrung der Interpretation der Sinn sowohl in den semantischen Effekten besteht, die man erfährt, als auch eine Eigenschaft des Textes ist, an dem man die eigene Erfahrung überprüft. Vielleicht ist es dieser gespaltene Charakter und diese gespaltene Referenz, was den Begriff der Erfahrung so unverzichtbar macht: die Referenz auf das, was man versteht, und auf das, was das eigene Verstehen erfaßt oder zu erfassen verfehlt.

Dieser doppelte Charakter des Sinns ist im Grunde in den meisten Fällen die Voraussetzung unseres Umgangs mit ihm. Wenn wir sagen, daß der Sinn eines Werks in der Leserreaktion besteht, dann zeigen wir dennoch in unserer Beschreibung dieser Reaktion, daß die Interpretation ein Versuch ist, im Text einen Sinn zu entdecken. Wenn wir andere entscheidende Determinanten des Sinns vorschlagen, stellen wir fest, daß die als zentral eingeschätzten Faktoren genauso einer Interpretation unterliegen wie der Text selbst und so den Sinn, den sie determinieren, verschieben. «Und wenn», meint Derrida, «die Bedeutung des Sinns (in der allgemeinen Bedeutung des Wortes Sinn, nicht aber von Bezeichnung) unendliches Einbegriffensein ist? Die unbestimmte Rückverweisung eines Signifikanten auf einen Signifikanten? Wenn seine Kraft eine gewisse reine und unendliche Mehrdeutigkeit ist, die dem bezeichneten Sinn keinen Aufschub und keine Ruhe läßt, die ihn in seiner eigenen *Ökonomie* auffordert, zum Zeichen zu werden und sich selbst *aufzuschieben*?» (*Die Schrift und die Differenz*, S. 44/45).

Die Verbindung von kontextgebundenem Sinn und unbegrenztem Kontext ermöglicht einerseits die Proklamation der Indeterminiertheit des Sinns – auch wenn der selbstgefällige Ikonoklasmus solcher Proklamationen irritieren mag; andererseits zwingt sie uns weiterhin zur Interpretation von Texten, zur Klassifizierung von Sprechakten und zu Versuchen, die Bedingungen des Bezeichnens zu erhellen. Auch wenn es allen Grund zu der Annahme gibt, wie Derrida schreibt, daß «in der Sprachtheorie immer ein Rest bleibt, der in Begriffen dieser Theorie weder formalisierbar noch idealisierbar ist», ist dies doch kein Grund, die Theorie aufzugeben (*Limited Inc.*, S. 41/209). In der Mathematik beispielsweise führt der Nachweis Gödels über die Unvollständigkeit der Metamathematik (der Unmöglichkeit eines theoretischen Systems, in dem alle wahren Aussagen der Zahlentheorie Theoreme sind) keineswegs dazu, daß alle Mathematiker ihre Arbeit einstellen. In den Humanwissenschaften jedoch scheint der Glaube verbreitet, daß eine Theorie, welche die letztliche Indeterminiertheit des Sinns behauptet, jegliche Anstrengung sinnlos macht. Die Tatsache, daß solche Thesen aus Diskussionen hervorgehen, die zahlreiche verschiedene Sinndeterminanten und spezifische Interpretationen von Passagen und Texten vorschlagen, läßt einen voreiligen Nihilismus zweifelhaft erscheinen. Ein Gegensatz, der dekonstruiert wird, wird nicht zerstört oder aufgegeben, sondern neu eingeschrieben. Austins Untersuchung performativer und konstativer Äußerungen zeigt die Schwierigkeit auf, zwischen diesen beiden Äußerungsklassen eine prinzipielle Unterscheidung zu treffen; aber dieser Zusammenbruch enthüllt eine Differenz *in* jedem Sprechakt, der bisher als eine Differenz *zwischen* Sprechakttypen behandelt wurde. Statt eine Basis für eine verläßliche Typologie zu sein, wird die unstabile Differenz von performativ und konstativ zum Charakteristikum des unbeherrschbaren Oszillierens der Sprache zwischen Setzen und Beziehungen herstellen. «Die Aporie von performativer und konstativer Sprache», schreibt Paul de Man in einer ausführlichen Neueinschreibung dieses Gegensatzes, «ist bloß eine Version der Aporie von Trope und Überredung, welche die Rhetorik erzeugt und sie zugleich lähmt und ihr so den Anschein einer Geschichte verleiht» (*Allegories of Reading*, S. 131).

Die Dekonstruktion schlägt nicht vor, keine Unterscheidungen mehr zu treffen, eine Unbestimmtheit, in der der Sinn zur Erfindung des Lesers würde. Das Spiel des Sinns resultiert aus dem, was Derrida «das Spiel der Welt» nennt, in dem der allgemeine Text immer neue Verbindungen, Korrelationen und Kontexte bereitstellt (*Die Schrift und die Differenz*, S. 441). Der Begriff des «freien Spiels des Sinns» hat, besonders in Amerika, schnell Schule gemacht; aber ein brauchbarerer Begriff, der sowohl die soeben diskutierten Bezeichnungsprozesse erhellt als auch einen Zugang zur Struktur von Derridas eigenen Schriften bietet, ist der des Aufpfropfens *(greffe)*. Sinn entsteht aus Aufpfropfungen, und Sprechakte, ernsthafte wie auch nicht ernsthafte, sind Pfropfreiser *(greffes)*.

3. Aufpfropfungen

In *La double séance* führt Derrida das Aufpfropfen als Denkmodell für die Logik von Texten an – eine Logik, die Verfahren des Schreibens mit Einfügungsprozeduren und Strategien der Wucherung verbindet.

«Man müßte einmal systematisch untersuchen, was wie eine einfache etymologische Einheit von *greffe* (Pfropfung, Pfropfreis; Schreibinstrument) und *graphe* (Schriftzeichen) aussieht (die beide sich von *graphion*: Schreibinstrument ableiten), aber darüber hinaus auch die Analogie zwischen verschiedenen Formen textueller Aufpfropfung und den Formen pflanzlicher Aufpfropfung oder gar, was sich heute immer mehr ausbreitet, der Organtransplantation *(greffe animale)*. Man sollte sich mit einem enzyklopädischen Katalog der verschiedenen Pfropfungsformen nicht zufriedengeben (Kopulieren, Schäften, Okulieren, Rindenpfropfen, Spaltpfropfen etc.), sondern eine systematische Abhandlung der textuellen Aufpfropfungen ausarbeiten» (*La dissémination*, S. 230).[8]

Wegen ihres Interesses dafür, welche Aufpfropfungen anschlagen – welche erfolgreich sind, Frucht tragen, sich ausbreiten *(disseminate)* –, wäre eine solche Abhandlung einer systematischen Typologie von Sprechakten ähnlich. Aber eine Theorie der Sprechakte will normativ sein. Ihr Ziel besteht zum Beispiel in der Beschreibung der Bedingungen, die erfüllt sein müssen, damit eine Äußerung als Versprechen gilt, und sie ist daher einer gewissen Entscheidbarkeit verpflichtet: Sie versucht, zwischen dem, was wirklich ein Versprechen ist, und dem, was keines ist, eine Trennlinie zu ziehen. Eine Abhandlung über textuelle Aufpfropfungen hingegen wäre probabilistisch, ein Versuch, mögliche Kräfte zu kalkulieren.

Was würde eine solche Abhandlung beschreiben? Sie würde den Diskurs als Produkt verschiedener Kombinations- und Insertionsweisen behandeln. Indem sie die Iterabilität der Sprache und ihre Fähigkeit, in neuen Kontexten mit neuer Kraft zu funktionieren, untersuchte, würde eine Abhandlung über textuelle Aufpfropfung versuchen, die verschiedenen Weisen der Insertion eines Diskurses in einen anderen oder des Eingriffs in den zu interpretierenden Diskurs zu klassifizieren. Daß es bisher nur eine ganz vage Vorstellung gibt, wie eine solche Typologie von Aufpfropfungen zu bewerkstelligen wäre, zeigt, wie neu diese Perspektive und wie schwierig es vielleicht ist, sie produktiv zu machen.

Es ist aber klar, daß die Dekonstruktion unter anderem ein Versuch ist, in dem Text, den sie analysiert, Aufpfropfungen zu identifizieren: Wo sind die Verbindungspunkte oder Akzente, wo ein Ableger oder ein Argumentationsstrang einem anderen aufgepfropft wird? Bei Rousseau ist das *Supplement* ein solcher Punkt, an dem man eine Aufeinanderpfropfung logozentrischer und nicht-logozentrischer Argumente entdecken kann; Saussures doppelte Behandlung der Schrift ist ein anderer. Indem sie sich auf diese Momente konzentriert, erhellt die Dekonstruktion die Heterogenität des Textes. («Es ist dieses Motiv der Homogenität», schreibt Derrida, «das theologische Motiv schlechthin, das man entschieden bekämpfen muß» [*Positionen*, S. 126]). In einer Arbeit über *Die Kritik der Urteilskraft* nennt Derrida Kants Theorie ein Produkt von Aufpfropfungen. «Einige ihrer Motive gehören zu einer langen Sequenz, einer mächtigen traditionellen Kette, die bis zu Platon und Aristoteles zurückführt. In diese auf eine sehr enge, aber zunächst unentwirrbare Weise eingeflochten, finden sich andere, kürzere Sequenzen, die in einer platonischen oder aristotelischen Kunstpolitik nicht zulässig wären. Es reichte aber nicht aus, einfach nur auszuwählen oder Längen zu messen. In ein neues System hineingefaltet, werden die großen Sequenzen deplaziert, ändern ihren Sinn und ihre Funktion» («Economimesis», S. 57). Wenn – nach einem Aphorismus Derridas, «toute thèse est une prothèse» – jede These eine angefügte Prothese ist, muß man die Aufpfropfungen identifizieren und analysieren, was sich aus ihnen ergibt (*Glas*, S. 189).

Man könnte auch Derridas eigene Schriften durch die Techniken beschreiben, die sie selbst verwenden, um Diskurse aufeinanderzupfropfen. Eine einfache Pfropfung, auch wenn sie in ihren möglichen Verästelungen komplex ist, verbindet zwei Diskurse nebeneinander auf der gleichen Seite. «Tympan» (*Marges*, S. I–XXV) pfropft Michel Leiris' Reflexionen über die Assoziationen des Namens «Persephone» auf Derridas Diskussion der Grenzen der Philosophie. Diese Struktur führt zu Schwingungen, wie ein *tympanum*: eine Membran, die zugleich trennt und als Resonanzboden zur Übermittlung von Schallwellen dient – und so durch die Übermittlung das Innen und das Außen, das sie trennt, miteinander verbindet.

Glas verwendet in größerem Maßstab eine ähnliche Technik. In der linken Spalte jeder Seite unternimmt Derrida die Analyse des Familienbegriffs bei Hegel (inklusive der damit verbundenen Fragen der väterlichen Autorität, des Absoluten Wissens, der Heiligen Familie, Hegels eigener Familienbeziehungen und der Unbefleckten Empfängnis). In der linken Spalte, dem Autor der *Philosophie des Rechts* gegenüber, findet sich der Dieb und Homosexuelle Jean Genet. Diskussionen seiner Schriften und Zitate aus ihnen sind verwoben mit Anmerkungen über die literarische Bedeutung von Eigennamen und Signaturen, die Struktur des *double bind*, die Dekonstruktion klassischer Zeichentheorien und Untersuchungen der signifikanten Beziehungen zwischen Wörtern, die durch phonologische Ähnlichkeit oder etymologische Verkettung miteinander verbunden sind. Die problematische Beziehung zwischen diesen beiden Spalten oder Texten ist in diesem Buch ständig wirksam. «Warum ein Messer zwischen zwei Texte schieben?» fragt Derrida. «Oder zumindest, warum zwei Texte zugleich schreiben?» «Um die Schrift ungreifbar zu machen, natürlich» (*Glas*, S. 76). Für Kommentatoren liegt natürlich der Verdacht nahe, daß die Verdoppelung in *Glas* eine Strategie des Ausweichens ist, die darauf abzielt, den Text völlig ungreifbar zu machen. Während man eine Spalte liest, wird man daran erinnert, daß das Wesentliche sich anderswo abspielt, in der

Beziehung zwischen beiden Spalten, wenn nicht gar in der anderen Spalte selbst. Ein Effekt dieser Aufpfropfung ist allerdings, daß sie zu einem Chiasmus führt. Die Aufteilung in Spalten betont die radikalsten Gegensätze: zwischen Philosophie und Literatur (in den Gestalten des erhabenen Philosophen und des obszönen *littérateurs*), Geist und Körper, Orthodoxie und Heterodoxie, väterlicher Autorität und mütterlicher Autorität, Adler (*Hegel-aigle* [*Adler*]) und Blume (*Genet-genêt* [*Ginster*]), Recht und Subversion, Eigentum und Diebstahl. Aber die Untersuchung der Beziehungen und Verbindungen der Spalten führt zu Umkehrungen, zu einem Austausch von Eigenschaften, nicht zu einer Dekonstruktion der Gegensätze, aber zumindest zu einem dekonstruktiven Effekt.[9]

Eine genaue Typologie würde zweifellos die Aufpfropfungen in *Glas* von denen in *Survivre* unterscheiden, wo ein Diskurs über dem anderen steht und dem unteren so etwas wie den einrahmenden oder parergonalen Charakter des Kommentars verleiht. Der obere Text, *Survivre*, ist bereits eine ziemlich wuchernde Aufeinanderpfropfung von Blanchots *L'arrêt de mort* und *La folie du jour* und von Shelleys *The Triumph of Life*. Der untere Text *Journal de bord*, in gewissem Sinne eine Anmerkung über das Übersetzen, führt im ‹Telegrammstil› aus, was er «eine Prozession unter dem anderen» nennt, «die diesen *schweigend* kreuzt, als ob er ihn nicht sähe, als ob er keinerlei Beziehung zu ihm hätte» (*Parages*, S. 122). Aber bevor man diese Selbstbeschreibung des Textes akzeptiert, sollte man sich die Schlußbemerkung ansehen: «Niemals sagen, was man tut, und indem man so tut, als sage man es, etwas anderes tun, das sich sofort wieder verschließt und verrätselt *(se crypte)*, sich hinzufügt und verschanzt. Von der Schrift reden, vom Triumph und vom Schreiben als *Überleben*, heißt das manische Phantasma aussagen *(énoncer)* und verraten *(dénoncer)*. Nicht ohne es zu wiederholen, aber das versteht sich von selbst» (*Parages*, S. 218). Dieses Beispiel zeigt die Komplexität des Aufpfropfens: Eine Pfropfung, die einen anderen Text und sich selbst kommentiert, die so tut, als böte sie eine Erklärung, ist auch eine Hinzufügung, die die Erklärung übersteigt. Das Selbstverständliche wird erst zum Selbstverständlichen, wenn es ausgesagt wird, und eine Denunzierung wiederholt, was sie denunziert. Wenn die Beschreibung der eigenen Prozeduren durch einen Text immer eine Aufpfropfung ist, die diesen Prozeduren etwas hinzufügt, dann gibt es eine verwandte Form der Aufpfropfung, in der der Analytiker Aussagen des Textes auf dessen eigene Aussageprozesse anwendet. Indem er fragt, wie das, was der Text tut, mit dem, was er sagt, zusammenhängt, wird er häufig auf unheimliche *(uncanny)* Wiederholungen stoßen. Ein hervorragendes Beispiel hierfür ist Derridas Lektüre von *Jenseits des Lustprinzips* in «Spéculer – Sur Freud» (*La carte postale,* S. 275–437). Da Freud hier die Herrschaft des Lustprinzips untersucht – auf welchen Umwegen es seine Herrschaft ausübt und ob irgend etwas ihm entkommen kann –, stellt sich die Frage, ob Freuds eigenes Schreiben von den Prozessen, die er beschreibt, beherrscht wird oder ein Beispiel für diese Prozesse ist. Das Problem erhält einen besonderen Nachdruck in dem Kapitel über das inzwischen berühmte *fort/da*-«Spiel» seines Enkels Ernst. Derrida schreibt:

«... falten Sie also das, was er sagt, daß sein Enkel es so ernsthaft tue, auf das zurück, was er selbst tut, indem er dies sagt, indem er *Jenseits...* schreibt, indem er so ernsthaft (indem er spekuliert) das Schreiben von *Jenseits...* spielt. Denn die spekulative Hetero-Tautologie der Sache besteht darin, daß das Jenseits in der Wiederholung der Wiederholung des PP (*principe de plaisir* [Lustprinzip] und *Pépé* [Großvater]) *logiert.*

Falten Sie also zurück: *er* (der Enkel *des* Großvaters, der Großvater *des* Enkels) wiederholt zwanghaft die Wiederholung, ohne daß es jemals weiterkäme, sei es auch nur einen Schritt. Er wiederholt eine Handlung, die darin besteht, etwas zu entfernen, so zu tun, als ob sie die Lust entfernte, das Objekt oder das Lustprinzip, das Objekt und/oder das PP, hier repräsentiert durch die Holzspule, welche die Mutter repräsentieren soll (und/oder, wie man sehen wird, den Vater repräsentieren soll, an der Stelle des Schwiegersohnes, den Vater als Schwiegersohn, den anderen Familiennamen), um sie unablässig wieder zurückzuholen. Es tut so, als entferne es das PP, um es ohne Ende wieder zurückzuholen und um zu schließen: sie ist immer da, ich bin immer da. *Da*. Das PP bewahrt immer seine Autorität, es hat sich niemals entfernt» (*La carte postale*, S. 323).

Freuds spekulativer Umgang mit dem Lustprinzip, das er wegwirft, um es wieder zurückkommen zu lassen, wird hier durch eine Aufpfropfung beschrieben, die auf ihn seine eigenen Bemerkungen über seinen Enkel anwendet. Bei dieser Beziehung, fährt Derrida fort, «handelt es sich genaugenommen weder um eine Überlagerung, noch um einen Parallelismus, eine Analogie oder eine Koinzidenz.

Die Notwendigkeit, welche diese beiden Beschreibungen verbindet, ist anderer Art: es wird uns schwerfallen, sie zu benennen, aber es ist natürlich für mich das Hauptanliegen dieser genau sichtenden und interessierten Lektüre, die ich hier wiederhole.»

Wie immer wir es nennen, wir sollten uns vor der Annahme hüten, daß Derrida, indem er die potentielle Selbstreferenz des Textes ausbeutet, die inzwischen vertraute kritische Geste wiederholt, die zeigt, daß der Text seine eigenen Bezeichnungsprozesse beschreibt und somit als freies, sich selbst enthaltendes, sich selbst erklärendes ästhetisches Objekt angesehen werden kann, welches das, was es aussagt, zugleich darstellt. Derrida zeigt, daß die Möglichkeit, daß der Text seine eigenen Verfahrensweisen beschreibt, nicht zur Kohärenz und Transparenz der Darstellung führt. Solche Selbst-Einschließungen verwischen im Gegenteil die Textgrenzen und machen seine Verfahrensweisen äußerst problematisch, da es nicht mehr möglich ist festzustellen, ob Freuds eigene Verfahrensweise eine unheimliche *(uncanny)* Übertragungswiederholung der Struktur ist, die er untersucht, oder ob die Struktur, so wie sie ist, erst das Resultat einer bestimmten Kompositionstechnik ist. «Kurz», schreibt Derrida, «es hinkt und es paßt nicht zusammen» (*La carte postale*, S. 418).

Diese Art der Analyse, die zeigt, daß ein Diskurs die Strukturen, die er analysiert, wiederholt, und die die disruptiven Einsichten dieser Übertragung untersucht, ist zu einer der wichtigsten Aktivitäten der Dekonstruktion geworden. Sie ist einer anderen Form der Aufpfropfung verwandt, in der es auch um die Beziehung der Aussagen eines Textes zu seinen eigenen Verfahrensweisen geht: die Umkehrung einer vorhergehenden interpretierenden Aufpfropfung. Wenn ein Text behauptet, einen anderen zu analysieren und zu erhellen, könnte der Nachweis möglich sein, daß im Grunde die Beziehung umgekehrt werden müßte: daß der analysierende Text vom analysierten erhellt wird, der bereits eine implizite Darstellung der Strategie des Analytikers und eine Reflexion über diese enthält. Derridas illustrativstes Beispiel, «Le facteur de la vérité», kehrt Lacans Lektüre von «Der entwendete Brief» um und zeigt, daß Poes Erzählung den Beherrschungsversuch des Psychoanalytikers bereits selbst analysiert und situiert (*La carte postale*, S. 439–524). Aber wie alle Aufpfropfungen ist auch diese weiteren Aufpfropfungen unterworfen. So argumentiert Barbara Johnson darüber hinaus, indem sie Derridas Aufpfropfung wiederholt, daß Derridas Züge in seiner Diskussion Lacans bereits Wiederholungen von Zügen sind, die in den Texten, die Derrida liest, antizipiert werden und so «die Übertragung des Wiederholungszwanges vom ursprünglichen Text auf den Schauplatz der Lektüre» illustrieren («The Frame of Reference», S. 154). «Jeder Text», schreibt Derrida, «ist eine Maschine mit vielen Leseköpfen» («Living On», S. 107).

Ein anderes verbreitetes Vorgehen besteht darin, einen unbedeutenden, unbekannten Text auf den Hauptkörper der Tradition aufzupfropfen oder auch ein scheinbar nebensächliches Textelement, etwa eine Fußnote, an eine zentrale Stelle zu transplantieren. «*Ousia et Grammè*», ein Essay über Heidegger in *Marges*, trägt den Untertitel «Notiz über eine Fußnote in *Sein und Zeit*». Die Diskussion von Kants *Kritik der Urteilskraft* konzentriert sich auf eine Passage, in der Kant sich mit Ornamenten wie Bilderrahmen befaßt («Le parergon», in: *La vérité en peinture*). Die Lektüre von Foucaults *Geschichte des Wahnsinns* geht ausschließlich von einer kurzen Diskussion von Descartes' Behandlung des Wahnsinns aus («Cogito und Geschichte des Wahnsinns», in *Die Schrift und die Differenz*). «Freud und der Schauplatz der Schrift», eine wichtige und einflußreiche Ausführung, behandelt einen bis dahin kaum beachteten Essay Freuds, «Notiz über den Wunderblock» *(Die Schrift und die Differenz)*. Die Diskussion Rousseaus behandelt einen obskuren Essay unbestimmter Datierung, den *Essai sur l'origine des langues*, und konzentriert sich darin auf ein ‹Zusatz›-Kapitel über die Schrift.

Diese Konzentration auf das scheinbar Marginale verwendet die Logik der Supplementarität als Interpretationsstrategie: Was von vorangehenden Interpreten an den Rand gedrängt oder beiseite geschoben wurde, könnte aus genau den Gründen wichtig sein, die dazu führten, daß es beiseite geschoben wurde. Es handelt sich bei dieser Aufpfropfung um eine doppelte Strategie. Interpretationen verlassen sich im allgemeinen auf die Unterscheidung zwischen dem Zentralen und dem Marginalen, dem Wesentlichen und dem Unwesentlichen: Interpretieren heißt herausfinden, was in einem Text oder einer Textgruppe zentral ist. Einerseits arbeitet die marginale Aufpfropfung innerhalb dieser Begriffe, um ihre Hierarchie umzukehren und um zu zeigen, daß dasjenige, was bisher als marginal galt, in Wirklichkeit zentral ist. Andererseits wird diese Umkehrung, die dem Marginalen Bedeutung verleiht, gewöhnlich so durchgeführt, daß sie nicht einfach zur Feststellung eines neuen Zentrums führt (wie die These, daß in der *Kritik der Urteilskraft* das wirklich Wichtige der Versuch wäre, die verschiedenen Formen des Wohlgefallens auf das Innen und Außen des Kunstwerks zu beziehen), sondern zu einer Subversion der Unterscheidung von Wesentlichem und Unwesentlichem, von Innen und Außen. Was ist ein Zentrum, wenn das Marginale zum Zentrum werden kann? ‹Unverhältnismäßige› Interpretationen beunruhigen.

Diese doppelte Praxis, sich auf die Begriffe eines Gegensatzes in der eigenen Argumentation zu verlassen und zugleich zu versuchen, diesen Gegensatz zu deplazieren, führt zu einer spezifischen Form der Aufpfropfung, die Derrida in Untersuchungen zur Logik des «Paleonyms» festgestellt hat: die Beibehaltung eines alten Namens, während man ihm eine neue Bedeutung aufpfropft. Indem er von der traditionellen Charakterisierung der Schrift ausgeht und argumentiert, daß auch die Rede eine Form der Schrift sei, schafft Derrida im Grunde einen neuen Begriff der Schrift, eine verallgemeinerte Schrift, die auch die Rede einschließt, behält aber den alten Namen als *levier d'intervention* bei – als Interventionshebel, der es erlaubt, in den hierarchischen Gegensatz (Schrift/Rede), den er transformieren will, einzugreifen (*Positionen*, S. 138). Hier ist eine allgemeine Schlußfolgerung über die Bedeutung der paleonymischen Aufpfropfung für die Dekonstruktion:

«Die Dekonstruktion besteht nicht darin, von einem Begriff zu einem anderen überzugehen, sondern darin, eine begriffliche Ordnung ebenso wie die nicht-begriffliche Ordnung, an der sie sich artikuliert, umzukehren und zu verschieben. Zum Beispiel umfaßt die Schrift als klassischer Begriff Prädikate, die von Kräften und aus Notwendigkeiten, die zu analysieren sind, subordiniert, ausgeschlossen oder in Reserve gehalten wurden. Diese Prädikate (ich habe einige davon erwähnt) sind es, deren Kraft der Generalität, der Generalisierung und der Generativität freigesetzt und einem ‹neuen› Schriftbegriff aufgepfropft wird, der ebenfalls dem entspricht, was stets der alten Organisation der Kräfte *resistiert* hat, was stets den *Rest* konstituiert hat, irreduzibel auf die herrschende Macht, welche die ... sagen wir, um es kurz zu machen: logozentrische – Hierarchie organisierte. Diesem neuen Begriff den alten Namen Schrift lassen, heißt, die Struktur der Aufpfropfung, den Übergang zu und das unerläßliche Festhalten an einem wirksamen *Eingriff* in das konstituierte historische Feld zu bewahren. Es heißt, alledem, was sich in den Operationen der Dekonstruktion abspielt, die Macht der *Kommunikation* zu geben» (*Randgänge*, S. 155).

Die Aufpfropfung ist die Figur der Intervention schlechthin. Schließlich verwendet Derrida in seinen Schriften auch Aufpfropfungen, die mit poetischen Techniken der Sprengung traditioneller Denkgewohnheiten oder der Schaffung neuer Beziehungen verwandt sind: die Ausbeutung phonetischer, graphischer, morphologischer und etymologischer Verwandtschaften oder semantischer Verbindungen, die von einem einzigen Ausdruck hergestellt werden. *Glas* geht den Beziehungen verschiedener Ausdrücke auf *gl* und *cl* nach. *La vérité en peinture*, wo er vorschlägt, «*gl* aufzugeben und sich mit *tr* zu befassen *(traiter avec)*», erklärt, was sich aus diesem Interesse für den *trait* (Linie, Zug, Verbindung, Strich, Umriß, Pfeil, Projektion, Strecke, Leine, Spur) entwickeln könnte:

«Später, anderswo, diesen ganzen Diskurs über gezogene Züge *(traits tirés)* hinziehen *(attirer)* zur Kreuzung der beiden ‹Familien›, der von Riß (Aufriß, Umriß, *Grundriß* etc.) und der von *Zug, Ziehen, Entziehen, Gezüge* (der Vertrag, der alle Züge versammelt: ‹*Der Riß ist das einheitliche Gezüge von Aufriß und Grundriß, Durch- und Umriß*›, Heidegger, ‹Vom Ursprung des Kunstwerks›)» (*La vérité en peinture*, S. 222).

Verbindungen, welche die Etymologie oder Morphologie eines Wortes hervorheben und so den Riß oder die Lücke im Herzen des Zugs, des Umrisses oder des Aufrisses aufzeigen, unterziehen den Begriff einer Verdrehung, die dessen Kraft affiziert. Dies ist dann von besonderem Interesse, wenn wie in den angeführten Familien das Wurzelelement eine Version der *différance* ist: die Markierung oder der Zug als Lücke. Zu den Begriffen, die durch ihre Beziehung zu anderen Begriffen in eine neue Perspektive versetzt werden, gehören *marge, marque, marche* (Rand, Markierung, Schritt) und, vielleicht am stärksten und passendsten, die ‹Familie› *pharmakon, pharmakeus, pharmakos* in «La pharmacie de Platon». Dieser Fall verdient als Beispiel der Logik des Bezeichnens, die von einer dekonstruktiven Lektüre enthüllt wird, nähere Betrachtung.

Im *Phaedrus* wird die Schrift als ein *pharmakon* beschrieben, was sowohl «Heilmittel» (z. B. als Heilmittel gegen Gedächtnisschwäche) als auch «Gift» bedeutet. Während sie von ihrem Erfinder der Menschheit als Heilmittel angeboten wurde, behandelt Sokrates sie als eine gefährliche Droge. Diese doppelte Bedeutung von *pharmakon* erweist sich als für die logische Stellung der Schrift als einem Supplement wesentlich: Sie ist eine künstliche Hinzufügung, die heilt, aber auch infiziert. *Pharmakon* ist eng mit *pharmakeus* (Zauberer, Hexer, Gefangener) verwandt, ein Begriff, der in den Dialogen auf Sokrates und andere angewendet wird. Für seine Gesprächspartner ist Sokrates ein Zauberer, der durch Umwege und Bezauberung wirkt; in einer fremden Stadt aber, meint man, würde er bald als Hexer festgenommen, und als er in Athen festgenommen und gezwungen wird, das Gift *(pharmakon)* zu trinken, geschieht dies wegen Verführung der Jugend.

Aber die Zauberei des Sokrates ist nicht eine Technik, die der Philosophie äußerlich wäre; sie ist die philosophische Methode schlechthin, und ein Gebet zu Beginn des *Critias* bittet die Götter, «uns dieses wirksamste Heilmittel *(pharmakon teleôtaton)* zu gewähren, jenes wirksamste aller Heilmittel *(ariston pharmakôn)*, das Wissen *(epistemen)*.» Der Text präsentiert so «die philosophische, epistemische Ordnung des *logos* als Gegengift, als Kraft, die in die allgemeine, alogische Ökonomie des *pharmakon* eingeschrieben ist» (*La dissémination*, S. 142). Obwohl die Schrift und das *pharmakon* als etwas Künstliches präsentiert werden, das für die Ordnung der Vernunft und der Natur marginal ist, implizieren die Sinnbeziehungen eine Umkehrung dieser Ordnung und die Identifizierung der Philosophie als einer partikularen Bestimmung des *pharmakon*. Das *pharmakon* hat keinen eigenen oder bestimmten Charakter, sondern ist eher so etwas wie die Möglichkeitsbedingung von Gift und von Heilmittel (das Gift, das Sokrates nimmt, ist für ihn auch ein Heilmittel). Es wird so, argumentiert Derrida, zum

«allgemeinen Element, zum Medium jeder möglichen Dissoziation. ... Das *pharmakon* ist ‹ambivalent›, weil es das Element ist, in dem die Gegensätze sich einander entgegensetzen, die Bewegung und das Spiel, die sie zueinander in Beziehung setzt, sie umkehrt und sie ineinander übergehen läßt (Seele/Körper, gut/böse, innen/außen, Erinnerung/Vergessen, Rede/Schrift etc.). Ausgehend von diesem Spiel oder dieser Bewegung *arretiert* Platon die Gegensätze oder die Unterschiede. Das *pharmakon* ist die Bewegung, der Ort und das Spiel (die Produktion) der Differenz» (S. 145/46).

Diese Rolle des *pharmakon* als Bedingung der Differenz wird durch die Beziehung zu *pharmakos* (‹Sündenbock›) noch gestärkt. Der Ausschluß des *pharmakos* reinigt die Stadt, so wie der Ausschluß der Schrift die Ordnung der Rede und des Denkens reinigen soll. Der *pharmakos* wird ausgeschlossen als Repräsentant des Bösen, das die Stadt heimsucht: Er wird ausgeschlossen, damit das Böse wieder in das Außen zurückkehrt, wo es herkommt, um so die Bedeutung der Unterscheidung zwischen Innen und Außen zu bekräftigen. Aber um die Rolle des Repräsentanten, des auszuschließenden Bösen, spielen zu können, muß der *pharmakos* unter den Bewohnern der Stadt ausgewählt werden. Die Möglichkeit, den *pharmakos* zur Etablierung der Unterscheidung von reinem Innen und korruptem Außen zu verwenden, setzt voraus, daß er schon im Innen ist, genau wie der Ausschluß der Schrift nur dann eine reinigende Funktion hat, wenn die Schrift bereits der Rede innewohnt. «Die Zeremonie des *pharmakos*», schreibt Derrida, «wird demnach auf der Grenze zwischen dem Innen und dem Außen abgehalten, und es ist ihre Funktion, diese unablässig zu ziehen und nachzuziehen. *Intra muros / extra muros.* Als Ursprung der Differenz und der Teilung repräsentiert der *pharmakos* das verinnerte *(introjeté)* und das ausgestoßene *(projeté)* Böse» (S. 153). Und die Repräsentation hängt hier, wie auch in anderen Fällen, von der Wiederholung ab. Die Bedeutung des Ausschlusses hängt von den Konventionen des Rituals ab, das sie wiederholt. In Athen, merkt Derrida an, wurde das Ritual des Ausschlusses jedes Jahr an dem Tag wiederholt, der auch der Geburtstag des *pharmakeus* war, dessen Tod durch ein *pharmakon* aus ihm einen *pharmakos* machte – Sokrates.

Was ist der Status derartiger Beziehungen: des Aufeinanderpfropfens von *pharmakon, pharmakeus* und *pharmakos* oder des Wortspiels *différance* oder des Spiels des *supplément*? Viele werden sagen, daß dies Beispiele für Aufpfropfungen in der Philosophie sind und daß Derrida sich unrechtmäßiger Gewinne erfreut. «Das Schockierendste an Derridas Arbeit», schreibt Rorty, «ist seine Verwendung mehrsprachiger Wortspiele, scherzhafter Etymologien, aller möglichen Anspielungen und phonischer und typographischer Tricks» («Philosophy as a Kind of Writing», S. 146/147). Sie sind schockierend für eine Perspektive, welche die Möglichkeit als selbstverständlich voraussetzt, daß man auf einer festen Basis zwischen authentischen philosophischen Verfahrensweisen und Tricks *(gimmicks)*, zwischen ‹Show› und Substanz, zwischen kontingenten linguistischen oder textuellen Konfigurationen und der Logik und dem Denken selbst unterscheiden kann. Der Skandal von Derridas Schreiben wäre demnach der Versuch, ‹zufälligen› Ähnlichkeiten oder Verbindungen einen ‹philosophischen› Status zu verleihen. Die Tatsache, daß *pharmakon* sowohl Gift wie auch Heilmittel ist, daß *hymen* Membran bedeutet und zugleich die Penetration dieser Membran, daß *dissémination* die Verstreuung von Sperma, Samenkörnern und von *sèmes* (semantische Merkmale) bedeutet und *s'entendre parler* sich sprechen hören und verstehen – all dies sind kontingente Fakten der Sprache, die für die Dichtung relevant sein mögen, für den universalen Diskurs der Philosophie jedoch keinerlei Konsequenz haben.

Man könnte sich die Antwort leicht machen und sagen, daß die Dekonstruktion die Unterscheidung zwischen Dichtung und Philosophie oder zwischen kontingenten linguistischen Merkmalen und dem Denken selbst nicht anerkennt; aber dies wäre falsch, eine simplifizierende Erwiderung auf einen simplifizierenden Vorwurf, die von einer gewissen Hilflosigkeit zeugte. Man schreibt mit beiden Händen, sagt Derrida. Die Antwort, wie man inzwischen vielleicht schon erwartet, ist eine doppelte. Betrachten wir das Beispiel des *hymen*, das in einer reichhaltigen Diskussion des Mimus bei Mallarmé auftaucht:

> «Die Szene illustriert nur die Idee, keine wirkliche Handlung, in einem Hymen (aus dem der Traum hervorgeht), lasterhaft, aber heilig, zwischen dem Begehren und seiner Erfüllung, dem Vergehen und der Erinnerung: hier vorwegnehmend, da erinnernd, in der Zukunft, in der Vergangenheit, *unter einem falschen Schein von Gegenwart*» («Mimique», zit. in *La dissémination*, S. 201).

«Hymen» bedeutet hier eine Vermählung des Begehrens und seiner Erfüllung, eine Verschmelzung, welche die Gegensätze und die Differenz zwischen ihnen abschafft. Aber, betont Derrida, ein Hymen ist auch eine Membran, und ein Hymen zwischen dem Begehren und der Erfüllung ist genau das, was diese voneinander trennt. Wir haben hier «eine Operation, die ‹zugleich› eine *confusion* (Verschmelzung/Verwirrung) *zwischen* den Gegensätzen bewirkt und selbst *zwischen* den Gegensätzen sich hält» (S. 240), eine doppelte und unmögliche Operation, die zweifellos aus eben diesem Grunde «ein lasterhaftes und heiliges Hymen» ist.

Nachdem er die Implikationen dieses unentscheidbaren Hymens entwickelt hat, kommentiert Derrida sein eigenes Verfahren und entwickelt, was wir eine Erwiderung rechter Hand nennen könnten auf den Vorwurf der Aufpfropfung und der Frivolität:

«Es geht hier nicht darum, mit *hymen* das zu tun, was Hegel mit solchen deutschen Worten wie *Aufhebung, Urteil, Meinen, Beispiel* etc. tat, der über den Glücksfall erstaunt war, daß eine natürliche Sprache im Element der spekulativen Dialektik stehe. Worauf es hier ankommt, ist nicht der lexikalische Reichtum, die semantische Unendlichkeit eines Wortes oder Begriffs, seine Tiefe oder seine Ausdehnung, die Sedimentation zweier entgegengesetzter Bedeutungen in ihm (Kontinuität und Diskontinuität, Innen und Außen, Identität und Differenz etc.). Worauf es ankommt, ist die formale oder syntaktische Praxis, die es zusammensetzt *(compose)* und auseinandernimmt *(décompose)*. Wir haben wohl den Anschein geweckt, alles auf das Wort *hymen* zurückzuführen. Aber der Charakter des nicht ersetzbaren Signifikanten, wozu alles es zu machen schien, war als Falle gestellt worden. Dieses Wort, diese Syllepse, ist nicht unersetzbar; die Philologie und Etymologie interessieren uns erst in zweiter Linie, und der Verlust des ‹Hymen› wäre für ‹Mimique› nicht irreparabel. Der Effekt wird in erster Linie von der Syntax bewirkt, die das *entre* (zwischen) so plaziert, daß die Spannung nur von der Stellung abhängt, nicht vom Inhalt der Wörter. Durch ‹Hymen› wird nur der Platz noch einmal markiert, den das Wort *entre* bereits markiert und auch markieren würde, selbst wenn das Wort ‹Hymen› gar nicht vorkäme. Wenn man ‹Hymen› durch ‹Heirat› oder ‹Verbrechen›, durch ‹Identität› oder ‹Differenz› ersetzte, wäre der Effekt derselbe, bis auf eine ökonomische Kondensation oder Akkumulation, die wir nicht übersehen haben» (S. 249/50).

Einerseits also hält Derrida sich an die Prämissen philosophischer Argumentation und antwortet: Ja, die Tatsache, daß *hymen* zwei gegensätzliche Bedeutungen hat, ist ein kontingentes Faktum des Französischen (und übrigens auch des Lateinischen und Englischen), ein Faktum, das ich ausbeute, weil es auf überzeugende und ökonomische Weise eine Tiefenstruktur von einiger Bedeutsamkeit bietet. *Différance* verbindet auf glückliche Weise eine Differenzstruktur mit einer Kunst des Aufschiebens, aber das Argument hängt von diesem Aspekt der französischen Morphologie und Lexik nicht ab. Die Tatsache, daß Platon den Begriff *pharmakon* auf die Schrift und den Begriff *pharmakeus* auf Sokrates anwendet oder daß Austin den fiktionalen Diskurs «parasitär» nennt, ist wichtig als Symptom einer in ihrer Argumentation wirksamen tieferen Logik, einer Logik, die sich gewiß auch auf andere Weise manifestiert hätte, wenn diese spezifischen Begriffe ausgelassen worden wären, da sie die fundamentalsten Artikulationen der Sphäre des Diskurses involviert.

Einerseits akzeptiert die Dekonstruktion die Unterscheidung von Oberflächenmerkmalen des Diskurses und seiner Tiefenlogik oder zwischen empirischen Merkmalen von Sprachen und dem Denken selbst. Wenn sie sich auf die Metaphern in einem Text oder andere offensichtlich marginale Merkmale konzentriert, dann deshalb, weil sie Schlüssel zu dem sind, was wirklich wichtig ist. Wenn sie sämtliche Bedeutungen zitiert, die in einem Wörterbuch für ein Wort eingetragen sind oder durch morphologische oder etymologische Bezüge mit ihm verbunden sind, dann nur, um durch diese kontingenten Assoziationen Verbindungen zu dramatisieren, die sich in unterschiedlicher Aufmachung wiederholen und zu einer paradoxen Logik ihren Beitrag leisten. Über *dissémination* meint Derrida, «ce mot a de la chance»: «Dieses Wort hat Glück... Es hat die Macht, auf ökonomische Weise (wobei es deren Netz entwirrt) die Frage der semantischen *différance* (des neuen Begriffs der Schrift) und die der seminalen Streuung, der unmöglichen (monozentrischen, paternalen, familialen) Wiederaneignung des Begriffs und des Spermas zu kondensieren» («Avoir l'oreille de la philosophie», S. 309). Derrida spielt nicht mit Worten, er setzt sie ein, verwendet sie strategisch im Hinblick auf größere Ziele. Nur so setzt er sich mit dem philosophischen Diskurs auseinander.

Andererseits aber – linker Hand gleichsam – stellt die Bezugnahme auf textuelle und linguistische Konfigurationen, wie in «La pharmacie de Platon», die Möglichkeit in Frage, zwischen Sprach- oder Textstrukturen und Denkstrukturen, zwischen dem Kontingenten und dem Wesentlichen eindeutig unterscheiden zu können. Könnte es nicht sein, daß die als kontingent identifizierten und beiseite geschobenen Beziehungen auch dem innewohnen, was als wesentlich gilt? Wenn man für die enthüllende Kraft poetischer oder kontingenter Elemente in philosophischen Texten eintritt, entwirft man die Möglichkeit, Philosophie als spezifische Form eines allgemeinen poetischen Diskurses zu behandeln, und tatsächlich haben dekonstruktive Lektüren genau dies getan. Indem sie philosophische Schriften nicht als Aussagen oder Stellungnahmen, sondern als Texte behandeln – als heterogene Diskurse, die durch eine Reihe von *canny* und *uncanny* Zwängen strukturiert werden –, nehmen sie scheinbar triviale oder zufällige Elemente, die Philosophen vielleicht als Zufälle des Ausdrucks oder der Darstellung übergingen, ernst und enthüllen so überraschende performative Dimensionen dieser angeblich konstativen Schriften. Wenn er die rhetorischen Strategien analysiert, die bei Rousseau auf *supplément* ausgerichtet sind, bei Platon auf *pharmakon* und bei Kant auf *parergon*, macht Derrida aus der Philosophie im Grunde eine Art Archi-Literatur und zerreißt so die Hierarchie, die Literatur als nicht-ernsthaften Rand des ernsthaften begrifflichen Diskurses behandelt.

Einige der besten Beispiele dieser dekonstruktiven Umkehrung ergeben sich aus der Untersuchung der Metapher in der Philosophie. In der Theorie gelten Metaphern als kontingente Aspekte des philosophischen Diskurses; auch wenn ihnen beim Ausdruck und der Erhellung von Begriffen eine wichtige Rolle zukommen mag, sollten sie im Prinzip von den Begriffen und ihrer Adäquatheit oder Inadäquatheit abtrennbar sein, und tatsächlich ist ja die Trennung der wesentlichen Begriffe von der Rhetorik, in der sie ausgedrückt werden, eine fundamentale philosophische Aufgabe. Wenn man aber versucht, diese Aufgabe durchzuführen, ist es nicht nur schwierig, Begriffe zu finden, die nicht metaphorisch sind, sondern eben die Begriffe, in denen man diese philosophische Aufgabe definiert, sind selbst metaphorisch. In der *Topik* stellt Aristoteles verschiedene Techniken vor, um einen Diskurs durch die Identifizierung und Interpretation der Metaphern zu klären; aber, wie Derrida feststellt, «die Berufung auf Kriterien der Klarheit und der Dunkelheit würden bereits ausreichen, um das zu bestätigen, was wir weiter oben gesagt haben: Die gesamte philosophische Eingrenzung der Metapher ist bereits von ‹Metaphern› konstruiert und durchwirkt. Wie könnte ein Wissen oder eine Sprache *im eigentlichen Sinne (proprement)* klar oder dunkel sein? Alle Begriffe, die in der Definition der Metapher eine Rolle spielen, haben immer schon selbst einen ‹metaphorischen› Ursprung und eine ‹metaphorische› Wirksamkeit» (*Marges*, S. 301). Gerade die Begriffe, die angeben sollen, was in einem Diskurs nicht-metaphorisch sein könnte, verdanken ihre Kraft ihrer rhetorischen Anziehungskraft.

«Die Begriffe *Begriff, Grund, Theorie* sind metaphorisch und widersetzen sich jeglicher Meta-Metaphorik. Wir brauchen hier nicht auf der optischen Metapher zu beharren, die unter der Sonne jeden theoretischen Gesichtspunkt eröffnet. Der Begriff der Grundlage entspricht dem Begehren nach festem und endgültigem Boden, dem Bauplatz, der Erde als Stütze einer künstlichen Struktur. Der Wert dieser Metapher hat eine Geschichte, für die Heidegger eine Interpretation vorgeschlagen hat. Dem Begriff des Begriffs schließlich wird immer, auch wenn er sich darauf nicht reduzieren läßt, das Schema der Geste des Beherrschens anhaften, das Jetzt-Greifen, Begreifen und Ergreifen der Sache als Objekt» (*Marges*, S. 267).

In seiner Untersuchung der Versuche Lockes, Condillacs und Kants, rhetorische Figuren zu identifizieren und zu beherrschen (Kant merkt an, daß *Grund, abhängen* und *fließen* Metaphern sind), zeigt Paul de Man, daß Versuche zur Beherrschung der Metapher sich der Metapher nicht entziehen können und daß in jedem Fall eine grundsätzliche Unterscheidung von Wörtlichem und Metaphorischem zusammenbricht. «Die daraus resultierende Unentscheidbarkeit ergibt sich aus der Asymmetrie des binären Modells», welches Figuratives und wörtlich Gemeintes, Literatur und Philosophie einander entgegensetzt («The Epistemology of Metaphor», S. 28). Das wörtlich Gemeinte wird dem Figurativen entgegengesetzt, aber ein wortwörtlicher Ausdruck ist auch eine Metapher, deren Figurativität vergessen wurde. In ihrer Abhängigkeit vom Figurativen ist die Philosophie dazu verdammt, Literatur zu sein, auch wenn sie sich als Gegensatz zum Figurativen definiert.

Der zweite Teil der Erwiderung auf den Vorwurf der Ausbeutung von Kontingentem deplaziert so den Gegensatz von Kontingentem und Wesentlichem durch das Argument, daß die Beziehungen, die als kontingent und poetisch identifiziert wurden, bereits im Zentrum der begrifflichen Ordnung ihre Wirkung entfalten. Vielleicht gibt es für die Philosophie keine Möglichkeit, sich von der Rhetorik zu befreien, da es keine Möglichkeit zu geben scheint, um zu beurteilen, ob sie sich davon befreit hat; denn die für ein solches Urteil notwendigen Kategorien sind unentwirrbar mit der Sache verschränkt, die beurteilt werden soll. Der philosophische Diskurs hat diverse Eigenschaften, auf die wir uns beziehen, wenn wir einen Text philosophisch nennen; aber er gehört zu einer allgemeinen Textualität, in der die Iterabilität der Formen, ihre Verbindungen mit anderen Formen und Kontexten und die Erweiterbarkeit der Kontexte jede rigorose Umschreibung des Sinns ausschließen. Man mag den *pharmakos* immer wieder aus der Stadt ausschließen, um sie rein zu erhalten; aber der Ausschluß der Metapher, des Poetischen, des Parasitären, des Nicht-Ernsthaften ist nur möglich, weil sie bereits im Herzen der Stadt wohnen: Und es wird immer wieder festgestellt, daß sie dort wohnen, weshalb sie auch immer wieder ausgeschlossen werden können.

Die Erwiderungen linker und rechter Hand auf den Vorwurf der Philosophen sind in gewisser Weise inkompatibel und können zu keiner kohärenten Synthese gebracht werden. Deshalb ist dies für viele vielleicht keine Antwort, die argumentieren, die Logik verbiete es, eine Unterscheidung einerseits zu akzeptieren und zu verwenden, sie andererseits aber zu bestreiten. Die Frage wäre dann, ob die Logik ihre Verbote durchsetzen und der Dekonstruktion wirksame Sanktionen auferlegen kann. Häufig allerdings wird dieser Einwand gegen dieses doppelte Vorgehen in einem Bild ausgedrückt, das sich nicht auf die Autorität eines Gesetzes oder der Moral bezieht, sondern auf eine physische und empirische Unangemessenheit: Es heißt, das Verfahren der Dekonstruktion bestehe darin, «den Ast abzusägen, auf dem man sitzt». Vielleicht ist das tatsächlich eine passende Beschreibung dieser Aktivität; denn auch wenn es ungewöhnlich und riskant sein mag, so kann man es offensichtlich doch versuchen. Man kann den Ast durchsägen, während man darauf sitzt. Es gibt dafür kein physikalisches oder moralisches Hindernis, wenn man nur willens ist, die Konsequenzen zu tragen. Die Frage wäre dann, ob man es schafft, den Ast glatt durchzusägen, und wo und wie man landet. Eine schwierige Frage: Um sie zu beantworten, benötigte man ein umfassendes Verständnis der Gesamtsituation – die Stärke der Stütze, die Wirksamkeit der Werkzeuge, die Beschaffenheit des Geländes – und die Fähigkeit, die Konsequenzen der eigenen Arbeit exakt vorherzusagen. Auch wenn «den Ast absägen, auf dem man sitzt» dem gesunden Menschenverstand als Narrheit erscheint, für Nietzsche, Freud, Heidegger und Derrida ist es das gewiß nicht; diese hegen nämlich den Verdacht, daß es keinen ‹Grund› gibt, auf den man aufschlagen könnte, falls man fallen sollte, und daß die klarsichtigste Handlung vielleicht tatsächlich ein gewisses unbekümmertes Sägen ist, eine kalkulierte Zerlegung oder Dekonstruktion der großen kathedralengleichen Bäume, in denen der Mensch seit Jahrtausenden Zuflucht sucht.[10]

Ich betone das doppelte Vorgehen der Dekonstruktion deshalb so nachdrücklich, weil das Gerücht alles simplifiziert und die Dekonstruktion als Versuch zur Abschaffung aller Unterschiede behandelt, wobei Literatur und Philosophie verschwinden und nichts bleibt als eine allgemeine undifferenzierte Textualität. Die Unterscheidung von Philosophie und Literatur ist ganz im Gegenteil für die Interventionskraft der Dekonstruktion wesentlich: beispielsweise für den Nachweis, daß die philosophischste Lektüre eines philosophischen Werkes – eine Lektüre, die dessen Begriffe und die Grundlagen seines Diskurses in Frage stellt – diejenige ist, die das Werk als Literatur behandelt, als ein fiktives, rhetorisches Konstrukt, dessen Elemente und Ordnung durch diverse textuelle Zwänge determiniert sind. Umgekehrt mögen gerade die Lektüren literarischer Werke am wirkungsvollsten und angemessensten sein, die die Werke als philosophische Gesten behandeln, indem sie die Implikationen ihrer Verfahren gegen die philosophischen Gegensätze wenden, auf denen sie ruhen.

Zusammenfassend könnte man sagen, daß die Dekonstruktion eines Gegensatzes wie Anwesenheit/Abwesenheit, Rede/Schrift, Philosophie/Literatur, wörtlich/metaphorisch, zentral/marginal nicht darin besteht, diese zu zerstören und so zu einem Monismus zu gelangen, der *nur* noch Abwesenheit, Schrift, Literatur, Metapher oder Marginalität zuläßt. Einen Gegensatz dekonstruieren heißt, ihn zerlegen und deplazieren, ihn anders situieren. Schematisch führt dies zu mehreren unterscheidbaren Schritten: (A) man weist nach, daß es sich um einen metaphysischen und ideologisch auferlegten Gegensatz handelt, indem man (1) seine Voraussetzungen und seine Rolle im System der metaphysischen Werte aufdeckt – eine Aufgabe, zu der eine umfassende Analyse einer ganzen Reihe von Texten erforderlich sein mag –, und indem man (2) zeigt, wie er in den Texten selbst, in denen er formuliert wird und die auf ihm aufbauen, zerlegt wird. Gleichzeitig aber (B) behält man den Gegensatz bei, indem man ihn (1) in der eigenen Argumentation verwendet (die Charakterisierung der Rede und der Schrift oder von Literatur und Philosophie sind keine Irrtümer, die zurückzuweisen wären, sondern wesentliche Bezugspunkte der Argumentation) und indem man (2) den Gegensatz in einer Umkehrung wieder aufstellt, die ihm einen anderen Status und einen anderen Nachdruck verleiht. Wenn Rede und Schrift als zwei Versionen einer allgemeinen Protoschrift unterschieden werden, hat dieser Gegensatz nicht dieselben Implikationen, wie wenn die Schrift als technische und unvollkommene Repräsentation der Rede angesehen wird. Die Unterscheidung von wörtlicher und metaphorischer Bedeutung, die für eine Untersuchung des Funktionierens der Sprache wesentlich ist, wirkt anders, wenn die dekonstruktive Umkehrung wörtliche Bedeutungen als Metaphern identifiziert, deren Metaphorik in Vergessenheit geraten ist, statt Metaphern als Abweichungen von der eigentlichen, normalen wörtlichen Bedeutung anzusehen.

Dieses Vorgehen mit seiner doppelten Bewegung innerhalb und außerhalb vorhergehender Kategorien und Unterscheidungen verleiht der Dekonstruktion eine zweideutige Position, die sie für Angriffe und Mißverständnisse besonders anfällig macht. Da sie sich auf Unterscheidungen verläßt, die sie selbst in Frage stellt, und Gegensätze ausbeutet, deren philosophische Implikationen sie zu vermeiden sucht, kann sie immer sowohl als Anarchismus, der jegliche Ordnung zerstören will, attackiert werden als auch, aus entgegengesetzter Perspektive, als Bestandteil der Hierarchien, die sie denunziert. Statt eine feste Basis zur Erstellung einer neuen Ordnung oder Synthese anzubieten, bleibt sie Bestandteil des Systems oder diesem zumindest verhaftet, das sie kritisiert und zu deplazieren versucht. Bei der Betrachtung einiger derridascher Aufpfropfungen haben wir gesehen, daß dekonstruktive Werke eine problematische Beziehung zur Unterscheidung von ernsthaft und nicht-ernsthaft haben. Auf die Möglichkeit ernsthafter Argumentation oder den Anspruch, sich mit ‹wesentlichen› Dingen zu befassen, will die Dekonstruktion nicht verzichten, versucht aber gleichwohl, die Grenzen der Ernsthaftigkeit zu überschreiten, indem sie die Priorität bestreitet, die ‹ernsthaften› philosophischen Erwägungen über Probleme der linguistischen ‹Oberfläche› eingeräumt wird.

Die Implikationen dieser beidhändigen Beziehung zur Philosophie und zu philosophischen Unternehmungen sind schwierig zu erklären, für ein Verständnis der Dekonstruktion aber wesentlich. Indem er die Philosophie als logozentrisch charakterisiert, identifiziert Derrida als deren fundamentalstes Vorhaben, die Natur der Wahrheit, der Vernunft und des Seins zu bestimmen und das Wesentliche vom Zufälligen, das Wohlgegründete vom Künstlichen zu unterscheiden. Seit Descartes zeigt sich der Logozentrismus der Philosophie besonders in ihrer Konzentration auf die Erkenntnistheorie. Richard Rorty charakterisiert dies in einer überzeugenden Untersuchung dieser Tradition folgendermaßen:

«Die Philosophie als Fach versteht sich hiernach als das Unternehmen, das die Gültigkeit der Erkenntnisansprüche von Wissenschaft, Moralität, Kunst und Religion garantiert oder ihre Ungültigkeit entlarvt. Sie gibt vor, dies auf der Grundlage ihres ganz besonderen Verständnisses der Natur des Erkennens und des Mentalen zu leisten. Sie vermag jegliche übrige Kultur zu fundieren, da Kultur überhaupt im Ansammeln von Wissensansprüchen besteht und die Philosophie es ist, die über derartige Ansprüche ein Urteil fällt. Dies wiederum vermag sie zu tun, weil sie die Fundamente der Erkenntnis kennt, und sie findet diese Fundamente durch die Untersuchung des Menschen-qua-Erkenntnissubjekt, seiner ‹mentalen Prozesse› oder jener ‹Aktivität des Vorstellens oder Darstellens› *(repraesentatio)*, die unser Erkennen ‹allererst ermöglicht›. Das Erkennen ist das genaue Darstellen dessen, was sich außer unserem Bewußtsein befindet; das Verständnis der Natur und der Möglichkeit des Erkennens ist demnach das Verständnis der Weise, auf die das Bewußtsein diese Darstellungen hervorzubringen vermag» (Rorty, *Der Spiegel der Natur*, S. 13).

Die Realität ist die Präsenz hinter den Repräsentationen, dasjenige, wovon die Repräsentationen genaue Repräsentationen sind, und Philosophie ist in erster Linie eine Theorie der Repräsentation.

Eine Theorie der Repräsentation, die eine feste Basis bereitstellen will, muß die Präsenz dessen, was Repräsentationen genau repräsentieren, als gegeben voraussetzen. Daher stellt sich immer die Frage, ob nicht jedes angenommene Gegebene in Wirklichkeit ein Konstrukt oder Produkt ist, das beispielsweise von der Theorie, die es stützen soll, abhängig ist. Darüber hinaus ist das für Wahrheits- oder Erkenntnistheorien charakteristische Problem die Frage, weshalb wir über die Bedingungen der Wahrheit oder der Erkenntnis mehr wissen sollten als über irgendeine partikulare Wahrheit. Eine bestimmte Tradition des Pragmatismus argumentiert oft, daß wir, wenn wir Wahrheit als das definieren, was der Fall *ist*, nicht nur nicht sicher sein können, daß unsere momentanen Vorstellungen wahr sind, da wir die Möglichkeit einräumen müssen, daß zukünftige Entdeckungen sie falsifizieren; wir haben auch keinerlei Garantie, daß unsere Kriterien für erfolgreiche Untersuchungen die richtigen sind. Diese Denker meinen, Wahrheit sollte besser in Relation zu einem Argumentations- und Rechtfertigungsrahmen gedacht werden: Wahrheit als, wie John Dewey formuliert, «gerechtfertigte Behauptung» [11]. Wahrheit besteht in Aussagen, die durch jeweils gültige Rechtfertigungsmodelle zugelassen werden. An die Stelle einer Korrespondenz von Aussagen mit irgendeinem absoluten Zustand tritt eine permanente Diskussion, in der Aussagen gemacht werden, um andere Aussagen zu stützen, und dies in einem potentiell unendlichen Prozeß, der erst dann an ein Ende kommt, wenn die Beteiligten Einigkeit erzielen oder anfangen, sich zu langweilen (Rorty, S. 178 f.). Für die Vertreter einer Korrespondenztheorie der Wahrheit gibt es eine Wahrheit, aber wir können niemals sicher sein, daß wir sie auch kennen. Dem halten die Pragmatiker entgegen, daß wir die Wahrheit kennen können, da Wahrheit jeweils das sei, was durch unsere Bewertungsmethoden validiert werde; auch wenn Wahrheit relativ sei in bezug auf ein Ensemble institutionalisierter Prozeduren und Annahmen, die sich ändern können, gebe es doch keine gewissere Basis als eben die Wahrheit, über die wir jeweils verfügen.

Die Versuchung liegt nahe, die Dekonstruktion mit dem Pragmatismus gleichzusetzen, da sie ganz ähnlich die philosophische Tradition kritisiert und die institutionalisierten und konventionellen Zwänge, denen die diskursive Forschung unterworfen ist, hervorhebt. In Rortys Darstellung betrachtet die Dekonstruktion, genau wie der Pragmatismus, Repräsentationen als Zeichen, die sich auf andere Zeichen beziehen, und sieht die Forschung als einen Prozeß, in dem Aussagen gemacht werden, um andere Aussagen zu stützen, und was als ‹Basis› einer Aussage angeführt wird, erweist sich als Teil eines allgemeinen Textes. Aber der Gleichsetzung von Dekonstruktion und Pragmatismus stehen zwei wesentliche Hindernisse entgegen. Erstens kann die Dekonstruktion sich mit dem pragmatischen Wahrheitsbegriff nicht zufriedengeben. Die Berufung auf Konsens und Konvention – Wahrheit als das, was durch jeweils gültige Bewertungsmethoden validiert wird – behandelt die Norm als Grundlage; Normen aber, wie Derrida in seiner Auseinandersetzung mit Austin und Searle gezeigt hat, sind Produkte eines Ausschließungsprozesses. Sprechakttheoretiker schließen nicht-ernsthafte Beispiele aus, um ihre Konsens- und Konventionsregeln begründen zu können. Moralisten schließen die Devianz aus, um ihre Vorschriften auf einen sozialen Konsens stützen zu können. Wenn, wie Rorty feststellt, die Analyse einer Aussage zur Feststellung ihrer Objektivität darin besteht, «herauszufinden, ob es unter gesunden und vernünftigen Menschen eine allgemeine Übereinstimmung darüber gibt, was als Bestätigung ihrer Wahrheit gilt», dann kommt Objektivität durch den Ausschluß derjenigen zustande, die nicht als gesund und vernünftig gelten: Frauen, Kinder, Dichter, Propheten, Verrückte. Allgemeine Übereinstimmung ist häufig zu finden; aber ein Konsens, der als Grundlage dienen soll, ist kein Gegebenes, sondern ein Produkt – geschaffen durch eben solche Ausschließungen.

Da die Dekonstruktion sich für das Ausgeschlossene interessiert und für die Perspektive, die dieses auf den Konsens eröffnet, kommt eine Konsenstheorie der Wahrheit oder eine Einschränkung der Wahrheit auf das, was innerhalb eines Systems beweisbar ist, für sie nicht in Frage. Gerade die Vorstellung, daß Wahrheit das sei, was durch jeweils gültige Bewertungsmethoden validiert werde, wird zur Kritik dessen verwendet, was jeweils als wahr gilt. Da die Dekonstruktion den Versuch unternimmt, Systeme von außen wie von innen zu betrachten, versucht sie, die Möglichkeit offenzuhalten, daß die Exzentrizität von Frauen, Dichtern, Propheten und Verrückten vielleicht Wahrheiten über das System vermittelt, für das sie selbst marginal sind – Wahrheiten, die dem Konsens widersprechen und nicht innerhalb des jeweils gültigen Rahmens beweisbar sind.

Zweitens unterscheidet sich die Dekonstruktion vom Pragmatismus in ihrer Einstellung zur Reflexivität. In seiner rigorosesten Form argumentiert der Pragmatismus, daß wir den Rahmen der Vorstellungen und Annahmen, in dem wir operieren, durch keine noch so angestrengte Selbstbefragung oder theoretische Untersuchung verlassen können – wir können uns nicht außerhalb unserer Institutionen und Vorstellungen stellen, um sie zu bewerten, und deshalb sollten wir uns um diese Angelegenheiten auch keine Sorgen machen und pragmatisch unseren Geschäften nachgehen. Natürlich steht auch die Dekonstruktion der Möglichkeit, epistemologische Probleme zu lösen oder aus dem Logozentrismus des westlichen Denkens tatsächlich auszubrechen, skeptisch gegenüber; aber sie weist die Selbstzufriedenheit, zu der der Pragmatismus führen kann, zurück und macht die Reflexion über die eigenen Verfahrensweisen und die institutionellen Rahmenbedingungen zu einer notwendigen Aufgabe. Die Infragestellung der eigenen Kategorien und Verfahrensweisen kann natürlich mit beträchtlicher Selbstzufriedenheit geschehen; das Prinzip, die Strategie kann jedoch eindeutig formuliert werden: Selbst wenn wir den zu kritisierenden und zu bewertenden begrifflichen Rahmen im Prinzip nicht verlassen können, führt die Praxis der Selbstreflexion, der Versuch, die eigene Praxis zu theoretisieren, zu Veränderungen, was die neuere Geschichte der Literaturkritik zur Genüge beweist. Die Untersuchungen der Theorie führen nicht zu neuen Grundlegungen – insofern haben die Pragmatiker recht. Aber sie gehen fehl, wenn sie diese deshalb verwerfen, denn sie führen zu Veränderungen in den Annahmen, Institutionen und Praktiken.

Das Festhalten an der Vorstellung, daß Wahrheit sich aus marginalen oder exzentrischen Positionen ergeben kann, ist Teil dieser theoretischen Strategie. Während spezifische Ansprüche auf die Entdeckung einer Grundlage oder einer epistemologisch maßgeblichen Position in Frage gestellt werden, hängt doch das kritische Unternehmen davon ab, daß man sich der Vorstellung widersetzt, Wahrheit sei nur das, was innerhalb eines akzeptierten Rahmens beweisbar ist. Vielleicht spielt ‹Wahrheit› gerade deshalb in der Argumentation und Analyse eine so unverzichtbare Rolle, weil ihr diese beständige Verdoppelung eigen ist, diese doppelte Referenz, die schwer auszulöschen ist. Wahrheit ist beides: das, was innerhalb eines akzeptierten Rahmens beweisbar ist, und das, was einfach der Fall ist, ganz gleich, ob einer daran glaubt oder es validiert.

Die Unverwüstlichkeit dieser doppelten Funktion oder dieses doppelten Spiels der ‹Wahrheit› erweist sich darin, daß die Vertreter eines pragmatischen Wahrheitsbegriffs im allgemeinen nicht behaupten, ihre Ansicht sei wahr, weil sie eine gerechtfertigte Behauptung ist, die innerhalb der Annahmen einer Kultur beweisbar sei. Im

Gegenteil, sie behaupten, daß genau dies die Wahrheit *ist*, daß dies die Wahrheit über die Wahrheit ist, auch wenn die meisten Menschen im allgemeinen glauben, Wahrheit sei etwas anderes.

Dies ist ein Paradox, auf das wir auf dem Gebiet der Philosophie, der Literaturkritik, der Geschichte und zweifellos auch auf anderen Gebieten häufig stoßen. Die Vertreter einer absolutistischen Korrespondenztheorie der Wahrheit verteidigen ihre Position auf pragmatischer Basis: Ihre Konsequenzen sind wünschenswert, und sie ist zur Bewahrung wesentlicher Werte notwendig. Sie argumentieren, daß wir an die Möglichkeit, die Wahrheit tatsächlich zu erfassen, nicht zu glauben brauchen; aber wir müssen annehmen, daß es eine Wahrheit gibt – eine Weise, wie die Dinge sind, eine wahre Bedeutung eines Textes oder einer Äußerung –, wenn nicht die Forschung und die Analyse ihren Zweck verlieren sollen; das Fragen des Menschen hätte dann kein Ziel mehr. Die Verfechter einer pragmatischen Sicht halten dagegen, daß wir, ganz gleich, was für Konsequenzen ihr Relativismus hat, damit leben müssen, weil dies die Wahrheit ist, die Weise, wie die Dinge sind: Wahrheit *ist* relativ, abhängig von einem begrifflichen Rahmen. Beide Versuche, eine Position aufrechtzuerhalten, führen zu einer dekonstruktiven Bewegung, in der die zur Verteidigung der Position vorgebrachte Logik der Argumentation diese stützt und ihr zugleich widerspricht.

Dekonstruktive Lektüren decken diese paradoxe Situation auf, in der einerseits logozentrische Positionen ihre eigene Aufhebung enthalten, andererseits die Widerlegung des Logozentrismus in logozentrischen Begriffen geschieht. Da die Dekonstruktion diese Positionen beibehält, mag sie als eine Art dialektische Synthese erscheinen, eine überlegene, vollkommenere Theorie; aber diese beiden Bewegungen führen nicht, einmal verbunden, zu einer kohärenten Position oder einer überlegenen Theorie. Die Dekonstruktion verfügt über keine bessere Wahrheitstheorie. Sie ist eine Praxis der Lektüre und der Schrift, die auf die Aporien eingestimmt ist, die sich aus den Versuchen ergeben, uns die Wahrheit zu erzählen. Sie entwickelt keinen neuen philosophischen Rahmen und bietet keine Lösung, sondern pendelt mit einer Gewandtheit, von der sie hofft, daß sie sich als strategisch erweisen wird, zwischen nicht synthetischen Momenten einer allgemeinen Ökonomie. Sie bewegt sich innerhalb und außerhalb der philosophischen Ernsthaftigkeit, der philosophischen Beweisführung. Statt eine neue Basis zu erstellen, arbeitet sie innerhalb und außerhalb des diskursiven Rahmens und hofft gleichwohl, damit Umkehrungen und Deplazierungen zu bewirken. Einige dieser Umkehrungen von Hierarchien haben wir bereits kennengelernt; aber da es eine Reihe anderer von beträchtlicher praktischer und theoretischer Bedeutung gibt, sollten wir uns diesen zur Illustration der Implikationen der Dekonstruktion zuwenden, bevor wir uns mit der Frage befassen, welche möglichen Konsequenzen sich daraus für die Literaturkritik ergeben.

4. Institutionen und Inversionen

In *The Conflict of Faculties* schreibt Derrida:

«Was etwas voreilig Dekonstruktion genannt wird, besteht nicht, wenn sie überhaupt eine Wirkung haben soll, in einer spezifischen Reihe diskursiver Prozeduren und erst recht nicht in Regeln einer neuen hermeneutischen Methode, die im Schutz gegebener und fester Institutionen Texte oder Äußerungen bearbeitet. Sie ist zumindest auch eine Weise, Stellung zu beziehen, in ihrer Arbeit der Analyse, in bezug auf die politischen und institutionellen Strukturen, die unsere Praxis, unsere Kompetenz, unsere Performanz ermöglichen und beherrschen. Gerade weil sie sich niemals nur mit dem bezeichneten Inhalt befaßt, sollte die Dekonstruktion nicht von dieser politisch-institutionellen Problematik getrennt werden können und sollte eine neue Befragung der Verantwortlichkeit suchen, eine Befragung, welche die von der Ethik und der Politik ererbten Codes in Frage stellt. Dies bedeutet, daß sie, während sie einigen zu politisch ist, denjenigen als lähmend erscheinen mag, die Politik nur an den allervertrautesten Zeichen erkennen. Die Dekonstruktion ist weder eine methodologische Reform, welche die jeweils gültige Organisation stärken soll, noch das Aufblühen einer unverantwortlichen und unverantwortlich machenden Dekonstruktion, deren einzig sicherer Effekt darin bestünde, alles so zu lassen, wie es ist, und die am wenigsten beweglichen Kräfte in der Universität zu konsolidieren.»

Die These lautet, daß die Dekonstruktion, gerade weil sie sich niemals nur mit dem bezeichneten Inhalt, sondern besonders mit den Bedingungen und Voraussetzungen von Diskursen, mit dem Rahmen der Untersuchung befaßt, die institutionellen Strukturen einbezieht, die unsere Praxis, Kompetenz und Performanz beherrschen. Die Infragestellung dieser Strukturen, was auch immer deren Konsequenzen sein mögen – und es hat sich gezeigt, daß diese nicht leicht zu kalkulieren sind –, kann als Politisierung dessen angesehen werden, was sonst als neutraler Rahmen gilt. Zu den Problemen, mit denen die Dekonstruktion sich befaßt, gehören auch Fragen institutioneller Macht und Struktur. Kants *Der Streit der Fakultäten*, den Derrida in dem gleichnamigen Essay analysiert, untersucht die Beziehung der philosophischen Fakultät zu den anderen Universitätsfakultäten (Jura, Medizin, Theologie) und zur Staatsmacht. Es erweist sich, daß Kants Versuch einer Definition des Operationsgebietes der philosophischen Fakultät und der Begrenzungen, die ihr durch die Rechte und die Macht anderer Gebiete auferlegt werden, auf einer Unterscheidung von konstativer und performativer Sprache ruht: Ersteres ist ein Gebiet, durch das die Philosophie frei macht, letzteres ist für den Staat und seine Universitätsagenten reserviert. Und die Probleme, die auftauchen, wenn eine Sprechakttheorie diesen Gegensatz zu definieren und aufrechtzuerhalten sucht, sind dieselben, die die Auseinandersetzungen in Kants Universität beleben und in anderer Form auch in unserer. «Il n'y a pas dehors texte», weil die Realitäten, mit denen die Politik sich befaßt, und die Formen, in der sie manipuliert werden, von den diskursiven Strukturen und Bezeichnungssystemen, oder von dem, was Derrida den «allgemeinen Text» nennt, nicht zu trennen sind. Da sie von den hierarchischen Gegensätzen unserer Tradition abhängig sind, werden sie vermutlich auch von Inversionen und Deplazierungen dieser Hierarchien affiziert, auch wenn deren Wirkungen sich vielleicht nur langsam durchsetzen.

Derridas öffentlichste Auseinandersetzung mit Institutionen und Politik war seine Arbeit mit der *Groupe de recherches sur l'enseignement philosophique* (GREPH), die einen umfassenden Kampf gegen die Schulreform unternahm, durch die die Rolle der Philosophie in französischen Schulen reduziert und die Ausbildung auf die angeblichen technologischen Erfordernisse des zukünftigen Berufsmarktes ausgerichtet werden sollte. GREPHs Verteidigung der Philosophie impliziert eine Kritik der von verschiedenen Institutionen vertretenen Vorstellung von Philosophie; eine philosophische Analyse der Verstrickungen der Philosophie in Interessen und Kräfte, die einer rein philosophischen Untersuchung als marginal gelten, erweitert den Begriff der Philosophie zu einem kritischen Diskurs, der sich explizit mit der Politik des Wissens, der Repräsentation, des Lernens, der Kommunikation befaßt. Indem sie die hierarchischen Gegensätze bekämpft, in denen die Philosophie und ihre Rolle festgelegt wurden, versucht GREPH, die Basis und die Anliegen ihres Kampfes zu verändern. Wie Christopher Fynsk in einer Besprechung von GREPHs *Qui a peur de la philosophie?* schreibt, geht es nicht nur um den Status einer Disziplin namens «Philosophie», sondern um «einen Kampf zwischen mehr oder weniger entschiedenen Kräften, die als *Philosophien* innerhalb und außerhalb der Institutionen arbeiten» («A Decelebration of Philosophy», S. 81).

Die Verbindung einer anspruchsvollen Reflexion über die Natur der Philosophie mit dem Kampf für spezifische politische Ziele ist keineswegs einfach, wie die Heterogenität der Beiträge in *Qui a peur de la philosophie?* zeigt. In dem Interview «Entre crochets» betont Derrida die besondere Relevanz dieses Projekts, «erstens, weil es immer schwierig ist, weil ich nicht weiß, wie ich es angehen soll: es gibt kein bereits ausgearbeitetes Programm; für jeden Fall muß es neu erstellt und festgelegt werden; es kann immer fehlschlagen; auf jeden Fall wird es bis zu einem gewissen Grad fehlschlagen.» Aber was ihn am meisten interessiert, fährt er fort, sei der Versuch, eine gewisse Lücke oder Aufschiebung zu reduzieren:

> «zum Beispiel zwischen dieser Arbeit an oder gegen Institutionen (um es einfach zu sagen) und andererseits dem, was ich als die fortgeschrittenste (um wieder zu vereinfachen) Version der philosophischen oder theoretischen Dekonstruktion ansehe... Wir müssen uns gewisser Lücken bewußt werden und versuchen, sie zu reduzieren, auch wenn es aus ganz wesentlichen Gründen unmöglich ist, sie zu beseitigen: beispielsweise die Lücken zwischen den Diskursen oder der Praxis dieser unmittelbar politischen Dekonstruktion und einer Dekonstruktion mit theoretischem oder philosophischem Aspekt. Diese Lücken sind oft so groß, daß sie die Verbindungen verbergen oder für viele unerkennbar machen» (S. 113).

Viele Theoretiker möchten diese Lücken unbedingt beseitigen. In *Marxism and Deconstruction* umreißt Michael Ryan mit großer polemischer Verve Wege, wie die Dekonstruktion unmittelbar für politische Ziele eingespannt werden könnte. Solche Projekte laufen das Risiko der Lächerlichkeit – braucht man Derrida, um die Widersprüche rechtsgerichteter politischer Rhetorik zu entwirren? – und, wichtiger noch, verstricken sich in Diskussionen darüber, was wirklich progressiv ist und was nicht. Es gibt kein bereits ausgearbeitetes Programm, sagt Derrida, weil die Versuche zur Umkehrung und damit Deplazierung der wichtigen hierarchischen Gegensätze des westlichen Denkens Möglichkeiten der Veränderung eröffnen, die nicht kalkulierbar sind. Was auf einer Stufe als äußerst abstrakte und dunkle Probleme erscheinen mag, kann beunruhigendere Wirkungen haben als die unmittelbare, intensive politische Debatte, und dieses radikale Potential könnte von der Bereitschaft abhängen, der theoretischen Forschung nachzugehen, ohne von dem Bedürfnis, einen politischen Nutzen vorherzusagen, eingeschränkt zu werden. Wenn, wie Derrida in der *Grammatologie* meint, die Zukunft, auf die die Dekonstruktion einen Blick wirft – eine Zukunft, die mit der konstituierten Normalität bricht –, «nur in Gestalt der Monstruosität sich kundtun, sich *präsentieren* kann» (S. 15), dann sollte man es den theoretischen Unternehmungen zugestehen, wenn sie monströs oder grotesk werden, und sie nicht einer Teleologie des politischen Nutzens unterwerfen in der Hoffnung, die von Derrida beschriebene ‹Lücke› zu beseitigen. Damit die notwendige Beharrlichkeit dieser Lücke nicht zur Entschuldigung für eine konservative institutionelle Selbstgefälligkeit wird, muß man, wie Derrida schreibt, weiterhin «an zwei Fronten kämpfen, auf zwei Bühnen und in zwei Registern» – Kritik der gegenwärtigen Institutionen und Dekonstruktion der philosophischen Gegensätze –, während man gleichwohl die Unterscheidung zwischen den beiden bekämpft («Où commence et comment finit un corps enseignant», S. 67).

Die These lautet, daß dekonstruktive Analysen potentiell radikale institutionelle Implikationen haben; aber diese oft weit entfernten und unkalkulierbaren Implikationen sind kein Ersatz für die unmittelbare kritische und politische Aktion, mit der sie nur indirekt verbunden zu sein scheinen. Vielleicht hängt ihr radikales Potential von den überraschenden Ergebnissen ab, zu denen eine exzessive, nicht kalkulierte theoretische Forschung führt. Wenn die Kraft einer Theorie von der Möglichkeit der Institutionalisierung abhängt – sie wird in dem Maße politisch effektiv, wie sie die Praxis mit Informationen versehen kann, mit der wir eine Welt konstituieren, verwalten und vermitteln –, dann werden ihre radikalsten Aspekte durch eine solche Institutionalisierung bedroht, und sie tauchen gerade in einer theoretischen Reflexion wieder auf, die spezifische Institutionalisierungen eines theoretischen Diskurses bekämpft. Dies kann man zum Beispiel im Fall der Freudschen Theorie feststellen: Ihre Kraft hängt von ihrer Fähigkeit zur hierarchischen Umkehrung ab, durch die das Denken und Verhalten verändert wird; aber die Institutionen der Psychoanalyse sind wohl eher konservativ, und die radikale Kraft der Freudschen Theorie hängt nicht von diesen Institutionen ab, sondern von den Möglichkeiten, die sie einer beständigen theoretischen Kritik bietet – einer Kritik der Institutionen und Voraussetzungen, einschließlich derjenigen der psychoanalytischen Praxis.

Tatsächlich ist die Freudsche Theorie ein ausgezeichnetes Beispiel dafür, wie eine scheinbar spezialisierte oder pervertierte Untersuchung ein ganzes Gebiet verändern kann, indem sie die Gegensätze umkehrt und deplaziert, die aus den Gegenständen, für die sie sich interessiert, marginale Fälle machte. Eines der produktivsten intellektuellen Unternehmen der 70iger Jahre war das Studium der Schriften Freuds – aus einer dekonstruktiven Perspektive – als Theorien und Beispiele der Textualität.[12] Indem sie der beträchtlichen dekonstruktiven und selbst-dekonstruktiven Kraft dieser Texte im Detail nachgingen, haben uns diese Lektüren eine neue Sicht auf Freuds Theorien ermöglicht.

Man kann Freuds Leistung unter anderem in den Begriffen verstehen, denen wir in diesem Kapitel nachgegangen sind. Freud beginnt mit einer Reihe hierarchischer Gegensätze: normal/pathologisch, gesund/krank, real/imaginär, Erfahrung/Traum, bewußt/unbewußt, Leben/Tod. In jedem Fall kommt dem ersten Ausdruck Priorität zu und eine Fülle, von der der zweite die Negation oder Komplikation ist. Am Rand des ersten Ausdrucks situiert, bezeichnet der zweite Ausdruck eine unerwünschte, entbehrliche Abweichung. Freuds Untersuchungen dekonstruieren diese Gegensätze, indem sie aufdecken, was unserem Begehren, den zweiten Ausdruck zu verdrängen, tatsächlich zugrunde liegt, und indem sie zeigen, daß der jeweils erste Ausdruck als Sonderfall der grundlegenden Beziehungen angesehen werden kann, die der zweite Ausdruck bezeichnet, der in diesem Prozeß seinerseits transformiert wird. Das Verstehen des marginalen und abweichenden Ausdrucks wird zur Bedingung für das Verstehen des angeblich höhergestellten Ausdrucks. Die allgemeinsten psychischen Operationen werden zum Beispiel durch die Untersuchung pathologischer Fälle entdeckt. Die Logik des Traums und der Phantasie erweist sich als zentral für die Darstellung der Kräfte, die in unserer gesamten Erfahrung wirksam sind. Die Untersuchung der Neurose ist der Schlüssel zur Beschreibung gesunden angepaßten Verhaltens; es ist sogar zu einem Gemeinplatz geworden, daß ‹Gesundheit› nur eine besondere Form der Neurose sei, eine Neurose, die mit gewissen sozialen Ansprüchen übereinstimmt. Anstatt die Sexualität als einen äußerst spezialisierten Aspekt der menschlichen Erfahrung zu behandeln, als eine Kraft, die nur in bestimmten Momenten im Leben der Menschen wirkt, zeigt Freud, daß sie überall vorhanden ist, und macht eine Theorie der Sexualität zur Vorbedingung für das Verstehen dessen, was als ausgesprochen nicht-sexuell erscheinen könnte wie etwa das Verhalten von Kindern. Das «Nicht-Sexuelle» wird zu einer besonderen Version dessen, was Freud die «erweiterte Sexualität» nennt (*Drei Abhandlungen zur Sexualtheorie*, Studienausgabe, Bd. V, S. 46). Diese dekonstruktiven Umkehrungen, die das ins Zentrum rücken, was bis dahin als marginal galt, sind wohl zum großen Teil für die revolutionäre Kraft der Freudschen Theorie verantwortlich. Dieses einzigartige Monstrum Ödipus zum Modell des normalen Reifeprozesses zu machen oder die normale Sexualität als Perversion zu untersuchen – als Perversion des Instinkthaften – ist ein Verfahren, das auch heute noch nicht seine Kraft zum Skandal verloren hat.

Das allgemeinste Beispiel der Freudschen Dekonstruktion ist natürlich die Dislozierung des hierarchischen Gegensatzes von Bewußtem und Unbewußtem. Freud schreibt:

«Die Rückkehr von der Überschätzung der Bewußtseinseigenschaft wird zur unerläßlichen Vorbedingung für jede richtige Einsicht in den Hergang des Psychischen... Das Unbewußte ist der größere Kreis, der den kleineren des Bewußtseins in sich einschließt; alles Bewußte hat eine unbewußte Vorstufe, während das Unbewußte auf dieser Stufe stehenbleiben und doch den vollen Wert einer psychischen Leistung beanspruchen kann. Das Unbewußte ist das eigentlich reale Psychische» (*Die Traumdeutung*, Studienausgabe, Bd. II, S. 580).

In einer mächtigen humanistischen Tradition, für die Descartes nur der offensichtlichste Repräsentant ist, wurde das menschliche Subjekt immer in Begriffen des Bewußtseins definiert: Das ‹Ich› ist dasjenige, was denkt, wahrnimmt und fühlt. Indem er die bestimmenden Kräfte unbewußter Faktoren und Strukturen im menschlichen Leben enthüllt und beschreibt, kehrt Freud die traditionelle Hierarchie um und macht das Bewußtsein zu einem abgeleiteten Sonderfall unbewußter Prozesse. Es gibt zwei Wege, über dieses Freudsche Verfahren nachzudenken. Der erste, der in Diskussionen der psychoanalytischen Kur oft bevorzugt wird, besteht in einer Inversion, welche die überlegene Kraft des Unbewußten betont, dieses aber immer noch in Bewußtseinsbegriffen definiert, als verdrängtes oder aufgeschobenes Bewußtsein. Erfahrungen werden verdrängt und ins Unbewußte abgeschoben, wo sie einen determinierenden Einfluß ausüben. Im Verlauf einer Psychoanalyse wird deren verborgene Präsenz enthüllt; sie werden wieder in das Bewußtsein gehoben, und der Analysand befreit sich ganz im Sinne der humanistischen Tradition von der Herrschaft dieser vorher verdrängten Gedanken durch dieses neue Selbstbewußtsein, in dem das Selbst zu einer maximalen Selbstpräsenz gelangt. Auf diese Weise privilegiert die Freudsche Inversion das Unbewußte, aber nur, indem sie aus ihm eine verborgene Realität macht, die durch ein überlegenes Bewußtsein im Prinzip enthüllt und wieder angeeignet werden kann.

Freuds Formulierungen sind für eine derartige Interpretation oft genug offen; er insistiert jedoch auch auf der Unterscheidung zwischen dem psychoanalytischen Unbewußten und dem von ihm so genannten «Vorbewußten», dessen Erinnerungen und Erfahrungen zu einem gegebenen Moment zwar nicht bewußt sind, aber im Prinzip vom Bewußtsein wieder heraufgeholt werden können. Das Unbewußte hingegen sei dem Bewußtsein unzugänglich.[13] Darüber hinaus betont Freud, vornehmlich in den Schriften, in denen er Theorien über Urverdrängung, Urphantasien und Nachträglichkeit oder aufgeschobene Wirkung ausarbeitet, daß das Unbewußte keineswegs einfach eine Schicht tatsächlicher Erfahrungen ist, die verdrängt wurden, eine verborgene Präsenz also. Es wird durch Verdrängung konstituiert und ist zugleich aktives Agens der Verdrängung.

Wie die *différance*, die den unmöglichen Ursprung der Differenz im Akt der Differenzierung und der Differenzierung in der Differenz bezeichnet, ist auch das Unbewußte ein nicht-ursprünglicher Ursprung, den Freud *Urverdrängung* nennt, in der das Unbewußte die erste Verdrängung bewirkt und sich zugleich als Verdrängung konstituiert. Wenn die Entdeckung des Unbewußten ein Nachweis dafür ist, daß im menschlichen Subjekt nichts je einfach ist, daß Gedanken und Wünsche immer schon verdoppelt und gespalten sind, dann zeigt sich, daß das Unbewußte selbst keine einfache verborgene Realität ist, sondern immer schon, in Freuds Spekulationen, ein komplexes differentielles Produkt. Wie Derrida schreibt,

> «ist das Unbewußte bekanntlich keine verborgene, virtuelle potentielle Selbstpräsenz. Es schiebt sich auf/unterscheidet sich *(se diffère)*, was sicher bedeutet, daß es Repräsentanten entsendet und Mandatsträger delegiert; aber es gibt keine Möglichkeit, daß der Mandant irgendwo ‹existiert›, präsent, ‹er selbst› ist, und erst recht nicht, daß er bewußt wird. In diesem Sinne... ist das Unbewußte nicht mehr eher ein ‹Ding› als etwas anderes, nicht mehr eher ein Ding als ein virtuelles oder maskiertes Bewußtsein. Diese radikale Alterität in bezug auf jede mögliche Form der Präsenz äußert sich in irreduziblen Effekten des Im-Nachhinein, der Nachträglichkeit... In der Alterität des ‹Unbewußten› haben wir es nicht mit Horizonten modifizierter vergangener oder noch zu kommender – Anwesenheiten zu tun, sondern mit einer ‹Vergangenheit›, die niemals anwesend war und es niemals sein wird, deren ‹An-kunft› niemals die *Produktion* oder Reproduktion in der Form der Präsenz sein wird» (*Randgänge*, S. 28/29).

Nachträglichkeit bezeichnet eine paradoxe Situation, auf die Freud in seinen Fallstudien oft stieß, in der das entscheidende Ereignis einer Neurose niemals als solches auftaucht, niemals als Ereignis präsent ist, sondern nachträglich von etwas konstruiert wird, was man nur als textuellen Mechanismus des Unbewußten beschreiben kann. Im Fall des Wolfsmanns führte die Analyse der Schlüsselträume Freud zu der Schlußfolgerung, daß das Kind im Alter von eineinhalb Jahren seine Eltern beim Beischlaf beobachtet hatte. Diese «Urszene» hatte zu dieser Zeit keine Bedeutung und keine Wirkung; sie war in das Bewußtsein eingeschrieben wie ein Text in einer unbekannten Sprache. Als er vier Jahre alt war, wurde die Szene aber durch einen Traum, der mit ihr durch eine Assoziationskette verbunden war, in ein Trauma verwandelt, blieb jedoch selbst in Form eines verschobenen Symptoms verdrängt: Angst vor Wölfen. Die wesentliche Erfahrung, das entscheidende Ereignis im Leben des Wolfsmanns hat als solches niemals stattgefunden. Die ‹ursprüngliche› Szene war selbst nicht traumatisch, und Freud gesteht zu, daß es sich vielleicht nur um eine Szene kopulierender Tiere gehandelt hat, die erst durch eine nachträgliche Wirkung in die «Urszene» transformiert wurde. Das Ereignis oder die Ursache kann man nicht herausfinden oder wieder präsent machen, weil es nirgendwo existiert.

Der Fall «Emma» ist ein weiteres klassisches Beispiel für die textuelle, differentielle Funktionsweise des Unbewußten. Emma führt ihre Angst vor Geschäften auf einen Vorfall im Alter von zwölf Jahren zurück, als sie ein Geschäft betrat, dort zwei Verkäufer lachen sah und voller Angst die Flucht ergriff. Freud führt sie auf eine Szene im Alter von acht Jahren zurück, als ein Ladenbesitzer ihre Genitalien durch die Kleidung hindurch streichelte. «Zwischen den beiden Szenen», schreibt Jean Laplanche, «ist ein ganz neues Element aufgetaucht – die Möglichkeit einer sexuellen Reaktion» (*Life and Death in Psychoanalysis*, S. 40). Der sexuelle Inhalt ist weder in der ersten Szene enthalten, wo sie sich keinerlei sexueller Implikationen bewußt war, noch in der zweiten. «Es liegt hier der Fall vor, daß eine Erinnerung einen Affekt erweckt, den sie als Erlebnis nicht erweckt hatte, weil unterdes die Verdrängung der Pubertät ein anderes Verständnis des Erinnerten ermöglicht hat... Überall findet sich, daß eine Erinnerung verdrängt wird, die nur *nachträglich* zum Trauma geworden ist» («Entwurf einer Psychologie», in: *Aus den Anfängen der Psychoanalyse*. London: Imago Publishing Co. 1950).

«Die Irreduzibilität ‹mit Verspätung› (à-retardement)», schreibt Derrida, «ist zweifellos die Entdeckung Freuds» (*Die Schrift und die Differenz*, S. 312). «Der unbewußte Text ist schon aus reinen Spuren und Differenzen gewoben, in denen Sinn und Kraft sich vereinen; ein nirgendwo präsenter Text, der aus Archiven gebildet ist, die *immer schon* Umschriften sind. Ursprüngliche Stiche. Alles fängt mit der Reproduktion an. Immer schon, das heißt Niederschlag eines Sinns, der nie gegenwärtig war, dessen bedeutete Präsenz immer ‹nachträglich›, im Nachherein und zusätzlich (*supplémentairement*) rekonstituiert wird» (S. 322). Die Möglichkeit, die Freudsche Theorie in Begriffen der *différance* zu begreifen, wird durch Freuds diverse differentielle Modelle der Psyche noch bekräftigt, die Derrida in *Freud und der Schauplatz der Schrift* untersucht, besonders das Modell des «Wunderblocks». Um die paradoxe Situation zu veranschaulichen, daß Erinnerungen im Unbewußten niedergeschrieben oder reproduziert werden, ohne jemals wahrgenommen worden zu sein, bezieht sich Freud auf einen komplexen Schreibapparat. Spuren, die auf der wahrnehmbaren Oberfläche niemals erschienen, werden darunter zurückgelassen als Reproduktionen ohne Original. Im allgemeinen findet die Dekonstruktion in den Schriften Freuds, wobei sie deren Heterogenität hervorhebt, gewagte Vorschläge, welche die metaphysischen Voraussetzungen, mit denen er offensichtlich arbeitet, in Frage stellen. Derrida schreibt, «daß die Präsenz im allgemeinen nicht ursprünglich, sondern rekonstituiert ist, daß sie nicht die absolute, vollauf lebendige und konstituierende Form der Erfahrung ist und daß es keine Reinheit der lebendigen Präsenz gibt, das ist das für die Geschichte der Metaphysik ungeheure Thema, das Freud uns durch eine dem Gegenstand selbst unangemessene Begrifflichkeit zu denken auffordert» (S. 324).

Ein besonders auffälliges Beispiel für die dekonstruktive Spekulation ist die Darstellung des Todestriebs in *Jenseits des Lustprinzips*. Wenn es überhaupt einen eindeutigen binären Gegensatz gibt, dann scheint es doch der von *Leben* und *Tod* zu sein: *Leben* ist der positive Ausdruck und *Tod* dessen Negation. Und dennoch argumentiert Freud, daß der Todestrieb, dieser fundamentale Trieb alles Lebendigen, zu einem anorganischen Zustand zurückzukehren, die stärkste Lebenskraft ist; der Organismus will «nur auf seine Weise sterben», und das Leben besteht in einer Reihe von Aufschiebungen seines Lebensziels (*Jenseits des Lustprinzips*, Studienausgabe, Bd. III, S. 249). Der Todestrieb, wie er sich im Wiederholungszwang manifestiert, macht aus den Selbsterhaltungstrieben einen Sonderfall innerhalb einer allgemeinen Ökonomie der Wiederholung und Verausgabung. «Dieses Zurücktragen des Todes in das Leben», schreibt Laplanche, «erweckt den Eindruck, als hätte Freud eine mehr oder weniger dunkle Vorstellung von der Notwendigkeit gehabt, jede vitalistische Interpretation zu verwerfen und das Leben in seiner Grundlage zu zerschlagen» (*Life and Death in Psychoanalysis*, S. 123). Die Logik von Freuds Argumentation bewirkt eine überraschende dekonstruktive Umkehrung, wodurch «das Lustprinzip... geradezu im Dienste der Todestriebe zu stehen (scheint)» (*Jenseits des Lustprinzips*, S. 271).

Freudlektüren haben sich mit einem weiteren Gegensatz befaßt, der in unserem Denken tief sedimentiert ist und dessen Dekonstruktion unmittelbare soziale und politische Konsequenzen haben könnte: der hierarchische Gegensatz von *Mann* und *Frau*. Einige Verfasser behaupten, daß dies der primordiale Gegensatz sei, auf dem alle anderen aufbauen, und daß, wie Hélène Cixous meint, das Ziel des Logozentrismus immer, auch wenn er sich das nicht eingestehen konnte, darin bestand, den Phallogozentrismus zu begründen und für die männliche Ordnung eine logische Rechtfertigung zu liefern («Sorties», S. 116–19). Ob dies nun das Paradigma für metaphysische Gegensätze ist oder nicht, auf jeden Fall ist Mann/Frau eine Unterscheidung, deren hierarchische Struktur sich auf zahllose Weisen eingeschrieben hat, von der Darstellung der Genesis in der Bibel, wo die Frau als Supplement und *helpmeet* (Gefährtin/Gehilfin) des Mannes aus dessen Rippe erschaffen wird, bis zu den semantischen, morphologischen und etymologischen Beziehungen von *man* und *woman* im Englischen.

In diesem Fall sind die Auswirkungen einer auferlegten Hierarchie offensichtlich, und die Gründe für die Dekonstruktion dieser Hierarchie sind einleuchtend. Wir können hier auch sehen, wie recht Derrida hat, wenn er darauf insistiert, daß es nicht ausreicht, eine hierarchische Beziehung zu bestreiten. Es führt nicht weit, einfach nur die Gleichstellung von Schrift und Rede, von Frau und Mann zu fordern; selbst Reagan-treue Republikaner werden mit einem Lippenbekenntnis für die Gleichberechtigung eintreten. «Ich betone immer und unaufhörlich», sagt Derrida, «die Notwendigkeit dieser Umbruchphase, die man vielleicht zu rasch in Mißkredit zu bringen versucht hat... Wer diese Umbruchphase vernachlässigt, übersieht die konfliktgeladene und unterwerfende Struktur des Gegensatzes. Wer zu rasch, und ohne den vorangegangenen Gegensatz im Auge zu behalten, zu einer *Neutralisierung* übergeht, die das frühere Feld *praktisch* intakt läßt, nimmt sich jede Möglichkeit, dort tatsächlich *einzugreifen*» (*Positionen*, S. 87/88). Bejahungen der Gleichberechtigung zerstören keine Hierarchie. Eine Dekonstruktion kann nur dann eine hierarchische Struktur dislozieren, wenn sie eine Inversion oder Umkehrung einschließt.

Zur Dekonstruktion dieses Gegensatzes ist eine Untersuchung notwendig, auf welche Weise verschiedene Diskurse – der psychoanalytische, philosophische, literarische, historische – einen Begriff des Mannes hervorgebracht haben, indem sie das Weibliche in solchen Begriffen charakterisierten, daß es beiseite geschoben werden konnte. Der Analytiker versucht, die Punkte zu lokalisieren, wo diese Diskurse sich selbst zerlegen, wodurch die interessierte ideologische Natur ihrer hierarchischen Herrschaft enthüllt und die Basis der Hierarchie, die sie errichten wollen, subvertiert wird. Die derridasche Dekonstruktion kann diese Untersuchungen stützen, da viele der Operationen, die beispielsweise in Derridas Untersuchung der Schrift festgestellt werden, auch in Diskussionen der Frau auftauchen. Wie die Schrift wird auch die Frau als Supplement behandelt: Untersuchungen über den ‹Mann› können ohne Erwähnung der Frau auskommen, da man meint, sie sei automatisch als Sonderfall impliziert; maskuline Pronomen schließen sie aus, ohne auf diesen Ausschluß aufmerksam zu machen; und wenn ihr eine besondere Erwägung gewidmet wird, dann wird sie in Begriffen des Mannes definiert, als sein Anderer.

Es zeigt sich, daß Verherrlichungen der Frau, die dieser Struktur zu widersprechen scheinen, der Logik gehorchen, die Derrida in Verherrlichungen der Schrift entdeckt hat. Wenn ein Text scheinbar die Schrift preist, statt sie als supplementäre Technik zu behandeln, stellt sich heraus, daß der Gegenstand dieser Lobpreisung eine metaphorische Schrift ist, die von der gewöhnlichen buchstäblichen Schrift sich unterscheidet. In *Phaedrus* wird zum Beispiel die Schrift als Inschrift der Wahrheit in der Seele von der «sinnlichen» Schrift «im Raum» unterschieden; im Mittelalter ist die gepriesene Schrift Gottes im Buch der Natur kaum dieselbe wie die Schrift des

Menschen auf dem Pergament (*Grammatologie*, S. 30–32). Auf ähnliche Weise verherrlichen Untersuchungen der Frau, die scheinbar das Weibliche dem Männlichen überordnen – es gibt natürlich solche Traditionen ausgesprochener Lobpreisung –, die Frau als Göttin (als das Ewig-Weibliche, als Venus, Muse, Mutter Erde) und berufen sich damit auf eine metaphorische Frau, im Vergleich zu der die wirkliche Frau nur als durch einen Mangel gekennzeichnet erscheinen kann. Die Verherrlichung der Frau oder die Identifizierung der Frau mit irgendeiner Macht oder Idee – die Frau als Wahrheit, Freiheit oder Muse – schiebt die wirkliche Frau an den Rand. Die Frau kann nur dann ein Symbol der Wahrheit sein, wenn ihr eine wirkliche Beziehung zur Wahrheit verweigert wird, wenn man davon ausgeht, daß nur die Männer Wahrheit suchen. Auch die Identifizierung der Frau mit der Dichtung in der Figur der Muse geht davon aus, daß der Dichter ein Mann ist. Dieses Modell scheint das Weibliche zu verherrlichen, verweigert aber in Wirklichkeit Frauen eine aktive Rolle im System der literarischen Produktion und schließt sie aus der literarischen Tradition aus.[14]

Die Untersuchung der Rolle der Frau in den verschiedenen Diskursen enthüllt die Logik, die in diesen subtilen und unsubtilen Formen der Unterdrückung wirksam ist; nirgends aber sind die Ergebnisse interessanter und suggestiver als im Diskurs der Psychoanalyse, der besonders bedeutsam ist, weil er unsere grundlegende Theorie der Sexualität und zur obersten Autorität in Fragen der sexuellen Differenz geworden ist.

Was hat die Psychoanalyse zu dem hierarchischen Gegensatz Mann/Frau zu sagen? Oder besser, wie wird dieser Gegensatz in der psychoanalytischen Theorie konstituiert? Es fällt nicht schwer zu zeigen, daß in Freuds Schriften das Weibliche als supplementär, als parasitär behandelt wird. Die weibliche Psyche in Begriffen des Penisneids definieren ist zweifellos ein Beispiel für Phallogozentrismus: Das männliche Geschlechtsorgan ist der Bezugspunkt; seine Präsenz ist die Norm, und das Weibliche ist eine Abweichung, ein Unfall oder eine negative Komplikation, die die positive Norm befallen hat. Selbst Lacanianer, die diesen Vorwurf mit dem Argument zurückweisen würden, daß der Phallus nicht der Penis ist, bekräftigen diese Struktur, wenn sie den männlichen Penis zum Modell des rein symbolischen Phallus machen. Die Frau ist, wie Luce Irigarays

Titel es formuliert, *Ce Sexe qui n'en est pas un* – das Geschlecht, das nicht eines ist –, nichts als die Negation des Männlichen. Die Frau ist nicht das Wesen mit einer Vagina, sondern das Wesen ohne Penis und ist in ihrem Wesen durch diesen Mangel definiert.

In seiner Darstellung der kindlichen Sexualität stellt Freud die Weiblichkeit ausdrücklich als Derivat dar. «Wir müssen nun anerkennen», schreibt er, «das kleine Mädchen sei ein kleiner Mann.» Der Knabe weiß sich «von seinem kleinen Penis lustvolle Sensationen zu verschaffen ... Das nämliche tut das Mädchen mit ihrer noch kleineren Klitoris. Es scheint, daß sich bei ihr alle onanistischen Akte an diesem Penisäquivalent abspielen, daß die eigentlich weibliche Vagina noch für beide Geschlechter unentdeckt ist» (*Neue Folge*, Studienausgabe, Bd. I, S. 549). Weiblichkeit beginnt als verminderte Version männlicher Sexualität; der sexuelle Unterschied taucht auf, wenn die Frau sich als minderwertige Version des Mannes identifiziert. Freud spricht von «einer folgenschweren Entdekkung, die dem kleinen Mädchen beschieden ist. Es bemerkt den auffällig sichtbaren, groß angelegten Penis eines Bruders oder Gespielen, erkennt ihn sofort als überlegenes Gegenstück seines eigenen, kleinen und versteckten Organs und ist von da an dem Penisneid verfallen» (*Einige psychische Folgen des anatomischen Geschlechtsunterschieds*, Studienausgabe, Bd. V, S. 260). Von Anfang an betrachtet das Mädchen das Männliche als Norm. Ohne Einwand definiert sie sich sofort als Abweichung: «Sie ist im Nu fertig mit ihrem Urteil und ihrem Entschluß», fährt Freud fort. «Sie hat es gesehen, weiß, daß sie es nicht hat, und will es haben» (S. 261). Diese Erkenntnis hat schwerwiegende Folgen. «Das Weib anerkennt die Tatsache seiner Kastration und damit auch die Überlegenheit des Mannes und seine eigene Minderwertigkeit» (*Über die weibliche Sexualität*, Bd. V, S. 279).

Später hat die Entdeckung der Vagina zweifellos weitergehende Konsequenzen, aber die Vagina ist eine Art Zugabe; sie supplementiert ihr inadäquates Organ, verleiht der Frau aber in Freuds Darstellung keine autonome und unabhängige Sexualität. Im Gegenteil, die Struktur der Abhängigkeit und Derivation ist noch immer wirksam. Die auf die Vagina konzentrierte reife weibliche Sexualität konstituiert sich als Verdrängung der klitoralen Sexualität, die im wesentlichen männlich ist. Die Frau ist ein inadäquater Mann, deren Sexualität sich als Verdrängung ihrer ursprünglichen Männlichkeit definiert, und die weibliche Psyche ist weiterhin in erster Linie durch den Penisneid definiert.

Über Freuds männliche Voreingenommenheit kann viel geschrieben werden und ist auch viel geschrieben worden. Seine Sprache zeigt seinen Standpunkt: Er sagt, «daß das Mädchen die Tatsache ihres Penismangels *anerkennt*», spricht von der «*Entdeckung* seiner Kastration» und von dem «*Vergleich* mit dem so viel besser ausgestatteten Knaben» (*Neue Folge*, Bd. I, S. 556/557). In *Speculum: Spiegel des anderen Geschlechts* und in *Ce Sexe qui n'en est pas un* unternimmt Luce Irigaray dagegen eine scharfe Attacke und meint, daß dieser radikale Theoretiker, dessen Entdeckungen grundlegende metaphysische Schemata zerstört haben, in seinen Diskussionen der Frau ein Gefangener der traditionellsten philosophischen und sozialen Annahmen blieb. Statt Freud zu verwerfen, kann man aber auch, wie Sarah Kofman in *L'énigme de la femme: La femme dans les textes de Freud*, seine Schriften ernst nehmen und aufzeigen, wie seine Theorie, die so offensichtlich die männliche Sexualität privilegiert und die Frau als unvollkommenen Mann definiert, sich selbst dekonstruiert. Dies tun heißt nicht, dem Manne Freud trauen, sondern bereit sein, von seinen Schriften möglichst viel zu lernen in der Annahme, daß dieser kraftvolle und heterogene Text zwar einerseits mit ungerechtfertigten Voraunahmen arbeitet, diese aber durch Kräfte im Text selbst aufgedeckt und unterminiert werden, was eine entsprechende Lektüre an den Tag bringen kann.

Eine erste Untersuchungsebene wäre die Feststellung, was Freuds Theorien über die Konstruktion von Theorien der Sexualität zu sagen haben. In «Spéculer – Sur Freud» wendet Derrida Freuds Aussagen über das Spiel seines Enkels auf Freuds eigenes Spiel mit dem Lustprinzip an; aber in dem Fall, der uns hier interessiert, ist die Sachlage etwas anders, weil Freud sich mit der Formation von Sexualtheorien ausdrücklich befaßt. Interessanterweise wird die Theorie der kastrierten Frau und des Penisneids zuerst in einem Artikel »Über infantile Sexualtheorien» vorgestellt, und zwar als eine vom männlichen Kind entwickelte Theorie: Sie ist eine der drei «falschen Theorien, welche der Zustand der eigenen Sexualität ihm aufdrängt» (Bd. V, S. 175). In seiner Unkenntnis der Vagina nimmt das Kind an, daß jeder einen Penis hat und das Geschlechtsorgan des

Mädchens mit der Zeit größer werde. «...das später wahrgenommene... Genitale des Weibs wird als verstümmelt aufgefaßt» (S. 177). Diese infantile Sexualtheorie wird später zu Freuds eigener, und wenn man diese innerhalb der von Freud beschriebenen psychischen Ökonomie situiert, wird man, wie Sarah Kofman meint, feststellen, daß eine Theorie der unvollkommenen weiblichen Sexualität nicht nur dazu dient, die männliche Sexualität zur Norm zu erheben, an der alles gemessen wird, sondern in erster Linie dazu, eine gewisse ‹normale› männliche Sexualität überhaupt erst zu ermöglichen. Wenn man von Freuds Betonung der unerbittlichen Kraft des Kastrationskomplexes und der Kastrationsangst ausgeht, dann kann die Frau nur entweder ein Gegenstand des Schreckens und der Abscheu sein, lebender Beweis für die Möglichkeit der Kastration, oder aber, wie «Zur Einführung des Narzißmus» nahelegt, ein völlig überlegenes und autonomes Wesen, das in sich selbst vollkommen ist und nichts zu verlieren oder zu gewinnen hat. Beide Möglichkeiten sind eine Bedrohung für den Mann. Die Theorie der weiblichen Sexualität und des Penisneids ist ein Versuch zur Beherrschung der Frau: Je mehr die Frau den männlichen Penis beneidet, desto sicherer ist, daß der männliche Penis intakt ist, daß der Mann tatsächlich ‹besser ausgestattet› ist. Der Penisneid der Frau versichert den Mann seiner Sexualität und macht die Frau als Quelle dieser Versicherung und als Sexualobjekt begehrenswert. Freud argumentiert, «daß die kulturelle Zügelung des Liebeslebens eine allgemeine Erniedrigung der Sexualobjekte mit sich bringt» und daß daher die Frau, soll sie zum Sexualobjekt werden, erniedrigt werden muß. «Sowie die Bedingung der Erniedrigung erfüllt ist, kann sich die Sinnlichkeit frei äußern, bedeutende sexuelle Leistung und hohe Lust entwickeln» (*Über die allgemeinste Erniedrigung des Liebeslebens*, Bd. V, S. 206/203). Kofman erklärt, daß die Kastration, die der Frau eine unvollkommene Sexualität und damit den Penisneid zuspricht, die von Freud vorgeschlagene ‹Lösung› ist, um dem zivilisierten Mann seine volle sexuelle Macht zurückzugeben (*L'énigme de la femme*, S. 97–103).

Man könnte natürlich auch, wie Juliet Mitchell in ihrem Pionierwerk *Psychoanalysis and Feminism*, argumentieren, daß Freud nur den tatsächlichen Zustand der Beziehung zwischen den Geschlechtern beschreibt. «Daß Freud, was er analysierte, nicht stärker verurteilte, mag man bedauern ... Aber ich denke, wir können in der Analyse nur fortschreiten. Daß Freuds Darstellung der Frau pessimistisch ist, ist weniger ein Zeichen seiner reaktionären Einstellung als vielmehr der historischen Situation der Frau» (S. 362). Aber Freuds Theorie stellt den Penisneid, den Kastrationskomplex und andere Elemente der Weiblichkeit als notwendig und nicht als kontingent dar, nicht als Symptome der historischen Situation der Frau, sondern als unumgängliche Aspekte der Konstitution menschlicher Wesen; und in diesem Sinne trägt seine Theorie dazu bei, die Erniedrigung der Frau und die Autorität des Mannes als ahistorische Notwendigkeit zu stärken. Da Freuds eigene Darstellung zeigt, daß der Mann auf Grund seiner sexuellen Situation ein Interesse an der Formulierung von Theorien mit derartigen hierarchischen Theorien hat, haben wir allen Grund, an der Behauptung, Freuds Darstellung sei neutral, zu zweifeln.

Freuds Theorie erweist sich als eine männliche Auferlegung, die von Kräften in der Ökonomie der Sexualtriebe und -ängste motiviert wird, aber in einem anderen Sinne hebt sie sich auch wieder auf. Um zu zeigen, daß die weibliche Sexualität abgeleitet und abhängig, eine verminderte Form der männlichen Sexualität und schließlich eine Verdrängung der phallischen Sexualität ist, geht Freud von einer ursprünglichen Bisexualität der Frau aus. Wenn «das kleine Mädchen ... ein kleiner Mann» ist, der zur Frau werden kann, dann ist sie von Anbeginn bisexuell, und in genau diesen Begriffen stellt Freud die Frage nach der Weiblichkeit: Die Psychoanalyse versucht zu verstehen, «wie sich das Weib aus dem bisexuell veranlagten Kind entwickelt» (*Neue Folge*, S. 548). Ohne diese ursprüngliche Bisexualität gäbe es einfach nur zwei getrennte Geschlechter, Mann und Frau. Nur auf Grund der Annahme einer solchen Bisexualität kann Freud die weibliche Sexualität als abgeleitet und parasitär behandeln: Am Anfang steht eine minderwertige phallische Sexualität, aus der die Weiblichkeit durch Verdrängung der klitoralen (männlichen) Sexualität hervorgeht. Aber die Theorie der Bisexualität – einer der radikalen Beiträge der Psychoanalyse – führt zu einer Umkehrung der hierarchischen Beziehung von *Mann* und *Frau*; denn es erweist sich, daß die Frau mit ihrer Kombination männlicher und weiblicher Haltungen und ihren beiden Geschlechtsorganen, einem ‹männlichen› und einem ‹weiblichen›, das allgemeine Modell der Sexualität und der Mann nur eine besondere Variante der Frau ist, eine verlängerte Aktualisierung der phallischen Phase. Da, wie Freud sagt, die Frau eine männliche und eine weibliche Phase hat, wäre es nach seiner Theorie wohl genauer, den Mann als eine besondere Form der Frau zu behandeln, statt die Frau als Variante des ‹Mannes› anzusehen. Oder vielleicht sollte man in Anlehnung an das derridasche Modell sagen, daß beide, Mann und Frau, Varianten einer Archi-Frau sind.

Eine sorgfältige und geschickte Lektüre Freuds ermöglicht so den Nachweis, daß der Versuch der Psychoanalyse, einen hierarchischen Gegensatz von Mann und Frau zu etablieren, auf Voraussetzungen fußt, die diese Hierarchie umkehren. Eine dekonstruktive Lektüre enthüllt so, daß die Frau nicht marginal ist, sondern zentral und daß die Darstellung ihrer «unvollkommenen Sexualität» ein Versuch ist, eine männliche Fülle zu konstruieren, indem eine Komplexität beiseite geschoben wird, die sich als Bedingung der Sexualität im allgemeinen erweist. Der hierarchische Gegensatz impliziert die Identität des jeweiligen Begriffs, besonders die kohärente, eindeutige Selbstidentität des Männlichen; diese männliche Selbstidentität aber, argumentiert Shoshana Felman, und «der von ihr gestellte Herrschaftsanspruch erweisen sich als sexuelles und politisches Phantasma, das von der Dynamik der Bisexualität und von der rhetorischen Reversibilität von männlich und weiblich subvertiert wird» («Rereading Feminity», S. 31). Ob man nun sein Interesse solchen Texten zuwendet, in denen eine Archi- oder Protofrau verborgen ist, oder solchen, wie Sarah Kofman an anderer Stelle in *L'énigme de la femme*, die unter dem Druck der Exegese die determinierende Rolle der Mutter offenbaren, man kann jedenfalls zeigen, daß Freuds Schriften die sexuelle Hierarchie der Psychoanalyse zerstören.

Auf die Frage von Lucette Finas nach dem Begriff «Phallogozentrismus» und seiner Beziehung zu dem allgemeinen Projekt der Dekonstruktion antwortet Derrida, daß dieser Begriff die Komplizenschaft von Logozentrismus und Phallozentrismus hervorhebt. «Es handelt sich um ein und dasselbe System: die Erektion eines paternalistischen Logos... und des Phallus als ‹privilegiertem Signifikanten› (Lacan). Die Texte, die ich zwischen 1964 und 1967 veröffentlichte, bereiteten nur den Weg für eine Analyse des Phallogozentrismus»

(«Avoir l'oreille de la philosophie», S. 311). In beiden Fällen gibt es eine transzendentale Autorität als Bezugspunkt: Wahrheit, Vernunft, Phallus, ‹Mann›. In ihrem Kampf gegen die hierarchischen Gegensätze des Phallogozentrismus sehen Feministinnen sich unmittelbar und praktisch mit einem Problem konfrontiert, das für die Dekonstruktion endemisch ist: die Beziehung zwischen in logozentrischen Begriffen formulierten Argumenten und dem Versuch, dem System des Logozentrismus zu entkommen. Den Feministinnen stellt sich dies in Form einer drängenden Frage: Soll man die sexuelle Differenz herunterspielen oder nachdrücklich hervorheben? Soll man sich auf Versuche konzentrieren, den Gegensatz von ‹männlich› und ‹weiblich› zu bestreiten, zu neutralisieren oder zu transzendieren, von dem Nachweis der Leistungen von Frauen in ‹männlichen› Aktivitäten über die Nachzeichnung der historischen Entwicklung des Unterschieds bis zur Bestreitung des Begriffs einer gegensätzlichen sexuellen Identität? Oder sollte man im Gegenteil den Gegensatz von männlich und weiblich akzeptieren und das Weibliche verherrlichen, indem man seine Kraft und Unabhängigkeit, seine Überlegenheit über ‹männliche› Denk- und Verhaltensweisen nachweist? Um ein besonderes Thema aufzunehmen, mit dem sich amerikanische Feministinnen bei der Untersuchung von Schriftstellerinnen der Vergangenheit und der Gegenwart auseinandergesetzt haben: Sollte man eine spezifisch weibliche Leistung zu bestimmen suchen und dabei das Risiko eingehen, zur Isolation eines Gettos ‹weiblichen Schreibens› im Reich der Literatur beizutragen, oder sollte man darauf bestehen, daß eine Kategorisierung von Autoren nach ihrem Geschlecht nicht wünschenswert ist, und eher die herausragenden *allgemeinen* Leistungen bestimmter Schriftstellerinnen hervorheben? Für Schriftstellerinnen stellt sich die Frage, ob sie ‹männliche› Schreibweisen annehmen und sich in ihnen als ‹Meister› erweisen sollen oder ob sie einen spezifisch weiblichen Diskurs entwickeln sollen in der Hoffnung, dessen Überlegenheit zu zeigen. Die Meinungsverschiedenheiten haben in der feministischen Bewegung bis zu Feindschaft geführt, was vielleicht unvermeidlich ist, da eine Wahl ja getroffen werden muß. Das Beispiel der Dekonstruktion zeigt aber, wie wichtig es ist, an zwei Fronten zugleich zu kämpfen, auch wenn dies zu einer widersprüchlichen statt zu einer vereinten Bewegung führt. Analysen, die eine

Neutralisierung des Gegensatzes männlich/weiblich versuchen, sind außerordentlich wichtig: aber, wie Derrida sagt, «die Hierarchie des dualen Gegensatzes stellt sich immer wieder her» (*Positionen*, S. 88), und daher ist eine Bewegung, die das Primat des unterdrückten Ausdrucks vertritt, strategisch unerläßlich.

Viele von der Dekonstruktion beeinflußte Theoretikerinnen haben an einer Umkehrung der traditionellen Hierarchie und an der Affirmation des Primats des Weiblichen gearbeitet. In «Sorties» stellt Hélène Cixous der neurotischen Fixierung des Mannes auf die phallische Monosexualität die weibliche Bisexualität gegenüber, die, so argumentiert sie, der Frau eine privilegierte Beziehung zum Schreiben verleihen müßte. Die männliche Sexualität lehne die Alterität ab und widersetze sich ihr, während die Bisexualität die Alterität im Selbst akzeptiere, genau wie die Schrift und das Schreiben. «Für den Mann ist es viel schwieriger, sich vom Anderen durchqueren zu lassen; die Schrift ist die Passage, der Eingang, der Ausgang, die Bleibe des anderen in mir, der ich bin und nicht bin» (S. 158). Weibliches Schreiben sollte diese Beziehung zur Alterität affirmieren; es sollte seine Stärke aus seinem unmittelbareren Zugang zur Literarität beziehen und aus seiner Fähigkeit, sich dem männlichen Begehren nach Herrschaft und Dominanz zu entziehen. Luce Irigaray legt den Frauen nahe, ihre Kraft als *la terre-mère-nature (re)productrice* [die (re)produktive Erde-Mutter-Natur] zu erkennen, und versucht, eine neue Mythologie zu entwickeln, in der diese Begriffe eine Verbindung eingehen (*Ce Sexe qui n'en est pas un*, S. 99 und passim). Julia Kristeva tritt für die Verbindung des Mütterlichen und des Sexuellen in der Figur der orgasmischen Mutter *(la mère qui jouit)* ein und beschreibt Kunst als die Sprache der *jouissance maternelle* (*Polylogue*, S. 409–35). Das Weibliche ist nicht nur der Raum der Kunst und der Schrift, sondern auch der Wahrheit, *le vréel* (das Wirklich-Wahre oder die Sie-Wahrheit *(vraie-elle)*: die nicht repräsentierbare Wahrheit, die jenseits der männlichen Ordnung der Logik, der Herrschaft und der Wahrscheinlichkeit liegt und diese subvertiert (*Folle vérité*, S. 11). In *L'énigme de la femme* weist Sarah Kofman das Primat der Mutter in der Theorie Freuds nach: Sie ist nicht nur das zu entziffernde Rätsel, sondern die Lehrerin der Wahrheit, und Freuds ‹Wissenschaft› ist dem Versuch gewidmet, der Frau einen Mangel zuzusprechen, weil sie als gefährlich selbstgenügsam gesehen wird. Sie nimmt die freudschen und nietzscheanischen Bilder der Frau als narzißtischem Meisterverbrecher und zweifelhaftem Raubvogel auf und entwickelt den Begriff der affirmativen Frau, welche die Kastration nicht als entschieden oder entscheidbar akzeptieren will, sondern ihre eigene doppelte, unentscheidbare weibliche Sexualität behauptet.

Schriftstellerinnen, die derart das Weibliche verherrlichen, laufen immer Gefahr, der Mythologisierung beschuldigt zu werden, männlichen Mythen neue weibliche Mythen entgegenzustellen; und vielleicht sind aus diesem Grunde hierarchische Umkehrungen dann am überzeugendsten, wenn sie aus kritischen Lektüren zentraler Texte sich ergeben, wie in Kofmans Nachweis, daß Freuds misogyne Schriften in verdeckter Form die bedrohliche Macht und das Primat des Weiblichen darlegen. Aber die Förderung des Weiblichen sollte auch mit dem dekonstruktiven Versuch einhergehen, den sexuellen Gegensatz zu deplazieren. Shoshana Felman kommt in einer Lektüre von Balzacs *Das Mädchen mit den Goldaugen* zu dem Schluß, daß «in Balzacs Text die Weiblichkeit als wahre Alterität nicht deswegen unheimlich ist, weil sie der Gegensatz zum Männlichen ist, sondern weil sie gerade den Gegensatz von Männlichkeit und Weiblichkeit subvertiert» («Rereading Feminity», S. 42). Der Roman enthüllt dies als die eigentliche Drohung der Weiblichkeit. Andere Analysen zeigen, wie das Weibliche oder die ‹Frau› mit der radikalen Alterität identifiziert wird – mit allem, was jenseits der Kontrolle männlich-zentrierter Erzählungen und ihrer hierarchischen Kategorien liegt oder sich diesen entzieht. Obwohl die Frau durch die Diskurse und ideologischen Erzählungen unserer Kultur genau lokalisiert und definiert wird, macht gerade diese Kodierung der radikalen Alterität als weiblicher einen neuen Begriff von ‹Frau› möglich, der die ideologische Unterscheidung von Mann und Frau subvertiert, so ähnlich wie die Proto- oder Archi-Schrift die gewohnte Unterscheidung von Rede und Schrift deplaziert.

Dieser neue Begriff der ‹Frau› hat kaum eine direkte Beziehung zu dem, was Feministinnen als die Probleme ‹wirklicher› Frauen ansehen. Julia Kristeva erklärt in einem Interview «La Femme, ce n'est jamais ça» («Die Frau ist niemals das» oder «kann niemals definiert werden»):

«Der Glaube, daß ‹man eine Frau› ist, ist beinahe so absurd und obskurantistisch wie der Glaube, daß ‹man ein Mann› ist. Ich sage ‹beinahe›, weil es immer noch eine Menge Ziele gibt, die Frauen erreichen können: Freiheit der Abtreibung und der Empfängnisverhütung, Tageszentren für Kinder, Gleichberechtigung im Beruf etc. Deswegen müssen wir ‹wir sind Frauen› als Anzeige oder Slogan für unsere Forderungen verwenden. Auf einer tieferen Ebene aber ist eine Frau nicht etwas, was man ‹sein› kann; sie gehört noch nicht einmal zur Ordnung des ‹Seins›... Unter ‹Frau› verstehe ich das, was nicht repräsentiert werden kann, was nicht gesagt wird, was über und jenseits der Nomenklaturen und Ideologien bleibt. Es gibt gewisse ‹Männer›, die mit diesem Phänomen vertraut sind; es ist dasjenige, was bestimmte moderne Texte niemals zu bezeichnen aufhören; sie erproben die Grenzen der Sprache und der Gesellschaft – das Gesetz und seine Überschreitung, Herrschaft und (sexuelle) Lust –, ohne das eine den Männern, das andere den Frauen vorzubehalten» (S. 20/21).

Feministinnen sind zu Recht darüber verstört, daß in dieser dekonstruktiven Paleonomy ‹Frau› sich vielleicht gar nicht mehr auf wirkliche menschliche Wesen bezieht, die durch historische Repräsentationen der sexuellen Identität festgelegt werden, sondern als Horizont für eine Kritik dient, der ‹sexuelle Identität›, ‹Repräsentation› und ‹Subjekt› als ideologische Auferlegungen gelten. Aber dies ist die andere Front eines Kampfes, zu dem auch die Verherrlichung der Frau und des weiblichen Schreibens gehört. Im ersten Kapitel trafen wir auf etwa die gleiche Aufspaltung in der feministischen Kritik: zwischen denjenigen, die an der Förderung der spezifischen Erfahrung interessiert sind, die Leserinnen haben bzw. haben können, und denjenigen, die ‹männliche› oder ‹weibliche› Lektüren als Produkte einer Ideologie aufdecken wollen, die demontiert werden muß. Die Frage ist, wie Derrida sagt, wie man die Lücke zwischen diesen beiden nicht-synthetisierbaren Projekten reduzieren kann, ohne das eine dem anderen zu opfern. Soweit sich sagen läßt, wird der Kampf noch für einige Zeit an beiden Fronten gleichzeitig geführt werden müssen.

Ein letzter hierarchischer Gegensatz mit institutionellen Implikationen ist die Unterscheidung von Lektüre und Fehllektüre oder von Verstehen und Mißverstehen. Im morphologischen System des Englischen (Deutschen) hängt der zweite Ausdruck vom ersten ab, ist eine von dem primären Ausdruck abgeleitete Form mit dem Affix *mis (miß/fehl)*. Das Mißverstehen ist ein Unglücksfall, der dem Verstehen manchmal widerfahren kann, eine Abweichung, die nur möglich ist, weil es so etwas wie Verstehen gibt. Daß der Lektüre oder dem Verstehen ein Unglücksfall widerfahren kann, ist eine empirische Möglichkeit, welche die grundlegende Natur dieser Aktivitäten nicht affiziert. Als Harold Bloom eine Theorie über die «Notwendigkeit der Fehllektüre» vorlegte und *A Map of Misreading* in Umlauf brachte, erwiderten seine Kritiker, daß eine Theorie der notwendigen Fehllektüre – die These also, daß jede Lektüre eine Fehllektüre sei – nicht kohärent ist, da der Begriff der Fehllektüre die Möglichkeit einer korrekten Lektüre impliziere. Eine Lektüre könne nur dann eine Fehllektüre sein, wenn es eine wahre Lektüre gibt, die sie verfehlt.

Dies scheint ein durchaus vernünftiger Einwand zu sein; wenn wir die Dinge aber etwas weitertreiben, taucht eine andere Möglichkeit auf. Wenn man den Unterschied von Lektüre und Fehllektüre zu formulieren versucht, wird man gezwungenermaßen auf irgendeine Vorstellung von Identität und Differenz zurückgreifen müssen. Lektüre und Verstehen bewahren oder reproduzieren einen Inhalt oder einen Sinn, erhalten dessen Identität, während das Mißverstehen und die Fehllektüre diesen verzerren; sie schaffen oder führen eine Differenz ein. Man kann aber auch argumentieren, daß im Grunde die Transformation oder Modifikation eines Sinns, die für ein Mißverstehen charakteristisch ist, auch in dem wirksam ist, was wir Verstehen nennen. Wenn ein Text verstanden werden kann, kann er im Prinzip wiederholt von verschiedenen Lesern unter verschiedenen Umständen verstanden werden. Und diese Lektüre- oder Verstehensakte sind natürlich nicht identisch. Sie implizieren Modifikationen und Differenzen, die aber für unwesentlich gehalten werden. Wir können demnach in einer Formulierung, die stichhaltiger ist als ihre Umkehrung, sagen, daß das Verstehen ein Sonderfall des Mißverstehens ist, eine besondere Abweichung von oder Bestimmung des Mißverstehens. Es ist das Mißverstehen, dessen Verfehlungen keine Rolle spielen. Die Interpretationsverfahren, die einem allgemeinen Mißverstehen zugrunde liegen, bedingen beides: das, was wir Verstehen nennen, und das, was wir Mißverstehen nennen.

Die These, daß alle Lektüren Fehllektüren sind, kann auch durch die allervertrautesten Aspekte der Kritik und der Interpretation gerechtfertigt werden. Wenn man von der Komplexität der Texte ausgeht, der Umkehrbarkeit rhetorischer Figuren, der Erweiterbarkeit des Kontextes und der Notwendigkeit jeder Lektüre, auszuwählen und zu organisieren, kann man zeigen, daß jede Lektüre einseitig ist. Interpreten können Aspekte und Implikationen eines Textes entdecken, die frühere Interpreten vernachlässigt oder verzerrt haben. Sie können am Text nachweisen, daß frühere Lektüren im Grunde Fehllektüren sind; aber ihre eigenen Lektüren werden von späteren Interpreten, die scharfsinnig die zweifelhaften Voraussetzungen und besonderen Formen der Blindheit, von denen diese Lektüren Zeugnis ablegen, aufdecken, vielleicht ihrerseits als mangelhaft angesehen. Die Geschichte der Lektüren ist eine Geschichte von Fehllektüren, auch wenn unter gewissen Umständen diese Fehllektüren als Lektüren akzeptiert werden konnten und wurden.

Die Inversion, die das Verstehen als eine Form des Mißverstehens behandelt, ermöglicht es, eine variable Unterscheidung zwischen zwei Kategorien des Mißverstehens aufrechtzuerhalten: das Mißverstehen, dessen *Miß-* ein Rolle spielt, und das, wo dies nicht zutrifft; auf jeden Fall hat diese Inversion bedeutsame Auswirkungen. Sie bestreitet den Gedanken, daß das Mißverstehen als Komplikation oder Negation des Verstehensaktes auftritt, daß das Mißverstehen ein im Prinzip vermeidbarer Unglücksfall sei, ähnlich wie im Prinzip jeder Autounfall vermeidbar wäre, so daß jedes Fahrzeug seinen korrekten Bestimmungsort erreichen könnte. Wayne Booth, der große zeitgenössische Champion des Verstehens, definiert es folgendermaßen: «Verstehen ist der Prozeß, das Ziel und das Resultat, wenn ein Geist erfolgreich in einen anderen eindringt oder, was dasselbe ist, wenn ein Geist sich irgendeinen Teil eines anderen Geistes erfolgreich inkorporiert» (*Critical Understanding*, S. 262). In Booths Begriffen ist das Mißverstehen einfach nur negativ: Ein Mißlingen, in etwas einzudringen oder es sich zu inkorporieren, was nur dazu da ist, daß man in es eindringt oder es sich inkorporiert. Das Mißverstehen verhält sich zum Verstehen wie negativ zu positiv. Diejenigen, die die Notwendigkeit der Fehllektüre betonen, meinen dagegen, daß der Gegensatz anders geartet ist, daß Lektüre und Fehllektüre, Verstehen und Mißverstehen Formen der Inkorporation und der Penetration sind. Die Frage, welche Fehllektüren und

Mißverständnisse als Verstehensakte gelten, ist komplex und involviert eine Reihe von Umstandsfaktoren, die nicht auf Regeln reduzierbar sind. Was beispielsweise als ‹Verstehen› einer bestimmten biblischen Parabel akzeptiert wird, wird je nach Situation stark variieren.

Booths eigenes Buch *Critical Understanding* bietet ein vorzügliches Beispiel für eine Lektüre als Fehllektüre. Um zu zeigen, was Pluralismus heißen könnte, setzt er sich für die kritische Praxis von Kenneth Burke, R. S. Crane und M. H. Abrams ein und legt sie aus. Er gibt sich alle Mühe nachzuweisen, daß man diese kontrastierenden Ansätze korrekt übernehmen kann, und er setzt alles daran, diese wohlwollend und richtig zu verstehen; aber sowohl Burke wie auch Abrams weisen verschiedene Aspekte seiner Darstellung zurück. «Wenn wir noch nicht einmal beweisen können, daß ein Kritiker *einen* anderen voll und ganz verstanden hat, was wird dann aus dem Anspruch des Pluralisten, mehr als einen verstanden und vereinnahmt zu haben?» (S. 200).

Wie Abrams und Burke könnten wir zu dem Schluß kommen, daß Booths Verstehen eine Form des Mißverstehens ist: Seine Lektüre ist eine Fehllektüre, wenn auch eine wohlmeinende und gewissenhafte. Unter gewissen Umständen, angesichts anderer Fehllektüren, könnte man Booth zugestehen, daß sein Mißverstehen als ein Verstehen gelten kann; ob dies aber der Fall ist, hängt von einer Reihe komplexer und kontingenter Faktoren ab. Daraus brauchen wir nicht den Schluß zu ziehen, daß es kein Verstehen gibt; denn man trifft immer auf Interpretationen, die für bestimmte Zwecke und unter bestimmten Umständen ganz adäquat erscheinen. Aber auch von diesen Lektüren könnte man zeigen, daß sie Fehllektüren sind, falls dazu ein Grund bestünde. Meine eigene Fehllektüre Derridas könnte in einigen Kontexten als angemessenes Verstehen akzeptiert werden, doch auch sie wird als Fehllektüre angegriffen werden. «Das Werk», schreibt de Man, «kann immer wieder dazu verwendet werden aufzuzeigen, wo und wie der Kritiker von ihm abwich» (*Blindness and Insight*, S. 109). Wie Barbara Johnson es ausdrückt:

«Der Satz, ‹alle Lektüren sind Fehllektüren›, lehnt den Begriff der Wahrheit nicht *einfach* ab. Wahrheit wird als Spur im Begriff des Irrtums bewahrt. Dies bedeutet nicht, daß es irgendwo da draußen, für immer unerreichbar, die eine wahre Lektüre gibt, an der alle anderen gemessen und für mangelhaft befunden werden. Es impliziert vielmehr, (1) daß die Gründe, aus denen eine Lektüre sich für *wahr* hält, von ihren eigenen Interessen, ihrer Blindheit, ihrem Begehren und ihrer Ermüdung motiviert und unterlaufen werden, und (2) daß die *Rolle* der Wahrheit nicht so einfach eliminiert werden kann. Selbst wenn Wahrheit nur ein Phantasma des Willens zur Macht ist, wird doch *etwas* den Ort markieren, von dem aus die Imperative des Nicht-Selbst sich Gehör verschaffen» («Nothing Fails like Success», S. 14).

Gemäß der von Derrida vorangetriebenen paleonymischen Strategie bewahren «Fehllektüren» die Spur der Wahrheit, weil bedeutende Lektüren Wahrheitsansprüche stellen und weil die Interpretation von dem Bestreben strukturiert wird, das zu erfassen, was andere Lektüren verfehlt oder falsch konstruiert haben. Da keine Lektüre der Korrektur entgeht, sind alle Lektüren Fehllektüren; dies führt aber nicht zu einem Monismus, sondern zu einer doppelten Bewegung. Der These, daß alles erlaubt ist, wenn es nur Fehllektüren gibt, wird entgegengehalten, Fehllektüren seien Irrtümer; aber der positivistischen These, daß sie Irrtümer sind, weil ihr Versuch, eine wahre Lektüre zu erreichen, fehlschlägt, wird die Behauptung entgegengestellt, wahre Lektüren seien nur Sonderfälle von Fehllektüren: Fehllektüren, deren ‹Fehl› verfehlt wurde. Diese Darstellung der Fehllektüre stellt vielleicht keine kohärente und konsistente Position dar; aber ihre Verteidiger würden sagen, daß sie sich zumindest metaphysischen Idealisierungen widersetzt und die zeitliche Dynamik unserer Situation als Interpreten erfaßt.

Wie andere Inversionen zerreißt auch die Umkehrung der Beziehung von Verstehen und Mißverstehen eine Struktur, auf die die Institutionen sich bisher verlassen haben. In Angriffen gegen Dekonstruktivisten und andere so verschiedene Kritiker wie Bloom, Hartman und Fish wird immer wieder betont, daß die von unseren Institutionen vertretenen Begriffe von Sinn, Wert und Autorität in Gefahr sind, wenn tatsächlich alle Lektüren Fehllektüren sind. Die Lektüre eines jeden Lesers wäre dann genauso richtig und legitim wie jede andere, und weder Lehrer noch Texte könnten ihre gewohnte Autorität aufrechterhalten. In Wirklichkeit aber führen solche Inversionen zu einer Verschiebung der Fragestellung. Sie regen zum Nachdenken darüber an, worin denn die Prozesse der Legitimierung, Bewertung und Autorisierung bestehen, die zu verschiedenen Lektüren führen und eine Lektüre dazu berechtigen, eine andere als Fehllektüre bloßzustellen. Auf gleiche Weise ermöglicht die Bestimmung des Normalen als Sonderfall des Devianten, die institutionellen Kräfte und Praktiken in Frage zu stellen, die das Normale institutionalisieren, indem sie das Deviante ausschließen.

Im allgemeinen stellen Inversionen hierarchischer Gegensätze die institutionellen Einrichtungen zur Diskussion, die sich auf diese Hierarchien verlassen, und eröffnen so Möglichkeiten der Veränderung – Möglichkeiten, die vielleicht nicht viel bewirken, aber an einem bestimmten Punkt sich als kritisch erweisen könnten. Richard Rorty stellt fest, daß wir die Konsequenzen für unsere Kultur und Gesellschaft von Freuds massiver und detaillierter Neubeschreibung der menschlichen Psyche und des menschlichen Verhaltens noch gar nicht herausgearbeitet haben, sondern daß wir unbehaglich mit «den noch nicht assimilierten Wirkungen der Psychoanalyse auf unsere Versuche, in moralischen Termini zu denken», leben («Freud, Morality, and Hermeneutics», S. 185). Freuds Dekonstruktion strategischer Gegensätze führt zu Problemen der logischen und moralischen Bewertung, die solche Kategorien wie ‹Großzügigkeit/Egoismus›, ‹Mut/Feigheit› oder ‹Liebe/Haß› verwendet. Es ist noch nicht abzusehen, wie die Sprache und die Institutionen der Moral sich anpassen werden: «wir befinden uns noch in dem Stadium des Verdachts, daß *etwas* in unseren althergebrachten Sprechweisen sich wird verändern müssen, aber wir wissen noch nicht *was*» (S. 177). Worum es bei der Dekonstruktion in der «derzeitigen Erschütterung» geht, sagt Derrida, ist eine Neubewertung der Beziehung des allgemeinen Textes zu dem, was bisher einfach als das Außen der Sprache, des Diskurses, der Schrift galt, als Realitäten einer anderen Ordnung (*Positionen*, S. 176). Die «scheinbar nur regionalen» begrifflichen Erschütterungen haben demnach eine allgemeinere Tragweite, auch wenn die Auswirkungen nicht sofort kalkulierbar sind.

5. Konsequenzen für die Literaturkritik

Trotz der offensichtlichen Relevanz der Beziehung von Lektüre und Fehllektüre für literaturwissenschaftliche Untersuchungen sind die Implikationen der Dekonstruktion für das Studium der Literatur alles andere als klar. Derrida schreibt häufig über literarische Werke, hat sich aber nicht unmittelbar mit solchen Themen wie der Aufgabe der Literaturkritik, den Methoden zur Analyse der literarischen Sprache oder der Natur des Sinns in der Literatur befaßt. Die Implikationen der Dekonstruktion für die Literaturwissenschaft müssen abgeleitet werden; wie solche Ableitungen aber geschehen sollen, ist nicht klar. Das Argument, jede Lektüre sei eine Fehllektüre, scheint nicht zu logischen Konsequenzen zu führen, die Kritiker dazu zwängen, anders zu verfahren; es könnte aber das Denken der Kritiker über Lektüren und ihre Fragen über Interpretationen beeinflussen. Wie in anderen Fällen auch, kann die Dekonstruktion eines hierarchischen Gegensatzes Veränderungen in der Literaturkritik weder bewirken noch erzwingen, kann aber gleichwohl beachtlichen Einfluß auf das Vorgehen der Kritiker haben. Besonders durch die Infragestellung der philosophischen Gegensätze, auf die das kritische Denken sich bisher fraglos verlassen hat, führt die Dekonstruktion zu theoretischen Problemen, die Kritiker entweder ignorieren können oder denen sie nachgehen müssen. Indem sie die hierarchischen Beziehungen, von denen die Begriffe und Methoden der Kritik abhängen, zerreißt, verhindert sie, daß diese für selbstverständlich genommen werden und einfach als verläßliche Instrumente gelten. Die Kategorien der Kritik sind nicht einfach Werkzeuge zur Erzeugung vernünftiger Interpretationen, sondern Probleme, die durch die Interaktion von Text und Begriff erforscht werden müssen. Dies ist einer der Gründe, warum die Literaturkritik heute so theoretisch zu sein scheint: Kritiker sind eher bereit zu untersuchen, wie die Kategorien der Kritik von den Werken, zu deren Analyse sie verwendet werden, affiziert werden.

Bevor wir uns im dritten Kapitel der der derridaschen Dekonstruktion verpflichteten Literaturkritik zuwenden, sollten wir zunächst die Konsequenzen der von uns dargelegten dekonstruktiven Praxis für die Literaturtheorie und -kritik bewerten. Man kann vier

Relevanzebenen oder -modi unterscheiden. Die erste und wichtigste ist der Einfluß der Dekonstruktion auf eine Reihe kritischer Begriffe, einschließlich des Begriffs der Literatur selbst; aber die Dekonstruktion hat auch drei andere Wirkungsweisen: als Quelle für Themen, als Beispiel für Lektürestrategien und als Fundgrube für Vorschläge über die Natur und das Ziel der kritischen Untersuchung.

(1) Der Begriff der Literatur oder des literarischen Diskurses ist in mehrere der hierarchischen Gegensätze involviert, mit denen die Dekonstruktion sich vornehmlich befaßt: ernsthaft/nicht-ernsthaft, wörtlich/metaphorisch, Wahrheit/Fiktion. Wir haben gesehen, wie Philosophen bei der Entwicklung einer Sprechakttheorie einen Begriff der ‹normalen Sprache› oder der ‹normalen Umstände› entwikkeln, indem sie alle nicht-ernsthaften Äußerungen als parasitäre Ausnahmen, deren Paradigma die Literatur bildet, ausklammern. Indem die Philosophie Probleme der Fiktionalität, der Rhetorik und des Nicht-Ernsthaften in einen marginalen und abhängigen Bereich verweist – einen Bereich, in dem die Sprache so frei, spielerisch und verantwortungslos sein kann, wie sie will –, schafft sie eine gereinigte Sprache, die sie durch Regeln zu beschreiben hoffen kann, welche die Literatur sprengen würde, wäre sie nicht abgedrängt worden. Der Begriff der Literatur ist demnach von grundlegender Bedeutung für das Unternehmen, einen ernsthaften, referentiellen, verifizierbaren Diskurs als Norm der Sprache zu etablieren.

Der Nachweis der Dekonstruktion, daß diese Hierarchien von der Wirkung der sie propagierenden Texte selbst aufgehoben werden, verändert den Status der literarischen Sprache. Wenn die ernsthafte Sprache ein Sonderfall der nicht-ernsthaften ist, wenn Wahrheiten Fiktionen sind, deren Fiktionalität in Vergessenheit geriet, dann ist die Literatur keine abweichende, parasitäre Form der Sprache. Andere Diskurse können im Gegenteil als Fälle einer verallgemeinerten Literatur oder Archi-Literatur angesehen werden. In *Qual Quelle* zitiert Derrida eine Bemerkung Valérys: Wenn wir uns von unserer gewohnten Denkweise freimachen, stellen wir fest, daß «die Philosophie, die durch ihr Werk, das ein *geschriebenes Werk* ist, definiert wird, objektiv eine besondere literarische Gattung ist, ... die wir in die Nähe der Poesie stellen müssen». Wenn die Philosophie tatsächlich eine Form der Schrift ist, dann, schreibt Derrida, «ist uns eine Aufgabe vorgezeichnet: Untersuchung der formalen Struktur des philosophischen Textes, seiner rhetorischen Organisation, der Besonderheit und Verschiedenheit seiner textuellen Typen, seiner Darlegungs- und Produktionsmodelle – über das hinaus, was man einst Gattungen nannte –, und auch des Raumes seiner Inszenierungen und seiner Syntax, die nicht nur die Artikulation seiner Signifikate und seine Referenz auf das Sein oder die Wahrheit ist, sondern die Anordnung seiner Prozeduren und all dessen, was in diese investiert wird. Kurz, auch die Philosophie muß als ‹eine besondere literarische Gattung› betrachtet werden, die aus dem Vorrat einer Sprache schöpft, indem sie ein Ensemble rhetorischer Möglichkeiten, die älter als die Philosophie sind, ordnet, ausbeutet oder umwendet» (*Marges*, S. 348/349).

Derridas Lektüre der Philosophie als literarische Gattung hat uns gelehrt, philosophische Schriften als Texte mit einer performativen und einer kognitiven Dimension zu sehen, als heterogene Konstrukte, die von verschiedenen diskursiven Kräften organisiert werden und diese wiederum organisieren, Kräfte, die sich selbst niemals einfach präsent sind oder ihre eigenen Implikationen unter Kontrolle haben und die auf komplexe Weise zu verschiedenen anderen Texten, geschriebenen wie gelebten, in Beziehung stehen. Wenn dies die Philosophie als Literatur behandeln heißt, dann deshalb, weil seit der Romantik die Literatur die potentiell umfassendste Diskursweise ist. Es gibt nichts, was nicht in ein literarisches Werk eingehen könnte; es gibt kein Muster und keinen Bestimmungsmodus, der in ihr nicht zu finden wäre. Einen Text als Philosophie lesen heißt, einige seiner Aspekte zugunsten bestimmter Argumentationsweisen zu ignorieren; ihn als Literatur lesen heißt, auch den scheinbar trivialen Aspekten Aufmerksamkeit zu schenken. Eine Analyse ist dann eine literarische, wenn sie nicht von vornherein Struktur- und Bedeutungsmöglichkeiten im Namen der Regeln einer begrenzten diskursiven Praxis ausschließt.

Wir haben es demnach mit einer asymmetrischen Struktur zu tun, in der ‹Literatur› zwar der ‹Philosophie›, der ‹Geschichte› oder dem ‹Journalismus› entgegengesetzt ist, zugleich aber alles ihr Entgegengesetzte in sich einschließen kann. Dies entspricht einer bestimmten Erfahrung mit Literatur: Wir glauben zu wissen, was Literatur ist, finden in ihr aber immer andere Elemente, und sie selbst erweitert sich ständig, um diese einzuschließen; nichts ist so definitiv nichtliterarisch, daß es nicht in einem Gedichtband auftauchen könnte. Diese asymmetrische Beziehung erweist sich auch als die allgemeine Struktur in Philippe Lacoue-Labarthes und Jean-Luc Nancys Analyse des Ursprungs des modernen Literaturbegriffs in der Theorie der deutschen Romantik in ihrem Werk *L'Absolu littéraire*. Der Titel «Das literarische Absolutum» bezieht sich auf die Bewegung der Selbsttranszendierung, die sich in verschiedenen Darstellungen der Literatur findet. Literatur ist eine Schreibweise, die sich durch die Suche nach der eigenen Identität auszeichnet; die Frage nach der Literarität wird so zum Zeichen der Literarität selbst. Der Roman impliziert die Parodie und die Theorie des Romans. Das Wesen der Literatur besteht darin, kein Wesen zu haben, proteisch zu sein, undefinierbar, alles einzuschließen, was außerhalb ihrer situiert sein könnte. Diese eigentümliche Beziehung, in der die Literatur jede Darstellung ihrer selbst überschreitet, und das, was ihr entgegensteht, einschließen kann, wird in dem Begriff einer verallgemeinerten Literatur, innerhalb derer die Literatur eine besondere Gattung ist, zum Teil reproduziert.

Daraus sollte man aber nicht schließen, daß der Dekonstruktion die Literatur als privilegierte oder überlegene Diskursweise gilt. Derrida merkt an, daß Valérys Projekt, die Philosophie als literarische Gattung zu behandeln, zwar eine ausgezeichnete Strategie ist, die aber, wenn sie nicht strategisch im Sinne einer Reaktion und Intervention angewendet wird, in einer Kreisbewegung wieder an den «in Frage stehenden Ort» (*Marges*, S. 350) zurückführt. Jeder Anspruch auf eine Überlegenheit der Literatur gegenüber der Philosophie basiert vermutlich auf dem Argument, daß die Philosophie so tut, als ob sie sich der Fiktion, Rhetorik und Metapher entziehen könnte, während die Literatur ihre fiktionale und rhetorische Natur ausdrücklich einbekennt. Um diesen Anspruch aber durch den Nachweis der rhetorischen Natur eines philosophischen Textes stützen zu können, müßte man erst einmal wissen, was wörtlich und was metaphorisch gemeint ist, was fiktional und was nicht fiktional, was direkt und was indirekt ist. Man müßte also zwischen Wesentlichem und Zufälligem, Form und Substanz, Sprache und Denken unterscheiden können. Ein Versuch des Nachweises der Überlegenheit der Literatur basierte also nicht auf überlegener Kenntnis der Literatur, sondern hinge von diesen grundsätzlichen philosophischen Schwierigkeiten ab und führte uns wieder zu diesen zurück.

Die Behandlung der Philosophie als literarische Gattung bedeutet für Derrida nicht, daß der literarische Diskurs oder das literarische Wissen überlegen wären, die beide die unumgänglichen philosophischen Probleme weder lösen noch ihnen sich entziehen können. Es wäre sogar voreilig zu behaupten, philosophische Texte ignorierten etwas – ihre eigene Rhetorizität –, was literarische Texte verstehen. Dekonstruktive Lektüren, die zeigen, daß philosophische Texte ihre eigenen Argumente dekonstruieren und ihre eigenen Strategien als rhetorische Auferlegungen verdeutlichen, gestehen diesen Texten eher ein Wissen als eine Unkenntnis zu. Wenn Derrida argumentiert, daß Rousseaus *Essai sur l'origine des langues* «sagt oder *beschreibt*, was er *nicht sagen will*» oder aber eine erklärte Intention «in ein System *ein(schreibt)*, das nicht mehr von ihr beherrscht wird» (*Grammatologie*, S. 393/417), dann stellt er damit nicht ein Versagen des Textes fest, das ein literarisches Werk beheben könnte. Im Gegenteil kann gerade diese selbst-dekonstruktive Struktur, die Differenz des Textes zu sich selbst, «literarisch» genannt werden im Sinne von Paul de Mans Argumentation, daß Rousseau in diesem Text «dem logischen Fehlschluß gerade in dem Maße entgeht, in dem seine Sprache literarisch ist» (*Blindness and Insight*, S. 138). «Literarisch» scheint hier eine privilegierte Kategorie zu sein, und derartige Passagen haben viele Theoretiker zu der Annahme verleitet, daß de Man und vielleicht auch Derrida der Literatur einen ausgezeichneten und autoritativen epistemologischen Status zuerkennen. Aber de Man wendet die Kategorie «literarisch» auf alle Diskurse an – philosophische, historische, literaturkritische, psychoanalytische und poetische –, die ihr eigenes Mißverstandenwerden präfigurieren und deshalb einer Fehllektüre unterzogen werden: «das Kriterium literarischer Spezifität hängt nicht von der mehr oder weniger großen Diskursivität ab, sondern von dem Grad der konsistenten ‹Rhetorizität› der Sprache» (S. 137). Dies ist kaum hilfreich, um die Literarizität eines Diskurses zu erkennen; aber es mag darauf hinweisen, daß die Produktion einer Archi-Literatur durch die Dekonstruktion keineswegs dazu berechtigt, Gedichten, Romanen oder Dramen gegenüber anderen Texten einen privilegierten Status zuzusprechen.

Auch führt die Inversion der hierarchischen Beziehung zwischen Literatur und Philosophie keineswegs zu einem Monismus, der alle Unterschiede verwischt. An Stelle des Gegensatzes zwischen einem ernsthaften philosophischen und einem marginalen literarischen Diskurs, der auf fiktionalen Umwegen Ernsthaftigkeit zu erreichen hofft, finden wir eine variable, pragmatische Unterscheidung innerhalb einer Archi-Literatur oder einer allgemeinen Textualität. Der Philosophie sind bestimmte rhetorische Strategien eigen: «Als Beispiel sei der philosophische Text genannt, welcher... als philosophischer daraufhin entworfen ist, vor dem bezeichneten Inhalt, dessen Träger er ist und den er lehrt, zurückzutreten» (*Grammatologie*, S. 276). «Valéry ruft dem Philosophen in Erinnerung, daß die Philosophie geschrieben wird. Und daß der Philosoph gerade in dem Maße Philosoph ist, wie er dies vergißt» (*Marges*, S. 346). Die Eigenständigkeit der Philosophie wird so gerade in dem Argument bewahrt, das alle Unterschiede auszulöschen schien, indem es die Philosophie als Literatur behandelte. Kants *Kritik der Urteilskraft* interpretieren, als sei sie ein Kunstwerk, wie Derrida das in *La vérité en peinture* unternimmt, oder Artauds Entwurf für ein Theater philosophisch diskutieren wie in *Die Schrift und die Differenz*, heißt, eine variable Unterscheidung aufrechterhalten. Die Wirkung der Dekonstruktion besteht darin, die hierarchische Beziehung, die vorher den Begriff der Literatur bestimmte, zu zerreißen, indem sie die Unterscheidung literarischer und nichtliterarischer Werke in eine allgemeine Literarität oder Textualität einschreibt und so die literarische Lektüre philosophischer Texte und die philosophische Lektüre literarischer Texte ermöglicht, so daß diese Diskurse miteinander kommunizieren können.

Außer auf den Begriff der Literatur hat die Dekonstruktion wegen der Zerstörung grundlegender philosophischer Hierarchien Einfluß auf eine Reihe literaturkritischer Begriffe. Wie wir bereits festgestellt haben, gesteht die Dekonstruktion des Gegensatzes von wörtlich und metaphorisch der Untersuchung rhetorischer Figuren eine größere Bedeutung zu, die dadurch zur Norm statt zur Ausnahme werden, zur Grundlage linguistischer Effekte statt zum Sonderfall. Zugleich aber erschwert die Dekonstruktion solche Untersuchungen, indem sie jede eindeutige Unterscheidung von wörtlich und metaphorisch in Frage stellt. Wenn, wie Derrida schreibt, «noch ehe sie rhetorisches Verfahren in der Sprache wird, ... die Metapher das Hervortreten der Sprache als solcher» wäre (*Die Schrift und die Differenz*, S. 171), dann kann die Kritik nicht einfach die Funktion rhetorischer Sprache in einem Text beschreiben, sondern muß auch mit der Möglichkeit rechnen, daß jeder Diskurs rhetorisch ist und jede ‹wörtliche› Aussage auf eine Metapher zurückgeht. Wie wir im nächsten Kapitel sehen werden, bedeutet dies oft, literarische Werke als implizite rhetorische Abhandlungen zu lesen, die in rhetorischen Termini sich mit dem Problem von ‹wörtlich› und ‹metaphorisch› auseinandersetzen.

Zu den besonderen rhetorischen Figuren, die durch diese In-Frage-Stellung philosophischer Kategorien affiziert werden, gehören das *Symbol* und die *Allegorie*, die in der romantischen Ästhetik einander als organisch und mechanisch bzw. als motiviert und arbiträr entgegengestellt wurden. Paul de Mans Essay «The Rhetoric of Temporality», der das Symbol als eine Mystifizierung beschreibt und die Allegorie mit einem ‹authentischen› Verstehen der Sprache und der Zeitlichkeit assoziiert, führte zu einer Umkehrung, die aus der Allegorie eine grundlegende Bezeichnungsweise machte und aus dem ‹Symbol› einen besonderen und problematischen Fall.

Ein weiterer Begriff, der von der dekonstruktiven Theorie affiziert wird, ist der der Mimesis, der einen hierarchischen Gegensatz von Objekt und Repräsentation, von Original und Nachahmung impliziert. Eine ausführliche Anmerkung in *La double Séance* umreißt die für einen Artikel über Platons Mimesistheorie intendierte Argumentation, wobei sich ein Schema aus zwei Aussagen und sechs möglichen Konsequenzen ergibt, von dem es heißt, das es «eine Art logische Maschine bildet; sie programmiert die Prototypen aller in Platons Diskurs und in den traditionellen Diskursen eingeschriebenen Aussagen. Gemäß einem komplexen, aber unnachgiebigen Gesetz erstellt diese Maschine alle Klischees einer möglicherweise noch kommenden Kritik» (*La dissémination*, S. 213). Die Mimesis kann unterschiedlich bewertet werden: Sie kann als eine Verdoppelung verdammt werden, die das Original durch eine Kopie ersetzt; sie kann gelobt werden, soweit sie das Original genau wiedergibt; sie kann neutral bewertet werden, wobei der Wert der Repräsentation von dem Wert des Originals abhängt.

Derrida analysiert in *Economimesis* eine spätere ästhetische Tradition, die der Nachahmung sogar eine Überlegenheit über den nachgeahmten Gegenstand zugesteht, wenn der Künstler in seiner Freiheit die Freiheit und Kreativität der Natur oder Gottes nachahmt. In all diesen Fällen aber, meint Derrida, wird die «absolute Unterscheidbarkeit von Nachgeahmtem oder Nachahmung aufrechterhalten». Die Aufrechterhaltung der Unterscheidung von Repräsentation und Repräsentiertem und die Priorität des Repräsentierten vor der Repräsentation liegt im Interesse der Metaphysik. Mimesis und *mnémè* (Gedächtnis) sind eng miteinander verwandt – das Gedächtnis ist eine Form der Mimesis oder der Repräsentation –, und Mimesis baut auf den Begriff der Wahrheit auf. Wenn Wahrheit als *aletheia* aufgefaßt wird, als Enthüllung oder Vergegenwärtigung des Verborgenen, dann ist Mimesis die für diesen Prozeß notwendige Repräsentation, die Verdoppelung, die es einer Sache erst ermöglicht, sich zu repräsentieren. Wird Wahrheit aber nicht als *aletheia*, sondern als *homoiosis*, als Übereinstimmung oder Korrespondenz, verstanden, dann ist Mimesis die Beziehung eines Bildes oder einer Repräsentation zu dem, dem es wahrhaftig entspricht. In beiden Fällen, schreibt Derrida, «muß die *Mimesis* dem Prozeß der Wahrheit» folgen. «Deren Norm, deren Wahrheit, deren Gesetz ist die Präsenz des Präsenten» (*La dissémination*, S. 220).

In diesem logozentrischen System gibt es eine gewisse Instabilität. Erstens führt die Unterscheidung des Originals von seiner mimetischen Präsentation und das Festhalten an der Beziehung zur Wahrheit in Mimesistheorien zu einer Wucherung von verschiedenen Momenten der Mimesis. In seiner Lektüre von Platons *Sophistes* beschreibt Jean-Luc Nancy sechs Stadien der Mimesis, zwischen denen Bauchrednereffekte entstehen; jede Präsentation ist eine Repräsentation, deren Stimme in Wahrheit von anderswo kommt («Le ventriloque», S. 314–32). Ein einfaches Beispiel ist die mimetische Kette, zu der das Gemälde eines Betts führt; wenn es ein von einem Schreiner hergestelltes Bett darstellt, könnte es sich erweisen, daß dieses Bett seinerseits die Nachahmung eines besonderen Modells ist, das wiederum als eine Präsentation oder Nachahmung eines idealen Betts angesehen werden könnte. Die Unterscheidung von Darstellung und Dargestelltem könnte den Status jedes dieser Betten in Frage stellen: Jedes angenommene Original könnte sich als Nachahmung erweisen, und zwar in einem Prozeß, der nur durch die Setzung eines göttlichen Ursprungs, eines absoluten Originals, zum Stillstand käme.

Darüber hinaus führen Texte, die wie Platon den abgeleiteten Charakter der Mimesis hervorheben und sie als supplementierende Aktivität abwerten, Mimesis auf eine Weise wieder ein, daß ihr eine zentrale und wesentliche Rolle zukommt. Im *Philebus* beschreibt Sokrates das Gedächtnis ausdrücklich in mimetischen Termini, als in der Seele gemalte Bilder. «Wenn Platon andererseits die *Mimesis* und fast immer die mimetischen Künste disqualifiziert», schreibt Derrida, «so trennt er doch niemals die Enthüllung der Wahrheit, *aletheia*, von der Bewegung der Anamnese... Auf diese Weise kündigt sich also eine innere Spaltung der *Mimesis* an, eine Selbstverdoppelung der Wiederholung» (*La dissémination*, S. 217). Die Nachahmung spaltet sich auf in eine wesentliche Mimesis, die von der Produktion der Wahrheit nicht zu trennen ist, und in eine unwesentliche Nachahmung; und diese letztere Form der Mimesis, wie sie sich zum Beispiel in den Künsten findet, spaltet sich wiederum in akzeptable Formen und deren Nachahmungen. Dies führt zu einer Verdoppelung von Nachahmungen, «ad infinitum», schließt Derrida, «denn diese Bewegung nährt ihre eigene Wucherung.»

So wie Freuds Darstellung der *Nachträglichkeit* zum Begriff einer ursprünglichen Reproduktion führte, so wie die Arbeit der Supplementierung bei Rousseau enthüllte, daß es nur Supplemente gibt, legt das Spiel der Mimesis in theoretischen Texten den (Un)begriff einer ursprünglichen Mimesis nahe, der die Hierarchie von Original und Nachahmung zerstört. Mimetische Beziehungen können als intertextuelle angesehen werden: als Beziehungen zwischen Repräsentationen und nicht als Beziehungen zwischen einer textuellen Nachahmung und einem nicht-textuellen Original. Texte, welche die Fülle eines Ursprungs behaupten, die Einzigartigkeit eines Originals, die Abhängigkeit einer Darstellung oder den abgeleiteten Charakter einer Nachahmung, enthüllen so vielleicht gerade, daß das Original bereits eine Nachahmung ist und alles mit der Reproduktion beginnt.

Ein mit der Repräsentation eng verwandter Begriff, der auf ähnliche Weise von der Dekonstruktion affiziert wird, ist der des Zeichens. Die Dekonstruktion wird oft als eine der sprachorientierten oder semiotischen theoretischen Richtungen angesehen, die Literatur als Zeichensystem behandeln; wie Derrida aber in seiner Saussure-Lektüre zeigt, ist der Begriff des Zeichens mit seiner Unterscheidung von Inhalt oder Signifikat und Signifikant, der diesen Inhalt präsentiert, selbst fundamental metaphysisch. Trotz Saussures Betonung der rein differentiellen Natur des Zeichens bleibt

«durch das Beibehalten der im wesentlichen und im rechtlichen Sinn strengen Trennung zwischen *signans* und *signatum* sowie der Gleichstellung von *signatum* und Begriff von Rechts wegen die Möglichkeit offen, einen *Begriff* zu denken, der *in sich selbst Signifikat* ist, und zwar aufgrund seiner einfachen gedanklichen Präsenz und seiner Unabhängigkeit gegenüber der Sprache, das heißt gegenüber einem Signifikantensystem. Indem er diese Möglichkeit offen läßt – was allein schon durch den Gegensatz Signifikant/Signifikat, das heißt durch das Zeichen bedingt ist – widerspricht Saussure den kritischen Errungenschaften, von denen eben die Rede war. Er erfüllt die klassischen Forderungen nach einem ‹transzendentalen Signifikat›, das von seinem Wesen her nicht auf einen Signifikanten verweist, sondern über die Signifikantenkette hinausgeht, und das von einem bestimmten Zeitpunkt an nicht mehr die Funktion eines Signifikanten hat. In dem Augenblick dagegen, wo man die Möglichkeit eines solchen transzendentalen Signifikats in Frage stellt und wo man erkennt, daß jedes Signifikat auch die Rolle eines Signifikanten spielt, wird die Trennung von Signifikat und Signifikant – das Zeichen – von ihrer Wurzel her problematisch» (*Positionen*, S. 55–57).

Dies bedeutet nicht, der Begriff des Zeichens könnte oder sollte über Bord geworfen werden; ganz im Gegenteil ist die Unterscheidung zwischen dem, was bezeichnet, und dem, was bezeichnet wird, für jedes Denken wesentlich. Aber aus der rein differentiellen, nichtsubstantiellen Natur des Zeichens folgt, daß die Beziehung Signifikant – Signifikat nicht substantieller Art ist und das, was wir an irgendeiner Stelle vielleicht als Signifikat identifizieren, auch ein Signifikant ist. Es gibt keine endgültigen Bedeutungen, die die Bewegung des Bezeichnens anhalten. Charles Sanders Peirce macht diese Struktur des Aufschubs und des Rückbezugs zu einem Aspekt seiner Definition: ein Zeichen «ist irgend etwas, was etwas anderes (seinen *Interpretanten*) dazu bestimmt, sich auf ein Objekt zu beziehen, auf das es selbst sich in gleicher Weise bezieht (sein *Objekt*), wodurch der Interpretant seinerseits zu einem Zeichen wird usw. *ad infinitum*... Kommt die Serie sukzessiver Interpretanten an ein Ende, dann wird das Zeichen dadurch zumindest unvollkommen» (*Collected Papers*, Bd. 2, S. 169).

Diese Formulierung erfaßt die These, auf die wir in der Diskussion der Sprechakte und der Mimesis stießen: daß die Möglichkeit endloser Wiederholung kein Unglücksfall ist, der dem Zeichen zustößt, sondern ein konstitutives Element seiner Struktur, eine Unvollkommenheit, ohne die das Zeichen unvollkommen wäre. Dennoch sollten Literaturkritiker vorsichtig sein, wenn sie aus diesem Prinzip Schlußfolgerungen ziehen. Es führt wohl zu einem Skeptizismus in bezug auf die Möglichkeit, den Fluß der Bedeutungen anzuhalten und einen Sinn zu finden, der außerhalb des Spiels der Zeichen im Text liegt und dieses beherrscht, bedeutet aber nicht eine Unbestimmtheit des Sinns im gewöhnlichen Sinn: als Unmöglichkeit oder Nichtrechtfertigbarkeit, eine Bedeutung einer anderen vorzuziehen. Im Gegenteil, nur weil es ausgezeichnete Gründe geben mag, eine Bedeutung zu wählen und nicht eine andere, macht es überhaupt Sinn, darauf zu bestehen, daß die ausgewählte Bedeutung selbst auch ein Signifikant ist, der seinerseits interpretierbar ist. Die Tatsache, daß jedes Signifikat sich auch in der Position des Signifikanten befindet, bedeutet nicht, daß es keine Gründe gäbe, einen Signifikanten gerade mit diesem Signifikat und nicht mit einem anderen zu verbinden; noch weniger wird dadurch eine absolute Priorität des Signifikanten nahegelegt oder der Text als Signifikantengalaxie definiert, wie sowohl von gegnerischen als auch von sympathisierenden Kritikern behauptet wurde. «‹Primat› oder ‹Priorität› des Signifikanten wäre ein unhaltbarer und absurder Ausdruck... Rechtmäßig kann der Signifikant dem Signifikat niemals vorausgehen, denn damit wäre er nicht mehr Signifikant, und der Signifikant ‹Signifikant› besäße kein einziges mögliches Signifikat mehr» (*Grammatologie*, S. 36, Anm.). Die strukturale Verdoppelung jedes Signifikats in einen interpretierbaren Signifikanten weist darauf hin, daß der Bereich der Signifikanten eine gewisse Autonomie beansprucht, heißt aber nicht, daß Signifikanten keine Signifikate hätten, sondern nur, daß die Signifikate keine Geschlossenheit erzeugen können.

In einem Sinne allerdings führt Derridas Arbeit zu einer Betonung des Signifikanten. In seiner Saussure-Lektüre in der *Grammatologie* und besonders in *Glas* zeigt Derrida, daß Saussure bei der Erstellung seiner Doktrin der arbiträren Natur des Zeichens ein nun schon vertrautes Verfahren der Ausschließung anwendet. Saussure gibt zu, daß es in den Sprachen onomatopoetische Zeichen gibt, die aber von «sekundärer Bedeutung» und keine «organischen Elemente eines linguistischen Systems» seien und deshalb bei der Formulierung einer Theorie des linguistischen Zeichens nicht in Betracht gezogen werden brauchen. Außerdem, argumentiert er, seien diese angeblich motivierten Zeichen niemals rein mimetischer Natur, sondern immer teilweise konventionell. «Wörter wie *fouet* (Peitsche) oder *glas* (Totenglocke) wirken vielleicht auf manche Ohren wegen ihres suggestiven Klanges», aber sie haben keinen onomatopoetischen Ursprung: *fouet* kommt von *fagus* (Buche) und *glas* von dem lateinischen *classicum* (Trompetenklang); die ihnen zugesprochene mimetische Qualität ist also keine wesentliche Eigenschaft, sondern «ein *zufälliges* Ergebnis der phonetischen Entwicklung» (zit. in *Glas*, S. 106). Derrida merkt an, daß der Saussure-Leser, der sich auf die Hervorhebung der Arbitrarität auf Kosten der Motivation eingestellt hat, den Ausschluß des Zufälligen in dieser Passage seltsam finden könnte; um aber das linguistische System als *seinem Wesen nach* zufällig, das heißt arbiträr, zu definieren, muß Saussure die zufällige *Motivation* ausschließen.

Auch wenn man Saussures Argument, daß Onomatopöien niemals rein, niemals fest in einer Ähnlichkeit begründet sind, zustimmt, kann man sich dennoch für die Kontamination der Arbitrarität durch Motivation interessieren, einschließlich solcher Motivationen, die zufälliges Ergebnis der linguistischen Entwicklung sind. Saussure allerdings schließt dies als einen Zufall aus, der das Wesen nicht berührt. Aus der Perspektive des linguistischen Systems mag dies gerechtfertigt sein; die These lautet, daß die Struktur des Französischen oder des Englischen durch die potentielle mimetische Suggestivität bestimmter Signifikanten nicht beeinflußt wird. Derrida aber fragt, ob diese Kontamination des arbiträren Zeichens durch Andeutungen von Motivation, durch die Möglichkeit der Remotivation vielleicht doch nicht zufällig und damit ausschließbar, sondern von der Arbeit der Sprache gar nicht zu trennen ist. «Und wenn die *Mimesis* dazu führte, daß das interne System der Sprache gar nicht existierte oder daß man sich seiner niemals bediente oder sich seiner nur bediente, indem man es kontaminierte, und daß diese

Kontamination unausweichlich wäre, d. h. regulär und ‹normal›, daß sie also einen Teil des Systems und seines Funktionierens ausmachte, daß sie davon einen Teil (aus)machte *(fasse partie)*, was auch heißt, daß sie aus ihm, das das Ganze ist, einen Teil eines größeren Ganzen machte?» (*Glas*, S. 109). Arbiträre Zeichen des linguistischen Systems könnten Elemente eines umfassenderen literarischen oder diskursiven Systems sein, in dem Effekte der Motivation, Demotivation oder Remotivation immer wieder vorkommen und in dem Ähnlichkeitsbeziehungen zwischen Signifikanten oder Signifikanten und Signifikaten immer zu bewußten oder unbewußten Effekten führen können.

Literaturkritiker waren für diese Art der Motivation immer aufgeschlossen, in der sie ein fundamentales poetisches oder ästhetisches Mittel sahen, aber ihre Wirkungen können auch woanders aufgespürt werden. In *Fors* stellt Derrida die Arbeit der Psychoanalytiker Nicolas Abraham und Maria Torok über das «Verbarium» des Wolfsmannes vor, dieses joycesche Netz zwischensprachlicher Verbindungen und mimetischer Relais aus Signifikanten, die den Text seiner psychischen Erfahrung strukturieren: «Das *Verbarium* zeigt, wie ein Zeichen, das arbiträr geworden ist, sich re-motivieren kann. Und in was für ein Labyrinth, was für eine Vervielfältigung heterogenster Orte man sich begeben muß, um diese kryptische Motivation aufzuspüren» (*Le Verbier*, S. 71). In dem Traum, der dem Wolfsmann seinen Namen verlieh, kommen sechs Wölfe vor.

«Schematisch: wird die *sechs* in den sechs Wölfen erst einmal ins Russische übersetzt (*Chiest*, Rute, Mast und vielleicht auch Geschlechtsteil, *eng* verbunden mit *Chiestero* und *Chiesterka*, ‹die Sechs›, ‹die Gruppe von sechs Personen›, *eng* verbunden mit *Siestra*, die Schwester, und dem Diminutiv *Siesterka*, Schwesterchen, auf die hin die deutsche Kontamination *Schwester* die Dechiffrierung lenkte), dann wird durch die sechs in der Muttersprache über ein jetzt im wesentlichen verbales Relais die Schwester mit dem phobischen Bild des Wolfes assoziiert. Aber das Relais ist dennoch nicht semantisch: es verdankt sich einer lexikalischen Kontinuität und einer formalen Konsonanz. Ginge man über die virtuelle Form *Siesterka-Bouka* (Schwesterchen-Wolf), die durch den Alptraum mit dem Stern und dem Halbmond deformiert wird, hätte man vielleicht den Beginn einer Bestätigung» (S. 60).

Der Bericht des Wolfsmannes enthält zahlreiche Beispiele, in denen sich, so könnte man sagen, Motive als Motivationen von Zeichen erweisen. Obwohl die Motivation von Zeichen in einem gewissen Sinn dem internen System der Sprache äußerlich ist und deshalb als besondere poetische Technik zur Verfügung steht, um Symbolen größere Eindringlichkeit zu verleihen oder um die Überzeugungskraft wichtiger thematischer Verbindung zu stärken, so funktioniert sie doch auch nachdrücklich, aber verdeckt innerhalb des Sprachsystems und erweist sich jetzt als zentral für andere textuelle Konstrukte und diskursive Aktivitäten.[15]

Je umfassender sich die Effekte der Motivation erweisen, desto weniger kann diese als eine beherrschte oder beherrschbare Technik behandelt werden und desto mehr muß sie als ein unheimlicher *(uncanny)* Aspekt des Funktionierens der Sprache oder des Sich-Einbringens des Subjekts in die Sprache gesehen werden. Nehmen wir den Fall des Eigennamens. Derrida meint in *Glas*: «Der große Einsatz des literarischen Diskurses – und ich sage ausdrücklich Diskurs: die geduldige, listige, quasi animalische oder vegetalische, unermüdliche, monumentale, auch lächerliche oder eher sich der Lächerlichkeit preisgebende Transformation des Eigennamens, eines *Rebus*, in Dinge und Namen für Dinge» (*Glas*, S. 11). Und in seiner Lektüre des zeitgenössischen Dichters Francis Ponge wendet er seine Aufmerksamkeit besonders der Bewegung des Schwamms *(éponge)* zu, der porösen Logik des Zeichens, des *signe ‹éponge›* (des Zeichens ‹Schwamm›), das auch ein Effekt der Signatur ist, ein *signé Ponge* (unterzeichnet: Ponge), aber einer Signatur, die das Subjekt im Text verstreut.

Die Schrift ist oft als ein Aneignungsprozeß gesehen worden, wodurch der Autor für eine Welt zeichnet oder sie unterzeichnet und diese so zu seiner Vision oder seiner Sache macht; aber die Effekte der Signatur, die Spuren des Eigennamens/der Signatur im Text führen im Prozeß der Aneignung zu einer Enteignung. Der Eigenname wird zum Uneigenen.

«Wir stoßen hier auf das Problem des Eigennamens als Wort, als Name, auf die Frage nach seiner Stellung im System einer Sprache. Als Markierung sollte der Eigenname keine Bedeutung haben, sollte reine Referenz sein; da er aber als Wort im Netz der Sprache gefangen ist, fängt er immer schon an zu bezeichnen. Sinn kontaminiert diesen Nicht-Sinn, der eigentlich keine Rolle spielen sollte; der Name soll eigentlich nichts bedeuten, und dennoch beginnt er zu bezeichnen» («Signéponge», Teil I, S. 146).

Die Arbeit verborgener oder fragmentierter Eigennamen bei der Textproduktion problematisiert die Unterscheidung von rhetorisch und psychologisch (der Name ist auch der Name des Vaters) und zeigt, daß das ‹Denken› von überraschenden Zwängen determiniert wird und in einem Sprachspiel gefangen ist, dessen Bedeutungsverästelungen es niemals meistert: Konventionelle linguistische Zeichen können immer von Motivationen der verschiedensten Art affiziert werden. Andrew Parker meint zum Beispiel, daß Derridas Interesse für *marques*, für die Struktur von Markierungen, eine Inkorporation von Marx sei («Of Politics and Limits: Derrida Re-Marx», S. 95–97). Die Einschreibung des Eigennamens in den Text ist aber in erster Linie eine Form der Signatur. Theoretisch ist die Signatur kein Bestandteil des Werkes, sie rahmt es ein, präsentiert es, autorisiert es; aber es scheint, daß die Signatur, um ein Werk wirklich einrahmen, markieren und unterzeichnen zu können, in das Werk, mitten in sein Zentrum, gehört. In der Einschreibung von Eigennamen und ihrer Versuche, von innen her einzurahmen, wird eine problematische Beziehung von Innen und Außen durchgespielt.

Dieses Problem des Rahmens – die Unterscheidung von Innen und Außen und die Struktur der Grenze – ist für die Ästhetik im allgemeinen von entscheidender Bedeutung. In *Parergon*, einem Werk von großer Relevanz für Literaturtheoretiker, schreibt Derrida, daß die ästhetische Theorie von einer beharrlichen Forderung strukturiert wird:

«Man muß aber wissen, worüber man spricht, was *von Innen her (intrinsèquement)* den Wert des Schönen betrifft und was dem immanenten Sinn des Schönen äußerlich bleibt. Diese permanente Forderung – zwischen dem inneren oder eigentlichen Sinn und den Umständen des betreffenden Gegenstandes zu unterscheiden – organisiert alle philosophischen Diskurse über die Kunst, von Platon bis Hegel, Husserl und Heidegger. Sie setzt einen Diskurs über die Grenze des Innen und des Außen des Kunstgegenstandes voraus, in diesem Fall also einen *Diskurs über den Rahmen*. Aber wo findet man den?» (*La vérité en peinture*, S. 53).

Derrida findet ihn in Kants *Kritik der Urteilskraft*, und zwar, da Kant sagt, daß reflexives Urteilen mit Beispielen beginnt, in einem Paragraphen der «Analytik des Schönen» mit dem Titel «Erläuterung durch Beispiele». Kant erklärt, daß zu einem Geschmacksurteil (einem Urteil, daß etwas schön ist) nicht der rein empirische Reiz gehört, der von Verzierungen hervorgerufen wird, die Wohlgefallen auslösen. In den darstellenden Künsten ist das Wesentliche das, was durch seine Form gefällt. Andere Eigenschaften wie die Farbe, sagt Kant, sind nur insofern wichtig, wie sie

> «(die Form) nur genauer, bestimmter und vollständiger anschaulich machen und überdem durch ihren Reiz die Vorstellung beleben, indem sie die Aufmerksamkeit auf den Gegenstand selbst erwecken und erhalten.
>
> Selbst was man *Zierathen* (Parerga) nennt, d. i. dasjenige, was nicht in die ganze Vorstellung des Gegenstandes als Bestandstück innerlich, sondern nur äußerlich als Zuthat gehört und das Wohlgefallen des Geschmacks vergrößert, thut dieses doch auch nur durch seine Form: wie Einfassungen der Gemälde, oder Gewänder an Statuen, oder Säulengänge um Prachtgebäude» (*Kritik der Urtheilskraft*, S. 226).

Das griechische Wort *parergon* bedeutet ‹Nebensächlichkeit›, ‹Zusatz›, ‹Supplement›. Bei Platon ist *parergon* etwas Sekundäres. «Der philosophische Diskurs war immer *gegen* das *parergon*. Ein *parergon* ist gegen, neben und über das *ergon*, die vollendete Arbeit, das Gemachte, das Werk hinaus, aber es fällt nicht heraus, es wirkt und arbeitet, von einem gewissen Außen her, im Innen des Unternehmens» (*La vérité en peinture*, S. 62). Kant verdeutlicht dies, wenn er in *Die Religion innerhalb der Grenzen der bloßen Vernunft* den Begriff *parergon* verwendet, um vier «Zusätze» zu beschreiben – Gnadenwirkungen, Wunder, Geheimnisse und Gnadenmittel –, die nicht zu einer reinen vernünftigen Religion gehören, sondern an sie angrenzen und sie supplementieren: Sie kompensieren den Mangel im Innern der vernünftigen Religion.

Die in der *Kritik der Urteilskraft* angeführten Beispiele sind anregend, aber seltsam. Man kann verstehen, daß Gewänder und Draperien an Statuen Hinzufügungen sind, die die Geltung der Figuren erhöhen, für sie aber nicht wesentlich sind; aber schon dieses Beispiel führt zu einem Problem der Abgrenzung: Ist alles, was von dem menschlichen Körper abtrennbar ist, ein *parergon*? Und was ist alles abtrennbar? Was ist mit Gliedern – *Fragmente* antiker Skulpturen, die zu Kants Zeiten genauso wie heute als schön gelten? Das Beispiel der Säulen macht deutlich, daß Abtrennbarkeit kein entscheidendes Kriterium sein kann, da der Palast ja vielleicht von den Säulen gestützt wird. Eher sind wohl, wie das Beispiel der Gemäldeeinfassung nahelegt, Säulen und Draperien ein Grenzraum zwischen dem Kunstwerk und seiner Umgebung. «*Parerga* haben eine Stärke, eine Oberfläche, die sie nicht nur, wie Kant meinte, von dem integralen Innen, dem eigentlichen Körper des *ergon*, trennt, sondern auch von dem Außen, der Mauer, an der das Bild hängt, dem Raum, in dem die Statue oder die Säule sich erhebt, von dem gesamten historischen, ökonomischen und politischen Einschreibungsfeld, in dem der Signaturtrieb sich entfaltet» (S. 71). (Etwas signieren heißt, es von seinem Kontext lösen und ihm so eine Einheit verleihen. Die Signatur hat, worauf Derrida in *Glas* und in *Signéponge* hinweist, die Struktur des *parergon*: Sie ist weder ganz innerhalb, noch ganz außerhalb des Werks.) Es stellt sich dann folgendes Problem:

«Jede Analyse des ästhetischen Urteils setzt beständig voraus, daß man zwischen dem Innen und dem Außen eindeutig unterscheiden kann. Das ästhetische Urteil *muß* sich im eigentlichen Sinne auf die innere Schönheit beziehen, nicht auf das Drumherum. Man muß also wissen – und das ist die grundlegende Voraussetzung, die Voraussetzung der Grundlegung –, wie das Innen – das Eingerahmte – zu bestimmen ist und was man als Rahmen und als das, was außerhalb des Rahmens liegt, ausschließt... Und wenn Kant auf die Frage: ‹Was ist ein Rahmen?› antwortet: ein *parergon*, eine Zusammensetzung aus Innen und Außen, aber eine Zusammensetzung, die kein Gemisch oder eine halbe Sache ist, sondern ein Außen, das vom Innen in das Innen gerufen wird, um dieses als Innen zu konstituieren; und wenn er als Beispiel für ein *parergon* neben dem Rahmen das Gewand und die Säule anführt, dann fragt man schon nach Beweisen und sagt sich, daß es hier ‹große Schwierigkeiten› gibt» (S. 74).

Um die Wirkungsweise des *parergon* zu vestehen, kann man die Rahmenstruktur in der *Kritik der Urteilskraft* selbst untersuchen, in der der Versuch unternommen wird, das reine Geschmacksurteil einzurahmen bzw. abzugrenzen und von dem zu trennen, was es eventuell umgibt oder an es angefügt ist. In der «Analytik des Schönen» wird das Geschmacksurteil von vier Seiten untersucht: Qualität, Quantität, Zweckmäßigkeit und Modalität. Derrida merkt an, daß dieser kategoriale Rahmen aus der Begriffsanalyse der *Kritik der reinen Vernunft* stammt; da aber Kant darauf besteht, daß das ästhetische Urteil kein Erkenntnisurteil ist, ist die Verwendung dieses Rahmens als Bezugspunkt so etwas wie eine Falle *(frame-up)*. Dieser Rahmen wird nötig durch «einen Mangel – eine gewisse ‹interne› Unbestimmtheit – in demjenigen selbst, was er einrahmen soll» (S. 83), oder sollen wir besser sagen: durch einen begrifflichen Mangel im ästhetischen Urteil, das ästhetische Urteil kognitiv beschreiben zu können. Dieser Mangel, der den Rahmen erzeugt, wird seinerseits von dem Rahmen erzeugt, da er nur dann auftaucht, wenn das ästhetische Urteil aus einer begrifflichen Perspektive betrachtet wird. Und vor allem liefert uns erst der Rahmen ein Objekt, das einen Inhalt und eine innere Struktur haben kann. Die Möglichkeit zu bestimmen, was eigentlich dem reinen Geschmacksurteil angehört, hängt von dem kategorialen Rahmen ab. Die einrahmende Analytik des Urteils ermöglicht erst die Unterscheidungen der Analytik des Schönen zwischen formal und gegenständlich, rein und unrein, Innen und Außen. Dies führt zur Definition des Rahmens als *parergon*, der damit seine eigene subsidiäre Äußerlichkeit definiert. In dem Moment, in dem er eine wesentliche, konstitutive, bewahrende *(enshrining)* und schützende Rolle spielt – all dies sind Formen der Kantschen *Einfassung* –, unterminiert er diese Rolle, indem er sich selbst als subsidiäres Ornament definiert. Man sieht also, daß die Logik des *parergon* der des Supplements, in der das Marginale auf Grund seiner Marginalität ins Zentrum rückt, sehr ähnlich ist.

Wenn, wie Derrida fortfährt, «die in der Analytik des Schönen durchgeführten Verfahren und vorgeschlagenen Kriterien von dieser Parergonalität abhängen; wenn alle Wertgegensätze, welche die Philosophie der Kunst (vor und seit Kant) dominieren, davon in ihrer Relevanz, ihrer Strenge, ihrer Reinheit, ihrer Angemessenheit abhängen, dann werden sie von dieser Logik des *parergon* affiziert, die stärker ist als die der Analytik» (S. 85). Die Konsequenz dieser Beziehung zwischen Rahmen und Eingerahmtem ist «eine gewisse wiederholte Dislozierung».

Ein Beispiel dafür ist die Dislozierung des Gegensatzes von Wohlgefallen und Erkenntnis. «Die Analytik des Schönen bearbeitet und zerlegt unaufhörlich die Arbeit des Rahmens in dem Maße, wie sie, während sie sich von der Analytik der Begriffe und der Doktrin der Urteilskraft einrahmen läßt, die Abwesenheit des Begriffs in der Aktivität des Geschmacks beschreibt» (S. 87). Obwohl die *Kritik* auf der absoluten Unterscheidung von Erkenntnis und Wohlgefallen, oder *aisthesis*, aufbaut, das die reine Wahrnehmung des Kunstwerks begleitet, wird eine Analogie mit dem Erkenntnisprozeß gerade in dem Moment eingeführt, als Kant die Einzigartigkeit der *aisthesis* zu beschreiben sucht.

Ein anderes Beispiel wäre das, was Derrida «das Gesetz der Gattung» nennt oder besser «das Gesetz des Gesetzes der Gattung... ein Prinzip der Kontamination, ein Gesetz der Unreinheit, eine parasitäre Ökonomie» (*La floi du genre*, S. 179). Auch wenn ein Text immer an einer Gattung teilhat, gehört er doch keiner an, weil der Rahmen oder der Zug, der seine Zugehörigkeit markiert, nicht selbst dazugehört. Der Titel «Ode» ist nicht Teil der Gattung, die er bezeichnet, und wenn ein Text sich als *récit* definiert, indem er seinen *récit* diskutiert, ist dies kein Merkmal der, sondern eines über die Gattung. Das Paradox der Parergonalität besteht darin, daß ein Mittel der Rahmung, das eine Klassenzugehörigkeit manifestiert oder bekräftigt, selbst nicht zu dieser Klasse gehört.

Der Rahmen kann auch eine Falle (*frame-up*) sein, eine auferlegte Interpretation, die das Objekt durch Eingrenzungen einschränkt. Kants Einrahmung schließt die Ästhetik in den Rahmen einer Theorie des Schönen ein, das Schöne seinerseits in den Rahmen einer Theorie des Geschmacks und diese in den Rahmen einer Theorie des Urteilens. Aber dieser Einrahmungsprozeß ist unvermeidlich, und sowohl der Begriff des ästhetischen Objekts als auch die Konstitution einer Ästhetik hängen davon ab. Das Supplement ist wesentlich. Alles, was richtig eingerahmt ist – in einem Museum ausgestellt, in einer Galerie hängend oder in einem Gedichtband gedruckt –, wird zum Kunstgegenstand; aber auch wenn der Rahmen das ästhetische Objekt erst schafft, verleiht dies doch dem Rahmen kein bestimmbares Wesen, dessen Eigenschaften man feststellen könnte, um so eine Theorie des literarischen oder malerischen Rahmens zu erstellen. «Es gibt Einrahmungen», sagt Derrida, «aber der Rahmen existiert nicht» (*La vérité en peinture*, S. 93): «Il y a du cadre, mais le cadre n'existe pas.»

«Das *parergon* hebt sich zugleich vom *ergon* (dem Werk) und der Umgebung ab, aber zuallererst hebt es sich als Figur von einem Grund ab. Aber es hebt sich davon nicht in der Weise des Werks ab. Auch dieses hebt sich von einem Grund ab. Der parergonale Rahmen hebt sich von zwei Gründen ab, aber in bezug auf jeden von ihnen löst er sich *(il se fond)* im anderen auf. In bezug auf das Werk, das ihm als Grund dienen kann, löst er sich in der Mauer und schließlich, Stück für Stück, im allgemeinen Text auf. In bezug auf den allgemeinen Text als Grund löst er sich im Werk auf, das sich von dem allgemeinen Grund abhebt. Immer eine Form auf einem Grund, aber das *parergon* ist eine Form, deren traditionelle Bestimmung es ist, sich nicht abzuheben, sondern zu verschwinden, einzusinken, sich auszuwischen, sich in dem Moment aufzulösen, in dem sie ihre größte Energie entwickelt. Auf keinen Fall ist der Rahmen ein Grund, wie es die Umgebung oder das Werk sein können, aber seine Stärke als Rand ist auch keine Figur. Zumindest ist er eine Figur, die sich von sich selbst ab- und aufhebt (s'enlève d'elle-même)» (S. 71–73).

Diese verschwindende Figur, dieses marginale Supplement, ist dennoch in einem gewissen Sinn das ‹Wesen› der Kunst. In seiner reinigenden Darstellung des Schönen verfährt Kant so, daß er nach und nach mögliche Qualitäten abstreift: Der Gegenstand des reinen Geschmacksurteils, die *pulchritudo vaga* oder «freie Schönheit», bedeutet als Gebilde «für sich nichts» und «stellt nichts vor». Solche Strukturen können *auch* repräsentieren, auf etwas verweisen, etwas bezeichnen; ihre Schönheit ist aber von derartigen Funktionen nicht abhängig, sondern beruht auf dem, was Derrida «le *sans* de la coupure pure», das *ohne* des reinen Schnitts oder der reinen Unterscheidung, nennt, durch die, wie in Kants «Zweckmäßigkeit *ohne* Zweck», der ästhetische Gegenstand definiert wird. Wenn der Gegenstand des reinen Geschmacksurteils ein Gebilde ist, das nichts bezeichnet und sich auf nichts bezieht, dann ist das *parergon*, auch wenn Kant es aus dem Werk selbst ausschließt, in Wirklichkeit gerade der Ort der freien Schönheit.

«Nehmen Sie einem Bild jede Repräsentation, jede Bedeutung jedes Thema und jeden Text als intentionale Bedeutung, entfernen Sie auch das gesamte Material (die Leinwand, die Farbe), das nach Kant nicht für sich selbst schön sein kann, löschen Sie jede auf einen bestimmten Zweck abzielende Zeichnung aus, sehen Sie von der Wand als Hintergrund ab und von seiner sozialen, historischen, ökonomischen, politischen usw. Stütze, was bleibt dann übrig? Der Rahmen, die Einrahmung, Form- und Linienspiele, die strukturell der Struktur des Rahmens homogen sind» (S. 111).

Und tatsächlich ist eines von Kants Beispielen für freie Schönheit «Laubwerk zu Einfassungen». Wenn, wie Derrida sagt, «die Spur des *ohne* der Ursprung des Schönen ist», dann trägt vielleicht der Rahmen diese Spur oder ist sie gar selbst.

In «Die Frage nach der Technik» sieht Heidegger das Wesen der Technik in einem Prozeß des Einrahmens *(Ge-stell)*, der selbst nicht technologisch ist, sondern bestimmte Phänomene im «Bestellen» einrahmt und somit das Entbergen oder Einrahmen, das er *poiesis* nennt, zu verbergen droht (S. 27 ff.). Das Problem der Einrahmung ist in der Tat ein allgemeines; sein technologischer Charakter zeigt sich aber schon in den Problemen und Verfahrensweisen einer Kunst- oder Literaturtheorie, wenn diese Theorie sich als Disziplin zu konstituieren sucht. Debatten über die Methoden der Kritik kommen immer auf die Frage nach dem Innen und Außen der Literatur oder des literarischen Werks zurück. Welleks und Warrens maßgebende Theorie der Literatur baut auf einer Unterscheidung von Innen und Außen auf: «Außerliterarische Wege der Literaturwissenschaft» versus «Die innerliterarische Methode der Literaturwissenschaft».

Derridas Analysen zeigen die gewundene Struktur parergonaler Aufteilungen. Verschiedentlich verwendet er den Begriff «Invagination», um die komplexe Beziehung zwischen Innen und Außen zu bezeichnen (*Parages*, S. 143). Was wir für die innersten Orte und Stellen des Körpers halten – Vagina, Magen, Darm –, sind im Grunde Taschen eingefalteter Exteriorität. Was sie zu etwas wesentlich Innerem macht, ist zum Teil ihr Unterschied zu Fleisch und Knochen; in erster Linie aber ist es der Raum, den sie markieren und umschließen, das Außen, das sie zu einem Innen machen. Ein äußerer Rahmen kann sehr wohl als innerstes Element eines Werks fungieren, das sich selbst einfaltet; umgekehrt erhält das, was als der innerste und zentralste Aspekt eines Werks erscheint, diese Rolle erst durch Qualitäten, die es von außerhalb des Werks und gegen es wieder zurückfalten. Das geheime Zentrum, das alles zu erklären scheint, faltet sich auf das Werk zurück, wobei es eine äußere Position inkorporiert, von der aus das Ganze, zu dem es selbst gehört, erhellt werden soll.

Die Unterscheidung zwischen Kritik und Literatur setzt einen einrahmenden Diskurs dem entgegen, was er einrahmt; sie trennt eine externe Metasprache von dem Werk, das diese beschreibt. Aber literarische Werke enthalten selbst metalinguistische Kommentare: Beurteilungen des eigenen *plots*, der Charaktere und Verfahrensweisen. Eigentümlicherweise hängt die Autorität der metalinguistischen Position der Kritiker in beträchtlichem Maße von metalinguistischen Diskursen innerhalb des Werks ab; sie fühlen sich dann sicher außerhalb des Werks und meinen, alles unter Kontrolle zu haben, wenn sie dem Werk Passagen mit scheinbar autoritativen Kommentaren entnehmen können, die genau die Ansichten darlegen, die sie selbst verteidigen. Wenn diese Kritiker ein Werk lesen, das offensichtlich über keine autoritative Metasprache verfügt oder die in ihm enthaltenen interpretierenden Diskurse ironisch in Frage stellt, fühlen sich sich unwohl, als ob sie ihre Stimme nur einer Polyphonie von Stimmen hinzufügten. Sie vermissen die Evidenz, daß sie tatsächlich eine metalinguistische Position über und außerhalb des Textes einnehmen.

Die Situation ist paradox: Sie sind dann außerhalb, wenn ihr Diskurs einen Diskurs weiterführt und entwickelt, der durch den Text autorisiert wird, durch eine Tasche eingefalteter Exteriorität, deren äußere Autorität sich von ihrer Position im Innern ableitet. Wenn aber die besten Beispiele für metalinguistische Diskurse sich innerhalb des Werks finden, dann ist ihre Autorität, die von der Beziehung zur Exteriorität abhängt, äußerst fraglich: Sie können immer als Teil statt als Beschreibungen des Werks gelesen werden. Wenn wir deren Exteriorität bestreiten, subvertieren wir die metalinguistische Autorität des Kritikers, da dessen Exteriorität von den Faltungen abhängt, welche diese interne Metasprache oder Exterioritätstasche erst schufen. Die Unterscheidung von Sprache und Metasprache entzieht sich wie die Unterscheidung von Innen und Außen einer präzisen Formulierung, ist aber immer wirksam und kompliziert sich selbst in einer Vielfalt von Faltungen.

Das Problem des Rahmens hat auch auf einen anderen Begriff, der im literaturkritischen Denken eine wesentliche Rolle spielt, Auswirkungen: auf den Begriff der Einheit. Theoretiker haben immer wieder gemeint, daß die ‹organische Einheit› eines Kunstwerks das Produkt einer Einrahmung ist, ein Effekt dessen, was de Man «die auf Totalität gerichtete Intention des Interpretationsprozesses» nennt (*Blindness and Insight*, S. 31). Das Lob der Heterogenität, die

Beschreibung von Texten als Aufpropfungen und intertextuelle Konstrukte, das Interesse daran, unvereinbare Argumentationsstränge und Bezeichnungslogiken durchzuspielen, und die Ableitung der Stärke eines Textes aus einer selbst-dekonstruktiven Wirksamkeit trugen in neueren kritischen Analysen dazu bei, die frühere Rolle des Begriffs der organischen Einheit als unbefragtem Telos der kritischen Interpretation zu bestreiten. Eine genaue Exegese zeigt aber, daß gerade die kritischen Schriften, welche das Lob der Heterogenität am lautesten verkünden, oft auf Vorstellungen organischer Einheit ruhen, die man nicht so leicht los wird. Die Dekonstruktion führt nicht zu einer schönen neuen Welt, in der Einheit nicht vorkommt, sondern zu der Feststellung, daß Einheit eine problematische Figur ist.

Außerdem wird die Skepsis gegenüber organizistischen Begriffen und Kategorien durch die Analyse des Systems gestärkt, in dem solche Begriffe operieren. In *The Mirror and the Lamp* hat M. H. Abrams gezeigt, daß zeitgenössische organizistische Vorstellungen Teil eines Systems sind, das im Grunde genommen eine deplazierte Theologie ist. In *Economimesis* situiert Derrida Kants explizite Zurückweisung des mimetischen Kunstbegriffs innerhalb einer Ökonomie der Mimesis. In diesem System dienen organizistische Beschreibungen des ästhetischen Gegenstandes paradoxerweise dazu, die Überlegenheit der Kunst, der Freiheit und der Sprache des Menschen über die natürliche Aktivität der Tiere zu erweisen. Kants Theorie trifft eine grundlegende Unterscheidung zwischen Kunst und Natur und gibt sich alle Mühe, die mimetische Aktivität des Menschen von der des Tieres zu trennen, die freie Kreativität oder Produktivität des Menschen von der praktischen Arbeit der Bienen. Sie tut dies, indem sie die Freiheit der Kunst hervorhebt, die weder mechanisch sein noch eine dienende Rolle haben soll, sondern die so frei sein soll, als wäre sie ein Produkt reiner Natur, eine Blume zum Beispiel oder ein Baum. «Die reine und freie Produktivität», schreibt Derrida in einer Nachzeichnung von Kants Argumentation, «muß derjenigen der Natur ähnlich sein. Und genau dies tut sie, weil sie, frei und rein, nicht von Naturgesetzen abhängt. Je weniger sie von der Natur abhängt, desto mehr ähnelt sie ihr» (*Economimesis*, S. 67). Um das absolute Privileg der freien menschlichen Kreation und Nachahmung zu erweisen, wird sie durch eine organizistische Sprache zu etwas renaturalisiert, was natürlich und dem Menschen eigen ist, eine Funktion, die nicht wie andere menschliche Tätigkeiten von der Animalität kontaminiert werden kann.

Genauso wichtig, aber häufiger ignoriert ist die In-Frage-Stellung der Verbindung von Selbstreferenz und Selbstpräsenz in Untersuchungen der organischen Autonomie des literarischen Werks durch die Dekonstruktion. Dem *New Criticism* galt als wichtiger Aspekt der organischen Einheit eines guten Gedichts, daß dieses die Position, die es vertritt, selbst verkörpert bzw. dramatisiert. Indem das Gedicht das, was es aussagt oder beschreibt, selbst darstellt oder aufführt, wird es in sich vollkommen, legt über sich selbst Rechenschaft ab und behauptet seine Freiheit als eine in sich selbst enthaltene Verschmelzung von Sein und Machen. «Das Gedicht ist ein Beispiel für die Doktrin, die es vertritt», schreibt Cleanth Brooks über sein Musterbeispiel, Donnes *The Canonization*. «Es ist beides: die Aussage und die Realisierung der Aussage. Der Dichter hat tatsächlich vor unseren Augen in dem Lied den *pretty room* gebaut, mit dem, wie er sagt, die Liebenden sich zufrieden geben können. Das Gedicht selbst ist die *well-wrought urn*, welche die Asche der Liebenden aufbewahren kann und der der Vergleich mit dem *halfe-acre tomb* des Prinzen nichts anhaben kann» (*The Well-Wrought Urn*, S. 17).

Die Aussagen des Gedichts über Gräber, Urnen und Räume werden als Selbstreferenz betrachtet, und diese Selbst-Reflexivität wird als Selbstkenntnis, als Selbst-Aneignung, Selbst-Verständnis oder Präsenz des Gedichtes bei sich selbst angesehen. Auch Derridas Analysen, mit denen wir uns in diesem Kapitel befaßt haben, beuten Möglichkeiten der Selbstreferenz aus, wenn sie Freuds Beschreibung des *Fort/Da*-Spiels auf Freuds eigenes Spiel mit dem Lustprinzip anwenden oder Kants Darstellung von *parerga* auf seine eigenen Einrahmungsverfahren in der «Analytik des Schönen» übertragen. Die Beziehungen, welche die Dekonstruktion in der Untersuchung der Selbstreferenz enthüllt, weisen eine Eleganz auf, deren Ähnlichkeit mit der Koinzidenz von Sein und Machen, die Brooks und zahllose Kritiker seitdem gesucht und geschätzt haben, nicht zu übersehen ist. Aber die von der Dekonstruktion enthüllte Beziehung ist nicht eine der Selbsttransparenz des Textes in einem Akt reflexiver Selbstbeschreibung oder Selbstaneignung; es handelt sich eher um eine unheimliche Eleganz, die zu Paradoxen führt: eine Selbstreferenz, die letztlich die Unfähigkeit eines jeden Diskurses, über sich selbst Rechenschaft zu geben, und die Tatsache, daß performative und konstative Sprache oder Sein und Machen niemals koinzidieren, offenlegt. Auf dem Gebiet der Logik ist die Selbst-Referenz schon lange als Hauptquelle für Paradoxe erkannt worden: das Paradox des Epimenides, besser bekannt als das Paradox des kretischen Lügners; das Paradox des Barbiers, der alle Männer in seinem Dorf rasiert, die sich nicht selbst rasieren; Russells Paradox der Mengen aller Mengen, die sich nicht selber als Elemente enthalten; Grellings Paradox der «*heterologicality*».[16] Als Russell und Whitehead in den *Principia Mathematica* versuchten, diese Paradoxe, welche die Grundlagen der Mathematik bedrohen, zu lösen bzw. sie loszuwerden, gelang ihnen das nur, indem sie Selbstreferenz ausschlossen. Ihre Theorie logischer Typen schließt die Möglichkeit aus, daß eine Aussage sich auf sich selbst bezieht, indem sie festlegt, daß jede Aussage über ein beliebiges X einer höheren logischen Kategorie angehören muß als X. Eine Aussage über Gedichte gehört demnach einem anderen logischen Typus an als die Gedichte, auf die sie sich bezieht. Für die Mengentheorie mag das eine angemessene Lösung sein; als Prinzip von Diskursen aber wird damit das Problem der Selbstreferenz in der Sprache einfach als geklärt vorausgesetzt, indem sogar ganz gewöhnliche Fälle wie «In diesem Kapitel versuche ich zu zeigen...» als logisch unzulässig angesehen werden. Diskurse sind unvermeidlich und notwendig selbstreferentiell, und sogar die Aussage «In diesem Kapitel versuche ich zu zeigen...», die sich sowohl innerhalb wie auch außerhalb dessen situiert, was sie einrahmt, führt zu interessanten Problemen der Parergonalität.

Eine genaue Untersuchung zeigt, daß Selbstreferenz Selbstaneignung unmöglich macht. Wenn Gedichte die Dichtung als Lüge denunzieren, wird die Selbstreferenz zur Quelle von Nicht-Entscheidbarkeit, die keine Form der Ambiguität ist, sondern eine Struktur logischer Unlösbarkeit: Wenn die Aussage eines Gedichts, daß Dichtung Lüge ist, wahr ist, dann lügt es; wenn seine Behauptung, daß Gedichte Lügen sind, aber eine Lüge ist, dann sagt es die Wahrheit. Man kann jedoch zeigen, daß die selbstreferentiellen Bezüge der Gedichte, die von den Vertretern des *New Criticism* als Musterbeispiele der von ihnen verkündeten Doktrin analysiert wurden, in Wirklichkeit komplexer und problematischer sind. Der selbstreferentielle Schluß von Brooks' kanonischem Beispiel, *The Canonization*, beginnt folgendermaßen:

«Wee can dye by it, if not live by love,
And if unfit for tombes and hearse
Our legend bee, it will be fit for verse;
And if no peece of Chronicle wee prove,
We'll build in sonnets pretty roomes;
As well a well wrought urne becomes
The greatest ashes, as halfe-acre tombes,
And by these hymnes, all shall approve
Us *Canoniz'd* for Love:»

Der Erzähler geht davon aus, daß die Geschichte *(legend)* seiner Liebe, wenn schon nicht für Chroniken, so doch für Verse und Sonette geeignet ist, die damit für die Zuhörer zu Hymnen werden. Außerdem werden die Zuhörer selbst zum Reden gebracht, wenn sie diese Verse hören:

«And by these hymnes, all shall approve
Us *Canoniz'd* for love:

And thus invoke us; You whom reverend love
Made one anothers hermitage;
You, to whom love was peace, that now is rage;
Who did the whole worlds soule contract, and drove
Into the glasses of our eyes
(So made such mirrors and such spies,
That they did all to you epitomize,)
Countries, Townes, Courts: Beg from above
A patterne of your love!»[17]

Der Sprecher stellt sich also vor, daß die Hörer seiner in Verse gefaßten Liebesgeschichte die Liebenden in idealisierenden Beschreibungen anrufen werden, die, stärker noch als seine eigene Darstellung, ein Bild der Liebenden entwerfen, in dem diese die Seele der gesamten Welt gewinnen, weil sie nur die Liebe suchten. Die Antwort auf die Geschichte *(legend)*, die der Sprecher sich vorstellt und darstellt, ist eine Anrufung und Darstellung der Liebenden, in der diese gebeten werden, Gott anzurufen und Ihn um eine weitere Darstellung ihrer Liebe zu bitten, die als Modell *(pattern)* dienen könnte. Wir haben es also weniger mit einer Urne, die sich selbst enthält, zu tun, als vielmehr mit einer Kette von Diskursen und Darstellungen: die Geschichte, in der die Liebenden beschrieben werden; die Darstellung in Versform dieser Geschichte; das verherrlichende Bild der Liebenden in der Antwort der Hörer der Geschichte; die Bitte, die zu formulieren die Liebenden gebeten werden; schließlich das Modell von oben, das zu weiteren Versionen ihrer Liebe führen wird.

Die Kette der Darstellungen kompliziert die von Brooks beschriebene Situation, besonders wenn man sich dem Problem der Selbstreferenz zuwendet und fragt, was denn der *pretty room*, die *well wrought urn* oder die *hymn* sind, auf die das Gedicht sich bezieht. Brooks' Antwort lautet, das Gedicht selbst: «Das Gedicht selbst ist die *well wrought urn*, welche die Asche der Liebenden aufbewahren kann.» Wenn das so ist, wenn das Gedicht selbst die Urne ist, dann ist einer der wichtigsten Aspekte dieser Urne, daß sie Menschen darstellt, die auf die Urne antworten. Wenn das Gedicht selbst die Urne oder die Hymne ist, dann ist die vorweggenommene Antwort auf die Hymne eine Antwort auf die Darstellung einer Antwort auf die Hymne. Dies wird dadurch bestätigt, daß das einer Hymne ähnlichste Element des Gedichts die Anrufung der Liebenden durch die Hörer der Hymne bzw. der in Verse gefaßten Liebesgeschichte ist. Die ersten Strophen des Gedichts, in denen der Liebende, wie Brooks sagt, darlegt, daß «ihre Liebe, wie absurd sie der Welt auch vorkommen mag, der Welt doch keinen Schaden zufügt» (S. 13), kann schwerlich als Hymne gelten; wenn das Gedicht sich also auf sich selbst als Hymne bezieht, dann schließt es in sich die Darstellung einer hymnengleichen Antwort ein – die Antwort auf die Hymne, das es selbst zu sein vorgibt.

Vielleicht erscheint dies als eine pervertierte Beschreibung der Vorgänge in dem Gedicht, als eine übertriebene Ausbeutung der asymmetrischen Engführung, zu der die Selbst-Referenz führt; aber diese Darstellung ergibt eine überraschend angemessene Beschreibung dessen, was vorgefallen ist. Nach der Lektüre der in Verse gefaßten Gedichte dieser Liebenden ruft Brooks sie an und verherrlicht sie als Heilige der Liebe: «indem die Liebenden das Leben verwerfen, gewinnen sie in Wahrheit das intensivste Leben... Indem die Liebenden Einsiedler werden, erkennen sie, daß sie die Welt nicht verloren, sondern im jeweils anderen gefunden haben... Der Ton, in dem das Gedicht schließt, ist ein Ton triumphaler Erfüllung» (S. 15). Er antwortet genauso, wie das Gedicht es vorwegnahm: Er preist ihre exemplarische Liebe und bittet um ein Modell ihrer Liebe, das er als «die von der kreativen Einbildungskraft selbst bewirkte Vereinigung» (S. 18) interpretiert. Sein Buch ist eine Anrufung des Gedichts *The Canonization* als eines kanonischen Beispiels, als Modells: Er beschreibt sein Vorhaben als den Versuch zu sehen, was geschieht, wenn man andere Gedichte so liest, «wie man Donne und die Modernen zu lesen gelernt hat» (S. 193). Die in dem Gedicht verherrlichte heilige und doch weltliche Vereinigung – die von der kreativen Einbildungskraft bewirkte Vereinigung – dient als Modell, das an anderer Stelle reproduziert werden soll. Der Ausdruck *well-wrought urn*, den das exemplarische Beispiel *The Canonization* auf Gedichte und sich selbst anwendet, wird aufgenommen und in dem Buch auf andere Gedichte angewendet und auch auf das Buch selbst. Brooks' eigenes Buch trägt den Titel *The Well Wrought Urn*: Die Verbindung von Donnes Urne und Brooks' Antwort auf sie wird auf diesen Seiten selbst zu einer Urne.

Dieses selbstreferentielle Element in Donnes Gedicht führt zu keiner Geschlossenheit, in der das Gedicht harmonisch die Sache wäre, die es selbst beschreibt. Indem es sich als Urne verherrlicht, schließt das Gedicht eine Verherrlichung der Urne ein und wird so zu etwas anderem als einer Urne; und wenn die Urne die Antwort auf die Urne einschließen soll, dann werden die von ihm vorweggenommenen Antworten wie die Brooks' zu einem Teil seiner selbst und verhindern Geschlossenheit. Die Selbstreferenz schließt das Gedicht nicht in sich, sondern führt zu einer Wucherung von Darstellungen, zu einer Serie von Anrufungen und Urnen, einschließlich Brooks' *The Well Wrought Urn*. Diese Situation weist eine gewisse Eleganz auf; aber es ist die Eleganz der Übertragung, in der der Analytiker sich in das Drama, das er von außen zu analysieren glaubte, einbezogen sieht, um es neu durchzuspielen. Es ist eher eine Struktur der Wiederholung und der Wucherung als eine von kristalliner Geschlossenheit. Die Struktur der Selbstreferenz spaltet das Gedicht in Wirklichkeit gegen sich selbst auf und schafft eine Urne, auf die man antwortet, und eine Urne, welche die Antwort auf die Urne bereits einschließt. Wenn die Urne eine Kombination von Urne und Antwort auf die Urne ist, dann schafft diese Struktur der Selbstreferenz eine Lage, in der Antworten, wie die von Brooks, Teil der betreffenden Urne sind. Diese Serie von Darstellungen, Anrufungen und Lektüren, die, genau wie Momente der Selbstreferenz, zugleich innerhalb wie außerhalb des Gedichts sich befinden, kann immer fortgesetzt werden und hat kein Ende.

Obwohl die Dekonstruktion selbstreferentielle Strukturen in Texten untersucht, führen diese Strukturen doch, wie Rodolphe Gasché in einem wichtigen Artikel hervorgehoben hat, zu einer Kritik der Begriffe der Selbstreflexivität und der Selbstbeherrschung durch Selbstanalyse («Deconstruction as Criticism», S. 181–85). Der Versuch, sich selbst zu erkennen, ob von einer Person oder in einem Gedicht unternommen, mag zu starken Interpretationsdiskursen führen; aber etwas Wesentliches wird immer unerkannt und unbemerkt bleiben, und die Beziehung des Textes zu seiner Selbstbeschreibung und Selbstinterpretation wird immer gespannt sein. Wie wir bei der Untersuchung von *parerga* gesehen haben, wird Selbstreflexivität durch Faltungen bewirkt. Faltet ein Text sich in sich selbst zurück, dann schafft er das, was Derrida eine «invaginierte Tasche» nennt, in der ein Außen zu einem Innen wird und ein inneres Moment eine äußere Position erhält. Derridas Analyse von Blanchots *La folie du jour* in *La loi du genre* untersucht, wie die Selbstbezeichnungen des Werks, anstatt zu einer Transparenz zu führen, in der es für sich Verantwortung übernimmt, diese gerade zerreißt (S. 190/191). Der Versuch eines Textes, sich selbst einzurahmen, führt zu Verwerfungen und Spannungen, zu Dislozierungen. Die Dekonstruktion betont die selbstreferentiellen Momente eines Textes, um die überraschenden Effekte aufzuzeigen, die entstehen, wenn man einen Teil eines Textes verwendet, um den ganzen Text zu interpretieren, oder wenn man die unheimlichen *(uncanny)* Beziehungen zwischen verschiedenen Textebenen oder Diskursen untersucht.

Die Idee, daß ein Text für sich selbst die Verantwortung übernimmt, ist eine weitere Version der Selbstpräsenz, eine weitere Offenbarung des Systems des *s'entendre parler*. Texte arbeiten mit Momenten der Selbstreferenz, um Begriffe bereitzustellen, die bei der Lektüre strategisch wichtig sind; aber es stellt sich immer, wie

Derrida sagen würde, ein Humpeln oder Hinken ein. «Ça boîte et ça ferme mal» (*La carte postale*; S. 418). Selbst wenn ein Text sich einschachtelt, führt das zu keiner Geschlossenheit.

(2) Auf der zweiten Ebene ihrer Relevanz für die Literaturkritik macht sich die Dekonstruktion nicht durch Störung kritischer Begriffe fühlbar, sondern durch die Bereitstellung einer Reihe wichtiger Themen, denen Kritiker dann in ihren Interpretationen literarischer Werke ihre Aufmerksamkeit zuwenden können: Themen wie die Schrift (oder die Beziehung von Schrift und Rede), Anwesenheit und Abwesenheit, Ursprung, Marginalität, Repräsentation, Unbestimmtheit. Indem sie die Aufmerksamkeit auf eine Reihe von Themen und Gegenständen lenkt, arbeitet die Dekonstruktion genauso wie andere theoretische Unternehmen. Durch seine Darstellung der *condition humaine* ermutigte der Existentialismus die Kritiker zur Untersuchung dessen, was literarische Werke über Wahl, über die Beziehung von Existenz und Wesen, über Revolte und die Schaffung von Sinn in einem absurden Universum zu sagen hatten. So disparate theoretische Unternehmen wie die Psychoanalyse, der Feminismus, der Marxismus oder Girards Darstellung des mimetischen Begehrens und des Sündenbock-Mechanismus stellen bestimmte Fragen als besonders bedeutsam heraus und veranlassen Kritiker dazu, sich deren Darstellung in literarischen Werken zuzuwenden. Es ist weder überraschend, daß einflußreiche theoretische Diskurse solche Wirkungen haben, noch daß die Literatur auf die ihr damit gestellten Fragen subtile und erhellende Antworten bereitstellt.

Es gibt aber beträchtliche Meinungsunterschiede in bezug auf den Status und den Wert der thematischen Kritik. Für viele Studenten der Literaturwissenschaft hängt der Wert der Dekonstruktion wie bereits vorher der Wert des Existentialismus oder des Marxismus von seiner Fähigkeit ab, diejenigen Werke zu erhellen, welche die von ihm privilegierten Themen behandeln. Ein Großteil dessen, was heute als dekonstruktive Kritik gilt, zeichnet sich zunächst durch die Themen aus, die sie untersucht – Rede und Schrift bei Dante, Unbestimmtheit der Darstellung bei Dickens, Fehlen der Referenz bei William Carlos Williams – und sieht sich daher auch typischerweise dem Vorwurf ausgesetzt, die wichtigen Probleme eines Werks zu vernachlässigen und sich statt dessen auf Themen zu konzentrieren, die vielleicht nur am Rande vorkommen. In diesem Licht erscheint die Dekonstruktion für das Verständnis von solchen Werken wie Edmond Jabès' *Le livre des questions* nützlich zu sein, das Derrida thematisch als «den nicht endenden Gesang auf die Abwesenheit und ein Buch über das Buch» interpretiert (*Die Schrift und die Differenz*, S. 108).

Die feministische Theorie wäre demnach relevant für die Untersuchung von Romanen über die Lage der Frau; die Psychoanalyse könnte solche literarischen Werke klären, die in erster Linie psychologische Studien sind; und der Marxismus könnte dem Kritiker beim Verständnis solcher Bücher helfen, die sich mit den Wirkungen des Klassenunterschieds und dem Einfluß der Ökonomie auf die persönliche Erfahrung befassen. Jede Theorie wirft Licht auf bestimmte Fragen, aber es wäre ein Irrtum zu glauben, daß diese die einzigen Fragen wären.

Da Kritiker lieber eindeutige Beispiele anführen und zeigen möchten, daß das von ihnen untersuchte Werk auch explizit das Thema behandelt, mit dem sie sich befassen, entsteht der Eindruck, als ob der Großteil der Kritik von der Annahme ausgeht, das Thema des untersuchten Werks determiniere tatsächlich die Bedeutung eines theoretischen Diskurses. Die wichtigsten zeitgenössischen theoretischen und kritischen Unternehmungen haben jedoch in ihren besten und aufschlußreichsten Anwendungen dieses Vorgehen der thematischen Kritik zurückgewiesen, die, wie Derrida sagt, «den Text als Ausdruck konstituiert und ihn auf sein bezeichnetes Thema *(thème signifié)* reduziert» (*La dissémination*, S. 279). Einige in Psychoanalyse versierte Kritiker haben den Versuch unternommen, die mit der Untersuchung psychoanalytischer Themen wie dem Ödipuskomplex befaßte Kritik in eine Kritik zu transformieren, die mit Hilfe der psychoanalytischen Theorie die Wirkung von Texten untersucht, beispielsweise ihre Fähigkeit, beim Leser wie auch beim Kritiker eine unheimliche *(uncanny)* Übertragung zu provozieren, in der deren fundamentalste Dramen wiederholt werden. Wie wir im ersten Kapitel gesehen haben, beschränkt sich auch die feministische Kritik nicht auf die Darstellung von Frauen – auf die Frau als Thema –, sondern befaßt sich allgemein mit dem Problem der Beziehung von sexueller Differenz und Literatur. Aber auch bei Werken, die sich nicht spezifisch mit der Lage der Frau befassen, stellt sich die Frage nach der Beziehung des weiblichen

Lesers zu sexuellen Codes und bietet der feministischen Kritik die Gelegenheit, die Implikationen sexuell markierter Kreativitätsmodelle für die Literatur und deren Rolle in Texten zu untersuchen. Auch marxistische Kritiker haben betont, daß der Marxismus, wie Terry Eagleton formuliert, kein Werkzeug zur Interpretation von Romanen mit einem explizit sozialen Inhalt oder Thema ist, sondern der Versuch, «die komplexen indirekten Beziehungen zwischen (literarischen) Werken und der ideologischen Welt, in der sie angesiedelt sind, zu verstehen – Beziehungen, die sich nicht nur in ‹Themen› und ‹Schwerpunkten› ausdrücken, sondern im Stil, im Rhythmus, im Bild, in der Qualität und in der *Form*» (*Marxism and Literary Criticism*, S. 6). In jedem dieser Fälle behauptet die Theorie, daß sie auch solche Werke erfolgreich untersuchen könne, die sich nicht mit einem zur Theorie passenden spezifischen Thema befassen. Was oft wie ein Beharren darauf aussieht, unpassende Fragen zu stellen und ein Werk nach nicht evidenten Themen abzusuchen, könnte ein Übergang zu einer anderen Analyseebene sein, auf der ein theoretischer Diskurs, der Thesen über die fundamentale Organisation der Sprache und der Erfahrung aufstellt, Einsichten in Textstrukturen und -bedeutungen vermitteln will, ganz gleich, was deren vorgebliches Thema ist.

Da dieser Übergang auf eine andere Untersuchungsebene zu Interpretationen führen kann, die das Werk als Allegorie marxistischer, psychoanalytischer, feministischer oder dekonstruktiver Anliegen behandeln, ist er von der thematischen Kritik, über die er doch hinauszugehen versucht, nicht immer leicht zu unterscheiden; diese Unterscheidung ist aber notwendig, um Mißverständnisse zu vermeiden. Auf der ersten Ebene zeichnet sich die Literatur durch die Vielfalt ihrer Themen aus, und der Kritiker versucht, die Besonderheit des Anliegens eines bestimmten Werks zu formulieren oder das gemeinsame Thema einer Werkgruppe zu beschreiben. Auf der zweiten Ebene versucht eine starke Theorie mit literarischen Implikationen jene Strukturen zu untersuchen, die sie für die grundlegendsten und charakteristischsten hält und betont so eher die Wiederkehr des Gleichen und weniger die Vielfalt. Themen, die sich auf beiden Ebenen finden, lauten oft gleich – ein Faktum, das Verwirrung stiftet, das aber auch, wie Derridas Bemerkungen über die Paleonomy nahelegen, eine wesentliche Beziehung markiert.

Derridas eigenes Verfahren in der *Grammatologie* bietet dafür ein hervorragendes Beispiel. Das erste Kapitel «Das Ende des Buches und der Anfang der Schrift» könnte als eine Untersuchung der Schrift als *Thema* in Werken der philosophischen Tradition beschrieben werden; aber Derrida geht von einer Diskussion dessen, was verschiedene Werke über die Schrift als Problem sagen, über zur Analyse einer umfassenderen Struktur, aus der sich das Thema der Schrift ableitet und die sich in Texten finden läßt, die sich nicht ausdrücklich mit der Schrift befassen. Auf dieser zweiten Ebene ist *Schrift* der Name für eine allgemeine Schrift, welche die Bedingung der Rede und der Schrift ist. Diese *Archi-Schrift* ist kein Thema im gewöhnlichen Sinne und ganz gewiß kein Thema der gleichen Ordnung wie die *Schrift*, mit der Derrida begann. Auch wenn dekonstruktive Lektüren zu zeigen versuchen, wie ein gegebener Text diese allgegenwärtige Struktur erhellt oder allegorisch thematisiert, heißt dies nicht, daß sie ein Thema auf Kosten anderer in den Vordergrund stellen, sondern daß sie versuchen, die Logik von Texten auf einer anderen Ebene zu beschreiben.

Wir kommen in unserer Diskussion der dekonstruktiven Kritik im dritten Kapitel auf dieses Problem zurück. Hier möchte ich zunächst betonen, daß die Dekonstruktion notwendigerweise zu verschiedenen Formen thematischer Kritik führt, auch wenn sie ihr Mißtrauen gegen den Begriff des Themas ausdrückt und gelegentlich ihre eigenen Verfahrensweisen und Interessenschwerpunkte gegen die der thematischen Kritik definiert. In *La double séance* befaßt sich Derrida mit Jean-Pierre Richards Analyse von *blanc* (weiß) und *pli* (Falte) als Themen bei Mallarmé. Richard merkt selbst an, daß die diakritische Natur des Sinns es verhindere, *blanc* und *pli* einfach als Kerneinheiten mit einem spezifisch mallarméschen Sinn zu behandeln; doch obwohl er deren besonders reiche, wuchernde Plurivalenz hervorhebt, geht er davon aus, daß «die Vielfalt der lateralen Beziehungen» hier «das *Wesen* des Sinns» schaffe und dies zu einem Thema führe, das «nichts anderes (ist) als die Summe oder besser die Perspektivierung *(mise en perspective)* seiner verschiedenen Modulationen» (zit. in: *La dissémination*, S. 282). Derrida dagegen meint, daß die hier festgestellte Unerschöpflichkeit nicht eine des Reichtums, der Tiefe und der Komplexität eines Wesens sei, sondern die Unerschöpflichkeit einer gewissen Armut. Hierher gehört auch das Phänomen, das Nicolas Abraham «Anasemie» nennt: eine Sinnentleerung *(de-signification)*, wie sie beispielsweise in Freuds Schriften vorkommt, in denen metapsychologische Begriffe wie das Unbewußte, Todestrieb, Lust, Trieb mit den Zeichen, von denen sie sich herleiten, in Verbindung stehen, diese aber ihrer Bedeutung entleeren und ihnen eine andere semantische Aktualisierung verleihen. «Nehmen Sie irgendeinen beliebigen von Freud eingeführten Ausdruck», schreibt Abraham, «ob er ihn nun selbst geprägt oder einfach der Wissenschafts- oder Umgangssprache entliehen hat. Wenn man für seine Bedeutung nicht völlig taub ist, ist man überrascht, mit welcher Kraft er sich regelrecht, sobald er mit dem unbewußten Kern verbunden wird, aus dem Wörterbuch und der Sprache herausreißt» (*L'écorce et le noyau*, S. 209). Das *Lustprinzip* zum Beispiel evoziert und steht in Verbindung mit *Lust*; aber die Syntax der freudschen Theorie entleert den Ausdruck dieses Inhalts, wenn sie eine Lust annimmt, die als Schmerz erfahren wird. «Lust, Es, Ich, ökonomisch, dynamisch», fährt Abraham fort, «sind keine Metaphern, Metonymien, Synekdochen, Katachresen; durch die Wirkung des Diskurses werden sie zu Produkten einer Sinnentleerung und bilden neue Figuren, die in keiner rhetorischen Abhandlung vorkommen. Diese Figuren einer Antisemantik, sofern sie nichts anderes bezeichnen als ein Zurückgehen zur (nicht erfahrungsmäßigen) Quelle ihrer gewohnten Bedeutung, erfordern eine angemessene, ihren Status anzeigende Bezeichnung, für die wir – aus Mangel eines besseren – die neugeprägte Bezeichnung *Anasemie* vorschlagen.» Freuds Diskurs schafft keinen neuen und reicheren Begriff der Lust, der als Thema gefaßt werden könnte; seine Theorie entwickelt syntaktische Mittel, die zur Darstellung einer Lust, die als Leiden erfahren wird, führen, indem sie «Lust» von der thematischen Ebene auf eine anasemische Ebene deplazieren.

Eine weitere textuelle Logik, die thematische Organisationen unterminiert und durch semantische Verarmung Komplexität schafft, findet sich in Derridas Genetlektüre. Als «Meeresbagger» – wie Derrida sagt (*Glas*, S. 229) – arbeitend, der Steine, Schlamm und Algen heraufholt und das Wasser zurückläßt, greift er verschiedene Elemente auf und durchforscht ihre semantischen, phonetischen und morphologischen Verbindungen im Text: «Jedes zitierte Wort ist ein Schlüssel oder Sieb, mit dem man den Text durchgehen kann... die prinzipielle Schwierigkeit liegt darin, daß es keine *Einheit* des Vorkommens gibt: feste Form, identifizierbares Thema, als solches bestimmbares Element. Nur *Unthemen (anthèmes)*, überall verstreut, sich an jedem Ort sammelnd» (*Glas*, S. 233). Aus strategischen Gründen geht er Elementen nach, die als *greffes du nom propre*, als Aufpfropfungen des Eigennamens, fungieren können. «Genets *Le miracle de la rose* kultiviert also Aufpfropfungen des Eigennamens. Die Zerstückelung, Dissoziierung und Unkenntlichmachung durch zertrümmernde Schläge weitet den Namen auch aus und läßt ihn Terrain gewinnen, als sei er eine geheime Besatzungsmacht. Im Grenzfall, des Textes, der Welt, bliebe nichts als eine riesige Signatur, angeschwollen von allem, was sie vorher verschlungen hat, aber nur mit sich selbst schwanger» (S. 48). Als Logik von Genets Text postuliert Derrida hier nicht das Verfahren der Anasemie, sondern einen anderen Prozeß der Sinnentleerung, den man eher *anathematisch* nennen sollte.

«In einer dieser Bewegungen auf *ana* hat Genet, ob er sich darüber im klaren war oder nicht – ich habe dazu meine eigene Meinung, aber was soll's –, schweigsam, fleißig, sorgfältig, besessen, wie unter Zwang, mit den Gesten eines Diebes in der Nacht seine Signatur an Stelle der fehlenden Gegenstände hinterlassen. Am Morgen, wenn man erwartet, die gewohnten Dinge wiederzuerkennen, finden sie überall seinen Namen wieder, in großen Lettern, in kleinen Lettern, ganz oder zerstückelt, deformiert oder neu zusammengesetzt. Er ist nicht mehr da, aber sie bewohnen sein Mausoleum oder auch sein Scheißhaus *(chiottes)*. Sie glaubten, ihn zu entziffern, ihm auf die Spur zu kommen, ihn verfolgen zu können, und sie finden sich einbezogen. Er hat alles mit seiner Signatur versehen. Er hat seine Signatur simuliert. Er hat sie von allem affiziert werden lassen. Er hat sich von ihr affizieren lassen (später wird er sich sogar mit einem *accent circonflexe* herausputzen). Er hat versucht, im eigentlichen Sinne das zu schreiben, was zwischen dem Affekt und der Signatur geschieht» (S. 51).

Derrida arbeitet zwar so etwas wie Sinn heraus – ein pervertiertes, jedoch wesentlich literarisches Unternehmen –, aber er tut das, indem er *anti-* oder *ana*thematischen Verbindungen nachgeht.

Eine thematische Interpretation Mallarmés wird von anasemischen und anathematischen Deplazierungen gestört; aber das, was Derrida die «Armut» der Plurivalenz von *blanc* und *pli* nennt, resultiert auch aus, wie er sagt, syntaktischen Verbindungen mit solchen

Formen wie *aile* (Flügel), *plume* (Feder), *éventail* (Fächer), *page* (Seite), *frôlement* (Rascheln), *voile* (Segel), *papier*: Man kann die Faltung sich auffächern, sich in diesen Figuren verstreuen und neu zusammensetzen sehen, oder man kann beobachten, wie irgendeines dieser Elemente sich auf die Faltung hin öffnet und sich in ihr ausdrückt. Derrida beschreibt diese Struktur als eine Bewegung des Auffächerns oder Faltens: «die Polysemie der *blancs* und der *plis* faltet sich auf und wieder zusammen in der Form des Fächers» (*La dissémination*, S. 283). Auch *blanc* wird über ein bloßes Thema hinaus zu einer textuellen Struktur oder einem textuellen Prozeß: «Einer phänomenologischen oder thematischen Lektüre stellt sich *blanc* als unerschöpfliche Totalität semantischer Werte dar, die zu ihm (aber zu wem?) eine gewisse rhetorische Nähe haben. Aber in einer wiederholt repräsentierten Replik schiebt *blanc* (sagt, bezeichnet, markiert, äußert, wie immer man will, aber man brauchte hier ein anderes ‹Wort›) das Weiße (le *blanc*) als Leere *(le blanc) zwischen* die Werte ein, als Hymen, das diese vereint und in der Serie unterscheidet, als Verräumlichung der *blancs*, die dadurch ‹Bedeutung gewinnen›» (S. 283f.). Die Leere des weißen Raums, die Verräumlichung, das leere Papier ist Bestandteil der thematischen Serie *blanc* bei Mallarmé; zugleich ist sie die Bedingung der textuellen Serien, so daß das, was man als Thema zu beschreiben suchte, das Thematische überschreitet; in dem Moment, in dem es dieses benennt, faltet es sich auf es zurück.

> «Das Weiße faltet sich, ist eine (markierte) Falte. Es setzt sich nie einer einfachen Nähung aus. Denn die Falte ist genausowenig ein (bezeichnetes) Thema wie das Weiße, und wenn man die Verkettungen und Risse berücksichtigt, die diese im Text propagieren, kann nichts mehr einfach nur den Wert eines Themas haben» (S. 285).

Diese allgemeine Kritik des Themas ergibt sich aus der strategischen und temporären Identifikation eines Themas und aus der daraus folgenden Entdeckung, daß es auch – mehr oder weniger – etwas anderes als ein Thema ist. Eine thematische Figur wie *pli* beschreibt die allgemeine Serie, der sie angehört bzw. die Logik thematischer Verbindungen oder auch die Bedingungen der Textualität. *Pli* ist in dem Moment kein Thema mehr, wenn es auf einer anderen Ebene eine allgemeine textuelle Struktur artikuliert, so wie die Schrift kein Thema mehr ist, wenn sie paleonymisch zur hinter allen thematischen Effekten stehenden *Archi-Schrift* wird. Derrida schreibt:

«Ohne Zweifel ist das Thema der Supplementarität unter bestimmten Gesichtspunkten ein Thema unter anderen. Es ist vielleicht ein Glied in einer Kette und wird von ihr getragen. Vielleicht ließe es sich mit etwas anderem vertauschen. *Doch es verhält sich so, daß es die Kette selbst beschreibt, das Kette-Sein einer textuellen Kette, die Struktur der Substitution, die Artikulierung des Begehrens und der Sprache, die Logik aller von Rousseau vereinnahmten begrifflichen Gegensätze* und insbesondere – in seinem System – die Rolle und die Funktionsweise des Naturbegriffs. Im Text sagt er uns, was ein Text, in der Schrift, was die Schrift ist, in der Schrift von Rousseau das Begehren von Jean-Jacques usw.» (*Grammatologie*, S. 281).

Das Thema der Supplementarität erweist sich so als ein Archi-Thema, das von der thematischen Kritik nicht mehr erfaßt wird.

Wie jedes theoretische Unterfangen privilegiert auch die Dekonstruktion bestimmte Begriffe, die als Themen behandelt werden können und auch werden und die in literarischen Werken untersucht werden; aber sie zeichnet sich stärker durch ihre Kritik der Thematik und durch ihr Interesse für parergonale Prozesse aus, durch die gewisse Themen eine sie schaffende rhetorische oder textuelle Logik bestimmen. Die Untersuchung von Themen ist von der von Strukturen oder textuellen Logiken nicht leicht zu unterscheiden, zumal vielleicht beide den Anspruch stellen, das zu enthüllen, wovon das Werk ‹wirklich handelt›; aber eine Darstellung der Dekonstruktion muß darauf bedacht sein, diese zweite Beziehung zur Literaturkritik – Dekonstruktion als Quelle von möglichen Themen – von der dritten Ebene zu unterscheiden, auf der die Dekonstruktion die Untersuchung besonderer Strukturen ermutigt.

(3) Derridas eigene Auseinandersetzungen mit literarischen Werken sind keine *Dekonstruktionen* in dem Sinne, wie wir diesen Begriff verwenden; eine dekonstruktive Literaturkritik wird in erster Linie von seinen Lektüren philosophischer Werke beeinflußt werden. Neben der Modifizierung kritischer Begriffe und der Bestimmung spezifischer Themen praktiziert die Dekonstruktion einen Lektürestil, der Kritiker dazu ermutigt, gewisse Strukturtypen zu entdecken

oder selbst zu schaffen. Diesen Aspekt der Dekonstruktion haben wir in unseren Analysen dekonstruktiver Lektüren – von Saussure, Rousseau, Platon, Austin, Kant, Freud – dargelegt; aber es mag sinnvoll sein, noch einmal kurz zusammenzufassen, worum es hierbei geht, wobei wir das Risiko der Reduzierung um der Deutlichkeit willen eingehen.

Wenn die Dekonstruktion nach Barbara Johnsons glücklicher Formulierung «das sorgfältige Entwirren einander bekämpfender Bedeutungskräfte im Text» ist (*The Critical Difference*, S. 5), dann wird der Kritiker nach verschiedenen Konfliktarten Ausschau halten. Die erste und offensichtlichste aus unserer bisherigen Darstellung in diesem Kapitel ist der asymmetrische Gegensatz oder die wertbesetzte Hierarchie, in der ein Ausdruck auf Kosten eines anderen bevorzugt wird. Dem Kritiker stellt sich dann die Frage, ob der zweite Ausdruck, der als negative, marginale, supplementäre Version des ersten behandelt wird, sich nicht als die Möglichkeitsbedingung des ersten erweist. Gibt es neben der Logik, welche die Vorherrschaft des ersten Ausdrucks sichert, eine konträre Logik, die verdeckt arbeitet, aber an einigen entscheidenden Textmomenten oder -figuren auftaucht und die den zweiten Ausdruck als Ermöglichungsbedingung des ersten bestimmt? Die Beziehung von Rede und Schrift, so wie Derrida sie darlegt, ist die bekannteste Version dieser Struktur, aber sie kann in zahlreichen unvorhersehbaren Verkleidungen erscheinen, die zu entdecken und zu zerlegen schwierig sein mag.

Zweitens veranlaßt das Beispiel von Derridas Lektüren den Kritiker dazu, nach Kondensationspunkten zu suchen, an denen ein einzelner Ausdruck verschiedene Argumentationslinien oder Wertkomplexe zusammenbringt. Begriffe wie *parergon*, *pharmakon*, *supplément*, *hymen* sind Bestandteil von Gegensätzen, die für die Beweisführung eines Textes wesentlich sind; sie funktionieren aber auch auf eine Weise, durch die diese Gegensätze subvertiert werden. Diese Begriffe sind die Punkte in einem Text, an denen fühlbar wird, was für Anstrengungen der Versuch kostet, logozentrische Schlußfolgerungen zu stützen oder durchzusetzen; sie sind Momente einer unheimlichen Opazität, die zu lohnenden Kommentaren führen können.

Drittens wird dadurch die Aufmerksamkeit des Kritikers für andere Formen eines *écart de soi*, eines Abstandes zu sich selbst, des Textes gesteigert. Auf der einfachsten und am wenigsten für die Dekonstruktion spezifischen Ebene bedeutet dies ein Interesse für alles, was im Text einer autoritativen Interpretation entgegensteht, einschließlich solcher Interpretationen, die das Werk am emphatischsten zu stützen scheint. Ganz gleich, welche Themen, Argumente oder Modelle bei der Definition der Identität eines spezifischen Werks auch angeführt werden, es gibt immer Weisen, auf die es von dem so definierten Selbst differiert und systematisch oder auch verdeckt die in der Definition wirksamen Entscheidungen in Frage stellt. Interpretationen oder Definitionen der Identität implizieren die Repräsention eines Textes in der Erfahrung einer schreibenden oder lesenden Person, aber, sagt Derrida, «der Text (sprengt) mit Hilfe des ganzen Systems der ihm verfügbaren Mittel und der ihm eigentümlichen Gesetze diese Repräsentation immer wieder» (*Grammatologie*, S. 178). Jede Lektüre beruht auf Vorannahmen, und der Text selbst, meint Derrida, stellt die Bilder und Argumente bereit, um diese Vorannahmen zu subvertieren. Der Text trägt in sich die Zeichen jener Differenz zu sich selbst, die es unmöglich macht, eine Auslegung zu beenden.

Besonders wichtig sind viertens die Strukturen, die wir in unserer Diskussion der Parergonalität und der Selbstreferenz beschrieben haben: wenn der Text auf etwas anderes eine Beschreibung, ein Bild, eine Figur anwendet, die als Selbst-Beschreibung, als Repräsentation seiner eigenen Verfahrensweisen gelesen werden können. Liest man solche Figuren als Momente der Selbstreferenz, liest man oft gegen den Strich: Das Freudsche Modell, das Derrida auf die Verfahren von Freuds Text anwendet, wurde von Freud als Modell für das Verhalten von Kindern entwickelt, und die Einrahmungsprozesse, die in Kants Text wirksam sind, werden in der *Kritik der Urteilskraft* als spezifisch künstlerische Verfahren bestimmt. Eine dekonstruktive Lektüre theoretischer Texte zeigt oft, daß die Verfahren, die ein Werk bei anderen zu kritisieren behauptet, in ihm selbst in deplazierter oder verkleideter Form wiederkehren – so wie Austin exakt diese Ausschließung wiederholt, die er bei seinen Vorgängern so heftig kritisiert hatte. In anderen Fällen wird man die Art hervorheben, wie gerade die Mittel, die einen Text auf sich selbst zurückfalten, paradoxerweise dessen Versuche zur Selbstaneignung verschieben.

Fünftens interessiert sich die Dekonstruktion dafür, wie Konflikte oder Dramen in einem Text als Konflikte in und zwischen den Lektüren dieses Textes reproduziert werden. De Mans Wort, daß die Sprache der Literatur ihr eigenes Mißverstehen präfiguriert, bedeutet bis zu einem gewissen Grad auch, daß Texte auf allegorische Weise die Unangemessenheit aller möglichen Interpretationen demonstrieren – der Interpretationen nämlich, die von ihren Lesern durchgeführt werden. Texte thematisieren, mehr oder weniger deutlich, Interpretationsverfahren und deren Konsequenzen und repräsentieren so bereits im voraus die Dramen, die der Geschichte ihrer eigenen Interpretationen Leben verleihen. Man kann oft feststellen, daß kritische Debatten über einen Text deplazierte Neuaufführungen der im Text dramatisierten Konflikte sind; während der Text die Konsequenzen und Implikationen verschiedener in ihm enthaltener Kräfte durchspielt, transformieren kritische Lektüren diese innere Differenz in eine Differenz einander ausschließender Positionen. Was in auf dieses Problem abgestimmten dekonstruktiven Analysen dekonstruiert wird, ist weniger der Text selbst als vielmehr die Weise, wie der Text gelesen wird, die Kombination des Textes und der an ihm durchgeführten Lektüren. In Frage gestellt werden die Vorannahmen und Entscheidungen, die eine komplexe Struktur interner Differenzen in alternative Positionen oder Interpretationen umwandeln.

Schließlich impliziert die Dekonstruktion das Interesse für das Marginale. Wir haben bereits gesehen, daß Derrida sein Interesse den Elementen in einem Werk oder einem Korpus zuwendet, die vorherige Kritiker für unbedeutend hielten. Es handelt sich hier um die Aufdeckung von Ausschließungen, von denen Hierarchien abhängen und durch die diese auch wieder zerstört werden können; aber es ist auch eine erste Auseinandersetzung mit früheren Lektüren, die durch die Aufspaltung des Textes in wesentliche und in marginale Elemente dem Text eine Identität verliehen, die der Text selbst kraft seiner marginalen Elemente subvertieren kann. Da es in der Konzentration auf das Marginale um die Bestimmung dessen geht, was in einem Text der Identität widersteht, die andere Lektüren für ihn erstellt haben, ist sie auch Bestandteil des Versuchs zu verhindern, daß das untersuchte Werk von weniger reichhaltigen und weniger komplexen Texten beherrscht und determiniert wird. Kontextorientierte Lektüren und historische Interpretationen verlassen sich im allgemeinen auf angeblich einfache und unzweideutige Texte zur Bestimmung des Sinns von Textstellen in komplexeren und weniger faßbaren Texten. Wir haben bereits gesehen, in welchem Maße Derrida auf der Unerschöpflichkeit des Kontextes und der gleichzeitigen Möglichkeit beharrt, den Kontext so zu erweitern, daß weitere Komplexitäten des untersuchten Textes auftauchen. Man könnte also die Dekonstruktion mit dem doppelten Prinzip der Determinierung des Sinns durch den Kontext und der unendlichen Erweiterbarkeit des Kontextes gleichsetzen. Derrida beutet die Kraft der Determinierung durch den Kontext aus, wann immer er ein Werk in Beziehung auf das System metaphysischer Werte liest, dem es sich nicht entziehen kann.

Wenn man die Dekonstruktion so beschreibt, setzt man allerdings voraus, daß gewisse Fragen über den Status ‹marginaler› Elemente bereits geklärt sind. Wenn dekonstruktive Lektüren kontextorientierte Versuche, den Sinn eines komplexen Werks durch Rückgriff auf einfachere und unzweideutigere Texte zu bestimmen, attackieren und wenn sie sich weiterhin auf Elemente konzentrieren, die Kontextualisten in bezug auf eine postulierte Intention des Autors für marginal halten, heißt das dann, daß sie die Bedeutung der Intention des Autors für eine Textinterpretation für unwichtig erachten, oder nehmen sie eine andere Position ein? Da dieses Problem in den Beurteilungen Derridas immer wieder auftaucht, sollten wir die Skizze der von der Dekonstruktion geförderten Lektürestrategien nicht abschließen, ohne uns diesem Problem gestellt zu haben, zumal es eine günstige Gelegenheit bietet, die methodologische Bedeutung von Derridas Lektüre von Austin, Platon und Rousseau noch einmal zu betrachten.

Im Falle Austins zeigt eine sorgfältige Analyse seiner Vorgehensweise – eine Analyse, die nicht, wie das meistens der Fall ist, bestimmte Formulierungen im Namen einer angeblichen Intention übergeht oder ignoriert –, daß er die gleiche Ausschließungsbewegung wiederholt, die er bei seinen Vorgängern kritisiert – eine Bewegung, die er, so kann man argumentieren, aus den gleichen Gründen zu machen gezwungen ist. Aber obwohl er sich weigert, bestimmte Formulierungen außer acht zu lassen, weil sie angeblich für Austins Intentionen unwesentlich sind, gibt Derridas Analyse die Kategorie der Intention keineswegs auf, noch ignoriert er die Markierungen der Intention im Text. Ganz im Gegenteil, es ist für Derridas Darstellung wichtig, daß Austin die Fehler, die er bei anderen festgestellt hatte, zu beheben und wiedergutzumachen sucht, und es ist daher sehr bezeichnend, daß Austin die Ausschließung des Nicht-Ernsthaften als provisorisch und unwesentlich darstellt und intendiert. Wie Derrida sagt, ist Austins Fall gerade deshalb interessant, weil er mit seiner Weigerung, wahre und falsche Aussagen als Definitionsnorm des Diskurses zu akzeptieren, versucht – intendiert –, «in einer beharrlichen, aufgeschlossenen, aporetischen, in ständiger Verwandlung begriffenen, oft im Erkennen ihrer Sackgassen eher als in ihren Positionen fruchtbaren Analyse» (*Randgänge*, S. 143) mit einem gewissen logozentrischen Sprachbegriff zu brechen. Daß gerade eine Analyse mit derartigen Intentionen schließlich doch die Voraussetzungen wieder einführt, die sie in Frage stellen wollte, sagt mehr aus über die Unausweichlichkeit des Logozentrismus und die Schwierigkeiten einer Sprachtheorie als das Mißlingen eines Diskurses mit ganz anderer Intention. Austins Intention determiniert nicht den Sinn seines Diskurses, aber es gibt in seinen Schriften einen intentionalen Effekt, der in der Darstellung des Dramas seines Textes eine wichtige Rolle spielen kann.

In Derridas Rousseaulektüre wird die Rolle dieser Effekte deutlicher; er zögert nicht, bestimmte sich wiederholende thematische Muster mit «was Rousseau hier sagen will» zu bezeichnen: «Rousseau *deklariert*, was er sagen *will*, daß nämlich die Artikulation und die Schrift eine post-originäre Krankheit der Sprache sind; er sagt oder *beschreibt*: was er *nicht sagen will*: die Artikulation und folglich der Raum der Schrift wirken am Ursprung der Sprache» (*Grammatologie*, S. 393/394). Rousseaus Absicht ist, Kultur als Negation eines positiven Naturzustandes zu definieren, in der das Unglück an Stelle des Glücks tritt, die Schrift an Stelle der Poesie; zugleich aber charakterisiert er die kulturelle Supplementierung so, daß klar wird, daß die angeblich negativen Komplikationen immer schon in dem wirksam waren, worauf sie angeblich erst folgen. Diese Aufspaltung von Rousseaus Text ist das, was er intendiert, und das, was er nicht intendiert, ist natürlich eine List der Lektüre (Intention ist immer ein derartiges textuelles Konstrukt). De Man würde dies ein Beispiel dafür nennen, wie ein Text sein eigenes Mißverstehen präfiguriert –, das Beharren des Textes auf gerade diesen

Themen bringt den Leser dazu, diese als den intendierten Sinn anzusehen und die Subversion oder Komplikation als nicht-intendierten Rest zu betrachten. Aber dieser strategische Begriff der Intention ist für Derridas Analyse wichtig, und zwar sowohl für seine Version der Geschichte Rousseaus als auch für seine Darstellung der Beziehung des Schriftstellers zur Sprache in dem Kapitel «Methodenfrage»:

«Dies wirft die Frage nach dem Gebrauch des Wortes ‹Supplement› auf; nach der Situation Rousseaus innerhalb der Sprache und der Logik, die diesem Wort oder diesem Begriff hinreichend *überraschende* Schätze erschließen, damit das angenommene Subjekt des Satzes – sofern es sich des ‹Supplements› bedient – immer mehr, weniger oder etwas anderes aussage, als es *aussagen möchte*. Diese Frage zielt also nicht allein auf die Schreibweise Rousseaus, sondern auch auf unsere Lektüre ab. Zunächst müssen wir bei diesem Problem folgende *Vereinnahmung* oder *Überraschung* stärker als bisher berücksichtigen: der Schriftsteller schreibt *in* einer Sprache und *in* einer Logik, deren System, Gesetze und Eigenleben von seinem eigenen Diskurs definitionsgemäß nicht absolut beherrscht werden können. Er bedient sich dieses Systems, indem er sich in gewisser Weise und bis zu einem gewissen Grad von ihm beherrschen läßt. Die Lektüre hingegen muß ein bestimmtes, vom Schriftsteller selbst unbemerktes Verhältnis zwischen dem, was er an verwendeten Sprachschemata beherrscht, und dem, was er nicht beherrscht, im Auge behalten. Dieses Verhältnis ist jedoch nicht durch eine bestimmte quantitative Verteilung von Schatten und Licht, Schwäche oder Stärke gekennzeichnet, sondern durch eine signifikante Struktur, die von der Lektüre erst *produziert* werden muß» (*Grammatologie*, S. 272/273).

Der *New Criticism* lehnte eine Berufung auf die Intention ab, weil er meinte, daß die besonderen Intentionen von Dichtern, wie sie sich in den für eine derartige Untersuchung offensichtlich relevantesten Dokumenten finden, sich im Vergleich mit den reichen und überraschenden Quellen der von ihnen verfaßten Werke als unergiebig und begrenzt erwiesen haben. Die Vertreter des *New Criticism* schlossen die Beschäftigung mit erforschbaren Intentionen aus, um sich auf eine abstraktere und umfassendere Intention berufen zu können. Cleanth Brooks weist den Gedanken, er enthülle Komplexitäten, die der Dichter gar nicht intendiert habe, mit dem Argument zurück, «der Dichter weiß genau, was er tut» (*The Well Wrought Urn*, S. 159). Wie der Schöpfergott intendiert der Dichter angeblich alles, was er tut. Im Gegensatz dazu meint Derrida, man könne die Intention als ein besonderes Produkt oder einen besonderen Effekt des Textes ansehen, die durch eine kritische Lektüre wohl herausdestilliert werden könne, die aber vom Text immer überschritten werde. Wie in Teil zwei dieses Kapitels bereits gezeigt, geht die Intention nicht dem Text voran und determiniert dessen Sinn, sondern sie ist eine wichtige organisierende Struktur, die durch solche Lektüren bestimmt werden kann, die eine explizite Argumentationslinie von ihrem subversiven Gegenstück unterscheiden. Es gibt für den Kritiker keinerlei Grund, eine Textschicht die Intention des Autors zu nennen – je bedeutender der Autor, desto weniger wird man bereit sein, seine Intention auf eine Ebene einzugrenzen; wenn er dies aber tut, dann ist das eine überraschende Weise, die These über die Beziehung des Subjekts zur Sprache und zur Textualität zu dramatisieren: als Beziehung von *prise* (eingefangen sein) und *surprise* (Überraschung).

In seiner Rousseau-Lektüre postuliert Derrida eine intendierte Argumentation, um zeigen zu können, wie der Text seine eigenen expliziten Erklärungen subvertiert; in seiner Platon-Lektüre jedoch verweist er auf die abgeleitete Natur dieses Begriffs einer bewußten Intention und auf die damit einhergehende übermäßige Simplifizierung der textuellen Beziehungen. In Platons Text ist das Wort *pharmakon*

«eingebettet *(pris)* in eine Verkettung von Bedeutungen. Das Spiel dieser Kette scheint systematisch zu sein. Aber das System ist hier nicht einfach nur das der Intentionen des Autors, den man unter dem Namen Platon kennt. Dieses System ist nicht primär das einer intendierten Bedeutung. Geregelte Beziehungen bilden sich, dank des Spiels der Sprache, zwischen verschiedenen Funktionen des Wortes und, in ihm selbst, zwischen verschiedenen Sedimenten oder verschiedenen kulturellen Regionen. Diese Beziehungen, diese Bedeutungskanäle scheint Platon manchmal zu erklären, zu erhellen, indem er ‹absichtlich› *(volontairement)* mit ihnen spielt,... Dann wieder, in anderen Fällen, scheint es, daß Platon diese Verbindungen nicht sieht, sie im Dunkeln läßt oder sie abbricht. Und dennoch operieren diese Verbindungen von sich aus weiter. Trotz ihm? Dank ihm? In *seinem* Text? *Außerhalb* seines Textes? Aber wo? Zwischen seinem Text und der Sprache? Für welchen Leser? Und in welchem Moment?» (*La dissémination*, S. 108).

Derrida fährt fort, daß eine allgemein gültige und prinzipielle Antwort auf diese Fragen nicht möglich ist, da diese davon ausgehen, daß es einen Ort gibt, an dem diese Beziehungen und Verbindungen entweder hergestellt oder nicht hergestellt werden und damit wertlos sind. Natürlich könnte man argumentieren, daß all diese Beziehungen in Platons unbewußter bzw. linguistischer Kompetenz hergestellt werden; aber das würde eine Beantwortung der Frage voraussetzen, die Derrida erst stellen und nicht beantworten will. Er tritt beispielsweise nicht für das Prinzip oder die Regel ein, daß jedes beliebige Wort in einem Text alle Bedeutungen enthält, die jemals für es oder für jeden Signifikanten, der sich von ihm durch höchstens ein Phonem unterscheidet, notiert wurden. Wenn er in *La pharmacie de Platon* für die potentiell reichen Beziehungen zwischen Wörtern, die in einem Diskurs ‹präsent› sind, und allen anderen Wörtern eines lexikalischen Systems eintritt, bestreitet er dennoch, daß es Prinzipien gibt, die signifikante Beziehungen im voraus ausschließen, und eröffnet so die Möglichkeit zur Feststellung von Beziehungen einer unheimlichen *(uncanny)* Nachdrücklichkeit wie etwa das Spiel zwischen *pharmakon* und *pharmakeus* in Platons Text und der fundamentalen kulturellen Institution des *pharmakos*. Wer soll entscheiden, wo diese Beziehung auftaucht, außer daß sie durch die kritische Lektüre hergestellt werden muß? Die Beziehungen, denen nachzugehen und die herzustellen sich lohnt, sind diejenigen, die eine parergonale Funktion erfüllen und textuelle Strukturen und Lektürestrategien beschreiben.

(4) Schließlich hat die Dekonstruktion Auswirkungen auf die Literaturkritik, weil sie als bedeutende theoretische Bewegung in den Geisteswissenschaften die Vorstellung von Kritik und der ihr angemessenen Ziele beeinflußt. Wenn wir die Dekonstruktion als eine führende Richtung des Poststrukturalismus ansehen und sie dem Strukturalismus entgegenstellen, werden wir vielleicht auch zu der Schlußfolgerung von J. Hillis Miller in dem in der Einleitung zitierten Artikel kommen: Die Dekonstruktion taucht im Gefolge des Strukturalismus auf, um dessen systematische Projekte zu vereiteln. Dekonstruktive Analysen, in denen die binären Gegensätze, mit deren Hilfe Strukturalisten kulturelle Produkte beschreiben und beherrschen, in Frage gestellt werden, stellen die wissenschaftlichen

Ambitionen der Strukturalisten als unerfüllbare Träume bloß. Die Dekonstruktion zerschlägt deren «Vertrauen in die Vernunft», indem sie die unheimliche Irrationalität von Texten und deren Fähigkeit enthüllt, jedes System oder jede Position, die sich in ihnen scheinbar manifestieren, widerlegen oder subvertieren. In diesem Sinne enthüllt die Dekonstruktion die Unmöglichkeit jeder Literatur- oder Diskurswissenschaft und führt die Kritik wieder zur Aufgabe der Interpretation zurück. Statt literarische Werke zur Entwicklung einer narrativen Poetik zu verwenden, wird der Kritiker einzelne Romane untersuchen, um herauszufinden, wie diese der narrativen Logik widerstehen oder sie subvertieren. Die geisteswissenschaftliche Forschung, die der Strukturalismus auf umfassende systematische Projekte festzulegen versuchte, sieht sich jetzt gezwungen, zum *close reading* zurückzukehren, zum «sorgfältigen Entwirren einander bekämpfender Bedeutungskräfte im Text».

Gewiß kann man argumentieren, daß die amerikanische Kritik in der Dekonstruktion eine Bestätigung dafür fand, in der Interpretation die höchste Aufgabe der Kritik zu sehen und so eine gewisse Kontinuität zwischen den Zielen des *New Criticism* und denen der neueren Kritik zu bewahren. Im nächsten Kapitel werden wir uns der Praxis der dekonstruktiven Kritik und ihrer verschiedenartigen Beziehung zum sogenannten *close reading* zuwenden. Teilt man aber die Ansicht, daß die Dekonstruktion die Kritiker lehrt, systematische Unternehmungen zu verwerfen und ihre Anstrengungen der Erhellung einzelner Texte zu widmen, müßte Derridas eigenes Beispiel verwirren. Leser, die auf Grund des amerikanischen Modells der Kritik zu der Ansicht kamen, das Ziel der Dekonstruktion sei die Erhellung einzelner Werke, werfen ihr verschiedene Mängel vor. So beklagen sie eine gewisse Monotonie: Die Dekonstruktion lasse alles gleich aussehen. Derrida und seine Anhänger scheinen in der Tat nicht damit befaßt zu sein, die Besonderheit eines jeden Werks zu bestimmen (oder wenigstens seine besondere Unheimlichkeit [*uncanniness*]), wie es sich für einen Interpreten gehört. Statt dessen scheinen sie sich in erster Linie mit Problemen der Signatur, der Rhetorik, der Einrahmung, der Lektüre und der Fehllektüre oder mit der Schwierigkeit zu beschäftigen, wie man gewissen Systemen von Annahmen entgehen kann. Außerdem zeigen dekonstruktive Lektüren kaum Achtung vor der Ganzheit oder Integrität einzelner

Werke zu haben. Sie wenden ihre Aufmerksamkeit einzelnen Teilen zu, stellen Beziehungen zu verschiedenartigstem Material her und kümmern sich vielleicht noch nicht einmal um die Beziehung des Teils zum Ganzen. Ein Interpret kann durchaus meinen, daß es einem Werk an Einheit mangelt; aber die Frage nach der Einheit ignorieren heißt, die Verpflichtungen der eigenen Aufgabe zu mißachten. Drittens ist Derridas Auswahl der untersuchten Werke schwer nachzuvollziehen. Feministische Kritikerinnen schreiben über nicht-kanonische Werke, weil sie versuchen, den Kanon zu ändern; aber wenn Derrida sich mit Warburton und Condillac statt mit Leibniz und Hume befaßt, geht es ihm dabei keineswegs um Würdigung oder Herabsetzung. Es scheint, daß die Auswahl der Texte durch die Themen bestimmt wird, die sie erhellen können, beispielsweise wenn er sich in *Glas* und *L'âge de Hegel* mit einer Anzahl Hegelbriefe beschäftigt. Er ist offensichtlich nicht primär damit befaßt, den Kanon neu zu interpretieren oder zu reformieren. Schließlich sind die Schlußfolgerungen, zu denen dekonstruktive Lektüren gelangen, oft Thesen über Sprachstrukturen, rhetorische Verfahren und Denkbewegungen statt Aussagen über den Sinn eines besonderen Werks. Für Lektüren, die angeblich auf der Ablehnung allgemeiner theoretischer Projekte basieren, scheint ihr Interesse für theoretische Fragen der allgemeinsten Art etwas seltsam.

Die Vorstellung, daß die Dekonstruktion jede systematische Untersuchung ablehnt, um einzelne Werke zu erhellen, beruht auf der Annahme eines Gegensatzes, der selbst dekonstruiert werden muß. Aus Derridas Feststellung der Schwierigkeiten bzw. Aporien strukturalistischer Unternehmen – Saussures, Lévi-Strauss', Austins, Foucaults – kann man nicht schließen, daß seine eigenen Schriften keine systematischen und theoretischen Ziele verfolgen. Auf ähnliche Weise steht er dem Marxismus kritisch gegenüber, besonders dem Marxismus als Wissenschaft, die versucht, sich auf ‹Geschichte› zu gründen; dennoch engagiert er sich für die gleichen Untersuchungen wie der Marxismus: für eine systematische, umfassende Analyse der offenen und verdeckten Beziehungen von Basis und Überbau oder von Institutionen und Denken. Es dürfte inzwischen klar sein, daß Derridas Arbeiten sich besonders mit Regularitäten befassen: mit Strukturen, die in verschiedenartigen Diskursen immer wieder auftauchen, ganz gleich, was deren scheinbares

Hauptinteresse ist. Wenn er zum Beispiel analysiert, wie verschiedene Schriften unumgänglich in den Logozentrismus verwickelt sind, untersucht er die strukturellen Determinanten von Diskursen – ein Thema, dem viele Strukturalisten auf andere Weise nachgehen.

Die Vorstellung, daß das Ziel einer Analyse darin besteht, eine bereichernde Erklärung eines einzelnen Werks zu geben, ist eine tiefverwurzelte Voraussetzung der amerikanischen Kritik. Ihre Stärke liegt in dem Widerstand gegen systematische Unternehmungen des Strukturalismus, des Marxismus, der Psychoanalyse, die alle als ‹reduzierend› angesehen werden, und in der Assimilation von Dekonstruktion und Interpretation, obwohl klar ist, daß dies gar nicht das Ziel der Dekonstruktion ist. Wenn die Interpretation tatsächlich das Ziel der Dekonstruktion *wäre*, dann hätten die Gegner recht, die sich darüber beklagen, daß die Betonung der Unbestimmbarkeit von Sinn deren Arbeiten jeden Sinn nimmt. «Wenn jede Interpretation eine Fehlinterpretation ist», schreibt M. H. Abrams, «und wenn jede Kritik (wie jede Geschichtswissenschaft) sich nur mit der jeweiligen Fehlkonstruktion des Kritikers selbst befassen kann, warum soll man sich dann die Mühe machen, weiterhin zu interpretieren und zu kritisieren?» («The Deconstructive Angel», S. 434). Er geht davon aus, daß das Ziel der Kritik die Interpretation ist, und verurteilt die Dekonstruktion, weil sie sich selbst sinnlos gemacht habe, indem sie die Möglichkeit interpretatorischer Schlußfolgerungen von vornherein ausschließt.

Um zu erkennen, daß es vielleicht doch Sinn macht, muß man die Voraussetzung in Frage stellen, die Wissenschaft und Interpretation, das Allgemeine und das Besondere einander als zwei alternative Möglichkeiten entgegensetzt und jede Wissenschaftskritik mit der Verherrlichung des Besonderen durch die Interpretation in Zusammenhang bringt. Um diesen Gegensatz und diesen Zusammenhang zu vermeiden, benötigen wir eine andere Beschreibung der Beziehung von Strukturalismus und Dekonstruktion.

Strukturalistische Arbeiten berufen sich immer wieder auf linguistische Modelle, weil der Strukturalismus den Fokus des kritischen Denkens vom Subjekt auf den Diskurs verlagert. Eine strukturale Erklärung beruft sich nicht auf das Bewußtsein von Subjekten, sondern auf Strukturen und Konventionssysteme, die im diskursiven

Feld einer sozialen Praxis operieren. Sinn ist ein Effekt von Codes und Konventionen – oft das Ergebnis von In-den-Vordergrund-Rükken, Parodie, Verspottung oder einer anderen Form der Subversion relevanter Konventionen. Zur Beschreibung dieser Codes werden verschiedene Wissenschaften postuliert – Literaturwissenschaft, Wissenschaft der Mythologie, allgemeine Wissenschaft vom Zeichen –, die den methodologischen Horizont für eine ganze Reihe analytischer Projekte abstecken. Innerhalb eines jeden Projekts gilt das Interesse oft marginalen oder problematischen Phänomenen, die gerade auf die Konventionen verweisen, von denen sie ausgeschlossen werden und deren Stärke eine Funktion dieser Konventionen ist. Die strukturalistische Literaturkritik interessiert sich beispielsweise mehr für die Literatur der Avantgarde, die Konventionen durchbricht, als für wohlgeformte Beispiele traditioneller literarischer Gattungen. Die Strukturalisten feiern den *nouveau roman*, die Literatur des Surrealismus und ältere als revolutionär geltende Künstler – Mallarmé, Flaubert, Sade, Rabelais –, und wenn sie sich schon klassischen Schriftstellern zuwenden, von denen man meinen sollte, daß sie mit den Konventionen übereinstimmen, dann entdecken sie bei ihnen eine ungeahnte radikale Kraft wie in Barthes' Untersuchungen von Racine und Balzac.

Etwas Ähnliches geschieht in anderen strukturalistischen Arbeiten: Der Begriff einer Wissenschaft bzw. einer umfassenden ‹Grammatik› der Formen dient als methodologischer Horizont für Untersuchungen, die oft gerade Agrammatikalität und Devianz hervorheben, beispielsweise in ethnologischen Studien über den Schmutz oder das Tabu oder in Foucaults Geschichte des Wahnsinns und in seiner Arbeit über das Gefängnis. Man könnte natürlich argumentieren, daß der Begriff der Wissenschaft oder der Grammatik im Strukturalismus die gleiche Rolle spielt wie die systematische und umfassende In-Frage-Stellung in der Dekonstruktion. In beiden Fällen handelt es sich nicht um eine mögliche Vollendung, sondern um einen Imperativ, der Projekte in die Wege leitet, die vielleicht zu ganz anderen Ergebnissen führen. Die dekonstruktive In-Frage-Stellung von Kategorien und Voraussetzungen führt immer wieder zurück zu einer begrenzten Zahl von Problemen und ermöglicht Schlußfolgerungen, die als Wissen fungieren. So wie die strukturalistische Untersuchung von Regeln und Codes sich auf Irregularitäten konzentrieren kann, kann die dekonstruktive Zerlegung von Codes gewisse Regularitäten aufdecken. Und so wie die Strukturalisten argumentieren, daß Agrammatikalitäten sich auf einer anderen Ebene oder in einem anderen Code als grammatisch erweisen können, meinen die Anhänger der Dekonstruktion, daß die in den Regularitäten der Dekonstruktion implizierten Herrschaftsformen durch weitergehende Analysen in Frage gestellt werden müssen. Wenn die strukturalistische Wissenschaft, wie es scheint, überraschende Anomalien aufdeckt und andererseits dekonstruktive Interpretationen zu unumgänglichen Regularitäten führen, dann kann man sich auf den Gegensatz von Strukturalismus und Dekonstruktion, von Wissenschaft und Interpretation oder von Allgemeinheit und Besonderheit nicht mehr verlassen, es sei denn als Führer in einer Praxis, die diese Gegensätze subvertiert.

In seiner Konzentration auf die Sprache bzw. den Diskurs macht der Strukturalismus aus dem Subjekt einen Effekt von Systemen, die durch es hindurch wirken. Foucault meinte, daß «der Mensch» nur eine Faltung in unserem Wissen sei – eine Aussage, die durch Derridas Arbeit über *Faltungen* und *Invaginationen* noch kompliziert wird. Um aber seine analytischen Projekte in Gang zu bringen, muß der Strukturalismus ein neues Zentrum anbieten, ein Gegebenes, das als Bezugspunkt dienen kann. Dieses Gegebene ist der *Sinn*. In *Kritik und Wahrheit* merkt Barthes scharfsinnig an, daß eine Poetik oder Wissenschaft der Literatur nicht auf die literarischen Werke selbst gegründet ist, sondern auf ihre Intelligibilität, auf das Faktum, daß sie einmal verstanden worden sind. Von dem Sinn als einem Gegebenen ausgehend, versucht eine Poetik, das Codesystem zu bestimmen, das zu akzeptierten und akzeptablen Bedeutungen führt. Auch Saussures Projekt einer wissenschaftlichen Linguistik setzt den Sinn – genauer: die Differenz der Bedeutungen – als gegebenen Bezugspunkt voraus. Zur Feststellung signifikanter Kontraste und damit der Zeichen eines linguistischen Systems wird der Kommutationstest verwendet: *p* und *b* sind im Englischen verschiedene Phoneme und *pat* und *bat* verschiedene Zeichen, weil der Übergang von *b* zu *p* im Kontext *-at* einen Bedeutungswechsel zur Folge hat. Das Vertrauen darauf, Bedeutungen als etwas Gegebenes zu behandeln, rückt den Strukturalismus in die Nähe der Leserreaktionskritik, die Bedeutungen nicht nur als gegebene soziale Fakten behandelt, sondern diese ausdrücklich mit der Lesererfahrung identifiziert. Die Aufgabe des Kritikers besteht dann darin, die in der Lesererfahrung gegebenen Bedeutungen zu beschreiben und zu erklären.

Die Dekonstruktion versucht nun zu zeigen, wie diese Behandlung der Bedeutung durch die Theorie, die sich darauf beruft, selbst unterminiert wird. «Die Möglichkeit einer Lektüre», schreibt de Man, «ist niemals selbstverständlich. Sie ist ein Verstehensakt, der niemals beobachtet oder auf irgendeine Weise vorgeschrieben oder verifiziert werden kann.» Das Werk führt zu «keiner transzendentalen Wahrnehmung, Intuition oder Wissen», die als sichere Grundlage einer Wissenschaft dienen könnten (*Blindness and Insight*, S. 107).

Wie wir im ersten Kapitel gesehen haben, erweist sich die Lesererfahrung, die von der Leserreaktionskritik als Gegebenes vorausgesetzt werden muß, keineswegs als ein Gegebenes, sondern als ein Konstrukt – als ein Produkt von Kräften und Faktoren, die sie eigentlich selbst erst erhellen sollte. Beide, Strukturalismus und *New Criticism*, kommen bei ihrem Versuch, den Sinn eines Gedichts direkt mit seinen Strukturen zu koppeln, nicht umhin festzustellen, daß sie sich auf einen gegebenen Sinn nicht verlassen können, sondern sich mit Problemen der Ambiguität, der Ironie und der Dissemination konfrontiert sehen. Sinn als Gegebenes – von der Bestimmung Balzacs als einem auf traditionelle Weise verstehbaren Romanschriftsteller bis zur gewöhnlichen Interpretation einer rhetorischen Figur – ist ein notwendiger Ausgangspunkt, der aber von den Analysen, die er ermöglicht, etwa in dekonstruktiven Lektüren, deplaziert wird.

«Der in den Vereinigten Staaten bekannteste Aspekt der Praxis der Dekonstruktion», schreibt Gayatri Spivak,

> «ist ihre Tendenz zum unendlichen Regreß. Der Aspekt, der mich aber am meisten interessiert, ist die Anerkennung in der Praxis der Dekonstruktion von provisorischen und unlenkbaren Ausgangspunkten für die Untersuchung; ihre Aufdeckung von Komplizenschaften, wo der Wille zum Wissen Gegensätze schaffen würde; ihr Insistieren, daß in der Aufdeckung von Komplizenschaften der Kritiker-als-Subjekt selbst zum Komplizen des Gegenstandes der Kritik wird; ihre Betonung der ‹Geschichte› und des Ethisch-Politischen als ‹Spur› dieser Komplizenschaft – der Nachweis, daß wir uns

nicht in einem klar definierten Raum der Kritik befinden, der von solchen Spuren frei wäre; und schließlich das Zugeständnis, daß ihr eigener Diskurs ihrem eigenen Beispiel nochmals adäquat sein kann» («Draupadi», S. 382/383).

Der Nachweis, daß ein strukturalistisches ‹Gegebenes› keine Grundlage ist, sondern ein provisorischer Ausgangspunkt, ist eine wirkungsvolle Kritik des strukturalistischen Projekts, bedeutet aber nicht, daß die Dekonstruktion über andere als provisorische und unkontrollierbare Ausgangspunkte verfügt. Sie beruft sich beispielsweise auf beglaubigte Bedeutungen und auf die fundamentalen Voraussetzungen des Diskurses, der dekonstruiert werden soll. Der Nachweis, daß auch die Kritiker, die versuchen, über oder außerhalb des Bereichs der Literatur zu stehen, um diesen besser beherrschen zu können, in dem Kräftespiel des Gegenstandes – in seiner tropologischen und transferentiellen List –, den sie beschreiben wollen, gefangen sind, bedeutet nicht, daß dekonstruktive Lektüren sich diesen unlenkbaren Kräften entziehen können. Der Nachweis einer Komplizenschaft zwischen Sprache und Metasprache oder zwischen Beobachtetem und Beobachter stellt die Möglichkeit in Frage, einen Bereich prinzipiell beherrschen zu können, heißt aber nicht, daß die Dekonstruktion sich selbst bereits beherrsche oder das gesamte Problem der Herrschaft von einem sicheren externen Standpunkt aus ignorieren könnte. Zahlreiche Leser können bezeugen, daß die Wirkung dekonstruktiver Analysen ein Wissen um oder ein Gefühl von Beherrschung ist. Die Dekonstruktion versucht, in der Lektüre bestimmter Werke und deren Lektüre durch andere Kritiker diese Phänomene der Textualität zu begreifen – beispielsweise die Beziehung zwischen Sprache und Metasprache oder die Effekte von Äußerlichkeit und Innerlichkeit oder auch die mögliche Interaktion einander widerstreitender Logiken. Und wenn die aus diesen Analysen sich ergebenden Aussagen ihrerseits für Fragen offen sind, weil sie in die Kräfte und Listen, die sie zu verstehen behaupten, involviert sind, ist dieses Zugeständnis auch ein Sich-Öffnen gegenüber der Kritik, der Analyse und der Deplazierung.

1. Die Beziehung der Derridaschen Dekonstruktion zu Hegel, Nietzsche, Husserl und Heidegger werde ich nicht darzustellen versuchen. Gayatri Spivaks Einführung zu *Of Grammatology* enthält hierzu viele wertvolle Informationen. Vgl. auch Rodolphe Gasché, «Deconstruction as Criticism».

2. Man könnte einwenden, daß wir manchmal zuerst die Ursache beobachten und dann die Wirkung: Wir sehen einen Baseball auf ein Fenster zufliegen und werden dann Zeuge, wie das Fenster zerbricht. Nietzsche könnte darauf entgegnen, daß uns nur die Erfahrung bzw. die Erwartung der Wirkung in die Lage versetzt, das fragliche Phänomen als (mögliche) Ursache zu bestimmen; auf jeden Fall genügt aber die *Möglichkeit*, die zeitliche Beziehung umzukehren, um kausale Schemata durcheinanderzubringen, weil die Ableitung kausaler Beziehungen aus zeitlichen Beziehungen in Frage gestellt wird. Zur weiteren Diskussion der Nietzscheanischen Dekonstruktion vgl. Paul de Man, *Allegories of Reading*, S. 107–10. – Zur ausführlichen Diskussion eines anderen Beispiels, Nietzsches Dekonstruktion des Identitätsprinzips, vgl. de Man, *Allegories of Reading*, S. 119–31, und Sarah Kofman, *Nietzsche et la scène philosophique*, S. 137–63.

3. Natürlich dient diese Vereinfachung nur dazu, komplexe Untersuchungen zu ermöglichen. Austins listige Diagnose erfaßt die Supplementaritätsstruktur, die wir gerade untersucht haben: der angenommene Zufall – die äußere Krankheit, die den Analysten heimsuchen oder infizieren kann – könnte sich als wesentlich erweisen, als die berufliche Tätigkeit selbst, ohne deswegen seine Qualität als Krankheit zu verlieren. Tatsächlich haben Austins Nachfolger den Versuch unternommen, seine Analysen durch radikalere Ausschließungen und Vereinfachungen zu verbessern. In *Propositional Structure and Illocutionary Force* (New York; Harper and Row 1977) versucht Jerrold Katz in dem Kapitel «How to Save Austin from Austin» zu zeigen, daß eine gründliche Idealisierung der Unterscheidung von performativ und konstativ der einsichtigen Selbstdekonstruktion durch Austin entgehen kann (S. 184/185). Vgl. auch Shoshana Felmans ausgezeichnete Untersuchung in *Le scandale du corps parlant*, S. 190–201.

4. In einer faszinierenden Studie versetzt Shoshana Felman Austin in die Rolle des Don Juan, der seine Leser verführt und alle Normen bricht. Sie versucht, Austins Ausschließung des nicht ernsthaften Diskurses zurückzunehmen, indem sie die Frage stellt, ob Austins Aussage «Ich darf beispielsweise keinen Witz machen oder ein Gedicht schreiben» nicht selbst als «Verneinung, als Witz aufgefaßt» werden könnte (*Le scandal du corps parlant*, S. 188). Dies ist ein gewitzter Vorschlag und ist Bestandteil von Felmans gesamtem Versuch, Austin all das zuzusprechen, was sie von Derrida gelernt hat, um dann Derrida vorzuwerfen, er habe Austin falsch gelesen. Wenn man aber die Ausschließung des Witzes als Witz behandelt, kann man die

logische Ökonomie von Austins Unternehmen nicht mehr erklären, das Fehlschläge nur deshalb zugeben und so erfolgreich ausbeuten kann, weil es das Fiktive und das Nicht-Ernsthafte ausschließt. Um diese Logik geht es und nicht um Austins Einstellung zu oder seine Vorliebe für das, was Felman *le fun* nennt.

5. Searle beschuldigt Derrida, «wenigstens drei getrennte und verschiedene Phänomene zu verwechseln: Iterabilität, Zitierbarkeit und Parasitismus... Es gibt einen grundlegenden Unterschied: im parasitären Diskurs werden Ausdrücke *angeführt (mentioned)* und nicht *verwendet (used)*» – ein Unterschied, den Derrida angeblich nicht versteht («Reiterating the Differences», S. 206). Aber die Unterscheidung von *verwenden* und *anführen* ist gerade ein Beispiel für die Art der Hierarchisierung, die Derridas Argumentation bekämpft. In den klassischen Beispielen scheint diese Unterscheidung klar und wichtig zu sein: *Boston hat viele Einwohner* verwendet das Wort bzw. den Ausdruck «Boston», während *«Boston» ist zweisilbig* den Ausdruck nicht verwendet, sondern ihn nur anführt – das Wort «Boston» wird angeführt, indem ein Ausdruck verwendet wird, der ein Metaname ist. Hier scheint die Unterscheidung klar zu sein, weil sie auf den Unterschied zwischen der Verwendung eines Wortes, um über eine Stadt zu reden, und dem Reden über das Wort verweist. Wenden wir uns aber anderen Beispielen des Zitierens zu, wird das Problem komplizierter. Wenn ich über einen Gelehrten schreibe: «Einige meiner Kollegen finden seine Arbeit ‹langweilig und inkompetent› oder ‹nichtssagend›», was tue ich dann eigentlich? Habe ich die Ausdrücke «langweilig und inkompetent» und «nichtssagend» sowohl verwendet als auch angeführt? Wenn wir in diesem Falle die Unterscheidung von «verwenden» und «anführen» aufrechterhalten wollen, müssen wir auf die Begriffe der Ernsthaftigkeit und der Intention zurückgreifen, die nach Derridas These involviert sind. Ich *verwende* Ausdrücke, wenn ich die Bedeutung der von mir geäußerten Zeichensequenz ernsthaft intendiere; ich *führe* sie *an*, wenn ich einige dieser Zeichen (z. B. in Anführungszeichen) reiteriere, ohne für die von ihnen vermittelte Bedeutung einzustehen. Die Anführung verhielte sich demnach, wie Searle meint, parasitär gegenüber der Verwendung, und die Unterscheidung würde die korrekte Sprachverwendung, wobei ich die Bedeutung der von mir verwendeten Zeichen ernsthaft intendiere, von einer abgeleiteten Reiteration trennen, bei der diese nur angeführt werden. Wir gelangen somit zu einer Unterscheidung – verwende ich die Ausdrücke «langweilig», «nichtssagend» und «inkompetent» «ernsthaft», oder führe ich sie nur an? – zwischen zwei Arten der Iteration, deren Basis offenbar die Intention ist; und Derrida hat ganz recht, wenn er behauptet, daß verwenden/anführen letztlich eine Hierarchie der gleichen Art ist wie die von ernsthaft/nicht-ernsthaft oder von Rede/Schrift. Sie alle versuchen, die Sprache zu kontrollieren, indem sie einen besonderen Aspekt ihrer Iterabilität als parasitär oder abgeleitet kennzeichnen. Eine dekonstruktive Lektüre würde nachweisen, daß die

Hierarchie eigentlich umgekehrt werden müßte und daß *verwenden* ein Sonderfall von *anführen* ist.

Die Unterscheidung ist aber nach wie vor nützlich; unter anderem ist sie bei der Darlegung hilfreich, wie sie von der Sprache subvertiert wird. Ganz gleich, wie sehr ich bestrebt bin, einem Freund gegenüber das, was andere über ihn sagen, nur anzuführen, muß ich doch diese Ausdrücke tatsächlich verwenden und verleihe ihnen so in meinem Diskurs Kraft und Bedeutung. Und selbst wenn ich aus ganzem Herzen gewisse Ausdrücke «verwenden» möchte, werde ich doch immer feststellen, daß ich sie anführe: «Ich liebe dich» ist immer bis zu einem gewissen Grad ein Zitat, was viele Liebende bezeugen können.

6. Vgl. Charles Altieri, *Act and Quality*, S. 23–52, und «Wittgenstein on Consciousness and Language: A Challenge to Derridean Literary Theory». Eine ähnliche Argumentation findet sich in M. H. Abrams, «How to Do Things with Texts», S. 570/571.

7. Wayne Booth z. B. meint: «Jacques Derrida sucht das ‹freie Spiel›, das bis zum ‹methodischen Wahnsinn› fortschreitet, um so eine ‹Dissemination› von Texten zu erreichen, die uns, endlos, verräterisch und erschreckend, für eine *errance joyeuse* befreit» (*Critical Understanding*, S. 216). Vielleicht kam Booth zu dieser Auffassung Derridas durch die Artikel von Geoffrey Hartman, in denen ähnliche Formulierungen vorkommen.

8. Der semantische Effekt des französischen Ausdrucks *greffe*, der zugleich die Schrift, den Schreibakt und das Verbinden und Ineinanderfügen heterogener Texte bezeichnet, ist im Deutschen nicht nachvollziehbar. Da der Ausdruck ‹Aufpfropfung› in den bisherigen Übersetzungen von Schriften Derridas bereits verwendet wurde, habe auch ich ihn durchgehend gebraucht (Anm. d. Übersetzers).

9. Für eine andere Darstellung von *Glas* vgl. Geoffrey Hartman, *Saving the Text*. «Ich habe *Glas* als ein Kunstwerk angesehen und spezifische von Derrida entwickelte philosophische Begriffe ausgeklammert», schreibt Hartman. «Die Stellung des Buches in der Kunstgeschichte... erschien mir als die fruchtbarste Perspektive» (S. 90). Daraus ergibt sich ein «Derridadaismus» (S. 33), den Hartman, der ja den Text retten will *(Saving the Text)*, schließlich zurückweisen kann, da er «ausgesprochen mit sich selbst befaßt ist *(self-involved)*» (S. 121). Da viele bereit sein mögen, Hartmans Worte über *Glas* zu unterschreiben, sollte man hervorheben, daß es ausgesprochen klare Darstellungen Hegels, Genets und Saussures enthält. Eine musterhafte Lektüre der Beziehung der beiden Spalten in *Glas* findet sich in Michael Riffaterre, «Syllepsis».

10. Ich bin William Warner dankbar für die Formulierungen dieses Satzes in Erwiderung auf meine Bemerkung, «den Ast absägen, auf dem man sitzt» – er setzt diese Handlung in Beziehung zu Nietzsches Aufforderung: «Lebe gefährlich!»

11. Zitiert in Rorty, *Der Spiegel der Natur*, S. 176. Dieses Buch, beson-

ders die Kapitel 3, 4, 6, 7 und 8, ist für das Verständnis Derridas sehr hilfreich, da es sich hier um die Kritik eines analytischen Philosophen dessen handelt, was Derrida den Logozentrismus des westlichen Denkens nennt. Rorty verwendet analytische Argumente gegen die analytische Philosphie und unterscheidet dann systematische Philosophen von Philosophen wie Gadamer und Derrida. «Große systematische Philosophen sind konstruktiv und liefern Argumente. Große bildende *(edifying)* Philosophen reagieren und schreiben Satiren, Parodien und Aphorismen» (S. 400). Er gibt zu, daß bildende Philosophen im Grunde Argumente vorschlagen, meint aber, daß sie das nicht tun sollten. Aber wie Derrida sagt, wenn man sich auf die Philosophie einläßt, muß man auch Argumente liefern, und Rorty selbst kann auf analytische Argumente in seinem bildenden Projekt zur Fortführung der bildenden Tradition nicht verzichten. Der bildende Philosoph schreibt notwendigerweise hybride Texte.

12. Vgl. hierzu außer Derrida «Spéculer – sur ‹Freud›», in: *La carte postale*, und «Freud und der Schauplatz der Schrift», in: *Die Schrift und die Differenz*; auch Sarah Kofman, *L'enfance de l'art, Quatre romans analytiques* und *L'énigme de la femme*; Jean-Michel Rey, *Parcours de Freud*; Philippe Lacoue-Labarthe, «Note sur Freud et la représentation»; Hélène Cixous, «La fiction et ses fantômes»; Peter Brooks, «Fictions of the Wolfman»; Cynthia Chase, «Oedipal Textuality: Reading Freud's Reading of *Oedipus»;* Neil Hertz, «Freud and the Sandman»; Jeffrey Mehlman, «How to Read Freud on Jokes: The Critic as Schadchen» und «Trimethylamin: Notes on Freud's Specimen Dream»; Rodolphe Gasché, «La sorcière métapsychologique»; David Carroll, «Freud and the Myth of Origins»; Samuel Weber, *Freud-Legende*, «The Divaricator: Remarks on Freud's *Witz*», «The Sideshow, or: Remarks on a Canny Moment» und «It». Obwohl Lacans «Rückkehr zu Freud» der Forschung und Diskussion entscheidende Impulse gab, sind getreue Lacanianer wegen der Zwänge der Gefolgschaft nicht die scharfsinnigsten und überzeugendsten Freudleser. Die Ausnahme ist natürlich Jean Laplanche, Verfasser des klassischen *Vie et Mort en psychanalyse.*

13. Zur Diskussion vgl. Laplanche/Serge Leclaire, «The Unconscious: A Psychoanalytic Study», S. 127.

14. Zur Diskussion und wegen bibliographischer Angaben vgl. Kapitel 1 und 2 in: Gilbert/Gubar, *The Madwoman in the Attic.* In seiner Untersuchung des Begriffs ‹Frau› in Nietzsches Schriften, *Eperons*, untersucht Derrida besonders die Passagen, in denen die Wahrheit als weiblich bestimmt wird.

15. Neben Derridas «Fors» und Freuds ausführlichen Arbeiten zur entscheidenden Rolle von Signifikantenverbindungen könnte man zwci Studien zu Rate ziehen, die Abrahams und Toroks Begriff der *Inkorporation* verwenden: Nicolas Rand, «‹Vous joyeuse melodie – nourrie de crasse›: A propos d'une transposition des *Fleurs du mal* par Stefan George», und Cyn-

thia Chase, «Paragon, Parergon: Baudelaire Translates Rousseau». In *Saving the Text* spekuliert Geoffrey Hartman über die Möglichkeit verschiedener heimlicher Motivierungen des Zeichens und darüber, daß Literatur vielleicht die Ausarbeitung und Wiederholung dessen ist, was er den «Spiegel-Namen» nennt (S. 97–117).

16. Douglas Hofstadters *Gödel, Escher, Bach* ist die ausführlichste und faszinierendste in letzter Zeit erschienene Untersuchung von Paradoxen der Selbst-Referenz.

17. Wir können sterben – leben nicht – durch Lieben,
und paßt für Grab und Bahre nicht
Unsere Legende, so doch fürs Gedicht,
Und wird kein Chronikblatt mit uns beschrieben,
   Baun wir in Versen Räume fein:
   Es schließt die Urne, zierlich klein,
Doch so viel Staub wie weite Gräber ein.
   Man wird uns, durch der Verse Üben,
Kanonisier'n für Lieben.

So ruft uns an: Ihr, da ehrfürchtges Lieben
Einander euch zur Klause macht;
Ihr, deren Liebe wild ist, die einst sacht;
Wer nahm der Welten Seele, wer getrieben
   In eurer Augen Zauberglas
   (Den Spiegel, der in kleinerm Maß
Zeigt alles): Städte, Länder, alles das:
   Erfleht vom Himmel (recht zu üben)
Ein Muster eurem Lieben!

(Übersetzung: *Annemarie Schimmel*)

Drittes Kapitel

Dekonstruktive Literaturkritik

Die Untersuchung der Auswirkungen der Dekonstruktion auf die Literaturkritik führte zu einer Reihe möglicher Strategien und Interessen: von der strengen Untersuchung der Subversion philosophischer Hierarchien durch den literarischen Diskurs bis zur Nachzeichnung der Verbindungen, wie sie von Signifikantenrelais in der Art der Kryptonyme des Wolfsmannes hergestellt werden. Da die dekonstruktive Literaturkritik nicht in der Anwendung philosophischer Lehren auf die Literaturwissenschaft besteht, bieten sich Variationsmöglichkeiten, und die Kommentatoren erliegen unweigerlich der Versuchung, zwischen einer orthodoxen dekonstruktiven Literaturkritik und deren Verzerrungen oder unzulässigen Nachahmungen und Ableitungen eine Trennungslinie zu ziehen. Indem sie Derrida und de Man als zwar verschiedene, aber maßgebende Beispiele einer wahren Dekonstruktion nehmen, können Kommentatoren gegen andere Literaturkritiker den Vorwurf erheben, daß sie die ursprünglichen Einsichten der Dekonstruktion entweder verwässern oder die Verfahren dieser beiden Meister nur mechanisch nachahmen. Auf der einen Seite finden sich die Gegner der Dekonstruktion, die in *Newsweek* oder der *New York Review of Books* schreiben und de Man und Derrida in ihrem Pluralismus eine pervertierte Originalität zugestehen, Graduierten aber vorwerfen, mechanisch etwas zu imitieren, was ihre Fähigkeiten weit übersteigt. Auf der anderen Seite finden sich die Verteidiger der Dekonstruktion, die in *Glyph* und *Diacritics* schreiben und die den amerikanischen dekonstruktiven Kritikern eine Verzerrung und Abschwächung der ursprünglichen Formulierungen Derridas und de Mans vorwerfen.[1]

Diese Kombination von Vorwürfen ist vertraut; in genau diesen Begriffen wird auch die Schrift beschrieben, um sie dann beiseite zu schieben – als Verzerrung der Rede und mechanische Wiederholung der Rede. Die Sorge um die Reinheit der Lehre bei den Verteidigern der Dekonstruktion, die über die Rezeption der bewunderten Ideen bestürzt sind, kann man verstehen; wenn man aber die Schriften Derridas und de Mans zum ursprünglichen Wort erhebt und andere dekonstruktive Schriften als ‹gefallene› Nachahmungen behandelt, vergißt man genau das, was die Dekonstruktion über die Beziehung von Sinn und Iteration und über die interne Rolle von Fehlschlägen und Unglücksfällen lehrt. Die Dekonstruktion kommt durch Wiederholungen, Abweichungen, Entstellungen zustande. Nur kraft der Iteration kann sie aus den Schriften Derridas und de Mans hervorgehen: durch Nachahmung, Zitat, Verzerrung, Parodie. Sie besteht nicht in einem Ensemble eindeutiger Regeln, sondern in einer Serie von Differenzen, die man auf verschiedene Achsen eintragen kann: wie weit das analysierte Werk als Einheit behandelt wird, welche Rolle vorangehenden Lektüren des Textes zugestanden wird, welches Interesse den Beziehungen von Signifikanten gilt und woher die in der Analyse angewandten metalinguistischen Kategorien stammen. Die Lebendigkeit jeder intellektuellen Bewegung hängt weitgehend von den Differenzen ab, die eine Auseinandersetzung ermöglichen, ohne definitiv zu entscheiden, was dazugehört und was nicht.[2]

Nicht nur wird das, was man Methode nennt, erst durch Wiederholungen geschaffen; kritische Schriften, von denen es heißt, sie seien bloß Nachahmungen oder Abweichungen, bieten oft ein klareres und umfassenderes Beispiel für eine Methode als die angeblichen Originale. De Mans Arbeiten stellen beispielsweise im Vertrauen auf die eigene Autorität oft Thesen auf, die eigentlich bewiesen werden müßten, die aber nur angeführt werden, um zu ‹fortgeschritteneren› Reflexionen überzugehen. Seine Essays versichern dem Leser häufig, daß der Beweis der Thesen nicht schwierig wäre, aber lästig; und obwohl sie detaillierte Argumente und Auslegungen enthalten, sind diese Argumentationslücken doch recht auffallend. Frank Lentricchia, der de Man als einen Existentialisten liest, beklagt sich darüber, daß seine Essays «ständig von dem unterschwelligen Anspruch beeinträchtigt werden, daß er die von ihm gelesenen Texte unbestritten, autoritativ und wahrhaftig beherrscht», eine Position, die, wie Lentricchia glaubt, nur ein «Historiker» einnehmen kann (*After the New Criticism*, S. 299). Auch wenn der größte Teil kritischer Prosa den Anspruch auf Autorität stellt, handelt es sich bei de Man doch um einen Sonderfall – und um einen manchmal ärgerlichen – wegen seiner Strategie, entscheidende Beweise auszulassen und so den Leser in eine Lage zu bringen, wo er von seinen Analysen nur profitieren kann, wenn er dem Glauben schenkt, was unwahrscheinlich oder zumindest unbewiesen erscheint. Wie de Man selbst über Michael Riffaterres «dogmatische Behauptungen» sagt: «indem er sie so aufstellt, wie er das tut, das heißt, in den verbindlichsten und apodiktischsten Begriffen, macht er ihre heuristische Funktion evident» («Hypogram and Inscription», S. 19).

Eine Darstellung der dekonstruktiven Literaturkritik kann auf de Mans Schriften natürlich nicht verzichten; aber wegen ihrer «autoritativen Rhetorik» sind sie oft weniger exemplarisch als die jüngerer Literaturkritiker, die noch versuchen müssen, das, was sie behaupten wollen, auch beweisen zu können und die deshalb ein deutlicheres Bild wichtiger Themen und Verfahren bieten. Ein guter Ausgangspunkt ist eine elegante, relativ einfache Analyse eines Literaturkritikers, dessen Praxis mehr Einsichten bietet als seine Theorie. Walter Michaels' «*Walden's* False Bottoms» verleiht den Verfahren des *New Criticism* eine dekonstruktive Tendenz und hilft uns so, die dekonstruktive Literaturkritik in eine Interpretationstradition einzuordnen.

Emerson beklagte sich über Thoreaus «Trick des unbegrenzten Widerspruchs... Es macht mich nervös und bereitet mir Unbehagen, das zu lesen.» Michaels befaßt sich mit den Widersprüchen in *Walden* und mit den Strategien, die Leser anwenden, damit sie sich nicht nervös und unbehaglich fühlen. Gewöhnlich wird *Walden* als eine Suche nach Grundlagen gelesen, als ein Versuch, das Überflüssige zu beseitigen und festen Boden zu finden. In seinem *Journal* berichtet Thoreau von einem symbolischen Unternehmen, dessen Ergebnisse später in *Walden* wiedergegeben werden: «Den Boden von Waldenteich finden und feststellen, welchen Zu- und Abfluß er haben könnte.» Eine berühmte Passage in *Walden* drängt uns, festen Boden zu finden:

«Machen wir uns daran und arbeiten wir unsere Füße hindurch durch den Schlamm und Kot der Meinungen, der Vorurteile, der Tradition, der Täuschung und des Scheines, der Anschwemmung, welche die Erdkugel bedekken… durch Kirche und Staat, durch Poesie, Philosophie und Religion, bis wir auf festen Boden und Felsen stoßen, einen Ort, den wir *Realität* nennen und von dem wir sagen können: Das *ist*, keine Frage. Und jetzt fange dein Werk an, nachdem du unter Schlamm, Eis und Feuer einen *point d'appui* gefunden hast, einen Platz, auf dem du eine Mauer oder einen Staat errichten oder in den du einen Laternenpfahl oder vielleicht einen Pegel einrammen kannst, kein Nilometer, sondern ein Realometer, damit die künftigen Geschlechter sehen können, wie hoch der Schlamm des Betrugs und des Scheines von Zeit zu Zeit angeschwemmt wurde» (*Walden*, S. 104).

Dieser feste Boden ist ein natürlicher Boden, eine Grundlage in der Natur, die menschlichen Institutionen vorausgeht oder ihnen äußerlich ist, die Realität, die zu erfassen wir versuchen müssen. Aber es gibt in *Walden* noch einen anderen festen Boden: «Es gewährt mir keine Befriedigung, einen Bogen zu wölben, ehe ich ein festes Fundament dazu gelegt habe. Es gibt überall einen festen Boden» (S. 320). Und er fährt mit einer illustrativen Anekdote über einen Reisenden fort, der einen Knaben fragt, «ob der Sumpf einen festen Grund habe. Der Knabe antwortete, er hätte einen. Kurz darauf sank das Pferd des Reisenden bis zum Sattelgurt ein, und er sagte zu dem Knaben: ‹Ich glaubte, du sagtest, dieser Sumpf habe einen festen Grund.› ‹Das hat er auch›, antwortete jener, ‹aber ihr habt noch nicht die Hälfte des Weges bis dahin zurückgelegt.› So geht es mit den Sümpfen und dem Treibsand der Gesellschaft.» Thoreau schließt: «das ist aber ein alter Knabe, der das weiß» (S. 320).

Obwohl, wie Michaels feststellt, der Gegenstand der beiden Passagen ähnlich ist – «der Forscher auf der Suche nach einer festen Grundlage» –, hat sich doch der Schwerpunkt ziemlich dramatisch verlagert («*Walden's* False Bottoms», S. 136). Beide Passagen stellen dem festen Boden den darüber liegenden Schlamm und Kot gegenüber; aber die Struktur der Werte verschiebt sich: in der ersten Passage arbeitet sich der Weise durch Schlamm und Kot hindurch, um auf festen Boden zu gelangen; in der zweiten Passage ist der Weise einer, der genug weiß, um sich herauszuhalten, und der heroische Suchende der ersten Passage wird zu dem törichten versinkenden Reisenden. In Thoreaus Darstellung der Suche nach dem Grund des Waldenteichs taucht noch eine weitere Komplikation auf.

«Da ich den langverlorenen Boden des Waldenteichs wiederzufinden wünschte, untersuchte ich ihn im Vorfrühling 1846, ehe das Eis brüchig wurde, sorgfältig mit Kompaß, Kette und Senkblei. Es waren eine Menge Erzählungen über den Seegrund – oder vielmehr seine Unergründlichkeit – im Umlauf, die jedenfalls selbst des Grundes entbehrten. Es ist merkwürdig, wie lang die Menschen an die bodenlose Tiefe eines Sees zu glauben pflegen, ohne sich die Mühe zu machen, ihn zu messen. Ich konnte hier in der Umgegend bei einem Spaziergang zwei solch ‹bodenloser› Teiche besuchen. Viele glauben, daß der Walden durchgehe bis zur andern Seite der Erdkugel... Andere marschierten vom Dorf ab mit einem sechsundfünfzig Pfund schweren Gewicht und einer Wagenladung Meßschnur – und konnten doch den Grund nicht finden; denn während das Gewicht längst auf dem Grunde ruhte, ließen sie die Schnur hinunter in dem vergeblichen Versuch, ihre wirklich bodenlose Befähigung zu Wunderglauben zu ergründen. Ich kann jedoch meinen Lesern versichern, daß der Walden einen ganz vernünftigen, soliden Grund in nicht unvernünftiger, wenn auch ungewöhnlicher Tiefe besitzt. Ich nahm die Tiefenmessung mühelos mit Bindfaden und einem ungefähr anderthalb Pfund schweren Stein vor... Die größte Tiefe betrug genau einhundertzwei Fuß» (S. 280).

Soweit ist das Muster klar: Thoreau bietet uns den Schlamm und Kot der Meinungen (den törichten Glauben an Unergründlichkeit, der jeder Grundlage entbehrt) und seine eigene realistische Entschiedenheit, den Dingen auf den Grund zu gehen, zu den Fakten zu gelangen und zu sagen: Das ist, keine Frage. Aber unmittelbar darauf fährt er fort: «Dies ist für ein so kleines Gebiet eine erstaunliche Tiefe; doch kann die Phantasie keinen Zoll davon entbehren. Müßte es nicht auf die Gemüter der Menschen seine Wirkung haben, wenn alle Seen seicht wären? Ich bin dankbar dafür, daß dieser Teich, als ein Symbol, tief und klar geschaffen wurde. Solange die Menschen an das Unendliche glauben, wird es Seen geben, die für bodenlos gehalten werden» (S. 280/81). Der Gegensatz zwischen der Realität des festen Bodens und dem irrtümlichen Glauben an Unergründlichkeit wird transformiert in einen Gegensatz zwischen einer mit Boden assoziierten Seichtigkeit und einer mit Unergründlichkeit assoziierten Unendlichkeit. Die Tiefe des Teichs wird gepriesen, weil sie eine Unergründlichkeit suggeriert, die durch die Entdeckung eines wirklichen Grundes eliminiert werden könnte.

Michaels versucht nicht, diese Widersprüche aufzulösen, sondern geht der Weise nach, wie diese in Thoreaus weiteren Untersuchungen der natürlichen Grundlagen und der Natur als Grundlage reproduziert werden. Die gleiche Bewegung, die hier den Grund als Wert eliminiert, sobald er gefunden ist, findet sich wieder, wenn Thoreau jedes tatsächliche «Beispiel eines natürlichen Wertes, das seine Gesellschaft bereitstellt», zurückweist. Die Anziehungskraft der Natur als festem Grund beruht auf ihrer Andersheit, so daß jeder bestimmte Grund sich als seicht erweisen muß und den Wunsch nach einer weitergehenden Tiefe hervorruft. «Die Kategorie des Natürlichen wird leer», schreibt Michaels. Dies bedeutet aber nicht, daß die Unterscheidung von natürlich und konventionell aufgegeben wird. «Ganz im Gegenteil: Je schwieriger es wird, natürliche Prinzipien zu identifizieren, desto mehr wird eine Position privilegiert, die nur als theoretischer Gegensatz zum Konventionellen oder Institutionellen definiert werden kann» («*Walden's* False Bottoms», S. 140/41). Dieses Spiel mit dem Grund wird von einer Passage bestätigt, die Michaels nicht zitiert. In dem Absatz, der auf die Ermahnung folgt, unsere Füße bis zu einem *point d'appui* hindurchzuarbeiten, fährt Thoreau fort: «Die Zeit ist nur ein Fluß, in dem ich fischen will. Ich trinke daraus, aber während ich trinke, sehe ich seinen sandigen Grund und entdecke, wie seicht er ist. Seine schwache Strömung verläuft, aber die Ewigkeit bleibt. Ich möchte in tieferen Zügen trinken, im Himmel fischen, dessen Grund voll Kieselsteine liegt» (S. 105). Der Grund, den man sehen kann, ist zu seicht. Die rhetorische Figur des Himmels als Teich verbindet den Wunsch nach einem Grund mit der Tiefe der Unergründlichkeit. Die Schwärze des Himmels ist der beste natürliche Grund.

In den von Michaels untersuchten Passagen – über Natur und Grundlage – «wird der Wunsch nach einem festen Grund klar, aber der Versuch, diesen zu lokalisieren bzw. seine Eigenschaften zu spezifizieren, verstrickt den Verfasser in ein Gewirr von Widersprüchen.» «Was ich bisher zu beschreiben versucht habe», fährt er fort,

> «ist eine Serie von Beziehungen im Text von *Walden* – zwischen Natur und Kultur, endlich und unendlich und (im weiteren Verlauf) zwischen wörtlicher und figurativer Sprache –, von denen jede immer hierarchisch gedacht wird, das heißt, die Termini koexistieren nicht einfach, sondern einer wird immer als grundlegender und wichtiger als der andere gedacht. Der Trick besteht darin, daß die Hierarchien immer zusammenbrechen. Manchmal ist die Natur die Grundlage, durch die die Kultur autorisiert wird, manchmal

ist sie nur eine weitere Hervorbringung der Kultur. Manchmal wird die Suche nach festem Grund als zentrale Aktivität eines moralischen Lebens dargestellt, manchmal macht die gleiche Suche den Suchenden zum Märtyrer, der wie ein Polizist aus einem Slapstickfilm wirkt. Ich glaube, daß es diese ungelösten Widersprüche sind, die uns bei der Lektüre von *Walden* nervös machen, und das Bemühen, diese aufzulösen, scheint mir eine wesentliche Motivation im größten Teil der *Walden*-Kritik zu sein» («*Walden's* False Bottoms», S. 142).

Wenn der Versuch, die Widersprüche zu lösen, zu einer Verzerrung von *Walden* führt, könnte man versucht sein, sie in einer ästhetischen Schwebe ungelöst stehenzulassen und die reiche Ambiguität von Thoreaus Werk zu würdigen. Dies ist aber keine unschuldige Wahl, denn das Muster widersprüchlicher Bewertung wird im Werk von «Grund» und «Natur» auf «Lektüre» übertragen. Das Kapitel «Lektüre» stellt das Epos (besonders die *Ilias*) dem gegenüber, was Thoreau «seichte Bücher, Reiselektüre» (S. 107) nennt. Das Epos ist tief. Seine Worte sind «eine auserlesene, gewählte Ausdrucksweise, die zu viel bedeutet, als daß sie mit dem Ohr vernommen werden könnte» (S. 108), und Thoreau nimmt wieder das einige Absätze früher verwendete Bild vom Himmel auf, «dessen Grund voll Kieselsteine liegt»: «...das edelste geschriebene Wort (steht doch) gewöhnlich so weit hinter oder über der flüchtig gesprochenen Sprache wie das Firmament mit seinen Sternen hinter den Wolken. *Dort* sind die Sterne, und wer es kann, der darf sie lesen» (S. 109). Im Gegensatz zur seichten Reiselektüre erfordert das Epos eine figurative Lektüre: der Leser muß bereit sein, «eine weitergehende Bedeutung zu erschließen, als die gewöhnliche Verwendung es zuläßt». Michaels sagt,

«daß sich demnach der Gegensatz zwischen Epos und Reisebericht zum Gegensatz zwischen dem Wörtlichen und dem Figurativen und schließlich zwischen Schrift und Rede modifiziert hat. In jedem Fall wird der erste Ausdruck des Gegensatzes privilegiert; wenn wir uns jetzt wieder dem Versuch, die Tiefe des Waldenteiches zu ergründen, zuwenden, können wir erkennen, daß diese alle zu den Werten gehören, die ich ‹unergründlich› genannt habe. Ein seichter Teich wäre wie ein seichtes Buch, d. h. wie ein Reisebericht, der wörtlich gelesen werden will. *Walden* hingegen ist ‹als ein Symbol, tief und klar› geschrieben.

Aber diese Wertestruktur, so überzeugend sie ist, ist keineswegs allgemeingültig oder endgültig. Auf das Kapitel ‹Lektüre› folgt das Kapitel mit dem Titel ‹Töne›, das die bereits eingeführten Kategorien noch einmal systematisch erörtert und den Wert des festen Bodens wieder bekräftigt» («*Walden's* False Bottoms», S. 144).

Die figurative Sprache der Bücher wird unvorteilhaft den unmittelbaren Tönen der Natur entgegengestellt, «der Sprache», schreibt Thoreau, «welche alle Dinge und Ereignisse ohne Metapher sprechen» (S. 117) und deren Realität, Solidität und Wörtlichkeit zu bevorzugen der Leser aufgefordert wird, gerade so wie das vorangehende Kapitel die figurative Lektüre pries.

Der Leser kann diesen Widerspruch nicht einfach akzeptieren, weil jede Lektüre eine Wahl bedeutet, eine Wahl zwischen wörtlicher und metaphorischer Lektüre zum Beispiel oder zwischen der Suche nach festem Boden und der Würdigung der Unergründlichkeit. «Unser ganzes Leben», schreibt Thoreau, «ist erstaunlich moralisch. Es gibt darin keinen Moment lang Waffenstillstand zwischen Tugend und Laster» (S. 218). Er zieht besonders über diejenigen her, die glauben, keine Wahl zu haben. *Walden* versucht uns zu zeigen, sagt Michaels, «daß uns eine Wahl bleibt, und insistiert darauf, indem es Hierarchien in widersprüchliche Alternativen auseinanderbricht, daß wir eine Wahl treffen. Aber dieser Zusammenbruch, der die Möglichkeit, oder besser, die Notwendigkeit einer Wahl schafft, dient zugleich dazu, die rationale Begründung zu unterminieren, die wir für irgendeine spezifische Wahl geben könnten» (S. 146/147). Dies trifft auf die Lektüre genauso zu wie auf jede andere Wahl.

«Wenn unsere Lektüre behauptet, festen Boden zu finden, kann sie das nur gemäß den Prinzipien tun, die der Text sowohl autorisiert wie auch verwirft; wir laufen demnach Gefahr, in unseren eigenen Gewißheiten zu ertrinken. Tut sie dies nicht, nehmen wir also die Idee der Unergründlichkeit an…, haben wir *Waldens* ersten Test nicht bestanden, nämlich die Anerkennung unserer moralischen Verantwortlichkeit als bewußte Leser. Bei Kopf gewinne ich, bei Zahl verlierst du. Kein Wunder, daß dieses Spiel uns nervös macht» (S. 148).

Michaels' Lektüre untersucht die Behandlung verschiedener und miteinander verbundener Themen in *Walden* und entdeckt, was kritische Interpretationen gewöhnlich tun, komplexe Ambiguitäten; aber diese Ambiguitäten sind beunruhigender als gewöhnlich: Sie sind nicht nur Aufspaltungen zwischen alternativen Bedeutungen, sondern Aufspaltungen zwischen zwei Haltungen gegenüber dem Sinn und der Differenz des Sinns. Indem er die ermahnende und ethische Dimension des Textes hervorhebt, stellt Michaels fest, daß das Werk ein *double bind* erzeugt, das einen dazu zwingt, eine Wahl zu treffen, obwohl die Möglichkeit einer richtigen Wahl ausgeschlossen wird. Seine Analyse weicht auch von dem gewohnten kritischen Begriff der Einheit ab. «Die wesentliche Struktur eines Gedichts», schreibt Cleanth Brooks in *The Well Wrought Urn*, «ist eine Struktur aufgelöster Spannungen... Die charakteristische Einheit eines Gedichts besteht in der Vereinigung von Haltungen in einer Hierarchie, die einer totalen, beherrschenden Haltung untergeordnet ist» (S. 203/207). Hier aber, auch wenn Hierarchien aufgelöst werden und die Struktur der Widersprüche einen gewissen Einheit stiftenden Effekt hat, führt dies nicht zu einer totalen, beherrschenden Haltung, sondern zu einer Spaltung jeder möglichen Haltung. Schließlich stellt diese Analyse die Frage nach der Lektüre, indem sie sich auf die Elemente im Text konzentriert, die metalinguistische Bedeutung haben und das Material und das Vokabular – «fester Grund» und «Grundlosigkeit» – für eine Auseinandersetzung mit dem Sinn und der Interpretation bereitstellen. Anstatt nach Symbolen der Poesie und der literarischen Einbildungskraft zu suchen, untersucht der Literaturkritiker, was das Werk, implizit und explizit, über Lektüre sagt.

Viele werden mit einer gewissen Berechtigung einwenden, daß Michaels' Lektüre, auch wenn sie sich für den Zusammenbruch hierarchischer Gegensätze interessiert, nicht wirklich dekonstruktiv ist, sondern eine Untersuchung, die Widersprüche ästhetisch ungelöst stehenläßt und von der Beunruhigung, die *Walden* angeblich erzeugt, keinerlei Anzeichen aufweist. Obwohl Michaels' Essay die Beziehungen zwischen dem, was das Werk über Lektüre sagt, und den Lektüren, zu denen es selbst geführt hat, untersucht, geht er den Implikationen der Sprache und der Rhetorik nicht in der Weise nach, wie das für einen Großteil dekonstruktiver Literaturkritik charakteristisch ist. Außerdem könnte man einwenden, daß *Walden* für jemanden, der nach Widersprüchen sucht, ein allzu banaler Fall ist. Seine Erzählstruktur ist relativ schwach, und Kritiker haben es oft für eine Serie herausragender Fragmente gehalten. Für eine dekonstruktive Lektüre eines enger gewobenen Textes, von dem man meinen sollte, daß er seine narrativen und thematischen Strukturen unter Kontrolle hat, sollten wir uns Barbara Johnsons Untersuchung von *Billy Budd*, «Melville's Fist: The Execution of *Billy Budd*» in ihrem Buch *The Critical Difference* zuwenden.

Billy Budd ist die Geschichte eines gut aussehenden jungen Seemanns auf einem britischen Kriegsschiff. Von Claggart, dem durchtriebenen Schiffsprofos, fälschlicherweise der Vorbereitung einer Meuterei angeklagt, schlägt der durch Stottern behinderte Billy vor Kapitän Veres Augen Claggart tot. Der Kapitän, ein ehrlicher, belesener, ernster Mann, überzeugt seine Offiziere, daß unter den gegebenen Umständen – England befindet sich im Krieg, und es hat schon andere Meutereien gegeben – Billy hängen muß, was auch geschieht, und Billys letzte Worte sind: «Gott segne Kapitän Vere!» Jeder Figur werden ausdrücklich bestimmte moralische Eigenschaften zugeordnet; aber, wie Johnson feststellt, «das Schicksal jeder Figur ist die direkte Umkehrung dessen, was man von ihrer ‹Natur› her eigentlich erwarten sollte. Billy ist freundlich, unschuldig und harmlos, dennoch tötet er. Claggart ist bösartig, pervers und verlogen, dennoch stirbt er als Opfer. Vere ist scharfsinnig und verantwortungsvoll, dennoch läßt er zu, daß ein Mann, den er für unschuldig hält, gehenkt wird» (*The Critical Difference*, S. 82).

Es geht demnach in dieser Erzählung nicht nur um die Beziehung von Gut und Böse, sondern um die zwischen der Natur der Figuren und ihrem Handeln, zwischen Sein und Tun. «Eigentümlicherweise», schreibt Johnson,

> «ist es gerade die Frage Sein versus Handeln, die von dem einzigen Satz, mit dem Claggart Billy direkt anspricht, aufgeworfen wird. Als Billy aus Versehen seine Suppe dem Schiffsprofos vor die Füße schüttet, sagt Claggart zum Scherz: ‹Handsomely done, my lad! And handsome *is* as handsome *did* it too!› Das Sprichwort ‹handsome is as handsome does›[3], das diesem Ausruf zugrunde liegt, geht von der Möglichkeit einer kontinuierlichen, vorhersagbaren, transparenten Beziehung zwischen Sein und Handeln voraus… Aber gerade diese Kontinuität von Körperlichem und Moralischem, Erscheinung

und Handlung oder Sein und Tun stellt Claggart im Falle Billy Budd in Frage. Er warnt Kapitän Vere, sich von Billys körperlicher Schönheit nicht täuschen zu lassen: ‹Sie haben vielleicht nur sein blondes Haar bemerkt. Unter den rot-blonden Gänseblümchen könnte eine Falle stecken›» (S. 83/84).

Sein Verdacht wird bestätigt, als er seine Anklage vor Billy wiederholt und der rotwangige Bursche ihn erschlägt.

Um herauszufinden, worum es in diesem Drama geht, sammelt Johnson die von Melville gegebenen Hinweise, daß der Gegensatz von Billy und Claggart ein Gegensatz «zwischen zwei Sprachauffassungen bzw. zwei Lektüretypen ist». Billy nimmt einfach alles wörtlich, er glaubt an die Transparenz des Sinns. «Mit Zweideutigkeiten und Anspielungen umzugehen», schreibt Melville, «war seiner Natur völlig fremd.» Ihm «galt die gelegentliche offene Art und das freundliche Wort als das, was sie zu sein vorgaben, von dem ‹Mann mit allzu gewandter Zunge› hatte der junge Seemann noch nie gehört». Er kann sich nicht vorstellen, daß zwischen Form und Bedeutung eine Diskrepanz bestehen könnte. Claggart dagegen ist nicht nur die Verkörperung der Ambiguität und der Duplizität, sondern er glaubt auch an die Diskrepanz von Form und Bedeutung. Er hat gelernt, schreibt Melville, «ein Mißtrauen zu hegen, das exakt der Schönheit einer Erscheinung entspricht.» Claggart beschuldigt Billy der Duplizität, der Diskrepanz zwischen Schein und Realität; Billy bestreitet dies durch seinen Faustschlag, der aber die von ihm bestrittene Diskrepanz gerade bezeugt und eine fatale Falle unter den Gänseblümchen enthüllt. Gerade indem er sie bestreitet, beweist er die Wahrheit von Claggarts Anschuldigung.

«Die Erzählung spielt demnach zwischen dem Postulat einer Kontinuität von Signifikant und Signifikat (‹handsome is as handsome does›) und dem Postulat ihrer Diskontinuität (‹unter den rot-blonden Gänseblümchen könnte eine Falle stecken›). Claggart, dessen Anschuldigungen einer bevorstehenden Meuterei offensichtlich falsch sind und selbst die Heuchelei darstellen, die sie Billy zusprechen, wird wegen der Lüge über Billy negiert, die aber durch Billys Akt der Negierung sich paradoxerweise als Wahrheit erweist» (S. 86).

Diese Darstellung des Gegensatzes zwischen den beiden Figuren und die Darlegung kontradiktorischer Bedeutungs- und Interpretationsmodelle bestimmt auch die beiden Lektüremodi, die in der kritischen Auseinandersetzung über diese Erzählung eine Rolle spielen. Einige Kritiker sind, wie Claggart, mißtrauische Interpreten und wollen Billys Güte nicht unbesehen hinnehmen. Sie verweisen vielleicht auf Claggarts latente Homosexualität und interpretieren die Art, wie er Billy behandelt, als eine verdrängte Form der Liebe. Häufig schlagen sie psychoanalytische Beschreibungen vor, in denen sich Billys Unschuld als Pseudounschuld erweist und seine Güte als Verdrängung seiner eigenen Destruktivität, die im fatalen Schlag wieder an die Oberfläche kommt. In der Konfrontationsszene wird Claggart tatsächlich als Psychoanalytiker dargestellt, der sich auf Billy zubewegt «mit dem gemessenen Schritt und der ruhigen gefaßten Haltung eines Irrenarztes, der sich im großen Saal einem Patienten mit den Anzeichen eines bevorstehenden Anfalls nähert.» Andere Kritiker stellen sich auf Billys Seite. Sie glauben an die Kontinuität von Sein und Handeln und akzeptieren die moralische Kennzeichnung der Figuren: Claggart ist böse, Billy gut und Vere weise. Beide Gruppen bieten überzeugende Interpretationen des entscheidenden Ereignisses der Erzählung: des fatalen Schlags: «Wenn Billy die reine Güte repräsentiert, dann ist seine Handlung nicht beabsichtigt, aber symbolisch gerechtfertigt, da sie zur Zerstörung des ‹bösen› Claggart führt. Wenn Billy aber ein Fall neurotischer Verdrängung ist, dann wird seine Handlung durch sein unbewußtes Begehren determiniert und enthüllt so die Destruktivität des Versuches, die eigene Destruktivität zu verdrängen. Im ersten Fall ist der Mord zufällig; im zweiten die Erfüllung eines Begehrens» (S. 90/91).

Der entscheidende Punkt ist, daß in beiden Fällen die Interpretation des Schlags auf Voraussetzungen ruht, welche die von der Interpretation aufgestellte These unterminieren: Billy und die Verfechter der Wörtlichkeit glauben an Kontinuität und Motivation, müssen aber den Schlag als Zufall und unmotivitiert behandeln, um Billys Güte und die symbolische Rechtschaffenheit des Schlags bewahren zu können. Claggart und die mißtrauischen Interpreten glauben an die Diskrepanz von Erscheinung und Realität; für sie ist der Schlag nur dann ein Beweis für die bösartige Duplizität Billys, wenn er motiviert ist, das heißt ein Beispiel für die Kontinuität von Sein und Handeln. So wird die Kohärenz jedes Interpretationsschemas gerade durch das Bedeutungsprinzip zerstört, auf das es sich beziehen muß, um den Schlag in seine Darstellung inkorporieren zu können. Der Schlag zerschlägt beide Positionen – Billys und Claggarts, die der wörtlichen und die der ironischen Lektüre. Er zerreißt jede Interpretation, weil das, *was* er bedeutet, durch *die Weise*, wie er bedeutet, unterlaufen wird.

Versucht der Kritiker, den Streit zwischen Billy und Claggart oder zwischen den wörtlichen und den ironischen Interpreten zu schlichten, nimmt er die Position von Kapitän Vere ein, der als gelehrter und umsichtiger Leser beschrieben wird. Seine Aufgabe besteht eben darin, «die *Beziehung* zwischen Naivität und Paranoia, Akzeptanz und Ironie, Mord und Irrtum zu lesen», und er liest anders als Billy oder Claggart. Diese haben weder eine Vergangenheit noch eine Zukunft; sie spielen in ihren Lektüren keine Rolle: Sie lesen nur um des Motivs und des Sinns willen. Vere dagegen wendet seine Aufmerksamkeit den Präzedenzfällen und den Konsequenzen zu: «Ob Budd mit Absicht gehandelt hat oder nicht, spielt hier keine Rolle», erklärt er. Er liest unter Berücksichtigung der politischen und historischen Umstände und bezieht auch frühere Texte ein: die Bibel und das Gesetz über Meuterei. Indem er Macht und Wissen miteinander verbindet, bestimmt Vere die Beziehungen zwischen anderen Interpretationen und handelt gemäß diesem Urteil. Billy als schuldig verurteilen heißt für ihn, ihn zu töten. Veres Lektüre ist ein politischer Akt, der

«eine zweideutige Situation in eine entscheidbare umwandelt. Aber dies geschieht durch die Umwandlung einer *inneren* Differenz (Billys Spaltung in bewußte Unterwürfigkeit und unbewußte Feindseligkeit, Veres Spaltung in den verstehenden Vater und die militärische Autorität) in eine *äußere* Differenz (zwischen Claggart und Billy, Natur und König, Autorität und Kriminalität)... Durch den politischen Kontext in *Billy Budd* werden auf allen Ebenen die *inneren* Differenzen (Meuterei auf einem Kriegsschiff, die Französische Revolution als Bedrohung für jede ‹dauerhafte Institution›, Billys unbewußte Feindseligkeit) äußeren Differenzen untergeordnet (*Bellipoint* versus *Athée*, England versus Frankreich, Mord versus Opfer)» (S. 105/106).

Leser und Kritiker gelangen zu extrem unterschiedlichen Beurteilungen dieses Lesers, Veres, der durch die Umstände gezwungen scheint, so oder so zu irren, und der ein voreingenommener Leser ist, gerade weil er in seinem Urteil die Konsequenzen eben dieses Urteils mitbedenken muß. Können wir als Leser eines literarischen Werks das nicht besser machen? Können wir nicht ein angemesseneres und unvoreingenommeneres Urteil fällen als Vere? «Wenn das Gesetz in der zwangsweisen Transformation der Ambiguität in Entscheidbarkeit besteht, kann man dann», fragt sich Johnson, «die Ambiguität *als solche* lesen, ohne daß diese Lektüre schon zu einem politischen Akt wird?» (S. 107). Aber auch zu diesem Problem, schließt sie, hat Melville etwas zu sagen; «denn es gibt einen vierten Leser in *Billy Budd*, einen, ‹der niemals eingreift und keinen Rat erteilt›: der alte Dansker. Ein Mann ‹weniger Worte, mit vielen Falten› und einer Haut ‹wie altes Pergament›» (S. 107). Er sieht und weiß. Von Billy um Rat angegangen, sagt er ihm nur, daß Claggart «es auf ihn abgesehen hat»; dies aber, zusammen mit der Weigerung, mehr zu sagen, hat nachweisbare Konsequenzen und trägt zur Tragödie bei. Der Dansker «führt eine Lektüre durch, die kognitiv so genau und performativ so neutral wie möglich zu sein versucht»; aber «der Versuch, zu wissen, ohne zu handeln, kann selbst als Tat fungieren.» Der Dansker wie auch Vere illustriert die Untrennbarkeit von Wissen und Handeln und die Unmöglichkeit, beide harmonisch zu vereinigen; denn in beiden Fällen besteht, wie Johnson schreibt, «die Autorität gerade in der Unmöglichkeit, die Wirkung ihrer eigenen Anwendung zu enthalten.» Keine der Figuren kann unvorhersehbare Konsequenzen verhindern, die die Erkenntnis oder das Urteil beeinträchtigen. – *Billy Budd*, schließt Johnson, ist

«viel mehr als nur eine Studie über Gut und Böse, Gerechtigkeit und Ungerechtigkeit. Die Erzählung ist eine Darstellung der verzerrten Beziehungen zwischen Wissen und Handeln, Reden und Töten, Lesen und Urteilen, die politisches Verstehen und Handeln so problematisch machen... Die ‹tödliche Lücke› oder ‹Differenz›, die *Billy Budd* durchzieht, besteht nicht zwischen Wissen und Tat, Ausführung und Erkenntnis. Sie ist vielmehr dasjenige, was in der Erkenntnis als Tat fungiert; sie ist dasjenige, was uns in der Tat daran hindert, jemals zu verstehen, ob das, was wir treffen, mit dem zusammenfällt, was wir verstehen. Und gerade dies verleiht Melvilles letztem Werk einen so *schlagenden (striking)* Sinn» (S. 108/109).

Die letzten Worte dieses den Artikel abschließenden Satzes illustrieren einen Aspekt dieser Art von Kritik, der in den bisher von mir zitierten Beispielen nicht so deutlich wurde: die Verwendung von Ausdrücken aus dem Text, oft in der Form des Wortspiels, um Momente der Erzählung mit Momenten der Lektüre oder des Schreibens zu verbinden. Billys Hieb ist ein durchschlagendes Ereignis in der Erzählung, eine komplexe Sinnstruktur und eine Handlung mit schwerwiegenden Konsequenzen; der Sinn des Werks hat, wie bereits gezeigt wurde, auch eine performative Qualität, deren Konsequenzen man sich nicht so leicht entziehen kann. Eine ähnliche Verbindung stellt die Kapitelüberschrift her: «Melville's Fist: The Execution of Billy Budd», die drei performative Sprechakte miteinander verbindet: Melvilles Schreibakt («Sein [Claggarts] Portrait werde ich versuchen, aber ich werde es niemals treffen *(hit)*», schreibt er), Billys Leugnung durch den Faustschlag und Veres Todesurteil. Wenn der Kritiker die Sprache des Textes als Metasprache verwendet, setzt er einen Prozeß fort, der im Text seinen Anfang nimmt; aber dekonstruktive Lektüren variieren in der Nutzung dieser Möglichkeit beträchtlich. Derrida verwendet auf aggressive Weise Signifikanten aus dem Text, um eine textuelle Logik zu beschreiben. De Man hingegen vermeidet die vom Text angebotenen Kategorien und geht schnell dazu über, die ihn interessierenden Momente mit metalingustischen Termini aus der Rhetorik und der Philosophie zu verbinden. Johnsons zurückhaltende Nutzung dieser textuellen Quelle führt zu so etwas wie Wortspielen.

Der zweite Aspekt der Dekonstruktion, den dieses Beispiel illustriert, ist ein Mißtrauen gegenüber der Bereitschaft von Kritikern, Ambiguität als ästhetische Fülle zu preisen. Konfrontiert mit zwei Interpretationen oder Möglichkeiten, fragt Johnson nach deren Voraussetzungen und untersucht die Beziehung zwischen Voraussetzungen und Schlußfolgerungen, wobei sie feststellt, daß die Lektüren häufig gerade von den Voraussetzungen unterminiert werden, die sie erst ermöglicht haben. Solche Entdeckungen stellen dann Ausgangspunkte für eine Untersuchung des Rahmens dar, innerhalb dessen solche Lektüren stattfinden. Es kann also geschehen, daß dekonstruktive Lektüren sich weigern, ästhetische Fülle als Selbstzweck anzuerkennen. Wann immer ein scheinbarer Schlußpunkt erreicht wird – ein hübsches Paradox oder eine symmetrische

Formulierung –, wird diese Position dem Text wieder eingegeben und gefragt, was der Text zu der erreichten Schlußfolgerung zu sagen hat. Nach der Analyse von Veres Urteil fragt Johnson, was der Text über den Akt des Urteilens selbst zu sagen hat, und nach der Schlußfolgerung, daß ein Urteil ein gewaltsamer Akt ist, der vergeblich versucht, seine eigenen Konsequenzen zu beherrschen, fragt sie, was der Text über die ästhetische Kritik des politischen Urteils zu sagen haben könnte, die sich aus ihrer eigenen Lektüre zu ergeben scheint. Daraufhin analysiert sie die mißliche Lage des alten Dansker als einen weiteren Rahmen des Problems der Interpretation. Mit seinen «invaginierten Taschen» hat der Text zu jeder Schlußfolgerung, die man aus ihm zu ziehen versucht ist, etwas zu sagen.

Drittens stellt Johnsons Essay die Frage nach der «Lektüre», indem sie auf die Unmöglichkeit aufmerksam macht, Handlung und Urteil von dem Problem der Lektüre zu trennen. In einem gewissen Sinne demonstriert *Billy Budd* den Satz *il n'y a pas dehors texte*: Politisches Handeln erweist sich hier als ein spezifischer Lektüretyp, der vergeblich versucht, die Konsequenzen der Lektüre zur eigenen Grundlage zu machen. Durch die Erforschung der Verbindung zwischen der Gewaltsamkeit der Mittel und der Setzung von Sinn (oder zwischen der Annahme einer Kontinuität von Mittel und Zweck und der Annahme, daß alles einen Sinn haben muß) gelangt *Billy Budd* zu einer Kritik der Autorität schlechthin – des Gesetzes etwa, einschließlich des Gesetzes des Bedeutens – und veranschaulicht so die Textualität des Urteils, ähnlich wie dies de Man in anderen Termini in seiner Nietzschelektüre unternimmt (*Allegorien des Lesens*, S. 118–146).

Schließlich zeigt Johnsons Essay, wie die dekonstruktive Kritik Strukturen untersucht, die sich zunehmend zu verengen scheinen und sich oft als *double bind* erweisen. In dem ersten Essay in *The Critical Difference* kommentiert sie Barthes' Entscheidung in *S/Z*, den Text aufzubrechen und ihn als eine «Galaxie aus Signifikanten» zu behandeln statt als Struktur von Signifikaten: «Man muß sich fragen, ob diese ‹anti-konstruktive› (im Gegensatz zur ‹dekonstruktiven›) Treue zum fragmentierten Signifikanten tatsächlich die funktionale Pluralität von Balzacs Text offenlegen kann, oder ob nicht in letzter Analyse eine gewisse systematische Ebene der textuellen Differenz durch Barthes' Weigerung, den Text neu zu ordnen oder zu rekonstruieren, verlorengeht bzw. eingeebnet wird» (S. 7). In den «Opening Remarks» ihres Buchs faßt Johnson ihr eigenes Verfahren folgendermaßen zusammen:

«Die Lektüre verfährt hier durch die Identifizierung und Enthüllung von Differenzen mittels anderer Differenzen, die nicht völlig identifiziert und enthüllt werden können. Den Ausgangspunkt bildet oft eine binäre Differenz, die sich im folgenden als Illusion erweist, die von viel schwieriger festzustellenden Differenzen erzeugt wird. Es zeigt sich, daß Differenzen *zwischen* Entitäten (Prosa und Poesie, Mann und Frau, Literatur und Theorie, Schuld und Unschuld) auf der Verdrängung von Differenzen *innerhalb* der Entitäten ruhen, darauf also, wie eine Entität von sich selbst differiert. Die Weise aber, wie ein Text derart von sich selbst differiert, ist niemals einfach; sie hat eine gewisse rigorose, kontradiktorische Logik, deren Wirkungen bis zu einem gewissen Grad gelesen werden können. Die ‹Dekonstruktion› einer binären Opposition besteht so nicht in der Auflösung aller Werte und Differenzen; sie ist vielmehr der Versuch, den subtilen, mächtigen Effekten von Differenzen nachzugehen, die in der Illusion einer binären Opposition bereits am Werk sind» (S. X/XI).

Wenn die dekonstruktive Kritik eine Suche nach Differenzen ist – nach Differenzen, deren Verdrängung die Bedingung jeglicher besonderen Entität oder Position ist –, dann kann sie niemals zu einer endgültigen Schlußfolgerung gelangen, sondern sie hört auf, wenn sie die Differenzen nicht mehr identifizieren und enthüllen kann, die andere Differenzen enthüllen.

Johnsons Lektüre von *Billy Budd* zeichnet sich in der dekonstruktiven Kritik durch ihre Reichhaltigkeit aus – eine leicht überschätzte Tugend –; aber sie untersucht hier nicht, wie in ihrem Buch *Défigurations du langage poétique*, die detaillierten Implikationen rhetorischer Figuren. In der Einleitung zu der Sammlung *The Rhetoric of Romanticism*, in der Johnsons Essay über *Billy Budd* zuerst erschien, schreibt Paul de Man: «es ist eine all diesen Arbeiten gemeinsame und produktive Geste, die sie die Nähe *(closeness)* der Lektüre, die man ihnen als Modell vorhielt, überbieten und, indem sie das *close reading* noch näher *(closer)* lesen, zeigen, daß es keineswegs nahe genug *(close enough)* war« («Introduction«, S. 498). Wir können die dekonstruktive Literaturkritik näher charakterisieren, indem wir zwei Fragen nachgehen, die dieser Kommentar aufwirft:

Was heißt *close reading*? und: Welche Rolle spielen frühere Lektüren in der dekonstruktiven Literaturkritik? Johnsons Lektüre ist dann dem Text am nächsten, wenn sie die Logik des Bedeutens an bestimmten Schlüsselpunkten detailliert untersucht. Was könnte Nähe zum Text *(closeness)* darüber hinaus bedeuten?

Für Paul de Man erfordert *close reading* genaueste Aufmerksamkeit für das, was für das Verstehen nebensächlich zu sein oder ihm zu widerstehen scheint. In seinem Vorwort zu Carol Jacobs' *The Dissimulating Harmony* nennt er die Paraphrase «ein Synonym für Verstehen»: ein Akt, der das Fremde in Vertrautes umwandelt, «indem er sich den scheinbaren Schwierigkeiten stellt (sei es der Syntax, der Rhetorik oder der Erfahrung) und... sich ausführlich und überzeugend mit ihnen auseinandersetzt», und dabei das, was dem Sinn entgegensteht, auf subtile Weise elidiert, verbirgt und ablenkt. «Was würde geschehen», fragt er, «wenn man einmal das Ethos der Texterklärung umkehrte und versuchte, wirklich präzise zu sein», und eine Lektüre unternähme, «die sich der Teleologie des kontrollierten Sinns nicht mehr unterwürfe»? (S. IX/X). Was würde geschehen, heißt das, wenn die Leser, statt von der Annahme auszugehen, daß die Elemente des Texts untergeordnete Instrumente eines kontrollierenden Sinns oder einer totalen beherrschenden Haltung sind, tatsächlich alle Widerstände gegen den Sinn untersuchten? Primäre Punkte des Widerstands könnten die sogenannten rhetorischen Figuren sein; denn eine Passage oder Sequenz als rhetorisch identifizieren heißt, daß man vorschlägt, eine Schwierigkeit des wörtlichen Verstehens, das interessante Möglichkeiten bieten könnte, durch eine Paraphrase zu transformieren, die dem Sinn entspricht, von dem man annimmt, daß er die gesamte Botschaft beherrscht. Wie wir in unserer Diskussion Derridas gesehen haben, ist die rhetorische Lektüre – das Interesse für die Implikationen rhetorischer Figuren in einem Diskurs – eine der wichtigsten Quellen der Dekonstruktion.

Nehmen wir zum Beispiel de Mans Behandlung einer Passage aus Prousts *A la recherche du temps perdu*, in der Marcel sich weigert, der Aufforderung seiner Großmutter, draußen zu spielen, nachzukommen und statt dessen in seinem Zimmer bleibt und liest. Der Erzähler behauptet, daß ihm die Lektüre einen wahreren Zugang zu Menschen und Leidenschaften biete, genauso wie er das Wesen des

Sommers intimer und wirkungsvoller erfassen könne, wenn er im Zimmer bleibt, als wenn er wirklich hinausginge: «Die dunkle Kühle meines Zimmers... schenkte mir in der Phantasie das volle Schauspiel des Sommers, von dem meine Sinne auf einem Spaziergang zum Beispiel nur jeweils Teilaspekte hätten genießen können.» Die Erfahrung des Sommers wird ihm durch die Fliegen vermittelt, «die mit ihrem Summkonzert vor mir eine Art sommerlicher Kammermusik vollführten, die freilich nicht die Erinnerung an den Sommer zurückruft, wie menschliche Musik es tut, die man zufällig in der schönen Jahreszeit gehört hat; sie ist mit dem Sommer vielmehr durch ein notwendigeres Band verknüpft: in den schönen Tagen entstanden, nur mit ihnen wieder erstehend und mit etwas von ihrer Substanz getränkt, weckt sie nicht nur ihr Bild in unserem Gedächtnis, sondern garantiert vielmehr ihre Wiederkehr als tatsächliche, unmittelbar uns umwebende greifbare Gegenwart.» Diese Passage von Proust, meint de Man, ist metafigurativ, weil sie figurative Beziehungen kommentiert.

«Sie stellt zwei Weisen, die Erfahrung des Sommers zu evozieren, einander gegenüber, und konstatiert unzweideutig, daß sie der einen den Vorzug vor der anderen gibt: das ‹notwendigere Band› nämlich, das das Summen der Fliegen mit dem Sommer vereinigt, macht es zu einem sehr viel wirkungsvolleren Symbol als die Melodie, die man ‹zufällig› im Sommer gehört hat. Die Bevorzugung ist durch eine Unterscheidung ausgedrückt, die derjenigen zwischen Metapher und Metonymie korrespondiert, denn Notwendigkeit und Zufall sind legitime Begriffe zur Unterscheidung zwischen Analogie und Kontiguität. Der Schluß auf Identität und Totalität, der konstitutiv für die Metapher ist, fehlt in der bloß relationalen Berührung... Die Passage spricht *über* die ästhetische Superiorität der Metapher über die Metonymie... Doch es bedarf keines besonderen Scharfblicks, um zu erkennen, daß der Text nicht praktiziert, was er predigt. Eine rhetorische Lektüre der Passage enthüllt, daß seine figurative Praxis und seine metafigurative Theorie nicht konvergieren und daß die Behauptung der Vorherrschaft der Metapher über die Metonymie ihre Überzeugungskraft dem Gebrauch metonymischer Strukturen verdankt» (*Allegorien des Lesens*, S. 44/45).

Um zu zeigen, daß er «das volle Schauspiel des Sommers» durch eine metaphorische Übertragung erfahren kann, muß Marcel erklären, wie die für die Szene draußen charakteristische Aktivität und Hitze ins Innere übertragen werden kann. Die dunkle Kühle meines

Zimmers, schreibt er, «s'accordait bien à mon repos qui (grâce aux aventures racontées par mes livres et qui venaient l'émouvoir) supportait, pareil au repos d'une main immobile au milieu d'une eau courante, le choc et l'animation d'un torrent d'activité» (paßte gut zu meiner Art von Ruhe, die [dank den in meinen Büchern erzählten, mich im Innern bewegenden Abenteuern] wie die Ruhe einer Hand, die man regungslos ins fließende Wasser hält, den tobenden Anprall eines Stromes von lebhafter Handlung aushielt). De Man argumentiert, der Ausdruck *torrent d'activité*, der die hitzige Aktivität des Sommers evoziert, habe metonymische, nicht metaphorische Wirkung. Er nutze die Kontiguität bzw. die zufällige im Gegensatz zur wesentlichen Verbindung auf drei Arten aus: Erstens vertraue das Bild auf die kontingente Assoziation der Worte *torrent* und *activité* in einem Klischee oder einem idiomatischen Ausdruck (die wörtlichen oder wesentlichen Eigenschaften von *torrent* sind für das Idiom nicht entscheidend); zweitens wecke die Nebeneinanderstellung des Klischees *torrent d'activité* und des Bildes der Hand im Wasser durch die Wirkung der Kontiguität die Assoziation von *torrent* und Wasser; und drittens werde in der Passage durch *torrent* wegen der kontingenten Assoziation mit dem Signifikanten *torride (glühend heiß)* auch Hitze evoziert. «Hitze ist demnach», schreibt de Man, «gleichsam unter der Hand, heimlich in den Text eingeschrieben... In einer Passage voller gelungener und verführerischer Metaphern, in der darüber hinaus ausdrücklich versichert wird, daß die Wirkung der Metapher der der Metonymie überlegen sei, wird Überzeugungskraft durch ein rhetorisches Spiel erreicht, in dem kontingente rhetorische Figuren in der trügerischen Maske notwendiger, motivierter rhetorischer Figuren auftreten» (S. 99/100).[4] Eine rhetorische Lektüre zeigt, wie der Text sich auf kontingente Beziehungen, die er selbst zu verwerfen behauptet, verläßt: «gerade dann, wenn die stärksten Behauptungen über die vereinigende Kraft der Metapher aufgestellt werden, verlassen sich diese Bilder in Wirklichkeit auf die täuschende Verwendung semi-automatischer grammatischer Strukturen» (S. 46). In einer ähnlichen Untersuchung der *Geburt der Tragödie* bemerkt de Man, daß «die Dekonstruktion nicht zwischen Aussagen stattfindet, wie in einer logischen Widerlegung oder einer Dialektik, sondern zwischen metalinguistischen Aussagen (im Text) über die rhetorische Natur der

Sprache einerseits und einer rhetorischen Praxis andererseits, welche diese Aussagen in Frage stellt» (S. 140).

Close reading heißt hier also, die Aufmerksamkeit dem rhetorischen Modus oder Status wichtiger Details zuzuwenden. Eine thematische Lektüre der Passage von Proust würde vermutlich die gelungene Fusion von Kühle und Hitze in *torrent d'activité* kommentieren, ohne nach der rhetorischen Basis dieses Effekts oder nach dessen philosophischen Implikationen zu fragen. Natürlich will de Man keineswegs zeigen, daß jede thematische Aussage von ihren eigenen Ausdrucksmitteln unterminiert wird; seine *close readings* konzentrieren sich auf entscheidende rhetorische Strukturen in Passagen mit metalinguistischer Funktion oder metakritischen Implikationen: Passagen also, die symbolische Beziehungen, textuelle Strukturen oder Interpretationsprozesse direkt kommentieren oder die durch ihre Auseinandersetzung mit philosophischen Gegensätzen, von denen rhetorische Strukturen abhängig sind (z. B. Wesen/ Zufall, Innen/Außen, Ursache/Wirkung), indirekte Auswirkungen auf die Probleme der Rhetorik und der Lektüre haben. Von de Mans Analysen richten sich viele gegen metaphorische Totalisierungen: gegen den Anspruch, ein Gebiet oder ein Phänomen durch eine Substitution, die dessen Wesen präsentiert, beherrschen zu können. Man kann zeigen, daß solche Momente von der Verdrängung kontingenter Beziehungen abhängen, gerade so, wie – in den Termini von de Mans älterem Buch – kritische Einsichten das Ergebnis kritischer Blindheit sind. «Die Metapher», schreibt er, «wird zu einer blinden Metonymie» (*Allegorien des Lesens*, S. 144). De Man insistiert aber darauf, daß der Nachweis der Rolle mechanischer Prozesse der Grammatik, des Zufalls oder der Kontiguität keineswegs zu einem Wissen führen, das den Prozeß der Dekonstruktion anhalten könnte. Wenn wir die Passage aus der *Recherche* als Dekonstruktion des hierarchischen Gegensatzes von Metapher und Metonymie lesen, müssen wir uns bewußt sein, daß «der Erzähler, der über die Unmöglichkeit der Metapher spricht, selbst eine Metapher ist, die Metapher eines grammatischen Syntagmas, dessen Sinn in der Ablehnung der Metapher besteht, deren Priorität per Antiphrase behauptet wird» (S. 50). Die Behauptung der Priorität der Metapher (die sich in der Analyse als von der Metonymie abhängig erwies) wird einem Erzähler zugeschrieben, der ein metaphysisches

Konstrukt ist, ein grammatisches Subjekt, dessen Eigenschaften aus Kontiguitätsprädikaten abgeleitet werden. Das Endergebnis, folgert de Man selbstsicher, ist «ein Zustand schwebender Unwissenheit» (S. 19).

Diese Lektüren gehen ungewöhnlich schnell von textuellen Details zu abstraktesten Kategorien der Rhetorik oder der Metaphysik über. Ihre *closeness* scheint von der Untersuchung von Möglichkeiten abzuhängen, die von anderen Lektüren vernachlässigt oder ausgelassen und die gerade deshalb vernachlässigt würden, weil sie den Fokus oder die Kontinuität dieser Lektüren zerstören würden, die erst durch ihre Auslassung ermöglicht werden. Die Schlußverse von Yeats' *Among Schoolchildren* beispielsweise werden gewöhnlich als rhetorische Frage gelesen, die aussagt, daß es unmöglich ist, den Tänzer vom Tanz zu unterscheiden.

«O chestnut-tree, great-rooted blossomer,
Are you the leaf, the blossom or the bole?
O body swayed to music, O brightening glance,
How can we know the dancer from the dance?

(O Kastanienbaum, tief verwurzelter Blüher,
bist du das Blatt, die Blüte oder der Stamm?
O Körper, der zur Musik sich wiegt, O Blick, der sich erhellt,
Wie können wir den Tänzer vom Tanze unterscheiden?)»

«Es ist genauso gut möglich», schreibt de Man, «die letzte Zeile wörtlich statt figurativ zu lesen: als mit einem gewissen Nachdruck gestellte Frage... wie wir überhaupt die Unterscheidung treffen können, die uns vor dem Irrtum bewahrte, etwas zu identifizieren, was nicht identifiziert werden kann... Die figurative Lektüre, die davon ausgeht, daß es sich um eine rhetorische Frage handelt, ist vielleicht naiv, während die wörtliche Lektüre zu einer größeren Komplexität von Thema und Aussage führt» (S. 41).

Angesichts dieses Vorschlags könnte ein Literaturkritiker sich fragen, welche Lektüre besser mit dem Rest des Gedichts übereinstimmt; aber gerade dies steht hier zur Debatte: unsere Tendenz nämlich, Begriffe der Einheit und thematischen Kohärenz zu verwenden, um Möglichkeiten auszuschließen, die von der Sprache ganz offensichtlich dargeboten werden und die ein Problem darstellen. Wenn ein Leser statt *bole bowl* (Schale) hörte, würde das sicher nicht zu der sich entwickelnden Interpretation passen, aber eine wörtliche Lektüre von Yeats' abschließender Frage kann nicht von vornherein als irrelevant abgetan werden. «Die beiden Lektüren müssen einander direkt konfrontiert werden», merkt de Man an, «denn die eine Lektüre ist gerade der Irrtum, den die andere anprangert und den sie auflösen muß... die Autorität des von der grammatischen Struktur erzeugten Sinns, wird von der Duplizität einer rhetorischen Figur völlig verdunkelt, die geradezu nach der Differenzierung verlangt, die sie selbst verdeckt» (S. 42). Das Problem der Beziehung von Tänzer und Tanz oder von Kastanienbaum und seinen verschiedenen Manifestationen ähnelt dem Problem der Beziehung zwischen Wörtlichkeit, grammatischer Struktur und ihrer rhetorischen Verwendung, mit dem es auch zusammenhängt. Die Interpretation von «How can we know the dancer from the dance?» setzt die Möglichkeit voraus, die Form einer Äußerung (die grammatische Struktur der Frage) von ihrer rhetorischen Performanz exakt unterscheiden zu können; dies setzt voraus, daß wir die Frage selbst von ihrer rhetorischen Performanz trennen können. Aber die Frage als rhetorische Frage lesen setzt gerade die *Unmöglichkeit* der Unterscheidung zwischen einer Entität (dem Tänzer) und ihrer Ausführung (dem Tanz) voraus. Die Aussage, als die das Gedicht interpretiert wurde – die Bekräftigung von Vereinigung oder von Kontinuität –, wird durch die Diskontinuität subvertiert, die vorausgesetzt werden muß, um die Aussage überhaupt ableiten zu können.

«Die Dekonstruktion«, erklärt Derrida beiläufig in einem Interview, «ist keine kritische Operation. Das Kritische ist ihr Gegenstand; die Dekonstruktion bezieht sich immer, zu dem einen oder anderen Zeitpunkt, auf das Vertrauen, das dem kritischen oder kritisch-theoretischen Prozeß entgegengebracht wird, d. h. dem Entscheidungsakt, der Möglichkeit der Entscheidung überhaupt» («Ja, ou le faux bond», S. 103). Die – notwendige und unumgängliche – Entscheidung über den Sinn eliminiert Möglichkeiten im Namen des Prinzips der Entscheidbarkeit. «Das Ziel einer Dekonstruktion», schreibt de Man, «ist immer die Aufdeckung der Existenz verborgener Artikulationen und Fragmentierungen innerhalb angenommener monadischer Totalitäten» (*Allegories of Reading*, S. 249).

Im vorangehenden Kapitel haben wir uns mit einigen der totalisierenden Begriffe befaßt, die dekonstruktive Lektüren aufzulösen suchen. Die dekonstruktive Literaturkritik, die sich oft auf die Epoche der Romantik konzentriert, stellt eine besondere Herausforderung für die entwicklungsgeschichtlichen Modelle der Literaturgeschichte dar und für die organischen Modelle, die für die Totalisierungen notwendig sind, die von den entwicklungsgeschichtlichen Erzählungen *(genetic narratives)* meist verwendet werden. Literaturkritiker verleihen der Literatur Sinn, indem sie historisierende Erzählungen verwenden, in denen Werke in Sequenzen gruppiert werden, so daß man eine Entwicklung – einer Gattung, einer Art, eines Themas, eines besonderen Verstehenstypus – behaupten kann. So wird Rousseaus *Julie, ou La nouvelle Héloise* mit den *Confessions* oder den *Rêveries du promeneur solitaire* zusammengestellt und als ein Roman der reflexiven Innerlichkeit gelesen, um so als Beginn einer wichtigen Romanform fungieren zu können.

«In diese Interpretation Rousseaus wurde im Laufe der Geschichte recht viel investiert, und eine der interessanteren Möglichkeiten einer Neulektüre von *Julie* wäre die parallele Neulektüre der Werke, die angeblich zur gleichen Entwicklungslinie gehören, die mit Rousseau angefangen haben soll. Die Existenz historischer ‹Linien› könnte sehr wohl das erste Opfer einer solchen Lektüre sein, was einiges darüber aussagt, warum man sich ihr widersetzt» (*Allegories of Reading*, S. 190).

Eine der wichtigsten Wirkungen der dekonstruktiven Kritik ist die Zerstörung des historischen Schemas, das die romantische Literatur der postromantischen entgegensetzt und letztere als sophistische oder ironische Entmystifizierung der Exzesse und Selbsttäuschungen der ersteren betrachtet. Wie so viele Geschichtsmodelle ist auch dieses Schema verführerisch, besonders da es nicht nur ein Verstehensprinzip bereitstellt, das uns den Zugang zur Literatur der Vergangenheit zu sichern scheint, sondern auch den Fortschritt in der Zeit mit einem Fortschritt des Verstehens assoziiert und uns und unsere Literatur so in eine Position größter Bewußtheit und Selbstbewußtheit versetzt. Die Strategie vieler dekonstruktiver Lektüren besteht nun darin zu zeigen, daß die ironische Entmystifizierung, die angeblich die postromantische Literatur auszeichnet, sich bereits in den Werken der größten Romantiker findet – besonders bei

Wordsworth und Rousseau –, deren Stärke gerade dazu führt, daß sie beständig falsch gelesen werden.[5] Die Arbeit der traditionellen Literaturkritik bestand darin, eine innere Differenz in eine äußere zu transformieren, Heterogenität in Texten als Unterschiede zwischen Gattungen und Epochen zu konstruieren. In einer organizistischen, periodisierenden Literaturgeschichte zum Beispiel gilt die Romantik als Übergang von einem mimetischen zu einem historischen oder organischen Kunstbegriff. Wenn, wie de Man meint, die romantische Literatur das System begrifflicher Kategorien, die mit Organismus und Geschichte assoziiert werden, unterminiert, dann «ist die Frage wohl berechtigt, welche Art der Geschichtsschreibung dem Phänomen der Romantik gerecht werden könnte, da Romantik (selbst ein Epochenbegriff) dann die Bewegung wäre, die das entwicklungsgeschichtliche Prinzip in Frage stellte, das notwendigerweise jeder historisierenden Erzählung zugrunde liegt» (S. 82). Es ist für dekonstruktive Lektüren charakteristisch, daß sie Erzählschemata auflösen und sich statt dessen auf interne Differenzen konzentrieren.

Dekonstruktive Lektüren befassen sich auch mit Simplifizierungen, die durch Entscheidungen über die Referenz bewirkt werden. Der Gegensatz zwischen der referentiellen und der rhetorischen Funktion der Sprache ist hartnäckig und fundamental und betrifft jede Lektüre, da man beständig entscheiden muß, was referentiell und was rhetorisch ist. In Romanen, meint Miller in *Fiction and Repetition*, zwingen eindringliche thematische Bekräftigungen der mimetischen Funktion der Sprache den Leser dazu, Details als Repräsentationen einer Welt zu interpretieren; zugleich aber finden sich andere, von Roman zu Roman variierende Hinweise, daß man sich auf die Referenz eines bestimmten linguistischen Elements nicht verlassen kann. Die Illusionen und Selbsttäuschungen von Charakteren beispielsweise werden in Romanen oft als Folge davon dargestellt, daß rhetorische Figuren wörtlich genommen werden oder daß eine rhetorische Fiktion für Realität gehalten wird. Miller analysiert *Middlemarch* in diesen Begriffen als einen Fall einer «sich-selbst-vereitelnden Rückwendung des Romans auf sich selbst, um so seine eigene Grundlage zu unterminieren», indem er die Voraussetzungen der Repräsentation, auf denen er ruht, als unzuverlässige Fiktion bloßstellt («Narrative and History», S. 462).

«Verstehen heißt in erster Linie, den referentiellen Modus eines Textes bestimmen», schreibt de Man, «und wir tendieren dazu, als selbstverständlich anzusehen, daß dies möglich ist... Solange wir zwischen wörtlicher und rhetorischer Bedeutung unterscheiden können, können wir die rhetorische Figur in ihren eigentlichen Referenten zurückübersetzen.» Wenn man etwas als rhetorische Figur identifiziert, geht man von der Möglichkeit aus, ihr auf einer anderen Ebene eine referentielle Funktion zuweisen zu können und so «die Möglichkeit eines referentiellen Sinns als *telos* jeder Sprache zu postulieren. Es wäre töricht anzunehmen, man könnte sich den Zwängen des referentiellen Sinns leichten Herzens entziehen» (*Allegories of Reading*, S. 201). De Mans Lektüre von *La nouvelle Héloise* untersucht die Komplexität diese Problems und zeigt, wie der Roman jede spezifische Determinierung der Referenz unterminiert und so die Unterscheidung zwischen Referenz und Rhetorik in Frage stellt, was aber die Lektüre nicht dazu berechtigt, auf Referenz zu verzichten, die immer wieder auftaucht. Das Vorwort zum Beispiel diskutiert den referentiellen Status des Romans: Ist er eine Repräsentation des wirklichen Lebens – beispielsweise eine Reihe wirklicher Briefe –, oder ist er eine Konstruktion aus fiktionalen Briefen, deren referentielle Funktion darin besteht, auf einer anderen Ebene Liebe zu beschreiben? Obwohl das Vorwort die Frage offen läßt, optiert doch der Leser für die zweite Lösung und behandelt die Charaktere beispielsweise als rhetorische Figuren der Liebe. Aber de Man argumentiert, daß die Darstellung der Liebe im Vorwort und im Werk diese Referenz untergräbt. «Wie ‹Mensch› (in Rousseaus *Discours sur l'origine de l'inégalité* und in den *Essais sur l'origine des langues*) ist auch ‹Liebe› eine rhetorische Figur, die defiguriert, eine Metapher, die die Illusion einer eigentlichen Bedeutung einer schwebenden, offenen semantischen Struktur auferlegt» (S. 198). Im Roman heißt es beispielsweise: «Liebe ist nichts als Illusion: sie schafft sich sozusagen ein eigenes Universum; sie umgibt sich mit Gegenständen, die nicht existieren oder die ihre Existenz einzig der Liebe verdanken; und da sie ihre Gefühle durch Bilder ausdrückt, ist ihre Sprache immer bildhaft.»

«Es ist nicht nur möglich, sondern notwendig», schreibt de Man, «*Julie* so zu lesen... als In-Frage-Stellung der referentiellen Möglichkeit von ‹Liebe› und der Aufdeckung ihres rhetorischen Status»

(S. 200). (Dies macht aus dem Roman ein weiteres Beispiel für Rousseaus «dekonstruktive Erzählungen mit der Absicht metaphorischer Verführung».) Aber in dem Maße, wie das Werk den referentiellen Status von Liebe unterminiert und diese als rhetorische Figur behandelt, verleiht es dem Begehren ein beeindruckendes Pathos und macht das Pathos der Liebe und das Pathos des Begehrens des Autors, dieses darzustellen, zum Referenten. «Gerade das Pathos des Begehrens (ob es nun positiv oder negativ bewertet wird) verweist darauf, daß die Präsenz des Begehrens die Abwesenheit der Identität ersetzt und daß der Text, je mehr er die tatsächliche Existenz eines Referenten bestreitet, ob eines realen oder eines idealen, und je fantastischer fiktional er wird, desto stärker zur Repräsentation des eigenen Pathos wird» (S. 198).

In dem Dialog in Rousseaus Vorwort versucht einer der Gesprächspartner das Aufschieben und Wiederauftauchen der Referenz durch das Auffinden «irgendeiner Aussage im Text» anzuhalten, «die zwischen Text und äußerem Referenten einen Rand bildet» und so den referentiellen Modus des Textes festlegt. «Sehen Sie nicht», sagt N., «daß schon Ihre Überschrift allein alles sagt?» Bei diesem entscheidenden Hinweis handelt es sich um ein Zitat aus Petrarca, das selbst eine freie Adaptation aus der Bibel ist und dessen Modus mindestens so problematisch ist wie die Probleme, die es lösen soll. Es kann dazu verwendet werden, Verstehbarkeit zu ermöglichen; ihm kommt aber selbst keine besondere Autorität zu. De Man schließt daraus:

«Die unzähligen Schriften, die unser Leben beherrschen, werden durch eine vorher getroffene Übereinkunft in bezug auf ihre referentielle Autorität verstehbar gemacht; aber diese Übereinkunft hat bloß vertragsmäßigen Charakter, sie ist niemals konstitutiv. Sie kann jederzeit gebrochen werden, und der rhetorische Modus eines jeden Schriftstücks kann in Frage gestellt werden, so wie *Julie* im Vorwort in Frage gestellt wird. Jedesmal, wenn dies geschieht, wird, was ursprünglich ein Dokument oder ein Instrument zu sein schien, zu einem Text, und die Folge davon ist, daß seine Lesbarkeit in Frage gestellt wird. Diese In-Frage-Stellung verweist auf ältere Texte zurück und erzeugt ihrerseits andere Texte, die den Anspruch stellen (aber nicht erfüllen können), das textuelle Feld abzuschließen. Jede dieser Aussagen kann nämlich ihrerseits zu einem Text werden, so wie auch das Petrarca-Zitat und Rousseaus Versicherung, die Briefe seien ‹gesammelt und veröffentlicht› worden, zu Texten gemacht werden können – nicht, indem man einfach behauptet, daß sie Lügen seien, deren Gegenteil wahr sein könnten, sondern indem man ihre Abhängigkeit von einer Übereinkunft in bezug auf die Referenz enthüllt, die unkritisch ihre Wahrheit oder Falschheit als selbstverständlich akzeptierte» (S. 204/205).

Es geht nicht darum, ob man eine Aussage des Textes glaubt oder ablehnt, sondern ob man diesem Moment eine referentielle Funktion zugesteht, so daß er wahr oder falsch sein kann, oder ob man ihn als eine rhetorische Funktion behandelt, so daß der unumgängliche Moment der Referenz aufgeschoben wird.

Schließlich befaßt sich die dekonstruktive Kritik auch mit solchen Strukturen, die sich der Geschlossenheit der Erzählschemata eines Textes widersetzen. Damit setzen sich viele von J. Hillis Millers Essays auseinander: Nach der Beschreibung, wie Romane sich auf «Erzähllinien» *(narrative lines)* verlassen, die Anfang und Ende miteinander verbinden, indem sie retrospektiv ein Gesetz enthüllen, das alles in einer geschlossenen Sequenz vereint, untersucht Miller die verschiedenen Weisen, auf die Romane konträre Erzähllogiken skizzieren oder ihre eigenen Organisationsmodelle als ungerechtfertigte Auferlegungen bloßlegen.[6] Wir können hier aber als Beispiel John Brenkmans Essay *Narcissus in the Text* nehmen, eine Analyse der Zerreißung der Erzählschemata in der Narcissus-Episode in Ovids *Metamorphosen.* Ovid stellt zunächst den schönen und stolzen Narcissus dar und erzählt dann, wie die Nymphe Echo von Juno dazu verurteilt wurde, nur noch das Echo der Worte anderer Menschen zu sein. Narcissus stößt Echo von sich, und ihr Körper siecht dahin; schließlich bleiben nur noch ihr Bewußtsein und ihre Stimme. Narcissus' Schicksal aber ist besiegelt, als er sich in sein eigenes Spiegelbild verliebt. Als er die Unmöglichkeit seines Begehrens erkennt: «Müde entsank ihm das Haupt auf den grünenden Rasen; der Tod schloß ihm die Augen, die so die eigne Schönheit bestaunten.»

Als eine gelungene literarische Form gilt uns die Synthese von *mythos*, *dianoia* und *ethos*; die kritische Interpretation sucht daher nach einer geschlossenen Totalität, in der Handlung, Charakter und Sinn einander ergänzen. «Es ist klar», schreibt Brenkman, «daß die Beschreibung der Erzählorganisation *(mythos)* und ihrer thematischen Einheit *(dianoia)* eine genauere Bestimmung der Beziehung zwischen Echo und Narcissus notwendig macht. Wenn man sie getrennt betrachtet, sind ihre Geschichten durch eine deplazierte Parallelität miteinander verbunden – eine Parallelität, in der jeder Charakter in den Tod getrieben wird, wenn sein Begehren von dem anderen nicht erwidert wird; eine deplazierte Parallelität, insofern der andere für Echo ein anderer ist, der so ist wie sie, während für Narcissus der andere sein eigenes Spiegelbild ist. In beiden Fällen mißlingt die sexuelle Vereinigung, zuerst weil Narcissus sich verweigert, dann weil sie unmöglich ist. Ihre Geschichten überschneiden sich auf eine Weise, die dieser Differenz Sinn verleiht. Narcissus' imaginäre Verfallenheit wird als Strafe dargestellt, weil er sich weigerte, das Begehren der anderen zu erwidern, und seine Begegnung mit Echo ist zweifellos das in der Erzählung am weitesten ausgeführte Beispiel einer solchen Verweigerung. Kurz, die Weigerung, das Begehren zu erwidern, zieht die Unmöglichkeit nach sich, daß das eigene Begehren erwidert wird» (S. 297).

Narcissus' Schicksal wird von der Erzählung sehr deutlich als strukturell angemessene Bestrafung dargestellt. Nachdem er die Echos seiner Stimme als Ausdruck von Echos sexuellem Begehren interpretiert hat, weist er sie zurück. «Aber da hob ein Verschmähter die Hände zum Himmel und flehte: ‹Möge er selbst so lieben und nie das Geliebte besitzen!› Sprach's; die berechtigte Bitte erhörte die Göttin von Rhamus. Sieh den lauteren Quell mit silberglänzendem Wasser.»

Die Aufgabe der Interpretation besteht darin, die deplazierte Parallelität, welche die Erzählung zwischen Echo und Narcissus herstellt, zu verstehen. Es gibt zwei Bestrafungen, die von Echo und die von Narcissus, zwei Formen der Wiederholung, die stimmliche Wiederholung der Rede des Narcissus und die visuelle Wiederholung von Narcissus' Spiegelbild; zwei Täuschungen, Narcissus' Irrtum, das Echo der eigenen Stimme für die Stimme Echos zu halten, und sein Irrtum, sein Spiegelbild für einen anderen Körper zu halten; und es gibt zwei Todesdarstellungen, der Tod von Echos Körper, wobei nur Stimme und Bewußtsein bleiben, und der Tod von Narcissus, durch den er in die Unterwelt kommt.

Wie nutzt die Erzählstruktur die Differenzen in dieser Parallelität aus, und welche Bedeutung verleiht sie ihnen? Nehmen wir zunächst Echos Fall. Indem sie Echo zur Wiederholung verdammt, könnte Junos Strafe die Verbindung von Selbst und Sprache zerstört haben, so daß Echo ihr Begehren nicht mehr ausdrücken kann und als Charakter völlig unverständlich wird. Ovids Erzählung interveniert, um die Beziehung von Selbst und Sprache wiederherzustellen, indem sie eine Reihe von Äußerungen ersinnt, durch die Echo, gerade indem sie deren Echo bildet, in Wirklichkeit ihr eigenes Begehren ausdrücken kann. (Als Narcissus z. B. ausruft: «Eher würde ich sterben! Du meinst, dir würd' ich mich schenken?», wiederholt Echo die Schlußworte, *sit tibi copia nostri*, «Dir würd' ich mich schenken!») «Wir können sagen», schreibt Brenkman, «daß die Geschichte Echos innerhalb der umfassenderen Erzählung das Drama der wiederhergestellten Selbstidentität und -integrität ist. Was bloßes Spiel von Bedeutungen sein könnte, die mit keinem Sprecher, Charakter oder Bewußtsein verbunden sind, wird zum Partner in einem wirklichen Dialog zwischen autonomen Sprechern, zwischen zwei gleichermaßen realisierten Charakteren» (S. 301).

Obwohl Echos «Stimme» nur ein leeres Echo ist, eine Wiederholung der Worte des Narcissus, die er für eine andere Stimme hält, ist es für die thematische und strukturelle Einheit der Erzählung entscheidend, die Tatsache dieser Täuschung und leeren Wiederholung zu verdrängen und uns zu versichern, daß Echo in ihren Echos ihr eigenes Begehren *tatsächlich* ausdrückt und so ihre Stimme, ihr Selbst, ihre Intelligibilität wiedergewinnt. Es ist deshalb entscheidend, weil das Schicksal des Narcissus nur dann eine angemessene Strafe ist, wenn Echo ein Charakter ist, der sein Begehren ausgedrückt hat und der zurückgewiesen wurde.

Die Verdrängung der Drohung, welche die reine Wiederholung für das Selbst darstellt, hängt von dem Gegensatz der Art der Wiederholung in den beiden Bestrafungen ab. Im Falle Echos, wo eine Stimme eine Stimme wiederholt, kann die Erzählung die zweite Stimme als unabhängig behandeln (als vom gleichen Status wie die erste) und so die stimmliche Wiederholung als Dialog voneinander unabhängiger Subjekte darstellen. Wenn aber das Bild des Narcissus in dem Teich wiederholt wird, «geschieht dies durch die Täuschung, daß das Andere ein dem Selbst gleicher anderer zu sein scheint... das reflektierte Bild wird von dem, was es reflektiert, durch eine absolute Differenz getrennt.» Echos Wiederholung ist *vox*, genau wie die *vox*, die sie wiederholt, während im Fall des Narcissus «das Original *corpus* ist, seine Reflexion aber *umbra* bzw. *imago* (Ovids Worte). Der andere ist nicht ein dem Selbst gleicher anderer, sondern das Andere des Selbst» (S. 306). Der Gegensatz von Rede und visueller Repräsentation, der in einer von Brenkman prägnant umrissenen Tradition wohl etabliert ist, ist für die thematische und strukturelle Einheit der Erzählung wesentlich. «Er reguliert das Erzählsystem und besiegelt die Einheit von *mythos, dianoia* und *ethos*. Jeder Aspekt der Erzählung hängt von der Möglichkeit ab, daß das Echo wieder zur Rede werden kann: Echos Stabilität als Charakter oder Bewußtsein; die Bestimmung eines jeden Elements der *dianoia* – das Selbst und der andere, Gerechtigkeit und Gesetz, Sexualität, Tod; die Bedeutung der imaginären Verfallenheit des Narcissus; und die Hierarchie Stimme – Bewußtsein/Körper/Spiegelbild» (S. 308).

Die entscheidende erzählerische Intervention, die aus Echos Echos den Ausdruck ihrer Gedanken macht, verdrängt, wie wir sagten, die leere Wiederholung von Signifikanten und transformiert die Täuschung des Narcissus in ein korrektes Verstehen.

«Diese Verdrängungen sind integraler Bestandteil des erzählerischen und thematischen Systems, das auf die Begegnung des Narcissus am Teich vorbereitet, indem es diese als Strafe *designiert*. Es ist die Aufgabe dieser Designation, den Sinn der Episode festzulegen – das heißt, daß sie die vielfältigen Bedeutungen auf einen Sinn ausrichtet, der mit den thematischen Konstrukten der Erzählung übereinstimmt. Zieht diese Geste auch eine Verdrängung nach sich, die die Stabilität und die Werte des Erzählsystems sichern soll?... Wenn die Narcissusszene zu Bedeutungen führt, die das Erzählsystem verdrängen muß, dann können diese nur wirksam gemacht werden, wenn wir die Designation und die Vorschrift, auf die hin die Szene orientiert ist, aktiv ignorieren» (S. 310).

Wenn wir diese orientierende Designation aktiv ignorieren, «dann lesen wir einen Text, der die Grenzen überschreitet, die ihm vom thematischen System der Erzählung vorgeschrieben werden.»

Es gibt zwei Aspekte bei dieser weitergehenden Lektüre: die Herausarbeitung dessen, was verdrängt werden muß, damit der Text seine erzählerische und thematische Einheit errichten kann, und eine Untersuchung, wie diese sekundären und marginalen Elemente die Hierarchie zerstören, von der die thematische Struktur abhängt, durch eine deplazierende Neubeschreibung des Dramas. «Durch die Designation der Narcissusszene als Strafe möchte die Erzählung diese auf ein sekundäres oder gar falsches Drama des Selbst beschränken, auf ein Drama des Verführtwerdens, der Sinnlosigkeit und des Todes» (S. 316/17). Wenn wir uns aber ansehen, was als der Augenblick des Erkennens dargestellt wird, stellen wir fest, daß Narcissus die Reflexion als ein Bild seiner selbst erkennt, weil er die Bewegung einer Lippen sieht, aber keine Sprache vernimmt: Narcissus sagt: «Daß du auch Worte mir spendest, die nicht zu den Ohren mir dringen. Ach, ich bin es ja selbst!»

«‹*Iste ego sum*› – indem sie den Moment markiert, in dem Narcissus nicht nur sein Bild erkennt, sondern auch *sich selbst* (als Bild) *erkennt* und so der Erfüllung der Prophezeiung des Tiresias den Weg bereitet, daß er ein hohes Alter erreichen werde, ‹si *se* non *noverit*› (‹wenn er sich nicht selbst erkennt›) – verstrickt diese Formulierung das Selbst mit dem Anderen und mit dem Räumlichen. Diese Verstrickung ist irreduzibel, da die Selbsterkenntnis nur in Beziehung zum Anderen und zum Räumlichen statt hat.

Gerade diesen Moment in Narcissus' Drama des Selbst muß die metaphysische Beschreibung des Selbst ausschließen» (S. 316).

Ovids Text sagt uns aber nicht nur, daß das Selbst im Spiegelstadium als anderer wahrgenommen wird, sondern stellt dieses Erkennen als abhängig von der stillschweigenden, räumlichen, sichtbaren Wiederholung der Stimme dar. «Um das reflektierte Bild gruppiert, findet sich ein ganzes Bündel von Prädikaten, die traditionell der Schrift zugeschrieben werden... Als nicht-lebendige Repräsentation der Stimme stellt die Schrift in dem Sprachprozeß eine Beziehung zum Tode her» (S. 317). «Das Drama des Narcissus – wenn man von der Designation als Strafe absieht und es als ironische Wiederaufführung eines Verbrechens liest, das sich selbst abschafft, und als Drama des Selbst – stellte eine ursprüngliche Beziehung zwischen dem Selbst und seinem Anderen her, der Räumlichkeit, dem Tod, der ‹Schrift›» (S. 320). Der Andere, den Narcissus entdeckt, «ist ein Nicht-Subjekt, von dem das Selbst affiziert wird, ein Nicht-Subjekt, ohne das das Selbst sich nicht selbst erscheinen oder sich selbst erkennen könnte» (S. 321). Diese Darstellung des Selbst, die von der erzählerischen und thematischen Struktur in der Bestimmung des Sinns der Schlußepisode verdrängt wird, stellt nicht nur einfach eine Komplikation dar, die sich am Rande des Textes findet;

sie reaktiviert die verdrängten Elemente der vorangehenden Episode und zeigt, daß auch für Echo *Iste ego sum* gilt: Das Selbst wird durch eine rein mechanische Wiederholung konstituiert (in diesem Falle des Klangs), in der Echo sich selbst weiß bzw. erkennt.

Brenkman geht noch weiteren Konsequenzen nach – Momenten der Erzählung, die durch diese Transgression der erzählerischen und thematischen Struktur mit neuer Kraft wieder eingeschrieben werden. Seine Lektüre zeigt, daß der Text das Modell des Dialogs, das die Erzählung privilegiert, dekonstruiert, ein Modell, «das die Identität des Selbst und das Primat der Stimme bewahren möchte»; aber das Resultat ist nicht eine neue geschlossene Lektüre oder eine andere Art der Geschlossenheit. Brenkman schreibt: «Die Narcissusepisode zerreißt die In-sich-Geschlossenheit des Erzählsystems *mythos, dianoia, ethos* – die jetzt nicht mehr die formale Einheit ist, die alle Bedeutungen des Textes beherrscht, sondern die Grenze, die von diesen beständig überschritten wird» (S. 326).

Diese Lektüre bestätigt, was wir bereits gesehen haben: Die *closeness* dekonstruktiver Lektüren besteht nicht in einem Wort-für-Wort- oder Zeile-für-Zeile-Kommentar, sondern in ihrer Aufmerksamkeit auf das, was anderen Verstehensmodi sich widersetzt. Wir begegnen beispielsweise einer Betonung der wörtlichen Formulierungen, wo ein auf Geschlossenheit bedachtes Verstehen eher der Paraphrase bzw. der rhetorischen Interpretation den Vorzug gegeben hätte. De Man nimmt die Frage am Schluß von *Among School Children* wörtlich; Brenkman hebt die Buchstäblichkeit von Narcissus' Ausruf hervor: *Iste ego sum*, statt ihn als «Das ist nicht eine andere Person» oder als «Das ist mein Spiegelbild» zu lesen, die beide einer geschlossenen thematischen Interpretation entgegenkämen. Ovids wörtliche Formulierung wird von der dekonstruktiven Kritik ohne Rücksicht auf die Interpretation, die das Werk zu fordern scheint, ausgebeutet, weil sie sich mit den hierarchischen Gegensätzen auseinandersetzt, von denen ein auf Geschlossenheit bedachtes Verstehen abhängig ist. Um die Natur und die Konsequenzen einer derartigen Auseinandersetzung zu kalkulieren, muß der Kritiker die philosophischen Gegensätze herausarbeiten, auf denen das Werk ruht; die dazu nötige Auslegungsarbeit wird von Fall zu Fall stark variieren. Hier nimmt *vox* in Ovids Text eine herausragende Stellung ein; aber die Hierarchien, in denen es vorkommt, und das, worum es in diesen Hierarchien geht, werden erst offengelegt, wenn man verschiedenen Textsträngen nachgeht und sich auf die philosophische Tradition bezieht. (Brenkman bietet eine prägnante Darstellung relevanter Momente bei Kant, Husserl, Heidegger und Derrida.)

Die Geschichte des Narcissus setzt, indem sie ihn wegen Eigenliebe bestraft, das Selbst voraus, bestimmt es aber, wie Brenkman zeigt, als ein rhetorisches Konstrukt, als eine auf Ähnlichkeit beruhende substitutive Benennung *(denomination)*: *iste ego sum*. Ovids Text wäre demnach das, was de Man eine «Parabel der Benennung» oder eine tropologische Erzählung nennt (*Allegories of Reading*, S. 188). «Das Paradigma aller Texte ist eine rhetorische Figur (oder ein System solcher Figuren) und deren Dekonstruktion.» «Primär dekonstruktive Erzählungen, die auf rhetorische Figuren und letztlich immer auf eine Metapher zentriert sind», sind tropologische Erzählungen, welche die Geschichte des Benennens und seiner Auflösung erzählen (S. 205). Die weiter oben analysierte Proust-Passage ist eine Geschichte über die Metapher und deren Subversion. *Billy Budd* verwendet Billys Schlag, um die Dekonstruktion einer Bezeichnungslogik zu erzählen. Die Geschichte des Narcissus stellt Selbsterkenntnis als sich selbst täuschende Benennung dar. «Eine Erzählung», schreibt de Man, «erzählt endlos die Geschichte ihrer eigenen Irrfahrt der Benennung» (S. 162).

Es scheint, daß solche dekonstruktiven Erzählungen «zu einer Wahrheit gelangen, wenn auch auf dem negativen Weg der Aufdekkung eines Irrtums, eines unberechtigten Anspruchs... Es scheint, daß wir in einer Stimmung negativer Gewißheit enden, die für den kritischen Diskurs äußerst produktiv ist» (S. 16). Tatsächlich aber kann dieses Modell einer rhetorischen Figur und ihrer Dekonstruktion «durch keine endgültige Lektüre abgeschlossen werden» und «erzeugt ihrerseits eine supplementäre rhetorische Überlagerung, welche die Unlesbarkeit der vorherigen Erzählung erzählt.» Solche Erzählungen zweiten Grades sind Allegorien des Lesens – im Grunde Allegorien der Unlesbarkeit. «Allegorische Erzählungen erzählen die Geschichte des Mißlingens einer Lektüre, während tropologische Erzählungen, wie z. B. (Rousseaus) *Deuxième discours*, die Geschichte des Mißlingens des Benennens erzählen» (S. 205). Primär dekonstruktive Erzählungen können nicht wie die Aufdekkung einer rhetorischen Figur an einem bestimmten Punkt abgeschlossen werden, weil, wie de Man in den bereits zitierten Anmerkungen zu Proust und *Julie* zeigt, die Geschichte der Dekonstruktion – der Dekonstruktion der Metapher oder der ‹Liebe› – von dem Erzähler des Werks bewerkstelligt wird; und dieser Erzähler ist das metaphorische Produkt eines grammatischen Systems. Die Geschichte, die ein tropologisches Konstrukt demaskiert, hängt so selbst von einer rhetorischen Figur ab und führt nicht zu einer negativen Gewißheit, sondern zu einer unhaltbaren Verwicklung bzw. zu – wie de Man dies vielleicht wenig glücklich nennt – einer «schwebenden Unwissenheit» angesichts einer Allegorie der Unlesbarkeit.

De Man meint, daß der Übergang von der Dekonstruktion rhetorischer Figuren zu Allegorien des Lesens der Logik rhetorischer Figuren inhärent ist, daß aber einige Texte, zum Beispiel Rousseaus, aktiv und auf brillante Weise Allegorien ihrer eigenen Unlesbarkeit erstellen. *Julie* ist dafür ein gutes Beispiel. Etwa in der Mitte des Buchs schreibt Julie einen entscheidenden Brief an Saint-Preux, in dem sie die Liebe verwirft und die Dekonstruktion der Liebe als rhetorische Figur skizziert, als mystifizierenden Austausch von Eigenschaften zwischen Innen und Außen, Körper und Seele, Selbst und Anderem. Die erste Hälfte der Erzählung rief zu möglichen Substitutionen innerhalb eines Systems spekulärer Gegensätze auf, und jetzt verkündet Julie, daß all diese Substitutionen auf einem Irrtum beruhten, der jetzt der Vergangenheit angehöre. So schreibt sie: «Ich glaubte in Deinem Gesicht die Spuren einer Seele zu erkennen, auf die auch meine angewiesen war. Mir schien, daß meine Sinne nur die Organe eines edleren Gefühls seien, und ich liebte Dich, nicht so sehr wegen dem, was ich in Dir zu sehen glaubte, sondern wegen dem, was ich in mir selbst fühlte.» Diese Sprache des exaltierten Gefühls ist im Grunde genommen eine genaue Analyse der rhetorischen Logik der Liebe; sie deckt den Substitutionsprozeß auf, auf dem die Geschichte bis dahin beruhte, und thematisiert die dekonstruktive Demaskierung einer rhetorischen Figur durch das Werk.

Die Erzählung zieht aus der Aufdeckung dieser Verirrung auch Schlußfolgerungen. «An Stelle der ‹Liebe›, die auf Ähnlichkeiten und Substitutionen zwischen Körper und Seele, Selbst und Anderem beruht, tritt die vertragsmäßige Vereinbarung der Heirat, errichtet als Bollwerk gegen die Leidenschaften und als Basis der gesellschaftlichen und politischen Ordnung» (S. 216). Aber die Luzidität der Dekonstruktion einer rhetorischen Figur führt, wie de Man auch in seiner Proust-Lektüre zeigt, zu größeren Problemen. «In dem Moment, in dem Julie zur höchsten Einsicht gelangt, geht die Kontrolle über die Rhetorik des eigenen Diskurses verloren, ihr ebenso wie uns» (S. 216).

Das Ergebnis ist eine Unlesbarkeit, die sich auf unterschiedliche Weise äußert: thematisch in bezug auf die Charaktere, linguistisch und allegorisch in bezug auf Leser und ‹Autoren›. Zunächst ist da Julies Unfähigkeit, ihre eigene Dekonstruktion zu verstehen. Sie wiederholt sofort die gleiche auf Selbsttäuschung beruhende rhetorische Verwicklung, die sie so luzide aufgedeckt hat; jetzt substituiert sie Gott für Saint-Preux. «Julies Sprache wiederholt sofort die Begriffe, die sie gerade als Irrtümer aufgedeckt hat... sie ist nicht in der Lage, ihren eigenen Text zu ‹lesen›, zu erkennen, wie sein rhetorischer Modus mit dem Sinn verbunden ist» (S. 217). Zweitens findet sich ein eindringlicher moralischer Diskurs, dessen Lektüre Lesern und Kritikern gleichermaßen schwerfällt: Der moralisierende Ton einiger Partien in *Julie* und R's ausführliche Diskussion im zweiten Vorwort, wieviel Gutes das Buch dem Leser vermittle, sind Anzeichen einer Allegorie des Lesens. «Allegorien sind immer moralisch», schreibt de Man. «Der Wechsel zu einer moralischen Tonlage ist nicht das Ergebnis eines transzendentalen Imperativs, sondern ist die referentielle (und damit unzuverlässige) Version einer linguistischen Verwirrung», der Unfähigkeit nämlich, die Kraft einer dekonstruktiven Erzählung zu lesen und zu kalkulieren (S. 206). Drittens allegorisiert R's Behauptung im Vorwort, er wisse nicht, ob er das Werk geschrieben habe, nach Meinung de Mans «die rigorose Geste..., durch die der Autor sich von der Intelligibilität seines Textes losreißt» (S. 207). «R's Feststellung der Hilflosigkeit vor der Opazität seines eigenen Textes gleicht Julies Rückfall in metaphorische Interpretationsmodelle in den Momenten der Einsicht» (S. 217, Anm.). Diejenigen Aspekte von *Julie*, die wegen ihrer Langweiligkeit Lesern oft als unlesbar erschienen, haben eine Funktion in einer Allegorie der Unlesbarkeit, einer Kombination aus epistemologischer Raffinesse und utilitaristischer Naivität, die selbst schwer zu lesen und das Ergebnis der Unfähigkeit der Charaktere und des Autors ist, ihre eigenen Diskurse zu lesen.

Man könnte verallgemeinernd und vereinfachend sagen, daß Werke, die in der zweiten Hälfte langweilig und sentimental oder moralisierend werden wie *Julie, Entweder/Oder* oder *Daniel Doronda* und die hinter bereits erreichte Einsichten zurückzufallen scheinen, Allegorien des Lesens sind, die durch eine letztlich inkohärente moralische Strategie die Unfähigkeit dekonstruktiver Erzählungen aufzeigen, zu gesichertem Wissen zu kommen. «Dekonstruktionen rhetorischer Texte führen zu luziden Erzählungen, die ihrerseits und in ihrer eigenen Textur eine Dunkelheit erzeugen, die noch zweifelhafter ist als der von ihnen aufgedeckte Irrtum» (S. 217). Das Problem scheint zu sein, «daß eine völlig aufgeklärte Sprache… nicht in der Lage ist, das Wiederauftauchen, im Leser wie auch im Werk selbst, der von ihr bloßgestellten Irrtümer zu beherrschen» (S. 219, Anm.).

Wie alle Darstellungen der Dekonstruktion ist auch meine Darstellung der Literaturkritik de Mans irreführend, nicht, weil sie irgendein *je ne sais quoi* dekonstruktiver Kritik verfehlte oder die Häresie beginge, komplexe Schriften zu paraphrasieren, sondern weil die Logik der Zusammenfassung und Darstellung den Schwerpunkt auf Schlußfolgerungen und Ergebnisse legt – und damit auf Selbstsubversion, Aporie oder schwebende Unwissenheit –, als ob sie das wären, worauf es ankommt. Da aber die Dekonstruktion jede Position, jedes Thema, jeden Ursprung und jedes Ziel als eine Konstruktion behandelt und die diskursiven Kräfte analysiert, von denen diese geschaffen werden, werden dekonstruktive Schriften immer versuchen, alles, was wie eine positive Schlußfolgerung erscheinen könnte, wieder in Frage zu stellen und die eigenen Schlußfolgerungen als deutlich gespalten, paradox, arbiträr oder unbestimmt darzustellen. Das heißt also, daß diese Schlußfolgerungen nicht das sind, worauf es ankommt, auch wenn sie in einer zusammenfassenden Darstellung, deren Logik dazu führt, eine Lektüre *im Hinblick auf* ihren Schluß zu rekonstruieren, hervorgehoben werden mögen. Die Leistungen der dekonstruktiven Literaturkritik, was die meisten verständnisvollen Leser auch gesehen haben, liegen in der Nachzeichnung der Logik von Texten und nicht so sehr in den Positionen, mit denen ein kritischer Essay vielleicht aufhört.

Es fällt leicht, kritische Schlußfolgerungen als Aussagen über den Sinn eines Werks zu nehmen, wenn der Essay wie in den bisher behandelten Beispielen sich mit einem einzelnen Werk befaßt und sich nur gelegentlich zur Bestimmung der Probleme gewisser hierarchischer Gegensätze auf theoretische Diskurse bezieht, im Grunde aber untersucht, wie die Elemente, die von einem auf Geschlossenheit ausgerichteten Verstehen unterdrückt werden, die Auflösung der Strukturen bewirken, für die sie marginal zu sein scheinen. Dekonstruktive Lektüren können aber auch in einem intertextuellen Feld durchgeführt werden, und dann zeigt sich deutlicher, daß das Ziel nicht in der Enthüllung des Sinns eines bestimmten Werks besteht, sondern in der Untersuchung der Kräfte und Strukturen, die in der Lektüre und der Schrift immer wieder auftauchen. In diesem Sinne kann die dekonstruktive Kritik ein Werk als die Lektüre eines anderen analysieren – als, wie Derrida sagt, «Maschine mit verschiedenen Leseköpfen für andere Texte» – und untersuchen, wie die Logik eines Signifikanten oder eines Signifikantenkomplexes in einer Anzahl von Werken operiert, oder sie kann die Strukturen eines Werks benutzen, um die radikale Kraft in scheinbar unwichtigen Passagen eines anderen Werks zu enthüllen. «Wir möchten vorschlagen», schreibt Jeffrey Mehlman in *Revolution and Repetition*, «einen Text in erster Linie nach seiner Kapazität zu bewerten, andere Texte zu ‹lesen›, Energien freizusetzen, die ansonsten an anderer Stelle *gespeichert* werden. Mehr noch, je radikaler eine Lektüre ist, desto stärker sollte die Qualität dieser Energie als Multiplizität völlig *lokaler* Überraschungen bestimmbar sein» (S. 69). In einer Analyse, die er «auf entschiedene und perverse Weise oberflächlich» (S. 117) nennt, spielt er Oberfläche gegen Oberfläche aus, um eine Konvergenz des revolutionären Marx und des reaktionären Hugo in ihren Schriften über die Revolution zu erweisen. Elemente wie *tocsin* (Warnglocke) und seine Homophone und die Metaphorik von Maulwurf und von unterirdischen Tunnels stellen eine Verbindung zwischen den beiden Diskursen her, die sich als überraschend produktiv erweist bei der Aufdeckung und Bestimmung vergleichbarer Logiken, durch die die fundamentalen Gegensätze und die Bewegung der dialektischen Synthesis in den betreffenden Werken subvertiert wird. Die Anwendung dieser Oberflächen aufeinander setzt eine bizarre, aber vergleichbare Affirmation der Heterogenität in diesen Werken frei, die doch so entschieden auf Totalisierung ausgerichtet zu sein scheinen.

Richard Klein, der Marx mit Kant liest wie Mehlman Marx mit Hugo, verwendet Marx' Analyse des Goldes und der «Äquivalenzform» und stellt fest, daß das hervorstechendste Beispiel schlechten Geschmacks in Kants ästhetischer Theorie, seine schmeichlerische Verherrlichung der erhabenen Schönheit eines Gedichts von Friedrich dem Großen, in dem der König sich mit der Sonne vergleicht, die gleiche Struktur aufweist wie die «erhabene Unendlichkeit der Äquivalenzform» bei Marx und so keineswegs als unglücklicher Lapsus angesehen werden kann, den man übergehen könnte, sondern der Schlüssel zu der von der Ästhetik vorausgesetzten Ökonomie ist («Kant's Sunshine»). In *Le scandale du corps parlant: Don Juan avec Austin ou la Séduction en deux langues* baut Shoshana Felman ein komplexes Spiel von Texten auf, in dem sich Molières *Don Juan* als eine scharfsinnigere Sprechakttheorie herausstellt als die Austins und in dem Austin sich als ausgemachter Verführer zeigt. Wenn Austin verführerisch ist, dann ist Lacan bezaubernd: Felman stellt nämlich fest, daß Austin «à peu près la même chose» sagt wie Lacan und daß er das Projekt, das seine Nachfolger zu vollenden suchen, innerhalb einer allgemeinen Ökonomie einschreibt, die diese Vollendung gerade verhindert.

Barbara Johnson wendet sich einem andersartigen Problem zu, indem sie eng miteinander verwandte Werke untersucht, deren Beziehung bisher nur auf sehr reduzierte Weise bestimmt wurden: Sie liest Baudelaires Prosagedichte auf dem Hintergrund ihrer Entsprechungen in Versform. Ihr Buch *Défigurations du langage poétique* geht der Frage nach, wie die Prosagedichte die angeblichen Unterschiede von Prosa und Poesie internalisieren und problematisieren. Der «Kampf der Codes» zwischen Vers und Prosa findet in den Prosagedichten selbst in einer Serie komplexer Bewegungen statt, die sie hervorragend nachzeichnet.

Aber statt solche Untersuchungen zusammenzufassen, sollten wir uns vielleicht eher mit einem Essay anderer Art befassen, der sich durch seine Zurückhaltung auszeichnet – es finden sich darin keine Erklärungen, daß dies jenes dekonstruiere – und durch die Art, wie er in die textuelle Serie faszinierendes biographisches Material und ein Netz menschlicher Beziehungen einbezieht. Neil

Hertz' intertextuelle Lektüre *Freud and the Sandman* geht aus von dem Abschnitt in *Das Unheimliche*, in dem Freud Hoffmanns Novelle analysiert und deren literarische Kraft zu dem Wiederholungszwang in Beziehung setzt, den er gerade postuliert hat, und so eine Beziehung zwischen den Parallelitäten und Wiederholungen herstellt, die gewöhnlich in literarischen Kompositionen und in einer mächtigen, mobilen psychischen Kraft wirksam sind. Zu Hertz' Material bei der Untersuchung der Verbindung von Literatur und Psychologie gehören die Novelle von Hoffmann, die sowohl zum Agens der Erhellung wird wie auch zum Gegenstand der Untersuchung, Freuds Essay, die metapsychologische Darstellung des Wiederholungszwangs in *Jenseits des Lustprinzips* und das biographische Material, das die Geschichte der Beziehung Freuds zu seinem Schüler Victor Tausk und zu zwei Frauen erzählt: Lou Andreas-Salomé, die Freud bewunderte und die für einige Zeit die Geliebte Tausks war, und Helene Deutsch, die Analytikerin von Tausk und die Analysandin Freuds.

Im ersten Abschnitt von Freuds Essay wird der Gegenstand des Unheimlichen als ein etwas abseits gelegenes Gebiet der Ästhetik bestimmt, das zu untersuchen der Psychoanalytiker bei seltenen Gelegenheiten den Drang verspüren mag. Da Hoffmann der «unerreichte Meister des Unheimlichen in der Dichtung» sei, böten seine Erzählungen Material für eine psychoanalytische Untersuchung der Basis gewisser literarischer Effekte. Freuds Lektüre konzentriert sich auf eine sich wiederholende Struktur, in der eine Vaterfigur (der Sandmann/Coppelius/Coppola) Nathanaels Liebesversuche (mit Klara und Olympia) blockiert. Nathanaels Gefühl, «ein schreckliches Spielzeug dunkler Mächte» zu sein, und das Gefühl des Unheimlichen beim Leser werden als Auswirkungen des verborgenen, aber nachdrücklich wirksamen Kastrationskomplexes gedeutet. «... das Gefühl des Unheimlichen», schreibt Freud, haftet «direkt an der Gestalt des Sandmannes, also an der Vorstellung, der Augen beraubt zu werden» (*Studienausgabe*, Bd. IV, S. 253). Elemente der Wiederholung, die ansonsten «willkürlich und bedeutungslos» erschienen, werden verständlich, «sowie man für den Sandmann den gefürchteten Vater einsetzt, von dem man die Kastration erwartet» (S. 255).

Die Niederschrift von *Das Unheimliche* ist selbst in das Problem der Wiederholung verwickelt. Freud berichtet, daß er im Mai 1919 eine ältere Fassung wieder vornahm und umschrieb, und man nimmt an, daß dies das Ergebnis eines neuen Verständnisses des Wiederholungszwangs war, das er im März oder April 1919 während der Arbeit an einer Fassung von *Jenseits des Lustprinzips* gewonnen hatte. Außerdem bietet Freuds Feststellung eines auf Kastrationsangst beruhenden sich wiederholenden Dreiecks (Coppelius/Nathanael/Klara und Coppola/Nathanael/Olympia) eine verlockende Parallelität zu einem sich wiederholenden Dreieck in Freuds eigener Beziehung zu seinem Schüler Tausk, die von starken Gefühlen einer ödipalen Rivalität geprägt zu sein schien. Im ersten Dreieck (Freud/Tausk/Andreas-Salomé) führten Salomé und Freud ausführliche Gespräche über Tausks Rivalitätsgefühle und über Freuds eigene Unsicherheit in bezug auf Originalität und das Problem der Anhängerschaft. Im zweiten (Freud/Tausk/Deutsch) weigerte sich Freud, Tausk für eine Lehranalyse zu akzeptieren (damit Tausk nicht auf den Gedanken käme, daß die Ideen, die er aus den Sitzungen mit Freud mitnähme, seine eigenen wären), und schickte ihn zu Helene Deutsch, die selbst bei Freud in Analyse war. In seinen Sitzungen mit Deutsch sprach Tausk über Freud, und Deutsch sprach in ihren Sitzungen mit Freud über Tausk, bis Freud sie aufforderte, Tausks Analyse abzubrechen. Drei Monate später brachte Tausk sich kurz vor seiner Hochzeit um und hinterließ Freud eine Nachricht voller Respekt und Dankbarkeit.

Es sind drei Punkte, die nahelegen, diese Dreiecke übereinanderzulegen: erstens die Verbindung von Freuds Befürchtungen in bezug auf Originalität und Plagiat mit seiner tatsächlichen Intervention in Tausks Beziehungen zu Frauen; zweitens der ‹Zufall›, durch den Freud, wie er selbst sagte, über eine neue Theorie des Todestriebs gerade zu dem Zeitpunkt von Tausks Selbstmord ‹stolperte›; und drittens die Tatsache, daß «Freuds Rückzug aus der Dreiecksbeziehung zu Tausk und Deutsch mit dem Beginn seiner Arbeit an der ersten Fassung von *Jenseits des Lustprinzips* zusammenfällt, dem Text also, in dem er zum ersten Mal seine erstaunliche Theorie der Wiederholung formulierte» (*Freud and the Sandman*, S. 316/17). Daraufhin wendet sich Freud wieder seiner Arbeit über das Unheimliche zu und schreibt sie neu, wobei er den Gedanken entwickelte, «daß dasjenige als unheimlich verspürt werden wird, was an diesen inneren Wiederholungszwang mahnen kann» (S. 261) und als ein Beispiel für diesen Zwang die Sequenz von Dreiecksbeziehungen im *Sandmann* anführt. Hertz meint, jetzt «könne man als Interpret durchaus versucht sein, der Verführung nachzugeben»: Können wir diese beiden Dreiecksserien übereinanderlegen?

«Und wenn wir glauben, daß wir das können – oder wünschen, daß wir es könnten –, was dann? Können wir daraus eine Geschichte machen? Könnten wir uns nicht ‹gar gewaltig› dazu getrieben fühlen (wie der Erzähler von *Der Sandmann* über seinen eigenen Trieb, Nathanaels Geschichte zu erzählen, sagt), dazu also, diese Elemente in einer zeitlichen und kausalen Folge zu ordnen? Könnten wir z. B. sagen, daß die von Freud im März 1919 ausgearbeitete Theorie der Wiederholung kurz auf die Erkenntnis folgt – deren Konsequenz ist –, daß er wieder einmal in eine gewisse Beziehung zu Tausk verstrickt ist? Könnten wir weiter sagen, daß Freud diese Beziehung als unheimlich wahrnehmen mußte – noch nicht ganz Literatur, aber auch nicht mehr ganz real, als Wirkungen eines Zwanges, der ‹durch› das Bewußtsein von Etwas-das-sich-wiederholt erblickt wird?» (S. 317).

Die Formulierung von Hertz spielt auf Freuds These an, das Unheimliche resultiere nicht daraus, daß man an das erinnert wird, was wiederholt wird, sondern daraus, daß man diesen Wiederholungszwang selbst erkennt oder an ihn erinnert wird, was am ehesten in solchen Fällen geschieht, wo das Wiederholte ganz besonders zufällig oder übertrieben erscheint, nicht als Folge einer Ursache, sondern als bizarre Manifestation der Wiederholung an sich, als geschehe sie um eines literarischen oder rhetorischen Effekts willen. Ein Teil der Unheimlichkeit des vorliegenden Falls – die Wiederholungsbeziehungen zwischen den Strukturen der Novelle, den Verfahren und Schlußfolgerungen von Freuds Schriften und der Struktur seiner Beziehungen zu anderen – mag von der Tatsache herrühren, daß er den Eindruck einer literarischen Struktur vermittelt, die durch eine Suche nach einer psychologischen Ursache, nach einem Original, dessen Wiederholung diese Wiederholungen sind, nur vergewaltigt werden könnte. In dem Maße, wie diese Struktur uns anspricht und einer Lösung sich doch widersetzt, schreibt Hertz, «werden wir in einem Zustand irgendwo zwischen ‹emotionaler Ernsthaftigkeit› und literarischer Vorlust gehalten, im Bewußtsein, zwischen Literatur und ‹Nicht-Fiktion› zu schwanken, wobei unser Eindruck des Wirkens der Wiederholung in düsteren Farben der Aggression, des Wahnsinns und des gewaltsamen Todes ausgemalt wird» (S. 317/18).

In solchen Situationen besteht für den Interpreten die Versuchung, diese Wiederholungseffekte dadurch zu beherrschen, daß er sie zu einer Geschichte formt, Ursprünge und Ursachen feststellt und sie dramatisch und bedeutend ausmalt. So hatte Freud geäußert, Tausk mache auf ihn einen unheimlichen Eindruck; wenn wir dies spezifisch als Furcht vor dem Plagiat definieren und erklären – als Furcht, Tausk könne seine Ideen stehlen und wiederholen –, dann heißt das, daß wir die Wiederholung mit Hilfe einer unheimlichen Geschichte auf einen Fokus festzulegen und zu kontrollieren suchen. Man kann dann erwarten, daß ein Interpret des Unheimlichen im *Sandmann*, zum Beispiel Freud, auch einen Weg findet, die Wiederholungen unter Kontrolle zu bringen, die durch ihre rhetorische Natur einen Blick auf die Wiederholung als solche ermöglichen.

Im Grunde zeigt Hertz, daß Freuds Vernachlässigung des Erzählers und des erzählerischen Rahmens eine signifikante Vermeidungsstrategie ist; denn die unsicheren akrobatischen Verrenkungen des Erzählers zu Beginn der Novelle stellen eine verblüffende Parallelität her zwischen «den Kräften, die Nathanael vorwärtstreiben, und dem, was immer es auch sein mag, was den Erzähler» zu dem Versuch zwingt, die Geschichte zu wiederholen bzw. zu repräsentieren. Die Aktivitäten der Charaktere und des Erzählers, einschließlich Nathanaels Versuch, seinen eigenen Zustand zu beschreiben oder zu repräsentieren, werden durch eine Serie von Bildern verbunden, in denen es um die Übertragung von Energie geht. «Als Resultat von Hoffmanns Manipulationen», schreibt Hertz, «wird dem Leser das unbestimmte Gefühl vermittelt, daß Nathanaels Leben, sein Schreiben, das Erzählen des Erzählers, Hoffmanns Schreiben und die faszinierende Hingabe des Lesers alle von der gleichen Energie vorangetrieben werden und gerade dazu getrieben werden, eben diese Energie zu repräsentieren, den Umriß des Gebildes auszumalen» (S. 309/10). Kurz, die Erzählung bietet eine verlockende Bandbreite von Wiederholungen, die Nathanaels mißliche Lage in einer verallgemeinerten Wiederholung situiert; was hier aber wiederholt wird und so die Wiederholung repräsentiert bzw. ausmalt, ist eben der Trieb zur Repräsentation von Energie, zur Ausmalung ihres Umrisses. Indem Freud die ‹literarischen› Wiederholungen im Werk vernachlässigt und sich auf die Wiederholungen in der Geschichte Nathanaels konzentriert – Wiederholungen, die er dem Kastrationskomplex zuschreibt –, folgt er einem in der Erzählung selbst wiederholten Muster: der Repräsentation von Energie, ihrer Ausmalung auf eine unheimliche Art (als Kastrationsangst). Indem er der verwirrendsten und am schwersten zu fassenden Wiederholung ausweicht – die vielleicht einen Blick auf die Wiederholung als solche erlaubt hätte – und die Kastrationsangst heranzieht, um der von ihm analysierten Wiederholung eine starke emotionale Ausmalung zu geben, zentriert und begrenzt Freud die Wiederholung und «domestiziert so die Erzählung, gerade indem er ihre dunkle, dämonische Seite betont» (S. 313).

Wir stoßen hier jedesmal auf den Begriff der *Ausmalung* – auf das, was dem Unbestimmten Sichtbarkeit, Bestimmtheit und Intensität verleiht, ähnlich der rhetorischen Sprache, von der es heißt, daß sie schwer zu erfassende Begriffe ausmalt, sichtbar macht und intensiviert.[7] Freud merkt zum Beispiel an, daß die von ihm postulierten fundamentalen Triebe wie der Todestrieb nur sichtbar werden, wenn sie von Sexualität getönt oder gefärbt sind. Auf ähnliche Weise verleiht das, was wiederholt wird, dem Wiederholungszwang Farbe, macht ihn sichtbar (und gibt ihm eine affektive Ausmalung). Freud bestimmt selbst seine theoretischen Kategorien, beispielsweise den Wiederholungszwang selbst, als rhetorische Figuren, die das, was sie benennen, erst sichtbar machen. In *Jenseits des Lustprinzips* entschuldigt sich Freud dafür, «daß wir genötigt sind, mit den wissenschaftlichen Termini, das heißt mit der eigenen Bildersprache der Psychologie (richtig: der Tiefenpsychologie) zu arbeiten», und merkt an: «Sonst könnten wir die entsprechenden Vorgänge überhaupt nicht beschreiben, ja, wir würden sie gar nicht wahrgenommen haben» (Bd. III, S. 268). Der auffälligste Bezug auf ‹Ausmalen› – auf die Verleihung von Sichtbarkeit, Intensität und Bestimmtheit – findet sich am Schluß von Freuds Analyse von *Der Sandmann*. Wir können bestreiten, daß die Furcht, ein Auge zu verlieren, Kastrationsangst ist, aber rationale Argumente über den Wert der Sehkraft erklären nicht die Ersatzbeziehungen zwischen Auge und Penis in Träumen und Mythen; und wir können «dem

Eindruck nicht widersprechen, daß ein besonders starkes und dunkles Gefühl sich gerade gegen die Drohung, das Geschlechtsteil einzubüßen, erhebt, und daß dieses Gefühl erst der Vorstellung vom Verlust anderer Organe den Nachhall verleiht» (Bd. IV, S. 255).[8] So wie die Kastrationsangst zu einer intensiven Ausmalung führt, verleiht die Berufung auf die Kastration einer Geschichte der Wiederholung eine intensive Ausmalung und Dramatisierung.

Wie es scheint, finden wir in den verschiedenen Materialien, die Hertz zusammengetragen hat, eine Serie von Ausmalungen, die Kräfte repräsentieren bzw. ihnen Bestimmtheit und Intensität verleihen, die sonst unbestimmt blieben oder zumindest weniger intensiv und damit weniger faßbar. An anderer Stelle beschreibt Hertz unsere Tendenz, angesichts einer Wucherung, gleich welcher Art, unsere mißliche Lage zu dramatisieren und auf die Spitze zu treiben, um so eine Blockage herbeizuführen – was Kant in seiner Darstellung des mathematisch Erhabenen «eine augenblickliche Hemmung der Lebenskräfte» nennt –, so daß die Wucherung, Wiederholung oder unendliche Reihe sich in ein Hindernis zusammenzieht, das zu einer Art direkter Konfrontation führt – einer Konfrontation, die die Identität und Integrität des Selbst stärkt, das die Erfahrung dieser Blockage macht. Unbestimmtheit, Wucherung, Wiederholung sind weniger bedrohlich, wenn sie in einem bedrohlichen Gegner oder einer starken Macht konzentriert sind wie dem kastrierenden Vater; denn eine solche Konzentration ermöglicht eine spekuläre Konfrontation, die, selbst wenn sie zu Schrecken und Niederlage führt, den Status des Selbst bekräftigt, der durch Wiederholung und Wucherung bedroht wird. «Das Ziel ist jedesmal», schreibt Hertz, «der ödipale Moment..., in dem eine unendliche und ungeordnete Reihe sich in eine direkte Konfrontation zusammenzieht (ganz gleich, was für ein Opfer dafür nötig sein mag), in dem der numerische Exzeß in die übermäßige Identifikation mit dem Agens der Blockage umgewandelt wird, der die Integrität des Selbst als Agens garantiert... Ein Bis-an-die-Grenze-Gehen mag einem unheimlich vorkommen, hat aber einen ethischen und metaphysischen Nutzen» (*The Notion of Blockage in the Literature of the Sublime*, S. 76). Das Dämonische und das Ödipale – die Ausmalung der Kastration etwa – können in Wirklichkeit beruhigend wirken, weil sie die Wiederholung, die sonst unendlich, rhetorisch, unheimlich, grundlos erscheinen könnte, zentrieren und domestizieren (zum Vater zurückbringen). Wenn man Freuds Interpretation der Unheimlichkeit Tausks als Plagiatsdrohung neben andere Passagen stellt, in denen Freud den Anspruch auf Originalität stellt oder diesen bescheiden zurückweist, erhält man den Eindruck,

«daß hier viel fundamentalere ‹Zweifel› und ‹Unsicherheiten› am Werk sind – Zweifel in bezug auf den Einfluß rhetorischer Sprache auf grundlegende Prinzipien, besonders, wenn zu den grundlegenden Prinzipien ein Wiederholungsprinzip gehört – und diese Angst erzeugen, die dann auf der Ebene literarischer Priorität ausagiert wird. Die Bestimmtheit dieser Wünsche und Befürchtungen – der Wunsch, originell zu sein, die Furcht, zu plagiieren oder plagiiert zu werden – verliehe dann dem mit der Wiederholung assoziierten unbestimmteren Affekt einer Struktur und machte ihn handhabbarer, auf welch melodramatische Weise auch immer, indem sie die Wiederholung markiert und ausmalt und den Kräften der Wiederholung eine ‹Sichtbarkeit› verleiht, während sie die Aktivität dieser Kräfte vor dem Subjekt zugleich verbirgt» (*Freud and the Sandman*, S. 320).

Im Falle der Wiederholungen, die Freuds Beziehungen zu Tausk mit seinen Schriften und seiner Lektüre des *Sandmann* verbinden, würden wir den seltsam bedrohlichen, quasi-literarischen Charakter dieser Strukturen domestizieren, wenn wir daraus eine Geschichte tödlicher ödipaler Rivalität machten, ähnlich wie Freud die literarischen Wiederholungen im *Sandmann* überging, um dessen Wirkung auf die Kastrationsangst zurückzuführen. Je intensiver die Ausmalung dieser Dramen, desto erfolgreicher umgeht man das Problem der Wiederholung, dessen Unheimlichkeit in weniger motivierten ‹rhetorischeren› Momenten fühlbarer wird: Was ‹bloß› literarisch zu sein scheint, könnte einen viel tiefgreifender mit der Wiederholung in Berührung bringen. Was aber in den dramatischen Ausmalungen der Wiederholung, meint Hertz, am stärksten angestrebt wird, ist, «die *Frage* der Wiederholung von der Frage der rhetorischen Sprache selbst zu isolieren» (S. 320). Freuds Untersuchungen, in denen er die Sexualität, den Inhalt der Wiederholung, die Kastrationsangst und seine eigenen technischen Begriffe als Ausmalungen behandelt, legen nahe, daß diese beiden ineinander verschränkten Fragen nicht zu trennen sind: «bei dem Versuch, den Wiederholungszwang zu verstehen, stellt man fest, daß die irreduzible Rhetorik der eigenen Sprache von dem ungegründeten und scheinbar unerklärlichen Begriff des Wiederholungszwangs nicht zu unterscheiden ist. In solchen Momenten könnte sich der Wunsch, das Problem der rhetorischen Sprache zu verdrängen, als ein Widerstand gegen die eigene sehr intensive Wahrnehmung des Wiederholungszwangs darstellen, und er könnte die Form annehmen wie in Freuds Sandmann-Lektüre, d. h. die Form des Wunsches, da ‹keine Literatur› anzutreffen» (S. 321). Hertz liest diese Vernachlässigung des Literarischen, und damit auch des intertextuellen Aspekts der Wiederholung (der Wiederholung, die durch das Einschreiben von Freuds persönlichen Beziehungen und seiner Schreibakte in diese besondere textuelle Serie herausgearbeitet wird) als Verteidigung gegen oder Kompensation für die bloße Andeutung solcher Beziehungen in Freuds Theorie der Wiederholung. Sein Essay ist ein subtiles Beispiel für die Art, wie die dekonstruktive Kritik die Frage intertextueller Wiederholungen untersuchen kann.

Die letzte Achse, auf die man die Versionen der dekonstruktiven Literaturkritik eintragen kann, ist der Rückgriff auf frühere Lektüren. De Man sagt von seinen Schülern, daß sie frühere *close readings* lesen, um zu zeigen, daß diese keineswegs *close* genug waren; und wir haben bereits gesehen, wie dekonstruktive Analysen Positionen oder Schlußfolgerungen unterminieren, die von einem Werk gestützt werden und die sich dementsprechend in früheren Lektüren niederschlugen. Aber der Großteil der Literaturkritik tut etwas Ähnliches: Sie konfrontiert ein Werk mit seinen früheren Lektüren, um aufzuzeigen, wo diese sich irrten, und um zu versuchen, diese zu verbessern oder zu vervollständigen. Worin ist dann die Dekonstruktion anders, falls sie überhaupt anders ist?

Einige der von uns untersuchten Beispiele wollen zeigen, daß der Versuch, eine frühere Lektüre zu verbessern, nichts weiter ist als eine Form der allgemeinen Tendenz, aus einer inneren Differenz eine äußere zu machen: Ein Problem innerhalb des Textes wird in eine Differenz zwischen dem Text und seinen kritischen Interpretationen transformiert. Obwohl dekonstruktive Analysen sich in großem Maße auf frühere Lektüren beziehen und von diesen auffallend divergieren können, behandeln sie doch diese Lektüren weniger als äußere Verfehlungen oder Abweichungen, die zurückzuweisen wären, denn als Manifestationen oder Deplazierungen wichtiger Kräfte im Werk selbst. Essays wie Barbara Johnsons *The Frame of Reference* verweisen auf einen unendlichen Regreß von Korrekturen und veranlassen so Literaturkritiker eher dazu, Lektüren zu situieren statt sie zu korrigieren. Derrida und de Man greifen ausführlich auf frühere Rousseau-Lektüren zurück, um unausweichliche Tendenzen und Probleme innerhalb der Schriften Rousseaus zu bestimmen.

Gleichwohl variiert die Art, wie frühere Lektüren von der dekonstruktiven Kritik verwendet werden, beträchtlich. J. Hillis Miller zum Beispiel spricht oft von einer Beziehung gespannter Koexistenz zwischen der dekonstruktiven Lektüre und dem, was er die «metaphysische» Lektüre oder in Anlehnung an M.H. Abrams «die offensichtliche und eindeutige Lektüre» nennt. Shelleys *The Triumph of Life*, scheibt er, «enthält, miteinander unvereinbar, beides: logozentrische Metaphysik und Nihilismus. Es ist daher kein Zufall, daß die Literaturkritik darüber geteilter Meinung ist. Der Sinn von *The Triumph of Life* kann niemals auf eine ‹eindeutige› Lektüre reduziert werden, weder auf eine ‹offensichtliche› noch auf eine redlich dekonstruktive, wenn es denn so etwas gäbe» (*The Critic as Host*, S. 226). «Bedeutende literarische Werke», schreibt Miller in einem anderen Essay, «sind vermutlich ihren Kritikern voraus. Sie sind immer schon da. Sie haben jede mögliche Dekonstruktion, die der Kritiker durchführen könnte, explizit antizipiert. Der Kritiker kann hoffen, unter großen Anstrengungen und mit der unverzichtbaren Hilfe der Schriftsteller die Ebene linguistischer Differenziertheit zu erreichen, auf der Chaucer, Spenser, Shakespeare, Milton, Wordsworth, George Eliot, Stevens oder auch Williams sich bereits befinden. Sie sind schon da, aber notwendigerweise auf eine solche Art, daß ihre Werke mystifizierenden Lektüren offenstehen» (*Deconstructing the Deconstructors*, S. 31). Die Aufgabe des Kritikers besteht dann darin, «eine Dekonstruktion zu identifizieren, die der Text bereits, in jedem Fall anders, an sich selbst durchgeführt hat.» Frühere Lektüren und dekonstruktive Lektüren konzentrieren sich beide auf Bedeutungen und Operationen, «die bereits im Text in Form metalinguistischer Aussagen thematisiert sind» und dort in angespannter Koexistenz darauf warten, identifiziert und herausgearbeitet zu werden.

In seiner Lektüre von *Die Wahlverwandtschaften* umreißt Miller beispielsweise eine traditionelle «religiös-ästhetisch-metaphysische Interpretation des Romans», die Goethe selbst zu autorisieren scheint, argumentiert dann aber, daß gewisse «Aspekte des Textes zu einer völlig anderen Lektüre führen» und eine irreduzible Heterogenität erzeugen, da diese Lektüren, die beide im Werk thematisiert werden, «zwei völlig inkompatible Vorstellungen unserer Tradition» über das Selbst und über zwischenmenschliche Beziehungen artikulieren (*A ‹Buchstäbliches› Reading of The Elective Affinities*, S. 11). Was er die «ontologische Lektüre» und die «semiotische Lektüre» nennt, sind beide «in den Text eingewoben, in ihm artikuliert, zwei, ein roter und ein schwarzer, miteinander verflochtene Fäden. Der Text ist heterogen. Die Linien der Selbstinterpretation im Roman widersprechen einander. Der Sinn des Romans liegt in der Notwendigkeit dieses Widerspruchs, in der Weise, wie jede dieser Lektüren ihr subversives Gegenstück erzeugt und allein gar nicht erscheinen kann» (S. 13). Diese Beziehung angespannter Koexistenz macht «*Die Wahlverwandtschaften* zu einer weiteren Demonstration der selbstsubversiven Heterogenität jedes bedeutenden Werks der abendländischen Literatur. Diese Heterogenität unserer bedeutenden literarischen Texte ist eine wichtige Erscheinungsweise der Zweideutigkeit der abendländischen Tradition im allgemeinen» (S. 11). Der Sinn des Werks wird hier als nicht-synthetisierbare Kombination der früheren Lektüren und der von Miller angebotenen neuen Lektüre gesehen – eine Kombination, welche die heterogenen Kombinationen unserer Tradition repräsentiert.

Andere dekonstruktive Lektüren situieren frühere Lektüren auf etwas andere Weise. Shoshana Felman beispielsweise versucht, in ihrer Untersuchung von *The Turn of the Screw* zu zeigen, daß Kritiker, wenn sie behaupten, bei der Interpretation der Erzählung außerhalb des Werks zu stehen und uns dessen wahren Sinn mitzuteilen, in Wirklichkeit in ihm gefangen sind und eine interpretative Rolle spielen, die bereits in der Erzählung vorgezeichnet ist. Auseinandersetzungen zwischen Kritikern über die Erzählung sind im Grunde genommen Übertragungswiederholungen des Dramas der Erzählung, so daß die wirksamsten Strukturen des Werks nicht in dem sich niederschlagen, was die Kritiker über das Werk aussagen, sondern in ihrer Wiederholung oder der Verstrickung in die Erzählung. Der Leser von *The Turn of the Screw*, schreibt Felman, «hat die Wahl, entweder der Gouvernante zu *glauben* und damit sich wie Mrs. Grose zu verhalten oder *der Gouvernante nicht zu glauben* und sich damit genauso zu verhalten wie *die Gouvernante*. Da die Gouvernante diejenige ist, die im Text die Rolle des mißtrauischen Lesers spielt und den *Ort* des Interpreten einnimmt, heißt diesem Ort und dieser Position zu *mißtrauen*, daß man ihn auf diese Weise selbst *einnimmt*. Die Gouvernante kann nur unter einer Bedingung demystifiziert werden: daß man genau die Geste der Gouvernante *wiederholt*» (*Turning the Screw of Interpretation*, S. 109). Daher «ist es gerade die Behauptung, die Gouvernante sei wahnsinnig, die dazu führt, daß Edmund Wilson unbeabsichtigt genau den Wahnsinn imitiert, den er anklagt und, ohne es zu wollen, *an ihm partizipiert*» (S. 196).

Gemäß der psychoanalytischen Darstellung der Übertragung und der Gegenübertragung werden die Strukturen des Unbewußten nicht durch interpretierende Aussagen des metalinguistischen Diskurses des Analytikers enthüllt, sondern durch die Wirkungen, die die Analytiker in den Rollen wahrnehmen, die sie sich selbst im Zusammentreffen mit dem Diskurs des Patienten spielen sehen. «Die Übertragung», sagt Lacan, «ist die Inszenierung der Realität des Unbewußten» (*Seminar* XI, S. 156). Die Wahrheit des Unbewußten taucht in der Übertragung und der Gegenübertragung auf, wenn der Analytiker in eine Wiederholung der Schlüsselstrukturen des Unbewußten des Patienten verstrickt wird. Wenn die Übertragung eine Struktur der Wiederholung ist, die den Analytiker und den analysierten Diskurs – des Patienten oder des Textes – miteinander verbindet, dann finden wir in der von Felman beschriebenen Situation etwas Ähnliches: Der Interpret spielt eine Struktur im Text nach; die Lektüre ist eine deplazierte Wiederholung der Struktur, die sie zu analysieren sucht. Wenn das so ist, dann sind frühere Lektüren, denen ein Interpret sich konfrontiert sieht, weder zu verwerfende Irrtümer noch Teilwahrheiten, die durch konträre Wahrheiten zu ergänzen wären, sondern enthüllende Wiederholungen textueller Strukturen. Der Wert dieser Lektüren erweist sich, wenn ein späterer Kritiker – in diesem Falle Felman – in einer Übertragung eine Übertragungsbeziehung von Kritiker und Text antizipiert und *The Turn of the Screw* als Antizipation und Dramatisierung der Auseinandersetzungen und Interpretationen früherer Kritiker liest.

Eine Analyse dessen, was Barbara Johnson «die Übertragungsstruktur jeder Lektüre» nennt, ist zu einem wichtigen Aspekt dekonstruktiver Literaturkritik geworden. In *Melville's Fist* stellt Johnson fest, daß der Gegensatz zwischen Billy und Claggart auch ein Gegensatz zwischen zwei Interpretationsmodellen und die Geschichte der Interpretationen dieser Erzählung eine deplazierte Neuinszenierung der Erzählung ist. Die miteinander in Widerstreit liegenden Interpretationen, die sich auf die einander widerstreitenden Voraussetzungen berufen, welche zur Konfrontation von Billy und Claggart führen, geraten in eine Schlägerei wegen des Schlags, der nicht nur Claggart auslöscht und Billy verurteilt, sondern auch die beiden kritischen Positionen trifft, da, wie wir gesehen haben, die *Weise*, wie er in der jeweiligen Interpretation bedeutet, dem widerspricht, *was* er für die jeweilige Interpretation bedeutet. Auch andere Interpretationen wiederholen in der Erzählung bereits eingeschriebene Positionen, so wenn Kritiker versuchen – wie Vere –, die Frage der Schuld oder Unschuld zu entscheiden, oder wenn sie versuchen, eine distanzierte, ironische Vision zu erreichen, indem sie die Rolle Danskers nachspielen. Die Lektüre dieses Textes im Kontext seiner Interpretationen ermöglicht es dem Analytiker, bestimmte regelmäßige Effekte zu entdecken der Art, wie Johnson sie in einer hervorragenden Untersuchung einer ineinander verschachtelten Serie von Lektüren beschreibt: Derrida über Lacan über Poe. Indem sie Derridas Wiederholungen der Züge, die er bei Lacan analysiert und kritisiert, im Detail nachgeht, deckt Johnson das auf, was sie «die Übertragung des Wiederholungszwanges von dem ursprünglichen *Text* auf den Schauplatz seiner *Lektüre*» nennt (*The Frame of Reference*, S. 154). Die Übertragungsstruktur der Lektüre, so wie die dekonstruktive Kritik sie analysiert, schließt einen Wiederholungszwang ein, der von der Psychologie des einzelnen Kritikers unabhängig ist und auf einer eigentümlichen Komplizenschaft von Lektüre und Schrift basiert.

Die komplexeste Beziehung zu früheren Lektüren findet sich aber in den Schriften Paul de Mans. Leser sind immer wieder überrascht, wie seine Essays sich mit Sätzen wie «Bevor wir diesem sehr überzeugenden Schema zustimmen, müssen wir...» (*Allegories of Read-*

ing, S. 147) gegen Lektüren wenden, die sie doch so überzeugend ausgelegt haben. Die Formulierung legt den Gedanken nahe, daß wir dem Schema notwendigerweise oder unausweichlich zustimmen, daß Zustimmung aber dennoch ein Irrtum ist. Wir haben es hier nicht, wie es scheint, mit einer angespannten Koexistenz von Teilwahrheiten zu tun, sondern mit einer schwer zu beschreibenden Kombination von Irrtum und Notwendigkeit. In de Mans früheren Schriften wurden die Irrtümer früherer Lektüren noch als einsichtsvoll und produktiv gesehen. *Les exégèses de Hölderlin par Martin Heidegger* lobt die Einsichten von Heideggers Lektüre, obwohl Heidegger Hölderlin genau verkehrt herum verstand und in seinen Gedichten eine Anrufung des Seins fand statt des wiederholten Fehlschlags, Sein zu erfassen. «Hölderlin sagt genau das Gegenteil von dem, was Heidegger ihn sagen läßt.» Aber «auf dieser Ebene der Reflexion», merkt de Man an, «ist es schwierig, zwischen einer Aussage und ihrem Gegenteil zu unterscheiden. Das Gegenteil sagen heißt immer noch, über dieselbe Sache zu reden, wenn auch auf umgekehrte Weise, und in einem derartigen Dialog will es schon etwas heißen, wenn zwei Gesprächspartner es schaffen, von derselben Sache zu reden.» Das große Verdienst von Heideggers Hölderlin-Lektüre liege darin, «präzise das zentrale Problem dieses Werks bestimmt zu haben» (S. 809). Diese Einsicht werde ermöglicht «durch die blinde und gewaltsame Leidenschaft, mit der Heidegger mit Texten umgeht» (S. 817). Und obwohl de Mans Essay den Gedanken nahelegt, daß Heideggers Irrtümer dialektisch zu Wahrheit werden könnten, wird doch der Zusammenhang von Blindheit und Einsicht eindeutig benannt. De Mans Lob für Heideggers «irrende» Lektüre ist nur erklärbar, wenn der Irrtum irgendwie für die Einsicht notwendig ist. Die Interdependenz von Einsicht und Irrtum wird in *Blindness and Insight* ausführlicher dargelegt, wo de Man die Lektüren einer ganzen Reihe von Literaturkritikern analysiert – Lukács, Blanchot, Poulet und einige Vertreter des *New Criticism* – und zu der Schlußfolgerung kommt, daß in jedem dieser Fälle «es so aussieht, als würde die Einsicht aus einem negativen Moment gewonnen, das das Denken des Kritikers belebt, aus einem unausgesprochenen Prinzip, das seine Sprache von dem behaupteten Standpunkt wegführt und sein einbekanntes Engagement bis zu einem Punkt pervertiert und auflöst, wo es jeder Substanz entleert wird, als ob die Möglichkeit der Behauptung selbst in Frage gestellt worden wäre. Und dennoch ist es diese negative, scheinbar destruktive Arbeit, die zu dem führt, was ganz legitim Einsicht genannt wird» (S. 103). Das einbekannte Engagement, der behauptete Standpunkt oder die methodologischen Prinzipien spielen eine wesentliche Rolle bei der Erzeugung des negativen Moments der Einsicht, der diese unterminiert. Weil die Vertreter des *New Criticism* sich dem Coleridgeschen Begriff der organischen Form verschrieben mit seiner Verherrlichung des Gedichts als einer autonomen Harmonisierung von Gegensätzen, konnten sie die literarische Sprache als unausweichlich ironisch und zweideutig beschreiben – eine Einsicht, die «die Voraussetzungen, die zu ihr führten, zunichte machte» (S. 104). «All diese Kritiker», schließt de Man,

«scheinen auf eine eigentümliche Weise dazu verdammt zu sein, etwas ganz anderes zu sagen, als sie sagen wollten. Ihr kritischer Standpunkt – Lukács' Prophetie, Poulets Glaube an die Macht eines ursprünglichen *cogito*, Blanchots These einer meta-mallarméschen *impersonalité* – wird von ihren eigenen kritischen Ergebnissen geschlagen. Eine tiefgreifende, aber schwierige Einsicht in die Natur literarischer Sprache ist die Folge. Es scheint aber, als wäre diese Einsicht nur gewonnen worden, weil die Kritiker mit dieser besonderen Blindheit geschlagen waren: Ihre Sprache konnte nur deswegen zu einem gewissen Grad an Einsicht gelangen, weil ihre Methode gegenüber der Wahrnehmung dieser Einsicht blind blieb. Diese Einsicht existiert nur für einen Leser, der die privilegierte Position einnimmt, diese Blindheit als eigenständiges Phänomen beobachten zu können – er hat aber per definitionem nicht die Kompetenz, die Frage nach seiner eigenen Blindheit zu stellen – und so zwischen Aussage und Sinn unterscheiden zu können. Er muß die expliziten Ergebnisse einer Vision zerlegen, die sich nur auf das Licht zubewegen kann, weil sie, da sie bereits blind ist, die Stärke des Lichts nicht zu fürchten braucht. Aber die Vision ist selbst nicht in der Lage, das, was sie im Verlauf ihrer Reise wahrgenommen hat, korrekt wiederzugeben. Kritisch über Kritiker schreiben wird somit zu einer Weise, über die paradoxe Effektivität einer blinden Vision zu reflektieren, die durch Einsichten korrigiert werden muß, die sie selbst, ohne es zu wollen, vermittelt» (S. 105/106).

Der Verweis auf Korrektur der blinden Vision mit Hilfe der von ihr vermittelten Einsichten scheint den Gedanken nahezulegen, daß der überlegene Kritiker – in diesem Falle de Man – zu Einsichten ohne Blindheit gelangen und aus Irrtum Wahrheit machen kann; bei der

Anwendung dieser Struktur auf Derridas Rousseau-Lektüre macht de Man deutlich, daß die Struktur von Blindheit und Einsicht auch für die sorgfältigsten und scharfsinnigsten Lektüren gelten sollte, selbst für diejenigen, die die Blindheit früherer Lektüren entscheidend korrigieren. «Rousseaus bester moderner Interpret», schreibt de Man, «mußte sich schon alle Mühe geben, um ihn *nicht* zu verstehen» (S. 135). Die brillanten Einsichten von Derridas Rousseau-Lektüre werden erst durch seine irrtümliche Identifizierung Rousseaus mit einer *Epoche* in der Geschichte des abendländischen Denkens und deren Metaphysik ermöglicht. «Er postuliert bei Rousseau eine Metaphysik der Präsenz, von der er dann zeigen kann, daß sie nicht funktioniert bzw. von der impliziten Kraft einer Sprache abhängt, von der sie zerstört und ihrer Grundlage beraubt wird» (S. 119). Letzten Endes ist Derridas Rousseau-Lektüre mit Heideggers Hölderlin-Lektüre vergleichbar: «Derridas Version dieses Mißverstehens kommt der tatsächlichen Aussage Rousseaus näher als jede frühere Version, da sie als Punkt größter Blindheit gerade das Gebiet größter Klarheit bestimmt: die Theorie der Rhetorik und ihre unvermeidlichen Konsequenzen» (S. 136).

Es gibt mehrere wichtige Aspekte in de Mans Darstellung früherer Lektüren. Erstens überrascht der Nachdruck, mit dem er Wahrheit und Irrtum betont; es gibt hier keinerlei Versuch, über oder außerhalb des Spiels von Wahrheit und Falschheit zu stehen und pluralistisch den miteinander konkurrierenden Ansichten einen gewissen Wert zuzugestehen wie in Millers Darstellung der zahlreichen miteinander konkurrierenden Positionen in der abendländischen Tradition. Solche Versuche, das Problem von Wahrheit oder Falschheit zu umgehen, gehen fehl; «denn es ist keine Lektüre vorstellbar, in der die Frage nach ihrer Wahrheit oder Falschheit nicht primär impliziert ist» («Foreword», S. XI). Während Derridas Darstellung raffiniert und indirekt ist, schreibt de Man im Stil einer eher traditionellen kritischen Rolle: Er versichert uns didaktisch, daß seine Thesen wahr sind, gibt uns selbstsicher Auskünfte darüber, was ein Text wahrhaftig sagt, und weiß doch, was Kritiker immer wußten, wenn sie auch hofften, es könnte anders sein, daß die Temporalität der Lektüre und des Verstehens jede Aussage zum Gegenstand einer Neulektüre macht und dem Irrtum aussetzt. Kritiker, die de Mans gebieterische Selbstsicherheit irritierend finden und meinen, sein Erkennen der Blindheit sollte ihn in bezug auf seine eigenen Aussagen bescheidener machen, haben nicht verstanden, daß kritische Aussagen immer noch den Anspruch auf Wahrheit erheben, ganz gleich, wie sehr sie auch durch ihre Spezialisierung und durch bescheidene Zurückhaltung eingeengt sein mögen.

Zweitens, während de Man den Anspruch stellt, die Einsichten darzustellen, zu denen andere durch Blindheit gelangt sind, bestimmt er die Strukturen, in die sein eigener Diskurs paßt. Wie Derridas Rousseau-Lektüre es de Man ermöglichte, Rousseau dazu zu verwenden, Derridas Fehllektüre zu bestimmen, so ermöglicht es de Mans Darstellung späteren Kritikern, Derrida und Rousseau gegen de Man zu verwenden. Dies ist eine komplizierte Situation, die nicht immer richtig verstanden wird. Meist bestreiten wir, daß irgendeiner Lektüre ein Sonderstatus zukommt, die sie dazu autorisiere, eine andere Lektüre zu beurteilen: Die Lektüre, die beansprucht, eine frühere Interpretation zu korrigieren, ist auch nur eine Lektüre unter anderen. Aber manchmal möchten wir doch für eine bestimmte Lektüre einen privilegierten Status beanspruchen, der es ihr ermöglicht, den Erfolg oder Mißerfolg anderer Lektüren zu beurteilen. Beide Ansichten gehen von einem atemporalen Rahmen aus – eine Lektüre sei einer anderen Lektüre entweder logisch überlegen oder nicht. In Wahrheit aber – und das zeigt sich ja auch in unserem Engagement – geschieht die Interpretation in einer historischen Situation, die zum Teil durch frühere Lektüren konstituiert wird, und sie arbeitet durch Einrahmung oder Situierung dieser Lektüren, deren Blindheit oder Einsicht sie so vielleicht zu beurteilen in der Lage ist. Gelungene Lektüren sind oft in der Lage, mit Hilfe des Textes aufzuzeigen, wo frühere Lektüren fehlgingen, und Aussagen über ihre Begrenztheit oder über ihr Verhältnis zu Theorie und Praxis zu machen. In einer Einleitung zu Hans Robert Jauss merkt de Man an: «... der Horizont der Methode von Jauss hat, wie jede Methode, Grenzen, die ihren eigenen analytischen Werkzeugen nicht zugänglich ist.» Allgemein sollte man festhalten, daß die Unterscheidungen von Wahrheit und Falschheit, Blindheit und Einsicht oder Lektüre und Fehllektüre wesentlich bleiben, aber nicht auf einer Grundlage stehen, die es erlaubt, definitiv die Wahrheit oder Einsichtigkeit der eigenen Lektüre zu etablieren.

Drittens bietet de Mans Darstellung der Beziehung von Lektüren zu früheren Lektüren ihm die Möglichkeit, weiterhin an einer der traditionellen Gepflogenheiten der Literaturkritik teilzuhaben: dem Lob der Einsichten und Leistungen großer Werke der Vergangenheit. «Je ambivalenter die ursprüngliche Aussage ist», schreibt de Man, «desto gleichförmiger und universaler ist das Muster hartnäckiger Irrtümer bei den Nachfolgern und Kommentatoren» (*Blindness and Insight*, S. 111). In den Lektüren der größten Werke findet eine Übertragung der Blindheit vom Autor auf den Leser statt. «Die Existenz einer besonders reichen fehlgehenden Tradition bei den Schriftstellern, die legitimerweise als die aufgeklärtesten bezeichnet werden können, ist also kein Zufall, sondern konstitutiver Bestandteil jeder Literatur, ja im Grunde die Basis der Literaturgeschichte» (S. 141). Je bedeutender der Text, desto eher kann er dazu verwendet werden, die unvermeidlichen Irrtümer früherer Lektüren aufzudecken, und wenn der Kritiker solche Werke behandelt, befindet er sich in «der günstigsten kritischen Position überhaupt: ... er hat es mit einem Autor zu tun, der so klarsichtig ist, wie die Sprache es ihm ermöglicht, und der gerade aus diesem Grunde systematisch mißverstanden wird; die Werke des Autors können dann, in neuer Interpretation, gegen die talentiertesten seiner fehlgegangenen Interpreten oder Anhänger ausgespielt werden» (S. 139). Nietzsche, Rousseau, Shelley, Wordsworth, Baudelaire und Hölderlin werden gepriesen wegen der Wahrheiten, die ihre Schriften – wenn auch in negativer Form – verkünden.

Viertens zeigt de Mans Darstellung die irreduzible Iterabilität des kritischen Prozesses auf. So wie Julie nicht umhin kann, die rhetorischen Züge, die sie so klarsichtig anprangert, zu wiederholen, wird auch der im Aufdecken der Blindheit früherer Lektüren (einschließlich manchmal seiner eigenen) geübte Kritiker seinerseits ähnliche Irrtümer begehen. In einer Diskussion der traditionellen Lektüren der politischen und autobiographischen Schriften Rousseaus in *Allegories of Reading* stellt de Man fest, daß «die rhetorische Lektüre diese Fehlschläge vermeidet, weil sie, zumindest bis zu einem gewissen Grad, ihr vorhersagbares Auftreten erklärt» (S. 258); aber eine solche Vorhersagbarkeit gilt bis zu einem gewissen Grad auch für die Analyse, die frühere Fehlschläge aufdeckt. «Es versteht sich von selbst, daß diese neue Interpretation ihrerseits mit ihrer eigenen Form von Blindheit geschlagen sein wird» – dies ist die These von *Blindness and Insight* (S. 139).

Allegories of Reading geht noch weiter und zeigt, wie eine dekonstruktive Lektüre, die die Irrtümer der Tradition feststellt und zeigt, wie der Text seine eigenen grundlegenden Begriffe als rhetorische Abirrungen aufdeckt, durch die weitergehenden Momente des Textes ihrerseits in Frage gestellt wird, in denen der Text eine Allegorie der Unlesbarkeit umreißt. In dieser Darstellung kommen die Begriffe «Blindheit» und «Einsicht» mit ihrer Bezugnahme auf Wahrnehmungen und deren Fehlschläge nicht mehr vor; denn jetzt geht es um Aspekte der Sprache und um Diskurseigenschaften, die dazu führen, daß kritische Schriften, genau wie andere Texte, im Endeffekt etwas tun, von dem sie behaupten, daß es gar nicht getan werden kann. Im Akt der Aussage selbst schießen sie über die Aussage hinaus oder bleiben dahinter zurück.

Die Ausführungen de Mans zu Rousseau, in denen er die mechanischen und unerbittlichen Prozesse der Grammatik und der diskursiven Organisation betont, gelten auch für Versuche der Kritik, Rousseaus Schriften zu meistern. Der *Contrat social* zum Beispiel diskreditiert das *Versprechen* und verspricht doch eine ganze Menge.

«Die Wiedereinführung des Versprechens, obwohl seine Unmöglichkeit gerade erst dargelegt wurde, steht nicht im Ermessen des Schriftstellers... Die zweifelhafte Effizienz des Textes verdankt sich dem rhetorischen Modell, von dem er eine Version ist. Dieses Modell ist ein Faktum der Sprache, das Rousseau nicht kontrollieren kann. Wie jeder andere Leser ist auch er gezwungen, seinen Text als Versprechen eines politischen Wandels mißzuverstehen. Der Irrtum liegt nicht im Leser; die Sprache selbst dissoziiert Erkennen und Akt. *Die Sprache verspricht (sich)*; in dem Maße, wie sie notwendigerweise in die Irre führt, übermittelt die Sprache ebenso notwendig das Versprechen ihrer eigenen Wahrheit» (S. 276/277).

Die Fehllektüre ist hier das wiederholte Ergebnis der problematischen Beziehung zwischen der performativen und der konstativen Funktion der Sprache.

Die soeben beschriebene ungemütliche Situation, daß eine Fehllektüre ein aufzudeckender Irrtum wie auch das unvermeidliche Schicksal jeder Lektüre ist, wird am dramatischsten in der Schlußpassage von *Shelley Disfigured* verdeutlicht, wo de Man sowohl den Text dazu verwendet, um andere Lektüren als Irrtümer zu charakterisieren, als auch zeigt, wie sein eigener Text unumgänglich Teil dessen ist, was er selbst anprangert. Nichts wäre eindrucksvoller geeignet, unsere Diskussion der dekonstruktiven Literaturkritik abzuschließen, als diese Passage, die sich immer wieder selbst zu den von ihr angeprangerten unvermeidlichen Verirrungen zählt.

De Man untersucht, wie unsere Lektüren der romantischen Literatur Fragmente und Darstellungen des Todes ästhetisieren und die Toten so in historische und ästhetische Monumente transformieren. «Eine solche Monumentalisierung ist keineswegs notwendigerweise eine naive oder ausweichende Geste, und ganz gewiß kann keiner so tun, als könne er diese Geste vermeiden.» Ob sie mißglückt oder nicht, diese Geste wird zu einer

«Herausforderung für das Verstehen, die immer wieder fordert, gelesen zu werden. Und Lesen heißt Verstehen, In-Frage-Stellen, Wissen, Vergessen, Löschen, Durchstreichen, Wiederholen – das heißt, es ist die endlose Prosopopöie, die den Toten ein Gesicht und eine Stimme verleiht, welche die Allegorie ihres Hinscheidens erzählt und uns die Möglichkeit gibt, sie unsererseits feierlich anzureden. Kein Wissen kann diesen Wahn jemals an ein Ende bringen, denn es ist der Wahn der Worte. Es *wäre* naiv zu glauben, daß diese Strategie, die nicht die Strategie von *uns* als Subjekten ist – denn wir sind eher deren Produkt als ihr Agens –, zu einer Quelle von Werten werden könnte, die demgemäß gepriesen oder angeprangert werden müßte.

Wann immer sich dieser Glaube einstellt – und das geschieht ständig –, führt er zu Fehllektüren, die verworfen werden sollten und können, im Gegensatz zu dem notwendigen ‹Vergessen›, das in Shelleys Gedicht analytisch thematisiert wird und das jenseits von Gut und Böse steht. Es hätte wenig Sinn, die verschiedenen Formen und Namen aufzuzählen und zu kategorisieren, die dieser Glaube in unserer zeitgenössischen kritischen und literarischen Szene annimmt. Er funktioniert gemäß monoton vorhersagbaren Linien in der Historisierung und Ästhetisierung von Texten ebenso wie in ihrer Verwendung, wie in diesem Essay, zur Bekräftigung methodologischer Thesen, die durch ihre Absage an Pietät nur noch pietätvoller werden. Versuche, die Romantik in bezug auf uns und auf andere literarische Bewegungen zu definieren, zu verstehen oder zu umreißen, haben alle teil an diesem naiven Glauben. *The Triumph of Life* macht uns darauf aufmerksam, daß nichts, ob Tat, Wort, Gedanke oder Text, jemals in Beziehung, ob positiv oder negativ, zu etwas anderem geschieht, das ihm vorangeht, ihm folgt oder anderswo existiert, sondern als Zufallsereignis, dessen Macht, wie die

Macht des Todes, sich der Zufälligkeit seines Auftretens verdankt. Es zeigt uns auch, warum und wie diese Ereignisse dann in einem historischen und ästhetischen System der Wiederaneignung reintegriert werden müssen, das sich trotz der Aufdeckung seiner Fehlschläge wiederholt» (*Shelley Disfigured*, S. 68/69).

Derartige Passagen sollten zumindest deutlich machen, daß Kritiker, die von «lustorientiertem Formalismus der Yale-Kritiker» reden, in einer Struktur systematischer Fehllektüre befangen sind.[9] Es fällt schwer, sich einen Kritiker vorzustellen, der angesichts von Strukturen, die eine Absage an Wahrheit und Wissen zu einer verführerischen Alternative machen, obsessiver mit Wahrheit und Wissen befaßt wäre. Aber diese Passage illustriert auch einen der problematischsten Aspekte der dekonstruktiven Literaturkritik: die Bestimmung von Aussagen von Texten über Sprache, Texte, Artikulation, Ordnung und Macht als Wahrheiten über Sprache, Texte, Artikulation, Ordnung und Macht. Wenn *The Triumph of Life* uns tatsächlich darauf aufmerksam macht, daß nichts jemals in Beziehung zu etwas anderem geschieht, aus welchem Grunde sollten wir dies für wahr halten? Der dekonstruktiven Literaturkritik wird oft vorgeworfen, den analysierten Text als ein voll und ganz selbstreferentielles Spiel von Formen ohne kognitiven, ethischen oder referentiellen Wert zu behandeln; aber vielleicht ist das ein weiteres Beispiel dafür, wie ein wirklich moderner Schriftsteller, wie de Man sagt, «gezwungenermaßen fehlinterpretiert und übersimplifiziert wird und wie man ihn das Gegenteil von dem sagen läßt, was er wirklich sagt» (*Blindness and Insight*, S. 186). Denn in Wirklichkeit ziehen dekonstruktive Lektüren aus den untersuchten Texten sehr weitgehende Lehren. *Allegories of Reading* liest Rousseaus Text als wahre Aussagen über eine ganze Reihe von Gegenständen.

«Was der *Discours sur l'inégalité* uns sagt und was zu hören die klassische Rousseauinterpretation sich strikt weigerte, ist, daß das politische Schicksal des Menschen wie ein linguistisches Modell strukturiert und von diesem abgeleitet ist, das unabhängig von der Natur und unabhängig vom Subjekt existiert: Es fällt zusammen mit der blinden Metaphorisierung, die wir ‹Leidenschaft› nennen, und diese Metaphorisierung ist kein intentionaler Akt... Wenn die Gesellschaft und die Regierung sich aus der Spannung zwischen dem Menschen und seiner Sprache ableiten, dann sind sie weder natürlich (abhängig von einer Beziehung zwischen Mensch und Ding) noch moralisch (abhängig von einer Beziehung zwischen den Menschen) noch theologisch; denn die Sprache wird nicht als ein transzendentales Prinzip aufgefaßt, sondern als die Möglichkeit des kontingenten Irrtums. Das Politische wird so eher eine Last für den Menschen statt eine Möglichkeit...» (S. 156/157).

Schlußfolgerungen über Wissen, Sprechakte, Schuld und das Selbst werden auch in anderen Essays auf ähnliche Weise gezogen: als Wahrheiten, die von Rousseaus Schriften ausgesagt, nahegelegt oder inszeniert werden. Und dekonstruktive Lektüren neigen dazu, Aussagen zu finden, nicht über was geschehen könnte oder oft geschieht, sondern über was geschehen muß. *Billy Budd* zeigt uns nicht, wie Autorität funktionieren *könnte*; «Melville zeigt in *Billy Budd*, daß Autorität genau in der Unmöglichkeit besteht, die Wirkungen der eigenen Anwendung in sich zu enthalten» (Johnson, *The Critical Difference*, S. 108). Und für Johnson reicht *Billy Budds* Autorität tatsächlich so weit, daß sie die Einsichten des Textes als Notwendigkeit formuliert: «die legale Ordnung, die versucht, die ‹nackte Gewalt› ‹Formen, gemäßigten Formen› zu unterwerfen, kann Gewalt *nur dann* eleminieren, wenn sie aus der Gewalt die letzte Autorität macht. Und die Erkenntnis, die vielleicht als Powerplay gegen das Spiel der Macht beginnt, *kann* den Umfang dessen, was sie zu dominieren sucht, *nur* vergrößern, wenn sie sich selbst weiter entwickelt» (S. 108/109; Hervorhebungen vom Verfasser).

In vielen Fällen treten Kritiker und Werk für die aus dem Werk abgeleiteten Wahrheiten ein; manchmal erklären sie, warum es notwendig ist, daß diese Wahrheit für jede Sprache, jeden Sprechakt, jede Leidenschaft und jede Erkenntnis gilt. In anderen Fällen, wie in de Mans Untersuchung von *The Triumph of Life*, kann man sich noch nicht einmal vorstellen, wie der Kritiker für die betreffende Wahrheit eintreten könnte, zum Beispiel für die These, daß nichts jemals in einer Beziehung zu etwas geschieht, das ihm vorangeht, auf es folgt oder anderswo existiert; und der Verdacht stellt sich ein, daß ein gewisses Vertrauen in den Text und die Wahrheit seiner fundamentalsten und überraschendsten Implikationen die spezifische Form der Blindheit ist, die die Einsichten der dekonstruktiven Literaturkritik ermöglicht. Vielleicht ist es auch die methodologische Notwendigkeit, die zwar nicht gerechtfertigt werden kann, der

Stärke ihrer Resultate wegen aber toleriert wird. Die strategische Rolle dieses Engagements für die Wahrheit des Textes, wenn er nur erschöpfend gelesen wird, hilft zweifellos zu erklären, warum die amerikanische dekonstruktive Literaturkritik sich auf die wichtigsten Autoren des literarischen Kanons konzentriert hat. Wenn solche Analysen von der Voraussetzung ausgehen, daß eine geschickte, nachdrückliche Lektüre Wahrheit zutage bringt, braucht man diese Voraussetzung nicht so sehr zu verteidigen, wenn man Wordsworth, Rousseau, Melville oder Mallarmé liest, als wenn man Autoren liest, die nicht zum Kanon gehören. Das Gerede, die dekonstruktive Literaturkritik würdige die Literatur herab, verherrliche das freie Assoziieren des Lesers und eliminiere Sinn und Referenz, wirkt geradezu komisch abwegig, wenn man nur einige der vielen Beispiele dekonstruktiver Literaturkritik untersucht. Vielleicht sollte man dieses Gerede am ehesten als Verteidigungsstrategie gegen die Aussagen über die Sprache und die Welt ansehen, die die Kritiker in den von ihnen untersuchten Werken aufdecken.

Anmerkungen

1. *Newsweek* lobt die ersten «Praktiker der Dekonstruktion an der Universität» als «hervorragende Gelehrte, die die Dekonstruktion ihren eigenen individuellen – und praktischen – Zwecken angepaßt haben», warnt aber vor ihrem Einfluß auf Studenten, die den pädagogischen Irrtum begehen könnten, «sich den Zugang zur großen Literatur nur von einer Sprachtheorie bestimmen zu lassen» (22. Juni 1981, S. 83). In der *New York Review of Books* beklagt sich Denis Donoghue über Studenten, die «wegen der Theorie, der sie sich angeblich anschließen sollen», mechanisch dekonstruktive Lektüren produzieren («Deconstructing Deconstruction», S. 41). Auf dem *Colloque de Cérisy* 1980 über Derrida gab es zahlreiche Klagen, besonders von Amerikanern, über die mechanische Anwendung der Derridaschen Dekonstruktion in der Literaturwissenschaft in Amerika – eine Institutionalisierung, die diese ihrer ursprünglichen radikalen Kraft beraube. (Vgl. z. B. *Les fins de l'homme*, hg. von Lacoue-Labarthe und Nancy, S. 278–281.) Das ist inzwischen zu einem Gemeinplatz geworden: Die amerikanische dekonstruktive Kritik wird dargestellt als bloße Wiederholung oder Anwendung, als ein mechanisches Verfahren, das die Kraft des wiederholten Originals

verzerre und zerstöre. Rodolphe Gasché beklagt sich in «Deconstruction as Criticism» über die Verzerrung von Derridas ursprünglich philosophischen Unternehmen und spricht von einer «allzuoft naiven und in ihren unkontrollierten und ungewollten Nebeneffekten manchmal sogar *lächerlichen* Anwendung der *Ergebnisse* einer philosophischen Debatte auf das Feld der Literatur» (S. 178). Die Konvergenz von Gegnern und Anhängern in diesem ausgeprägten Bestreben, das Original von dem Abgeleiteten zu unterscheiden, ist ein interessantes Symptom des Spiels und der Kräfte innerhalb der Institutionen der Kritik.

2. Zusätzlich zu den in diesem Kapitel diskutierten Schriften von Literaturkritikern kann man mit Gewinn die in der Bibliographie aufgeführten Schriften folgender Autoren hinzuziehen: Timothy Bahti, Cynthia Chase, Eugenio Donato, Rodolphe Gasché, Carol Jacobs, Sarah Kofman, Richard Rand, Joseph Riddel, Michael Ryan, Henry Sussman und Andrzej Warminski.

3. «Handsome is as handsome does» wäre etwa mit «Edel ist, wer edel handelt» zu übersetzen. Claggart spielt hier mit der semantischen Ambiguität von ‹handsome›, das sowohl ‹hübsch› als auch ‹nobel›, ‹anständig› bedeutet. (Anm. des Übersetzers)

4. Man könnte natürlich argumentieren, daß die rhetorische Figur, die zur Metonymie in dieser Passage den Gegensatz bildet, nicht die Metapher ist (Substitution auf der Basis der Ähnlichkeit), sondern die Synekdoche (Substitution des Teils für das Ganze): Die Fliege evoziert den Sommer nicht, weil sie ihm ähnlich ist, sondern weil sie als ein wesentlicher Bestandteil des Sommers gilt. Was verhindert, daß derartige Erwägungen de Mans Argumentation ihren Wert nehmen, ist der Nachdruck, mit dem in der Passage wesentliche Figuren der Substitution kontingenten Figuren der Substitution gegenübergestellt werden, ein Gegensatz, der im allgemeinen, in der *Recherche* wie auch an anderer Stelle, mit dem Gegensatz von Metapher und Metonymie gleichgesetzt wird. Mit anderen Worten, die Passage gleicht die Synekdoche dem an anderer Stelle im Werk entwickelten Modell der Metapher an (als Figur, die auf dem Erfassen des Wesens beruht).

5. Vgl. de Mans sechs Essays über Rousseau in *Allegories of Reading*, Ellen Burt, «Rousseau the Scribe», Frances Ferguson, *Wordsworth: Language as Counter-Spirit* und Cynthia Chase, «Accidents of Disfiguration» als Beispiele einer solchen Neubewertung.

6. Vgl. «Ariadne's Thread: Repetition and the Narrative Line». Eine Sammlung von Millers Essays zu diesem Thema wird unter dem Titel *Ariadne's Thread* erscheinen. *Fiction and Repetition* analysiert sechs englische Romane als Entwirrungen ihres eigenen roten Fadens.

7. Meine Hervorhebung des «Ausmalens» mag manchem Leser als Versuch vorkommen, mir den bewunderungswürdigen Essay zu eigen zu machen, indem ich meine Unterschrift unter dessen wesentlichste Momente setze. Ich werde diesen Verdacht gewiß kaum zerstreuen, wenn ich hier zu-

gebe, daß ich außerordentlich lange brauchte, um herauszufinden, daß «Ausmalen» tatsächlich der Schlüssel zur subtilen und erhellenden Argumentation von Hertz ist.

8. Wenn man schon eine Dekonstruktion einer so komplexen intertextuellen Beziehung unternimmt, sollte man vielleicht doch auf die Originale zurückgreifen. *Colouring in* ist die Übersetzung von Hoffmanns Formulierung: «Nimm, geneigter Leser! die drei Briefe... für den Umriß des Gebildes, in das ich nun erzählend *immer mehr Farbe hineinzutragen* mich bemühe». An dieser Übersetzung ist ja nichts auszusetzen. Problematisch aber wird es, wenn die Argumentation sich auf die englische Übersetzung von Freud verläßt, die mit *colouring in* den deutschen Ausdruck «Nachhall verleihen» übersetzt. Damit bricht die gesamte Argumentation eigentlich zusammen. Dieser Praxis hat allerdings Derrida selbst Vorschub geleistet, wenn er zum Beispiel in *Glas* mit den signifikanten Effekten spielt, die sich aus der Assonanz des Eigennamens ‹Hegel› mit dem französischen ‹aigle› (Adler) ergeben. In diesem Fall mag das noch angängig sein, da ein Eigenname nicht unbedingt Eigentum einer Sprache ist. Ein gewitzter Dekonstruktivist könnte natürlich einwenden, daß auch das Original einer Schrift immer schon eine Übersetzung einer anderen Schrift ist und daß es daher keine Rolle spielt, auf welche Übersetzung man sich jeweils bezieht. (Anm. des Übersetzers)

9. Frank Lentricchia, *After the New Criticism*, S. 176. Lentricchia spricht von einem «neuen Hedonismus», der im Werk von Hartman, Miller und de Man vorherrsche, von denen er meint, sie bildeten eine Schule (S. 169).

Bibliographie

Abraham, Nicolas und Maria Torok: Kryptonymie: Das Verbarium des Wolfsmanns. Mit einem Vorwort von Jacques Derrida. Frankfurt/Berlin/Wien: Ullstein 1979. (Über die multilingualen Signifikantenketten des Wolfsmanns.)

–: L'écorce et le noyau. Paris: Aubier-Flammarion 1978. (Eine Sammlung psychoanalytischer Essays.)

Abrams, M. H.: «The Deconstructive Angel». *Critical Inquiry* 3 (1977), S. 425–38. (Eine Kritik der Dekonstruktion in einer Auseinandersetzung mit J. Hillis Miller.)

–: «How to Do Things with Texts». *Partisan Review* 46 (1979), S. 566–88. (Über die neuen Formen der Lektüre von Derrida, Fish und Bloom.)

–: Spiegel und Lampe. Romantische Theorie und die Tradition der Kritik. München: Fink 1978.

Adams, Maurianne: «Jane Eyre: Woman's Estate.» In: The Authority of Experience. Hg. v. Lee Edwards und Arlyn Diamond. Amherst: University of Massachusetts Press 1981, S. 137–59.

Agacinsky, Sylviane: Aparté: Conceptions et morts de Søren Kierkegaard. Paris: Aubier-Flammarion 1977. (Eine derridasche Analyse.)

Altieri, Charles: Act and Quality: A Theory of Literary Meaning and Humanistic Understanding. Amherst: University of Massachusetts Press 1981. (Basiert auf Arbeiten der Sprachphilosophie.)

–: «Wittgenstein on Consciousness and Language: A Challenge to Derridean Literary Theory». *Modern Language Notes* 91 (1976), S. 1397–1432.

Arac, Jonathan u. a.: The Yale Critics: Deconstruction in America. Minneapolis: University of Minnesota Press ff. (Essays, die sich hauptsächlich mit den frühen Arbeiten von de Man, Hartman, Miller und Bloom befassen.)

Argyros, Alexander: «Daughters of the Desert». *Diacritics* 10/3 (1980). (Über *Eperons* von Derrida.)

Austin, J. L.: Zur Theorie der Sprechakte *(How to Do Things with Words)*. Stuttgart: Reclam 1972.

–: Philosophical Papers. London: Oxford University Press 1970.

Bahti, Timothy: «Figures of Interpretation; The Interpretation of Figures: A Reading of Wordsworth's ‹Dream of the Arab›». *Studies in Romanticism* 18 (1979), S. 601–28.

Barthes, Roland: «Analyse textuelle d'un conte d'Edgar Poe.» In: Sémio-

tique narrative et textuelle. Hg. v. Claude Chabrol. Paris: Larousse 1973, S. 29–54. (Fortsetzung der in *S/Z* begonnenen Analyse von Codes.)
–: Essais critiques. Paris: Seuil 1964.
–: Image, Music, Text. New York: Hill & Wang 1977. (Enthält einige klassische Essays, die in französischen Sammlungen nicht enthalten sind.)
–: «Introduction à l'analyse structurale des récits». *Communications* 8 (1966). (Programm einer Theorie narrativer Texte.)
–: Kritik und Wahrheit. Frankfurt: Suhrkamp 1967. (Teil II enthält eine Definition einer strukturalen Poetik.)
–: Die Lust am Text. Frankfurt: Suhrkamp 1974. (Fragmente über Lektüre, Lust und Text.)
–: Die Sprache der Mode. Frankfurt: Suhrkamp 1985. (Über das semiotische System der Mode.)
–: S/Z. Frankfurt: Suhrkamp 1976. (Eine systematische Analyse von Balzacs Novelle *Sarrasine*.)
–: «Texte, théorie du». In: Enzyclopaedia Universalis. Paris: 1968–75. Bd. 15, S. 1013–17.
Beauvoir, Simone de: Das andere Geschlecht. Hamburg: Rowohlt 1960. (Ein Klassiker der Frauenbewegung und der feministischen Kritik.)
Bleich, David: Readings and Feelings. Urbana (Ill.): National Council of Teachers of English 1975.
–: Subjective Criticism. Baltimore: Johns Hopkins University Press 1978. (Eine Theorie der Literaturkritik, die besonders die persönliche Reaktion des Lesers betont.)
Bloom, Harold: The Anxiety of Influence: A Theory of Poetry. New York: Oxford University Press 1973.
–: Kabbalah and Criticism. New York: Seabury 1975. (Wendet Kategorien der Kabbalah auf seine Theorie der poetischen Produktion an.)
–: A Map of Misreading. New York: Oxford University Press 1975. (Ausarbeitung der Implikationen für die Interpretation von *The Anxiety of Influence*.)
–: Wallace Stevens: The Poems of Our Climate. Ithaca: Cornell University Press 1977. (Eine volle Entfaltung von Blooms Theorie der Dichtung.)
– u. a.: Deconstruction and Criticism. New York: Seabury 1979. (Essays, meist über Shelley, von fünf Vertretern der Yale School: Bloom, Hartman, de Man, Miller, Derrida.)
Booth, Stephen: An Essay on Shakespeare's Sonnets. New Haven: Yale University Press 1969. (Interpretationen auf der Basis der Lesererfahrung.)
–: «On the Value of Hamlet». In: Literary Criticism: Idea and Act. Hg. v. W. K. Wimsatt. Berkeley: University of California Press 1974, S. 284–310. (Behandelt das Stück als eine Serie von Wirkungen auf das Verständnis des Zuschauers.)
Booth, Wayne: Critical Understanding: The Powers and Limits of Pluralism. Chicago: University of Chicago Press 1979.

Bové, Paul: Destructive Poetics: Heidegger and Modern American Poetry. New York: Columbia University Press 1979. (Eine auf Heidegger basierende Anklage gegen die neuere Kritik und Lektüren von Whitman, Stevens und Olson.)

Brenkman, John: Culture and Domination. Ithaca: Cornell University Press ff. (Literarische Essays, die eine marxistische Kritik psychoanalytischer Interpretationen und eine psychoanalytische Kritik marxistischer Interpretationen bieten.)

–: «Narcissus in the Text». *Georgia Review* 30 (1976), S. 293–327. (Eine klassische dekonstruktive Lektüre.)

Brooks, Cleanth: A Shaping Joy: Studies in the Writer's Craft. London: Methuen 1971.

–: Paradoxie im Gedicht (Teilübersetzung von *The Well Wrought Urn*). Frankfurt: Suhrkamp 1965.

Brooks, Peter: «Fictions of the Wolfman: Freud and Narrative Understanding». *Diacritics* 9/1 (1979), S. 72–83.

Brutting, Richard: «Ecriture» und «Texte»: Die französische Literaturtheorie «nach dem Strukturalismus». Bonn: Bouvier 1976.

Burt, Ellen: «Rousseau the Scribe». *Studies in Romanticism* 18 (1979), S. 629–67. (Detaillierte Analyse der Probleme der Autobiographie.)

Cain, William E.: «Deconstruction in America: The Recent Literary Criticism of J. Hillis Miller». *College English* 41 (1979), S. 367–82.

Carroll, David: «Freud and the Myth of Origins». *New Literary History* 6 (1975), S. 511–28.

Cave, Terrence: The Cornucopian Text: Problems of Writing in the French Renaissance. Oxford: Clarendon Press 1979.

Charles, Michel: Rhétorique de la lecture. Paris: Seuil 1977. (Analyse der möglichen und unmöglichen Rolle des Lesers in verschiedenen Werken der französischen Literatur.)

Chase, Cynthia: «The Accidents of Disfiguration: Limits to Literal and Rhetorical Reading in Book V of The Prelude». *Studies in Romanticism* 18 (1979), S. 547–66. (Über Probleme der Rhetorik und der Reflexivität.)

–: «The Decomposition of the Elephants: Double-Reading Daniel Deronda». *PMLA* 93 (1978), S. 215–27. (Eine dekonstruktive Analyse eines erzählenden Textes.)

–: «Oedipal Textuality: Reading Freud's Reading of *Oedipus*». *Diacritics* 9/1 (1979), S. 54–68.

–: «Paragon, Parergon: Baudelaire Translates Rousseau». *Diacritics* 11/2 (1981), S. 42–51. (Eine Untersuchung textueller Inkorporation.)

Cixous, Hélène: «La fiction et ses fantômes». *Poétiques* 10 (1972), S. 199 216. (Über Freuds *Das Unheimliche*.)

–: «Le rire de la Méduse». *L'Arc* 61 (1975), S. 3–54. (Ein Manifest weiblichen Schreibens.)

–: «Sorties». In: Cixous und Cathérine Clément, La jeune née. Paris: Union général d'éditions 1979, S. 114–275. (Eine Kritik des Gegensatzes Mann/Frau.)
Coste, Didier: «Trois conceptions du lecteur». *Poètique* 43 (1980), S. 354–71.
Coward, Rosalind und John Ellis: Language and Materialism: Developments in Semiology and the Theory of the Subject. London: Routledge & Kegan 1977. (Eine marxistische Kritik und Weiterentwicklung der Semiotik und der Psychoanalyse.)
Crews, Frederick: «Reductionism and its Discontents». *Critical Inquiry* 1 (1975), S. 543–58. (Über das Problem des Reduktionismus in der psychoanalytischen Literaturkritik.)
Culler, Jonathan: Barthes. London: Fontana, und New York: Oxford University Press 1983.
–: Ferdinand de Sausssure. London: Fontana 1976; New York: Penguin 1977.
–: Flaubert: The Uses of Uncertainty. Ithaca: Cornell University Press, und London: Elek 1974.
–: The Pursuit of Signs: Semiotics, Literature, Deconstruction. Ithaca: Cornell University Press, und London: Routledge & Kegan 1981.
–: Structuralist Poetics: Structuralism, Linguistics, and the Study of Literature. Ithaca: Cornell University Press, und London: Routledge & Kegan 1975.
Davis, Walter: The Act of Interpretation: A Critique of Literary Reason. Chicago: University of Chicago Press 1978. (Eine metakritische Untersuchung dreier Methoden, Faulkners *The Bear* zu interpretieren.)
De Man, Paul: Allegorien des Lesens. Frankfurt: Suhrkamp 1988. (Übersetzung des ersten Teils von *Allegories of Reading: Figural Language in Rousseau, Nietzsche, Rilke, and Proust*. New Haven: Yale University Press 1979.)
–: «Autobiography as De-Facement». *MLN* 94 (1979), S. 919–30. (Über Wordsworth, Epitaphe und Prosopopöien.)
–: Blindness and Insight: Essays in the Rhetoric of Contemporary Criticism. New York: Oxford University Press 1971. (Über Derrida, Blanchot, die New Critics u. a.)
–: «The Epistemology of Metaphor». *Critical Inquiry* 5 (1978), S. 13–30.
–: «Les exégèses de Hölderlin par Martin Heidegger». *Critique* 11 (1955), S. 800–819.
–: «Foreword» zu: Carol Jacobs: The Dissimulating Harmony. Baltimore: Johns Hopkins University Press 1978, S. VII–XIII. (Über kritisches Lesen.)
–: «Hypogram and Inscription: Michael Riffaterre's Poetics of Reading». *Diacritics* 11/4 (1981), S. 17–35.
–: «Introduction». *Studies in Romanticism* 18 (1979), S. 495–99. (Kom-

mentare zu den Beiträgen dieses Bandes über die «Rhetorik der Romantik».)
–: «Introduction» zu: Hans Robert Jauss. Towards an Asthetics of Reception. Minneapolis: University of Minnesota Press 1982. (Über die Grenzen von Jauss' Methode.)
–: «Literature and Language: A Commentary». *New Literary History* 4 (1972), S. 181–92.
–: «Pascal's Allegory of Persuasion». In: Allegory and Representation. Hg. v. Stephen Greenblatt. Baltimore: Johns Hopkins University Press 1981, S. 1–25.
–: «The Resistance of Literary Theory». *Yale French Studies* 63 (1982), S. 3–20. (Eine Stellungnahme zu den Aussichten der Literaturtheorie.)
–: «The Rhetoric of Temporality». In: Interpretation: Theory and Practice. Hg. v. Charles Singleton. Baltimore: Johns Hopkins University Press 1969, S. 173–209. (Ein einflußreicher Essay über Symbol und Allegorie in der Romantik.)
–: «Shelley Disfigured». In: Bloom u. a.: Deconstruction and Criticism. New York: Seabury 1979, S. 39–74.
–: «Sign and Symbol in Hegel's Aesthetics». *Critical Inquiry* 88 (1982).
Derrida, Jacques: «L'âge de Hegel». In: GREPH, Qui a peur de la philosophie? Paris: Flammarion 1977, S. 73–107. (Eine Untersuchung von Hegels Ansichten über das Lehren von Philosophie.)
–: «L'archéologie du frivole» (Einleitung zu Condillac, *Essai sur l'origine de la connaissance humaine*). Paris: Galilée 1973.
–: «Avoir l'oreille de la philosophie». In: Lucette Finas u. a.: Écarts: Quatre essais à propos de Jacques Derrida. Paris: Fayard 1973. (Ein erhellendes allgemeines Interview.)
–: La carte postale: De Socrate à Freud et au-delà. Paris: Flammarion 1980. (Dt.: Die Postkarte von Sokrates bis an Freud und jenseits. Berlin: Brinkmann und Bose 1982/87. – Fiktive Liebesbriefe über verschiedene Themen und zwei substantielle Essays über Freud.)
–: «The Conflict of Faculties». In: Languages of Knowledge and of Inquiry. Hg. v. Michael Riffaterre. New York: Columbia University Press 1982. (Über Kants Essay zur Aufteilung der Autorität unter den verschiedenen Universitätsfakultäten.)
–: De la grammatologie. Paris: Minuit 1967. (Dt.: Grammatologie. Frankfurt: Suhrkamp 1974. – Über Rede und Schrift bei Saussure, Lévi-Strauss und Rousseau.)
–: La dissémination. Paris: Le Seuil 1972. (Essays über Platon, Mallarmé und Sollers.)
–: D'un ton apocalyptique adopté naguère en philosophie. Paris: Galilée 1983. (Dt.: Apokalypse. Graz/Wien: Böhlau 1985. – Über Kant, den Ton und Probleme des Mystischen.)
–: «Economimesis». In: S. Agacinsky u. a.: Mimesis des Articulations. Pa-

ris: Flammarion 1975, S. 55–93. (Über die Ökonomie von und die Ökonomie in Kants ästhetischer Theorie.)
–: L'écriture et la différance. Paris: Le Seuil 1967. (Dt.: Die Schrift und die Differenz. Frankfurt: Suhrkamp 1972. – Essays über Lévi-Strauss, Artaud, Bataille, Freud, Foucault u. a.)
–: «Entre crochets». *Digraphe* 8 (1976), S. 97–114. (Ein Interview.)
–: Eperons: Les styles de Nietzsche. Paris: Flammarion 1978. (Über die ‹Frau› und ‹Stil› bei Nietzsche.)
–: Feu la cendre. Paris: des femmes 1987.
–: La Filosofia como institución. Barcelona: Juan Granica 1984.
–: Forcener le subjectile. Vorwort zu: Dessins et portraits d'Antonin Artaud. Paris: Gallimard 1986. (Dt. in: Derrida/Paule Thevenin: Antonin Artaud. München: Schirmer/Mosel 1987.)
–: «Fors: Les mots anglés de N. Abraham et M. Torok». Vorwort zu: Abraham und Torok: Cryptonymie: Le verbier de l'homme aux loups. Paris: Flammarion 1976, S. 7–73. (Dt.: Fors, in: Abraham und Torok: Kryptonymie: Das Verbarium des Wolfsmanns. Frankfurt/Berlin/Wien: Ullstein 1979.)
–: Geschlecht. Différence sexuelle, différence ontologique. In: Cahier de L'Herne, Heidegger. Hg. v. Michel Haar. Paris: Editions de l'Herne 1983, S. 571–595.
–: Glas. Paris: Galilée 1974. (Über Hegel und Genet.)
–: «Ja, ou le faux bond». *Digraphe* 11 (1977), S. 84–121. (Ein Interview.)
–: Limited Inc. Supplement zu *Glyph* 2. Baltimore: Johns Hopkins University Press 1977. (Engl. in: *Glyph* 2 [1977], S. 162–254.) (Eine Erwiderung auf Searles Kritik in *Glyph* 1.)
–: «Living On: Border Lines». In: Bloom u. a.: Deconstruction and Criticism. New York: Seabury 1979, S. 75–175. (Franz. Fassung Survivre, in: *Parages*. Paris: Galilée 1986.)
–: «La loi du genre». *Glyph* 7 (1980), S. 176–201. (Auch in *Parages*. Über Blanchot, *récit* und das Problem der Gattung.)
–: Lecture de Droit de regards von M. F. Plissart. Paris: Minuit 1985. (Dt. in: Derrida/Marie François Plissart: Recht auf Einsicht. Graz/Wien: Böhlau 1987.)
–: Marges de la philosophie. Paris: Minuit 1972. (Dt. Teilübersetzung: Randgänge der Philosophie. Frankfurt/Berlin/Wien: Ullstein 1976.)
–: Mémoires. Trois lectures pour Paul de Man. Columbia University Press 1986.
–: «Les morts de Roland Barthes». *Poétique* 47 (1981), S. 269–292. (Dt.: Die Tode von Roland Barthes. Berlin: Nishen 1987. – Eine Huldigung an Barthes, die sich hauptsächlich mit *Die helle Kammer* befaßt.)
–: «Me – Psychoanalysis». *Diacritics* 9/1 (1979), S. 4–12. (Franz. Fassung: Moi, la psychanalyse, in: *Confrontations* [1982]. – Eine Einführung in die Arbeit von Abraham und Torok.)

–: Ocelle comme pas un. (Vorwort zu *L'enfant au chien assis* von Jos Joliet, 1980.)
–: L'origine de la géométrie. Übersetzung und Einleitung von Edmund Husserl. Paris: Presses Universitaires de France 1962. (Dt. Übers. der Einleitung: Husserls Weg in die Geschichte am Leitfaden der Geometrie. München: Fink 1987. Ausführliche Einleitung über die Schrift in Husserls Theorie idealer Objekte.)
–: Otobiographie, L'enseignement de Nietzsche et la politique du nom propre. Paris: Galilée 1984.
–: Popularités, Du droit à la philosophie du droit (Vorwort zu *Les sauvages dans la cité*). Paris: Champ Vallon 1985.
–: «Où commence et comment finit un corps enseignant.» In: Politiques de la philosophie. Hg. v. Dominique Grinsoni. Paris: Grasset 1976, S. 55–97. (Über die Dekonstruktion als Kampf zur Umwälzung der Theorie und Praxis der philosophischen Lehre.)
–: «Pas». *Gramma* 3/4 (1976), S. 111–215. (Über Blanchot.)
–: Parages. Paris: Galilée 1986. (Über Blanchot, Shelley, das Problem des Titels und der Gattung.)
–: «La philosophie et ses classes». In: GREPH, Qui a peur de la philosophie? Paris: Flammarion 1977, S. 445–450. (Über das Problem der Verteidigung der Philosophie im Schulsystem.)
–: Positions. Paris: Minuit 1972. (Dt.: Positionen. Graz/Wien: Böhlau 1986. – Drei erhellende Interviews; das letzte über das Verhältnis von Marxismus, Psychoanalyse und Dekonstruktion.)
–: «Le retrait de la métaphore». *Poesie* 6 (1979), S. 103–26. (Weiterführung von «La mythologie blanche» in *Marges*.)
–: «Scribble (pouvoir/écrire)». Einleitung zu W. Warburton: *L'essai sur les hiéroglyphes*. Paris: Flammarion 1978. (Dt.: Scribble, in W. Warburton: Versuch über die Hieroglyphen der Ägypter. Frankfurt/Berlin/Wien: Ullstein 1980.)
–: «Signéponge». Teil 1 in: Francis Ponge: Colloque de Cérisy. Paris: Union générale d'éditions 1977, S. 115–51; Teil 2 in: *Digraphe* 8 (1976), S. 17–39. (Über Ponge, das Ding und Signaturen.)
–: Schibboleth, Pour Paul Celan. Paris: Galilée 1986. (Dt.: Schibboleth. Für Paul Celan. Graz/Wien: Böhlau 1986.)
–: «Titre à préciser». *Nuova Corrente* (1981), S. 7–32. (Auch in: *Parages*, dt. in F. A. Kittler [Hg.]: Austreibung des Geistes aus den Geisteswissenschaften. Paderborn/München/Wien/Zürich: Schöningh 1980.)
–: Ulysse gramophone: Deux mots pour Joyce. Paris: Galilée 1987.
–: La vérité en peinture. Paris: Flammarion 1978. (Essays über Kants Ästhetik, Adami, Titus-Carmel und Van Gogh – über die Auseinandersetzung Shapiro-Heidegger.)
–: La voix et le phénomène. Paris: Presses Universitaires de France 1967. (Dt.: Die Stimme und das Phänomen. Frankfurt: Suhrkamp 1979.)

Descombes, Vincent: L'inconscient malgré lui. Paris: Minuit 1977. (Rekonstruiert Lacans psychoanalytische Theorie in Begriffen der analytischen Philosophie.)
–: Das Selbe und das Andere: Fünfundvierzig Jahre Philosophie in Frankreich, 1933–1978. Frankfurt: Suhrkamp 1981. (Eine hervorragende Darstellung der grundlegenden Themen der neueren französischen Philosophie.)
Dinnerstein, Dorothy: The Mermaid and the Minotaur. Sexual Arrangements and Human Malaise. New York: Harper 1976. (Dt.: Das Arrangement der Geschlechter. Stuttgart: Deutsche Verlags Anstalt 1979. – Über die psychologischen Wirkungen von Erziehungsarrangements.)
Donato, Eugenio: «‹Here, Now›/‹Always, Already›: Incidental Remarks on Some Recent Characterizations of the Text». *Diacritics* 6/3 (1976), S. 24–29. (Über Derrida und Edward Said.)
–: «The Idioms of the *Text*: Notes on the Language of Philosophy and the Fictions of Literature». *Glyph* 2 (1977), S. 1–13.
Donoghue, Denis: «Deconstructing Deconstruction». *New York Review of Books*, 12. Juni 1980, S. 37–41. (Eine Besprechung von *Deconstruction and Criticism* und von *Allegories of Reading*.)
–: Ferocious Alphabets. Boston: Little, Brown 1981. (Über Kritiker der ‹Stimme› und Kritiker der ‹Schrift›.)
Douglas, Anne: The Feminization of American Culture. New York: Knopf 1977.
Eagleton, Terry: Marxism and Literary Criticism. London: Methuen 1976.
Eco, Umberto: Das Offene Kunstwerk. Frankfurt: Suhrkamp 1973.
–: Einführung in die Semiotik. München: Fink 1972.
–: Lector in fabula: Die Mitarbeit der Interpretation in erzählenden Texten. München: Hanser 1987.
–: The Role of the Reader: Explorations in the Semiotics of Texts. Bloomington: Indiana University Press 1979.
Edwards, Lee und Arlyn Diamond: The Authority of Experience: Essays in Feminist Criticism. Amherst: University of Massachusetts Press 1977.
Eisenstein, Hester und Alice Jardine (Hg.): The Future of Difference. Boston: G. K. Hall 1980. (Eine vorzügliche Anthologie über literarische, linguistische und theoretische Aspekte der sexuellen Differenz.)
Ellman, Mary: Thinking about Women. New York: Harcourt Brace 1968. (Eine frühe Bloßstellung phallischer Literaturkritik.)
Felman, Shoshana: La folie et la chose littéraire. Paris: Seuil 1978. (Eine breit angelegte Essaysammlung von einer Vertreterin der Yale School.)
–: «Rereading Feminity». *Yale French Studies* 62 (1981), S. 19–41. (Über Balzacs *Das Mädchen mit den Goldaugen*.)
–: Le scandale du corps parlante: Don Juan avec Austin ou La séduction en deux langues. Paris: Seuil 1980. (Eine austinsche Lektüre von Molière und eine lacansche Lektüre Austins.)

–: «Turning the Screw of Interpretation». *Yale French Studies* 55/56 (1977), S. 94–207. (Eine bemerkenswerte Analyse des Textes und der verschiedenen Lektüren von *The Turn of the Screw*.)
–: «Women and Madness: The Critical Phallacy». *Diacritics* 5/4 (1975), S. 2–10. (Eine feministische Lektüre Balzacs.)
Ferguson, Frances: «Reading Heidegger: Jacques Derrida and Paul de Man». *Boundary* 2,4 (1976), S. 593–610.
–: Wordsworth: Language as Counter-Spirit. New Haven: Yale University Press 1977.
Fetterly, Judith: The Resisting Reader: A Feminist Approach to American Fiction. Bloomington: Indiana University Press 1978. (Eine kritische Lektüre wichtiger Romane und ein Aufruf zum Widerstand.)
Fiedler, Leslie: Love and Death in the American Novel. New York: Criterion 1960. (Dt. Teilübers.: Liebe, Sexualität und Tod. Berlin: Propyläen 1964.)
Finas, Lucette: «Le coup de D. e(s)t judas». In: Finas u. a.: Ecarts: Quatre essais à propos de Jacques Derrida. Paris: Fayard 1973, S. 9–105. (Eine heterogene Diskussion Derridas.)
Fish, Stanley: Is There a Text in This Class? Cambridge: Harvard University Press 1980.
–: Self-Consuming Artifacts: The Experience of Seventeenth Century Literature. Berkeley: University of California Press 1972.
–: Surprised by Sin: The Reader in Paradise Lost. Berkeley: University of California Press 1967. (Eine frühe Arbeit der Leserreaktionskritik.)
–: «Why No One's Afraid of Wolfgang Iser». *Diacritics* 11/1 (1981), S. 2–13. (Kritik der Theorie des Lesens von Iser.)
Fokkema, D. W. und Eltrud Kunne-Ibsch: Theories of Literature in the Twentieth Century: Structuralism, Marxism, Aesthetics of Reception, Semiotics. New York: St. Martin 1977. (Ein nützlicher Überblick.)
Forrest-Thomson, Veronica: Poetic Artifice: A Theory of Twentieth-Century Poetics. Manchester: University of Manchester Press 1978. (Über den radikalen Formalismus der poetischen Sprache.)
Frank, Manfred: Das individuelle Allgemeine: Textstrukturierung und Textinterpretation nach Schleiermacher. Frankfurt: Suhrkamp 1977.
–: Das Sagbare und das Unsagbare: Studien zur neuesten französischen Hermeneutik und Texttheorie. Frankfurt: Suhrkamp 1980. (Nimmt Schleiermacher als Ausgangspunkt einer Auseinandersetzung mit Sartre, Lacan und Derrida.)
–: Was ist Neostrukturalismus? Frankfurt: Suhrkamp 1983.
Freud, Sigmund: Aus den Anfängen der Psychoanalyse. London: Imago Publishing 1950.
–: Studienausgabe. Hg. v. Alexander Mitscherlich, Angela Richards und James Strachey. Frankfurt: Fischer 1969.
Fynsk, Christopher: «A Decelebration of Philosophy». *Diacritics* 8/2

(1978), S. 80–90. (Hervorragende Rezension von *Qui a peur de la philosophie?*)
Gasché, Rodolphe: «Deconstruction as Criticism». *Glyph* 6 (1979), S. 177–216. (Wirft der dekonstruktiven Kritik vor, Derrida mißzuverstehen.)
–: «The Scene of Writing: A Deferred Outset». *Glyph* 1 (1977), S. 150–71. (Über *Moby Dick*.)
–: «‹Setzung› and ‹Übersetzung›: Notes on Paul de Man». *Diacritics* 11/4 (1981), S. 36–57. (Über *Allegories of Reading*.)
–: «La sorcière métapsychologique». *Digraphe* 3 (1974), S. 83–122. (Über Freuds verwirrende Beziehung zur metapsychologischen Spekulation.)
Gilbert, Sandra M. und Susan Gubar: The Madwoman in the Attic: The Woman Writer and the Nineteenth Century Literary Imagination. New Haven: Yale University Press 1979.
Girard, René: «Interview». *Diacritics* 8/1 (1978), S. 31–54.
–: Mensonge romantique et vérité romanesque. Paris: Grasset 1961. (Eine Theorie des Romans, die vom mimetischen Begehren ausgeht.)
–: «To Double Business Bound»: Essays in Literature, Mimesis and Anthropology. Baltimore: Johns Hopkins University Press 1978.
–: La violence et le sacré: Paris: Grasset 1972. (Dt.: Das Heilige und die Gewalt. Köln: Benziger 1987.)
Gouldner, Alvin: The Dialectic of Ideology and Technology. New York: Seabury 1976.
Graff, Gerald: Literature against Itself: Literary Ideas in Modern Society. Chicago: University of Chicago Press 1977. (Attacke gegen die gegenwärtige Kritik, da sie nur eine an den postindustriellen Kapitalismus angepaßte Fortsetzung des New Criticism sei.)
Habermas, Jürgen: Der philosophische Diskurs der Moderne. Frankfurt: Suhrkamp 1985.
Hamon, Philippe: «Texte littéraire et métalangue». *Poétique* 31 (1977), S. 261–84. (Über metalinguistische Funktionen im Werk.)
Harari, Josua (Hg.): Textual Strategies: Perspectives in Post-Structuralist Criticism. Ithaca: Cornell University Press 1979. (Eine Sammlung kritischer Essays.)
–: Structuralists and Structuralism. Ithaca: Diacritics 1971. (Bibliographie.)
Hartman, Geoffrey: Criticism in the Wilderness. New Haven: Yale University Press 1980. (Essays über die Möglichkeiten der Literaturkritik.)
–: The Fate of Reading and other Essays. Chicago: University of Chicago Press 1975.
–: Saving the Text: Literature/Derrida/Philosophy. Baltimore: Johns Hopkins University Press 1981. (Über *Glas* und die Möglichkeit des Kommentars.)
Heidegger, Martin: Vorträge und Aufsätze. Pfullingen: Neske 1954.

Heilbrun, Carolyn: «Millett's *Sexual Politics*: A Year Later». *Alpha* 2 (1971), S. 38–47.
Hertz, Neil: «Freud and the Sandman». In: Textual Strategies. Hg. v. J. Harari, S. 296–321.
–: «The Notion of Blockage in the Literature of the Sublime». In: Psychoanalysis and the Question of the Text. Hg. v. Geoffrey Hartman. Baltimore: Johns Hopkins University Press 1978, S. 62–85. (Untersucht, wie das Szenario des Sublimen in verschiedenen Situationen funktioniert.)
–: «Recognizing Casaubon». *Glyph* 6 (1979), S. 24–41. (Über Surrogate des Autors in *Middlemarch*.)
Hirsch, E. D.: The Aims of Interpretation. Chicago: University of Chicago Press 1976. (Verteidigung seiner Version der Hermeneutik.)
Hörisch, Jochen: Vorwort zu J. Derrida, *Die Stimme und das Phänomen*. Frankfurt: Suhrkamp 1979.
–: Gott, Geld und Glück: Zur Logik der Liebe. Frankfurt: Suhrkamp 1983.
Hofstadter, Douglas: Gödel, Escher, Bach – ein endlos geflochtenes Band. Stuttgart: Klett-Cotta 1985. (Untersuchungen über Selbst-Referentialität.)
Hohendahl, Uwe: The Institution of Criticism. Ithaca: Cornell University Press 1982. (Eine Sozialgeschichte der deutschen Literaturkritik und Reflexionen über Literaturkritik als Institution im modernen Zeitalter.)
Holland, Norman: 5 Readers Reading. New Haven: Yale University Press 1975. (Untersuchungen der Persönlichkeit und der Reaktionen von Lesern.)
–: «Unity Identity Text Self». *PMLA* 90 (1975), S. 813–22. (Zusammenfassung seiner Theorie des Lesens.)
Horton, Susan: Interpreting Interpreting: Interpreting Dicken's *Dombey*. Baltimore: Johns Hopkins University Press 1979. (Eine metakritische Untersuchung.)
Hoy, David Couzins: The Critical Circle: Literature and History in Contemporary Hermeneutics. Berkeley: University of California Press 1978. (Über Hirsch, Gadamer und die moderne Theorie der Literaturkritik.)
Ingarden, Roman: Vom Erkennen des literarischen Kunstwerks. Darmstadt: Wissenschaftliche Buchgesellschaft 1968. (Eine phänomenologische Studie.)
–: Das literarische Kunstwerk. Tübingen: Niemeyer 1965. (Eine Definition der verschiedenen Ebenen des Kunstwerks.)
Irigaray, Luce: Ce sexe qui n'en est pas un. Paris: Minuit 1977. (Dt.: Das Geschlecht, das nicht eins ist. Berlin: Merve 1979. – Feministische Essays über Psychoanalyse und Schreiben.)
–: Speculum, de l'autre femme. Paris: Minuit 1974. (Dt.: Speculum, Spie-

gel des anderen Geschlechts. Frankfurt: Suhrkamp 1980. – Kritik von Freuds Theorie der Sexualität.)
Iser, Wolfgang: Der Akt des Lesens: Theorie ästhetischer Wirkung. München: Fink 1976.
–: Der implizite Leser: Kommunikationsformen des Romans von Bunyan bis Beckett. München: Fink 1972.
–: «Interview». *Diacritics* 10/2 (1980), S. 57–74.
–: «Talk Like Wales». *Diacritics* 11/3 (1981), S. 82–87. (Eine Erwiderung auf Fish.)
Jacobs, Carol: The Dissimulating Harmony: The Image of Interpretation in Nietzsche, Rilke, Artaud, and Benjamin. Baltimore: Johns Hopkins University Press 1978.
–: «The (too) Good Soldier: ‹a real story›». *Glyph* 3 (1978), S. 32–51. (Über Ford Madox Ford.)
Jacobus, Mary: «Sue the Obscure». Essays in *Criticism* 25 (1975), S. 304–28. (Eine Erwiderung auf K. Millett.)
– (Hg.): Women and Writing and Writing about Women. London: Croom Helm 1979. (Essays über Schriftstellerinnen und feministische Kritik.)
James, Henry: Selected Literary Criticism. Hg. v. Morris Shapira. New York: Horizon 1964.
Jameson, Fredric: «Ideology of the Text». *Salmagundi* 31 (1975/76), S. 204–46. (Kritik der neueren Literaturtheorie.)
–: The Political Unconscious: Narrative as a Socially Symbolic Act. Ithaca: Cornell University Press 1980. (Dt.: Das politische Unbewußte. Reinbek bei Hamburg: Rowohlt 1988. – Eine wichtige Arbeit der marxistischen Literaturkritik.)
Jardine, Alice: «Pre-Texts for the Transatlantic Feminist». *Yale French Studies* 62 (1981), S. 220–36. (Eine Einführung in die französische feministische Theorie.)
Jauss, Hans Robert: Ästhetische Erfahrung und literarische Hermeneutik. Frankfurt: Suhrkamp 1982. (Entwickelt eine Theorie der ästhetischen Erfahrung.)
–: Literaturgeschichte als Provokation. Frankfurt: Suhrkamp 1970. (Über Rezeptionsästhetik.)
Johnson, Barbara: The Critical Difference: Essays in the Contemporary Rhetoric of Reading. Baltimore: Johns Hopkins University Press 1980. (Dekonstruktive Lektüren von Baudelaire, Barthes, Mallarmé, Melville und von Lacan/Derrida/Poe.)
–: Défigurations du langage poétique. Paris: Flammarion 1979. (Über Baudelaires und Mallarmés Prosagedichte.)
–: «The Frame of Reference: Poe, Lacan, Derrida». In: Psychoanalysis and the Question of the Text. Hg. v. Geoffrey Hartman. Baltimore: Johns Hopkins University Press 1978, S. 149–71. (Gekürzte Fassung des Essays in *The Critical Difference* mit einigen neuen Formulierungen.)

–: «Nothing Fails like Success». *SCE Reports* 8 (1980), S. 7–16. (Über Kritik an der Dekonstruktion und über deren zukünftige Strategie.)
Kamuf, Peggy: «Writing Like a Woman». In: Women and Language in Literature and Society. Hg. v. S. McConnell-Ginet u. a. New York: Praeger 1980, S. 284–99. (Ein feministischer Essay über *Les lettres portugaises.*)
Kant, Immanuel: Kritik der Urtheilskraft. Akademie Textausgabe, Bd. V, Berlin: de Gruyter 1968.
Kittler, Friedrich A. (Hg.): Austreibung des Geistes aus den Geisteswissenschaften. Paderborn/München/Wien/Zürich: Schöningh 1980.
–: Aufschreibesysteme 1800–1900. München: Fink 1985.
–: «Das Phantom unseres ‹Ich› und die Literaturpsychologie: E. T. A. Hoffmann-Freud-Lacan.» In: *Urszenen.*
– und Horst Turk (Hg.): Urszenen: Literaturwissenchaft als Diskursanalyse und Diskurskritik. Frankfurt: Suhrkamp 1977.
Klein, Richard: «The Blindness of Hyperboles; the Ellipses of Insight». *Diacritics* 3/2 (1973), S. 33–44. (Über Paul de Man.)
–: «Kant's Sunshine». *Diacritics* 11/2 (1981), S. 26–41. (Über die «Heliopoetik» von Kants Ästhetik.)
Kofman, Sarah: Aberrations: Le devenir-femme d'August Comte. Paris: Flammarion 1978. (Eine einsichtige Lektüre von Comtes Leben .und Werk.)
–: L'enfance de l'art: Une interprétation de l'ésthétique freudienne. Paris: Payot 1972.
–: L'énigme de la femme: La femme dans les textes de Freud. Paris: Galilée 1980. (Eine dekonstruktive Lektüre.)
–: Nerval: Le charme de la répétition. Lausanne: L'âge d'homme 1979.
–: Nietzsche et la métaphore. Paris: Payot 1972. (Eine frühe Untersuchung der Rhetorik in Nietzsches Text.)
–: Nietzsche et la scène philosophique. Paris: Union générale d'éditions 1979. (Eine erhellende Lektüre einer Reihe von Texten.)
–: «Un philosophe ‹unheimlich›». In: L. Finas u. a.: Ecarts: Quatre essais à propos de Jacques Derrida. Paris: Fayard 1973, S. 107–204. (Über Derrida.)
–: Quatre romans analytiques. Paris: Galilée 1974. (Untersuchungen von vier freudschen Analysen.)
–: Le respect des femmes. Paris: Galilée 1982. (Über die Frau bei Kant und Rousseau.)
–: «Vautour rouge: Le double dans *Les Elixirs du diable* d'Hoffmann». In: S. Agacinsky u. a.: Mimesis des articulations. Paris: Flammarion 1976, S. 95–164.
Kolodny, Annette: «Reply to Commentaries: Women Writers, Literary Historians, and Martian Readers». *New Literary History* 11 (1980), S. 587–92. (Eine Verteidigung der feministischen Betrachtungsweise der Literaturgeschichte und des literarischen Werts.)

–: «Some Notes on Defining a ‹Feminist Literary Criticism›». *Critical Inquiry* 2 (1975), S. 75–92.
Krapnick, M. (Hg.): Displacement, Derrida and After. Bloomington 1983.
Krieger, Murray und Larry Dembo (Hg.): Directions for Criticism: Structuralism and its Alternatives. Madison: University of Wisconsin Press 1977. (Essays, die den neueren Richtungen der Literaturkritik kritisch gegenüberstehen.)
–: Theory of Criticism: A Tradition and Its System. Baltimore: Johns Hopkins University Press 1976.
Kristeva, Julia: Desire and Language. New York: Columbia University Press 1980. (Essays aus *Semiotiké* und *Polylogue*.)
–: «La femme, ce n'est jamais ça». *Tel Quel* 59 (1974), S. 19–24. (Ein Interview.)
– (Hg.): Folle vérité. Paris: Seuil 1979. (Arbeiten über die Wahrheit im Diskurs der Psychose.)
–: Polylogue. Paris: Seuil 1977. (Enthält theoretische Essays zur Kunst, über den Roman und das Subjekt.)
–: Die Revolution der poetischen Sprache. Frankfurt: Suhrkamp 1980. (Über Mallarmé und Lautréamont.)
Lacan, Jacques: Die vier Grundbegriffe der Psychoanalyse (Seminar XI). Olten/Freiburg: Walter 1978.
–: Schriften. Olten/Freiburg: Walter 1973–75.
Lacoue-Labarthe, Philippe: «Note sur Freud et la représentation». *Digraphe* 3 (1974), S. 70–81. (Über Freuds *Psychopathische Personen auf der Bühne*.)
–: L'imitation des modernes. Typographies II. Paris: Galilée 1986.
–: Le sujet de la philosophie. Typographies I. Paris: Flammarion 1979.
–: «Typographie». In: S. Agacinsky u. a.: Mimesis des articulations. Paris: Flammarion 1976, S. 165–270. (Über Plato, Nietzsche, Heidegger und Girard.)
– und Jean-Luc Nancy: L'absolu littéraire. Paris: Seuil 1978. (Kommentierte Sammlung von Texten der deutschen Romantik zur Kunsttheorie.)
– und Jean-Luc Nancy (Hg.): Les fins de l'homme. Paris: Galilée 1981. (Umfassende Dokumentation des Colloque de Cérisy über Derrida.)
–: Le titre de la lettre. Paris: Galilée 1973. (Eine Kritik der Sprachtheorie Lacans.)
Lander, Dawn: «Eve among the Indians». In: The Authority of Experience. Hg. v. Lee Edwards und Arlyn Diamond. Amherst: University of Massachusetts Press 1977, S. 194–211. (Über das Bild und die Wirklichkeit der ‹frontier woman›.)
Laplanche, Jean: Leben und Tod in der Psychoanalyse. Olten/Freiburg: Walter 1974.
– und Serge Leclaire: «The Unconscious: A Psychoanalytic Study». *Yale French Studies* 48 (1972), S. 118–75.

Laporte, Roger: «Une double stratégie». In: L. Finas u. a.: Ecarts: Quatre essais à propos de Jacques Derrida. Paris: Fayard 1973, S. 205–63.
Leitch, Vincent B.: «The Lateral Dance: The Deconstructive Criticism of J. Hillis Miller». *Critical Inquiry* 6 (1980), S. 593–607.
Lentricchia, Frank: After the New Criticism. Chicago: University of Chicago Press 1980. (Untersuchungen der neueren Theorie der Literaturkritik und von vier ‹exemplarischen› Theoretikern.)
Lenz, Carolyn u. a. (Hg.): The Woman's Part: Feminist Criticism of Shakespeare. Urbana: University of Illinois Press 1980.
Lévesque, Claude: L'étrangeté du texte: Essai sur Nietzsche, Freud, Blanchot, et Derrida. Paris: Union générale d'éditions 1978.
Lewis, Philip E.: «The Post-Structuralist Condition». *Diacritics* 12/1 (1982), S. 1–24. (Eine kritische Bewertung dieses problematischen Begriffs.)
Lyons, John: Semantik. München: C. H. Beck 1983.
Lyotard, Jean-François: Das postmoderne Wissen. Graz/Wien: Böhlau 1987. (Über die Verteilung kommunikativer Rollen und die Techniken der Legitimation.)
MacCannell, Dean: The Tourist. New York: Schocken 1976. (Eine Theorie der ‹Moderne›, die deren Sinnstruktur und Authentizität ausgehend vom Tourismus untersucht.)
–: Juliet Flower. «Nature and Self-Love: A Reinterpretation of Rousseau's ‹passion primitive›». *PMLA* 92 (1978), S. 890–902.
–: «Phallacious Theories of the Subjects». *Semiotica* 30 (1980), S. 359–74.
Macksey, Richard und Eugenio Donato (Hg.): The Structural Controversy: The Languages of Criticism and the Science of Man. Baltimore: Johns Hopkins University Press 1970. (Dokumentation eines wichtigen Kolloquiums.)
Mailer, Norman: Gefangen im Sexus. München/Zürich: Droemer-Knaur 1972.
Mailloux, Steven: Interpretative Conventions: The Reader in the Study of American Fiction. Ithaca: Cornell University Press 1982. (Eine Darstellung der Leserreaktionskritik und der Bedeutung der Untersuchung von Leserreaktionen in verschiedenen literaturkritischen Unternehmungen.)
–: «Learning to Read: Interpretation and Reader-Response Criticism». *Studies in the Literary Imagination* 12 (1979), S. 93–107. (Über die Verwendung von Leserreaktionen bei der Interpretation.)
Marin, Luis: La critique du discours: Etudes sur la *Logique de Port Royal* et les *Pensées* de Pascal. Paris: Minuit 1975. (Pascals Werk als Dekonstruktion der Cartesianischen Logik.)
–: Le récit est un piège. Paris: Minuit 1978. (Über die Kraft narrativer Texte.)
Markiewicz, Henryk: «Places of Indeterminacy in a Literary Work». In: Roman Ingarden and Contemporary Polish Aesthetics. Hg. v. Piotr Graff

und Slaw Krzemien-Ojak. Warschau: Polish Scientific Publishers 1975, S. 159–72.
Marks, Elaine: «Women and Literature in France». *Signs* 3 (1978), S. 832–42.
– und Isabelle de Courtivron (Hg.): New French Feminism. Amherst: University of Massachusetts Press 1980.
Martin, Wallace: «Literary Critics and Their Discontents: A Response to Geoffrey Hartman». *Critical Inquiry* 4 (1977), S. 397–406. (Kritik an Hartmans Position.)
McDonald, Christie V: «Jacques Derrida's Reading of Rousseau». *The Eighteenth Century* 20 (1970), S. 82–95.
Mehlman, Jeffrey: Cataract: A Study of Diderot. Middletown: Wesleyan University Press 1979. (Stellt verblüffende Verbindungen zwischen allen möglichen Arten von Katarakten her.)
–: «How to Read – Freud on Jokes: The Critic as Schadchen». *New Literary History* 4 (1975), S. 439–61.
–: «On Tear-Work: *L'ar* de Valéry». *Yale French Studies* 52 (1975), S. 152–73. (Deckt einen wichtigen Signifikantenkomplex in Valérys Dichtung auf.)
–: Revolution and Repetition: Marx/Hugo/Balzac. Berkeley: University of California Press 1977. (Eine intertextuelle Lektüre.)
–: «Trimethylamin: Notes on Freud's Specimen Dream». *Diacritics* 6/1 (1976), S. 42–45.
Michaels, Walter Benn: «The Interpreter's Self: Peirce on the Cartesian's ‹Subject›» *Georgia Review* 31 (1977), S. 383–402. (Argumentiert, daß ‹Subjektivität› in der Interpretation ein Scheinproblem ist.)
–: «‹Saving the Text›: Reference and Belief». *MLN* 93 (1978), S. 771–93. (Über die Rolle des Glaubens in der Interpretation.)
–: «Walden's False Bottoms». *Glyph* 1 (1977), S. 132–49. (Eine Analyse der Widersprüche in Walden.)
Miller, J. Hillis: «Ariadne's Broken Woof». *Georgia Review* 31 (1977), S. 44–60. (Über Widersprüche in Troilus und Cressida.)
–: «Ariadne's Thread: Repetition and the Narrative Line». *Critical Inquiry* 3 (1976), S. 57–78.
–: «A ‹Buchstäbliches› Reading of *The Elective Affinities*». *Glyph* 6 (1979), S. 1–23.
–: «The Critic as Host». *Critical Inquiry* 3 (1977), S. 439–47. (Über Kritik und Parisitismus. Erweiterte Fassung in Bloom u. a., *Deconstruction and Criticism,* S. 217–253.)
–: «Deconstructing the Deconstructors». *Diacritics* 5/2 (1975), S. 24–31. (Rezension von Riddel, *The Inverted Bell.*)
–: Fiction and Repetition: Seven English Novels. Cambridge: Harvard University Press 1982. (Analyse der Widerstandskraft der Romane gegen ihren eigenen totalisierenden Anspruch.)

–: «Narrative and History». *ELH* 41 (1974), S. 455–73. (Untersucht, wie erzählende Texte ihre eigenen historischen Behauptungen unterminieren.)
–: «Steven's Rock and Criticism as Cure». *Georgia Review* 30 (1976), S. 5–33 (Teil 1), und S. 330–348 (Teil 2). (Eine Lektüre von Stevens und eine Untersuchung der *canny* und *uncanny* Literaturkritik.)
Millett, Kate: Sexus und Herrschaft. Reinbek bei Hamburg: Rowohlt 1985. (Eine Kritik der Herrschaft in sexuellen Beziehungen und in ihren literarischen Repräsentationen.)
Mitchell, Juliet: Psychoanalyse und Feminismus. Frankfurt: Suhrkamp 1976. (Eine Pionierarbeit.)
Momberger, Manfred: Sonne und Punsch: Die Dissemination des romantischen Kunstbegriffs bei E. T. A. Hoffmann. München: Fink 1986.
Nancy, Jean-Luc: Le discours de la syncope, I: Logodaedalus. Paris: Flammarion 1976. (Über Kant.)
–: Ego sum. Paris: Flammarion 1979. (Dekonstruktive Untersuchungen cartesianischer Probleme.)
–: La remarque spéculative. Paris: Galilée 1973. (Über Hegel.)
–: «Le ventriloque». In: S. Agacinsky u. a., Mimesis des articulations. Paris: Flammarion 1975, S. 271–338. (Über Platon.)
Nelson, Cary: «The Psychology of Criticism, or What Can Be Said.» In: G. Hartman (Hg.): Psychoanalysis and the Question of the Text. Baltimore: Johns Hopkins University Press 1978, S. 86–114. (Über Konventionen, die die Selbstdarstellung des Kritikers regeln.)
Nietzsche, Friedrich: Werke. Hg. v. Karl Schlechta. München: Hanser 1966.
Parker, Andrew: «Of Politics and Limits: Derrida Re-Marx». *SCE Reports* 8 (1980), S. 83–104. (Gute Diskussion des Verhältnisses von Dekonstruktion und Marxismus.)
–: «Taking Sides (On History): Derrida Re-Marx». *Diacritics* 11/3 (1981), S. 57–73. (Rezension von Lentricchia, *After the New Criticism.)*
Pautrat, Bernard: «Politiques en scène: Brecht.» In: Agacinsky u. a., Mimesis des articulations, S. 339–352.
–: Versions du soleil: Figures et système de Nietzsche. Paris: Seuil 1971.
Peirce, Charles Sanders: Collected Papers. Hg. v. Charles Hartshorne und Paul Weiss. Cambridge: Harvard University Press 1931–58.
Phillips, William: «The State of Criticism: New Criticism to Structuralism». *Partisan Review* 47 (1980), S. 372–85.
Prince, Gerald: «Introduction à l'étude du narrataire». *Poétique* 14 (1973), S. 178–96. (Führt das strukturale Gegenstück zum Erzähler ein.)
Rabinowitz, Peter: «Truth in Fiction: A Reexamination of Audiences». *Critical Inquiry* 4 (1977), S. 121–42. (Unterscheidet zwischen den jeweiligen Publikumstypen, die ein Werk voraussetzt.)
Rand, Nicolas: «‹Vous joyeuse melodie – nourrie de crasse›: A propos d'une

transposition des *Fleurs du mal* par Stefan George.» *Poétique* (1982). (Intertextuelle Übersetzung als Inkorporation.)
Rand, Richard: «Geraldine». *Glyph* 3 (1978), S. 74–97. (Eine dekonstruktive Lektüre Coleridges.)
Reichert, John: Making Sense of Literature. Chicago: University of Chicago Press 1977. (Verteidigt einen ‹common sense›-Ansatz, der auf nur wenige spezielle Verfahrensweisen und Konventionen zurückgreift.)
Rey, Jean-Michel: L'enjeu des signes: Lecture de Nietzsche. Paris: Seuil 1965.
–: «Note en marges sur un texte en cours.» In: L. Finas u. a.: Ecarts: Quatre essais à propos de Jacques Derrida. Paris: Fayard 1973, S. 265–95.
–: Parcours de Freud: Economie et discours. Paris: Galilée 1974.
Riddel, Joseph: «Decentering the Image: The ‹Project› of ‹American› Poetics?» In: Textuel Strategies. Hg. v. J. Harari. Ithaca: Cornell University Press 1979, S. 322–58.
–: The Inverted Bell: Modernism and the Counterpoetics of William Carlos Williams. Baton Rouge: Louisiana State University Press 1974. (Bezieht sich ausführlich auf Heidegger und Derrida.)
–: «‹Keep Your Pecker Up› – *Paterson Five* and the Question of Metapoetry». *Glyph* 8 (1981), S. 203–31.
–: «A Miller's Tale». *Diacritics* 5/3 (1975), S. 56–65. (Eine Erwiderung auf Millers Kritik.)
Riffaterre, Michael: La Production du texte. Paris: Seuil 1979. (Essays über verschiedene poetische Mittel und ihre intertextuellen Beziehungen.)
–: Semiotics of Poetry. Bloomington: Indiana University Press 1978. (Theorie der Lektüre und der Interpretation französischer Gedichte aus dem 19. und 20. Jahrhundert.)
–: «Syllepsis». *Critical Inquiry* 6 (1980), S. 625–38. (Lektüre der Schlußfolgerungen von *Glas*.)
Rorty, Richard: «Freud, Morality, Hermeneutics». *New Literary History* 12 (1980), S. 177–86. (Über die Schwierigkeiten des Umgangs mit Freuds radikalen Neubeschreibungen.)
–: Der Spiegel der Natur. Frankfurt: Suhrkamp 1981. (Eine Kritik der Philosophie als grundlegender Disziplin.)
–: «Philosophy as a Kind of Writing: An Essay on Derrida». *New Literary History* 10 (1978), S. 141–60.
–: «Professionalized Philosophy and Transcendentalist Culture». *Georgia Review* 30 (1976), S. 757–71. (Über den Verzicht der Philosophie auf ihre kulturelle Rolle.)
Ryan, Michael: Marxism and Deconstruction. Baltimore: Johns Hopkins University Press 1982. (Vorschläge, die Dekonstruktion politisch anzuwenden.)
–: «The Question of Autobiography in Cardinal Newman's *Apologia pro vita sua*». *Georgia Review* 31 (1971), S. 672–99.

–: «Self-Evidence». *Diacritics* 10/2 (1980), S. 2–16. (Kritik der Reflexivität in Theorien der Autobiographie.)
Said, Edward: Beginnings: Intention and Method. New York: Basic 1975. (Einflußreiche Untersuchungen fiktionaler und nichtfiktionaler Texte.)
–: «The Problem of Textuality: Two Exemplary Positions». *Critical Inquiry* 4 (1978), S. 673–714. (Vergleich zwischen Derrida und Foucault, der zugunsten des letzteren ausfällt.)
Sartre, Jean-Paul: Was ist Literatur? Reinbek bei Hamburg: Rowohlt 1958.
Saussure, Ferdinand de: Grundfragen der allgemeinen Sprachwissenschaft *(Cours de linguistique générale)*. Berlin: de Gruyter 1967.
Schor, Naomi: «Female Paranoia: The Case of Psychoanalytic Feminist Criticism». *Yale French Studies* 62 (1981), S. 204–19.
Searle, John: «Reiterating the Differences: A Reply to Derrida». *Glyph* 1 (1977), S. 198–208. (Eine Kritik von Derridas «Signatur Ereignis Kontext».)
–: Sprechakte: Ein sprachphilosophischer Essay. Frankfurt: Suhrkamp 1971.
Serres, Michel: Hermes. Paris: Minuit 1968–1977. 4 Bde. (Originelle Essays über sehr unterschiedliche literarische und nichtliterarische Texte.)
–: Der Parasit. Frankfurt: Suhrkamp 1981. (Studie über verschiedene Formen des Parasitismus.)
Showalter, Elaine: «Feminist Criticism in the Wilderness». *Critical Inquiry* 8 (1981), S. 179–206.
–: «Toward a Feminist Poetics.» In: Women Writing and Writing About Women. Hg. v. M. Jacobus. London: Croom Helm 1979, S. 22–41.
–: «The Unmanning of the Mayor of Casterbridge.» In: Critical Approaches to the Fiction of Thomas Hardy. Hg. v. Dale Kramer. London: Macmillan 1979, S. 99–115. (Eine feministische Lektüre des Romans.)
–: «Women and the Literary Curriculum». *College English* 32 (1971), S. 855–62.
Slatoff, Walter: With Respect to Readers: Dimensions of Literary Response. Ithaca: Cornell University Press 1970. (Eine der ersten Arbeiten, die vom Leser ausgeht.)
Smith, Barbara Hernstein: «Narrative Versions, Narrative Theories». *Critical Inquiry* 7 (1980), S. 213–36. (Eine einschneidende Kritik von Erzähltheorien.)
–: On the Margins of Discourse: The Relations of Literature to Language: Chicago: University of Chicago Press 1979.
Sosnoki, James: «Reading Acts and Reading Warrants: Some Implications of Reader's Responding to Joyce's Portrait of Stephen». *James Joyce Quarterly* 16 (1978/79), S. 42–63. (Versuch, verschiedenen Interpretationen gerecht zu werden.)
Spivak, Gayatri Chakravotry: «Draupadi», von Mahasveta Devi. Übersetzung und Vorwort von Gayatri Spivak. *Critical Inquiry* 8 (1981),

S. 381–402. (Kritischer Kommentar zu einer Erzählung einer bengalesischen feministischen Schriftstellerin.)
–: «Finding Feminist Readings: Dante – Yeats». *Social Text* 3 (1980), S. 73–87.
–: «French Feminism in an International Frame». *Yale French Studies* 62 (1981), S. 154–84. (Über die Beziehung zwischen dem französischen Feminismus und dem Feminismus der Dritten Welt.)
–: «Revolutions That as Yet Have No Model: Derrida's Limited Inc.» *Diacritics* 10/3 (1980), S. 29–49.
Sprinker, Michael: «Criticism as Reaction». *Diacritics* 10/3 (1980), S. 2–14. (Über Graff, *Literature against Itself*.)
–: «Textual Politics: Foucault and Derrida». *Boundary* 2/8 (1980), S. 75–98. (Eine foucaultsche Kritik.)
–: «The Pickpocket: A Study in Tradition and Allusion». *MLN* 95 (1980), S. 1127–54.
Strickland, Geoffrey: Structuralism or Criticism: Some Thoughts on How We Read. Cambridge: Cambridge University Press 1981. (Verteidigung des autorialen Sinns gegen einen schlecht definierten Strukturalismus.)
Suleiman, Susan und Inge Crosman (Hg.): The Reader in the Text: Essays on Audience and Interpretation. Princeton: Princeton University Press 1980.
Sussman, Henry: Franz Kafka: Geometrician of Metaphor. Madison: Coda Press 1979. (Eine dekonstruktive Lektüre.)
–: «The Deconstructor as Politician: Melville's *Confidence Man*». *Glyph* 4 (1978), S. 32–56.
Thompson, Michael: Rubbish Theory: The Creation and Destruction of Value. Oxford: Oxford University Press 1979. (Eine Theorie des Werts, die vom Marginalen ausgeht.)
Tompkins, Jane: «Sentimental Power: *Uncle Tom's Cabin* and the Politics of Literary History». *Glyph* 8 (1981), S. 79–102. (Eine feministische Kritik der Ideologie der Literaturgeschichte und eine neue Perspektive auf die *sentimental fiction*.)
–: «The Reader in History: The Changing Shape of Literary Response.» In: Reader-Response Criticism. Hg. v. Tompkins. Baltimore: Johns Hopkins University Press 1980, S. 201–32. (Über die Veränderung des Begriffs der Reaktion von der Klassik bis zur Moderne. Eine ausgezeichnete Anthologie moderner Leserreaktionstheorie.)
Trilling, Lionel: The Opposing Self. New York: Viking 1955.
Turkle, Sherry: Psychoanalytic Politics: Freud's French Revolution. New York: Basic Books 1978. (Eine informative Geschichte des Lacanismus.)
Ulmer, Gregory: «The Post-Age». *Diacritics* 11/3 (1981), S. 39–56. (Eine vorzügliche Rezension von Derrida, *Die Postkarte*.)
Vance, Eugene: «Mervelous Signals: Poetics, Sign Theory, and Politics in Chaucer's *Troilus*». *New Literary History* 10 (1979), S. 293–337.

Warminski, Andrzej: «Pre-Positional By-Play». *Glyph* 3 (1978), S. 98–117. (Über das Beispiel bei Hegel.)
–: «Reading for Example: Sense-Certainty in Hegel's *Phenomenology of Spirit*». *Diacritics* 11/2 (1981), S. 83–94.
Warning, Rainer: «Rezeptionsästhetik als literaturwissenschaftliche Pragmatik.» In: Rezeptionsästhetik. Hg. v. R. Warning. München: Fink 1975, S. 9–41. (Eine gute theoretische Erklärung in einer vorzüglichen Anthologie der Konstanzer Schule.)
Weber, Samuel: «Closure and Exclusion». *Diacritics* 10/2 (1980), S. 35–46. (Über Peirce.)
–: «The Divaricator: Remarks on Freud's *Witz*». *Glyph* 1 (1977), S. 1–27.
–: Freud – Legende: Drei Studien zum psychoanalytischen Denken. Olten/Freiburg: Walter 1979.
–: «It». *Glyph* 4 (1978), S. 1–29. (Über Iterabilität bei Derrida und Freud.)
–: «Die Parabel.» Einleitung zu Daniel Paul Schreber, *Denkwürdigkeiten eines Nervenkranken*. Frankfurt/Berlin/Wien: Ullstein 1973.
–: Rückkehr zu Freud. Jacques Lacans Ent-stellung der Psychoanalyse. Frankfurt/Berlin/Wien: Ullstein 1978.
–: «Saussure and the Apparition of Language». *MLN* 91 (1976), S. 913–38.
–: «The Sideshow, or: Remarks on a Canny Moment». *MLN* 88 (1973), S. 1102–33.
–: «The Struggle for Control: Wolfgang Iser's Third Dimension.» Universität Straßburg. Unveröffentlichtes Manuskript. (Über die Abhängigkeit von Isers Theorie von der Autorität des Autors.)
Wellek, René und Austin Warren: Theorie der Literatur. Frankfurt/Berlin/Wien: Ullstein 1963.
White, Hayden: Tropics of Discourse: Essays on Communication and Exchange. London: Tavistock 1972. (Strukturalistische und psychoanalytische Untersuchungen sehr unterschiedlicher Texte und Probleme.)
Wittgenstein, Ludwig: Lectures and Conversations on Aesthetics Psychology and Religious Belief. Oxford: Blackwell 1966.
–: On Certainty. Oxford: Blackwell 1969.
Woolf, Virginia: Collected Essays. London: Hogarth 1966.

Namenregister

Werke sind bei ihren Autoren verzeichnet.

rowohlts enzyklopädie

Peter Moritz Pickshaus
Kunstzerstörer
Fallstudien: Tatmotive und Psychogramme
(kulturen und ideen 463)

Eli Sagan
Tyrannei und Herrschaft
Die Wurzeln von Individualismus, Despotismus und modernem Staat
Hawaii – Tahiti – Buganda
(443)

Hartmut Scheible
Wahrheit und Subjekt
Ästhetik im bürgerlichen Zeitalter (468)

Klaus R. Scherpe (Hg.)
Die Unwirklichkeit der Städte
Großstadtdarstellungen zwischen Moderne
und Postmoderne (471)

Günther Schiwy
Der französische Strukturalismus
Mode – Methode – Ideologie (405)
Poststrukturalismus und «Neue Philosophen» (413)

Susanne Schlicher
TanzTheater
Traditionen und Freiheiten
Pina Bausch, Gerhard Bohner, Reinhild Hoffmann, Hans Kresnik
Susanne Linke
(kulturen und ideen 441)

Gert Selle
Gebrauch der Sinne
Eine kunstpädagogische Praxis
(kulturen und ideen 467)

Werner Sombart
Der Bourgeois
Zur Geistesgeschichte des
modernen Wirtschaftsmenschen (473)

ro
ro
ro

Deutsche Literatur

Herausgegeben von Horst Albert Glaser

Eine Sozialgeschichte
Von den Anfängen bis zur Gegenwart

1 **Aus der Mündlichkeit in die Schriftlichkeit –** Höfische und andere Literatur 750-1320 (6250)

2 **Spätmittelalter –** Reformation, Humanismus (in Vorbereitung)

3 **Zwischen Gegenreformation und Frühaufklärung:** Späthumanismus, Barock 1572-1740 (6252)

4 **Zwischen Absolutismus und Aufklärung:** Rationalismus – Empfindsamkeit – Sturm und Drang 1740-1786 (6253)

5 **Zwischen Revolution und Restauration:** Klassik – Romantik 1786-1815 (6254)

6 **Vormärz:** Biedermeier – Junges Deutschland – Demokraten 1815-1848 (6255)

7 **Vom Nachmärz zur Gründerzeit:** Realismus 1848-1880 (6256)

8 **Jahrhundertwende:** Vom Naturalismus zum Expressionismus Expressionismus 1880-1918 (6257)

9 **Weimarer Republik – Drittes Reich:** Avantgardismus, Parteilichkeit, Exil 1918-1945 (6258)

10 **Gegenwart** (in Vorbereitung)

handbuch rororo

C 2180/3